同济大学政治与国际关系学院
建院十周年

『治理与战略』论文集③
·区域与国别卷·

门洪华◎主编
郑春荣 吕蕊◎副主编

GOVERNANCE AND STRATEGY
Volume Three:
STUDIES ON REGIONS AND COUNTRIES

中国经济出版社
CHINA ECONOMIC PUBLISHING HOUSE
北京

图书在版编目（CIP）数据

“治理与战略”论文集（3）：区域与国别卷／门洪华主编.
—北京：中国经济出版社，2019.5
ISBN 978-7-5136-5658-0
Ⅰ.①治… Ⅱ.①门… Ⅲ.①世界经济政治学—文集 Ⅳ.①D6-53②F11-0

中国版本图书馆 CIP 数据核字（2019）第 077246 号

责任编辑 师少林
责任印制 巢新强
封面设计 华子图文

出版发行 中国经济出版社
印 刷 者 北京富泰印刷有限责任公司
经 销 者 各地新华书店
开　　本 787mm×1092mm 1/16
印　　张 22
字　　数 380 千字
版　　次 2019 年 5 月第 1 版
印　　次 2019 年 5 月第 1 次
定　　价 98.00 元
广告经营许可证 京西工商广字第 8179 号

中国经济出版社 **网址** www.economyph.com **社址** 北京市西城区百万庄北街 3 号 **邮编** 100037
本版图书如存在印装质量问题，请与本社发行中心联系调换（联系电话：010-68330607）

前　言

2009年5月，同济大学政治与国际关系学院正式成立，迄今历十年风雨，载一路芳华！

十年来，在校党委的正确领导下，在职能部门和兄弟学院的大力支持下，学院各项工作取得积极发展，在学科建设、科学研究、人才培养、社会服务、文化传承、国际交流诸方面取得可喜的成绩。尤其是，2016年下半年新党政领导班子组建以来，学院以“公开、公平、公正”为施政价值，以“制度立院、学术兴院、学科强院、学生为本”为工作宗旨，启动全面深化改革，走上跨越式、制度化发展之路。2018年1月，学院获准设立政治学一级学科博士授权点；2018年7月，学院领衔申报的中央网信办—教育部“网络空间国际治理研究基地”获批，这是同济大学文科第一个省部级研究基地，学院发展插上了坚实的翅膀，鹰击长空得其时矣！

以此为基础，学院秉持“统筹国内国际两个大局”的思路，实行差异化发展战略，强化“治理与战略”的研究特色，致力于打造具有重大国内国际影响力的战略研究平台，在中国战略研究、马克思主义国际理论与实践、以德国为重心的欧洲研究、以东亚为重心的亚太研究等领域发挥学术引领作用；学院拥有一支专业结构优化、年龄梯次合理、具有较高水平和影响力的师资队伍，在战略研究和治理研究等领域形成了鲜明特色，科学研究、决策咨询、社会服务成果丰富；学院积极开展对外交流，与美国、意大利、日本、英国、德国、韩国等国家的高等院校和科研机构开展着广泛合作；学院强调以教书育人为核心，致力于培养符合国家重大战略需求、具有世界眼光和战略思维、具备进行多学科交叉和跨学科解决重大现实问题的学术创新能力、通晓国家治理和国际事务的精英人才。

往昔的经历与收获既是为了当下的坚持与笃定，更是为了来日的成长与辉煌。回首过去，学院始终致力于成就国家学校之大业、弘扬学术育人之盛德，积极寻找自我发展的知识与制度依托，全力塑造具有国内外影响力的“教学、研究和咨询”三位一体的高端平台，移樽就教，砥砺前行；展望未来，学院决心用10年左右的时间，遵循差异化路径，实现跨越式发展，明确与学校有相溶度的交叉学科建设重心，将同济大学政治学学科打造为一流学科。学院以战略研究为核心，以国际关系研究为主线，以比较政治和国家治理研究为支撑，致力于在中国战略研究、中国战略传统、大国崛起战略比较等领域发挥学术引领作用，促成依托治理理论、以战略研究为核心的中国战略学派。

为庆祝学院建院十周年，经慎重思考，我们决定梳理过去十年来学院师生学术成果，以学院所确定的“治理与战略”特色为主线，编辑以“中国战略研究”“治理与发展研究”“区域与国别研究”为主题的专题论文集，以资纪念。10年发展，学院成果丰硕，论文依主题而选，恐有遗珠之憾，且因时代变迁，不合时宜者难以入选，入选论文也有不少删节处理。故此，《“治理与战略”论文集》三卷本是学院建院十年学术成果的精华版，也只能是节选本。

面向未来，我们为在奋进的新时代有所作为而努力，为从事教书育人的崇高事业而自豪，为在喧嚣的都市里守望知识而持恒。《“治理与战略”论文集》三卷本正是我们的信心所系、决心所表。天佑中华，运护同济，有我们的共同努力，相信国政学院有着更加璀璨的未来！

门洪华

2019年5月4日

目　录

国别研究

全球政治经济体系中的美国霸权危机
——从新葛兰西学派的角度分析 …… 钟振明 3
美国民粹主义“敌人”情结的根源及其对特朗普内外政策的影响
——基于美国族裔政治视角的分析 …… 王传兴 14
美国特朗普政府“印太战略构想”评析 …… 夏立平 26
荣誉偏执、身份迷思与日本战略偏好的转向 …… 陆　伟 39
北约扩大进程中德国的战略选择与作用 …… 吕　蕊 69
德国政治基金会在华的工作方式及其公共外交特征评析 …… 杨　烨　张妗娣 86

亚太研究

四大力量博弈与东亚秩序 …… 门洪华 97
日本变局与中日关系的走向 …… 门洪华 113
中韩自贸区建设的影响：预测与验证 …… 王丽琴 130
国际秩序演变中的中印战略关系与南亚安全 …… 仇华飞 143

欧洲研究

欧盟逆全球化思潮涌动的原因与表现 …… 郑春荣 161
欧盟“东部伙伴关系”计划：意图、推进与问题 …… 宋黎磊 175
全球公域战略与北约安全新理念 …… 韩雪晴 188
欧美关系的裂痕及发展趋势 …… 周　琪 214

极地研究

论北极地区区域性国际制度的非传统安全特性
——以北极理事会为例 …… 王传兴 237
论环境变化对北极原住民经济的影响
——以加拿大因纽特人为例 …… 潘 敏 夏文佳 246
中国参与北极航运治理的国际法依据研究 …… 唐 尧 夏立平 260
中国科技外交的北极实践 …… 苏 平 项仁波 275

海洋研究

论构建中国特色新海权观 …… 夏立平 云新雷 285
海洋强国战略的理论分析 …… 刘笑阳 306
陆海复合型中国"海洋强国"战略分析 …… 郑义炜 328

区域与国别卷

Studies on Regions and Countries

国别研究

全球政治经济体系中的美国霸权危机

——从新葛兰西学派的角度分析*

钟振明

在西方国际关系理论中，国际政治经济学通常被认为长于对国际政治经济体系及霸权兴衰问题的研究。长期以来，主流的国际政治经济学说，特别是现实主义和自由主义的国际政治经济学掌握着研究这些问题的话语权。不过，一种肇始于意大利马克思主义者安东尼·葛兰西（Antonio Gramsci）的学说——新葛兰西学派的影响正日益受到国内学界的重视。新葛兰西学派对于国际政治经济体系和霸权问题的分析对于我们分析战后美国霸权的兴衰具有重要意义。本文将首先梳理西方主流国际政治经济学（包括现实主义、自由主义和马克思主义的国际政治经济学）关于霸权问题的基本观点，在此基础上阐述新葛兰西学派的学者所提到的“历史结构”“文化领导权”和“制度性权力”等理念，然后结合战后美国霸权的兴衰变迁状况，分析新葛兰西学派对于解读霸权兴衰问题的作用，并揭示其学理意义。

一、关于霸权问题的讨论：主流国际政治经济学的观点

在西方国际关系理论中，国际政治经济学由于其针对20世纪70年代以来国际体系中出现的一系列新问题进行解释，特别是对国际货币、国际贸易、跨国投资以及国际秩序等问题的关注和解释，而成为理解全球政治经济体系的关键性理论。由于美国霸权在同一时期的兴衰变动，国际政治经济学因此也一直成为理解美国霸权兴衰问题的主要理论。受到现实主义、自由主义和马克思主义三种理论模式研究的影响，在当时的背景下，西方国际政治经济学存在着三种研究传统特征的主流国际政治经济学，即现实主义的国际政治经济学、自由主义的国际政治经济学和马克思主义的国际政治经

* 本文刊发于《同济大学学报（社会科学版）》2010年第2期，第54-61页。

济学。①

在上述三种类型的国际政治经济学研究中，现实主义的国际政治经济学发展起两种重要的理论派别，一是霸权稳定论，二是新重商主义。以罗伯特·吉尔平（Robert Gilpin）为代表的霸权稳定论者认为，一种开放的国际经济体系的稳定对于世界经济的发展十分有利，而霸权的存在会带来世界政治经济的稳定，因为霸权国愿意为开放的国际经济体系提供必要的公共物品。但是，由于霸权国需要承担提供开放的贸易制度、稳定的货币体系以及国际安全等公共物品，其付出每种公共物品的边际成本不断增加而边际收益却有不断减少的趋势，加上体系中的其他国家“免费搭车”及新兴国家的崛起，霸权国家在国际体系中的相对优势地位必将不断下降，导致霸权的衰落，而霸权丧失则将会让开放而稳定的国际经济体系难以为继，从而导致世界政治经济的不稳定。因此，为了维持现存较为稳定的国际政治经济体系，需要通过减少霸权国提供公共物品的义务承担，增加其他国家尤其是新兴国家的国际义务，甚至通过打压和遏制新兴国家崛起等方式来延缓霸权的衰落。② 新重商主义是在研究国际政治和国际经济互动关系时秉承了现实主义基本研究方法的一种。它继承了古典重商主义的传统，同时坚持现实主义对国家中心和国际政治关系的强调，所以往往被称为“国家主义理论”。新重商主义认为，民族国家在全球经济体系中依然居于主导地位，全球经济管理需要强大的领导和经济大国的合作，尤其是霸权国领导下的各经济大国的合作。新重商主义强调国际政治与国际经济的相互作用，认为国际政治的稳定是全球经济稳定的决定性因素，认为没有强大的政治基础的支持，管理世界经济的国际规则是不可能行之有效的。冷战结束后，全球政治经济体系面临严重危机，一方面是作为经济霸主的美国领导世界经济的客观实力和主观意愿都在下降，另一方面是长期在世界政治和经济体系中发挥作用的许多国际规则和机制正由于缺乏大国（尤其是霸权国）的支持而令其影响力不断走向式微。新重商主义主张，作为霸权国的美国应当与盟国一起捍卫以规则为基础的国际经济秩序，同时美国也要继续通过各种手段维持其经济和军事实力，必要时可以通过削弱新崛起大国的实力来维持其霸权。

自由主义的国际政治经济学发展起两种具有重要影响的理论派别，分别是相互依赖理论和国际制度理论。相互依赖理论认为，在开放的国际经济体系下，各国之间形成经济相互依赖的关系将有助于促进国际和平与安全。为此，各国之间应该在开放的国际经济体系下，不断深化彼此之间的经济相互依赖关系，通过国际经济领域共同获

① Robert Gilpin, *The Political Economy of International Relations*, New Jersey: Princeton University Press, 1987, pp. 25-64.

② 罗伯特·吉尔平：《世界政治中的战争与变革》，上海人民出版社 2007 年版，第 190-213 页。

取绝对收益来增加共同利益基础，提升由于采取对抗和武力的方式解决国际纷争时可能付出的代价，从而促进国际安全。以罗伯特·基欧汉（Robert Keohane）为代表的国际制度论者研究了“霸权之后”如何维持世界政治经济体系稳定的问题。基欧汉认为不能以现实主义认定的利益与权力来定义合作，霸权的存在虽然有助于国际合作的出现，但是，霸权并非国际合作的必要条件。再说，在国际间创设一系列的国际机制之后，合作就未必需要霸权的存在也能达成。国际制度论者指出，虽然霸权的衰落是难以避免的趋势，但原先对于霸权国有利的国际政治经济体系和秩序是可以延续下去的，其主要途径是霸权国要未雨绸缪，创设有助于现存国际体系和秩序延续的各种国际制度，并在霸权衰落的背景下努力地通过主要国家之间的合作来让国际制度继续维持下去。①

马克思主义的国际政治经济学继承了马克思主义的研究传统，并形成了两大理论，即依附论和世界体系论。依附论建立在中心国家对外围国家的剥削的概念之上，它从思想方法和理论渊源上吸取了马克思主义的手法，特别是马克思主义关于资本主义经济问题的分析。依附论认为在世界经济领域中，存在着中心—外围层次，发达资本主义国家构成世界经济的中心，发展中国家处于世界经济的外围，受着发达国家的剥削与控制。虽然外围国家对中心国家的依附可以因为初期的生产和雇佣利润而在短期内发展，但长远来看，它们持续依赖中心地区市场的生产以及在技术、资本和生产要素输入方面对中心地区的经常性依赖，将导致国内经济结构的畸形化，最终陷入在世界经济体系中日益被边缘化的窘境。在依附论者看来，以世界经济霸主美国为首的西方发达国家长期通过它们在生产、技术、资本和市场等方面占据的优势，对广大发展中国家进行剥削和控制，并在“中心—外围”机制的作用下在世界经济领域造成富国越富、穷国越穷的不平衡格局。世界体系论则从马克思那里继承了有关资本积累的政治经济学和阶级分析法，又借用了依附论的中心—边缘模型和外因论分析。该理论认为，15世纪末16世纪初，随着资本主义生产方式的发展，开始以西北欧为中心，形成“世界性经济体系”，即“资本主义世界经济体系”。在劳动分工和资本积累的作用下，出现了世界经济中心区的强国和世界经济边缘区的弱国，强国之间相互竞争便形成了历史上的霸权国家。从16世纪到20世纪，资本主义世界体系先后出现了三个霸权国家：16世纪中叶的荷兰，17、18世纪的英国和20世纪中叶的美国。世界体系论的提出者伊曼纽尔·沃勒斯坦（Immanuel Wallerstein）认为，在资本主义世界经济体系中，存在着中心—半外围—外围三类地区的等级结构。世界体系论对于世界结构的变动予以特

① 罗伯特·基欧汉：《霸权之后：世界政治经济中的合作与纷争》，上海人民出版社2001年版。

别的关注，认为旧的霸权体制因技术扩散、产业空心化和发展模式被模仿而导致发出衰落的信号；在世界结构交替时期，出现了霸权衰落和大国多极化竞争的格局。新的大国兴起，主要发生在这个时期，因此，大国总是在反霸权的斗争中兴起，霸权国家也总是竭力扼杀新大国的崛起。

二、关于霸权问题的讨论：新葛兰西学派的观点

新葛兰西学派是20世纪三、四十年代以来西方一些把欧洲马克思主义先驱——安东尼·葛兰西（Antonio Gramsci）的理论用于国际关系和国际政治经济学研究的学者。葛兰西是1921年成立的意大利共产党的创始人之一。意大利法西斯分子墨索里尼夺取政权后，葛兰西被投入监狱，并于1937年在狱中被折磨至死。葛兰西在狱中对经典马克思主义进行了反思。在他去世后得到出版的《狱中札记》一书中，葛兰西用一种开放的、与教条式的马克思主义不同的方法论分析了意大利的社会形态，分析了国家与市民社会的关系问题，提出了社会统治阶级的“文化领导权”等观点。此后，西方一些学者按照葛兰西对意大利社会结构的分析，创造了一系列概念，提出了自己的国际政治经济学观点。

葛兰西政治思想在以下几个方面修正了传统的马克思主义观点。第一，他对经济基础和上层建筑的关系问题进行了再阐述。葛兰西反对经济基础对上层建筑起直接决定作用的观点，他运用思想对历史的影响和个人意志的推动作用等观念来重构历史唯物主义的原理，指出不论是暴力或是资本主义的逻辑，都不能解释附属阶级在生产过程强调理性和文化的影响。他否认经济力量对实现阶级统治的基础性作用，认为经济基础与上层建筑之间是一种辩证的相互作用关系。第二，葛兰西分析了意识形态和社会领导权（Social Hegemony）的问题。葛兰西认为，在资本主义国家中，资产阶级要想实现自身的发展，就不仅要透过生产力的发展，更要透过在意识形态竞争中获得领导权，而国家作为阶级统治的工具也必须是一个意识形态的直接参与者。他认为，如果没有意识形态领域的权力控制，资产阶级就会求助于国家的强制性权力来充当它的主要统治工具。在其他情况下，则强制性权力的地位将退居幕后，只作为执行和威胁的一种环境，而不必直接诉诸于强制的手法。第三，葛兰西分析认为，在任何国家中，革命党的任务就是要夺取国家的领导权，但夺取国家领导权的形式不限于列宁强调的革命和暴力等积极形式，它应该还包括消极形式，即通过缓慢地改变民众的思想观念来实现。他明确地提出了“文化领导权”（Cultural Hegemony）的概念，认为一个社会政治集团获得政治领导权意味着这个集团能够成功地说服整个社会接受该集团的道德、

政治和文化价值观，一个成功的统治阶级甚至必须在取得政治权力之前就在精神和道义上取得领导权。

葛兰西在分析意大利社会政治结构时所使用的研究方法及其得出的研究结论在政治科学领域引起了很大反响，同时也启发了西方一些研究国际关系理论的学者，并逐渐形成一种名为“新葛兰西学派”的新思潮。新葛兰西学派的主要代表人物有罗伯特·考克斯（Robert Cox）、弗雷德·盖尔（Fred Gale）、斯蒂芬·基尔（Stephen Gill）、吉万尼·阿里吉（Giovanni Arrighi）等。尽管葛兰西本人很少提到国际层面的问题，但葛兰西也认为，国际关系是追随国内关系的，并且认为任何存在于国内社会结构的创新，都可能通过技术、贸易和军事等领域运用于国际关系。新葛兰西学派的杰出代表罗伯特·考克斯认为，葛兰西关于国内社会结构的一些分析方法和结论也可以推展和运用到国际关系领域的分析。实际上，新葛兰西学派不仅在某些方面突破了传统马克思主义的论述，而且也批判了西方主流的国际政治经济学理论，但又吸收了许多自由主义和现实主义国际政治经济学的思想，保留了理性主义研究范式所具有的洞察力。

首先，同现实主义和自由主义国际政治经济学以个体主义的角度来分析国际体系有很大不同，新葛兰西学派以整体的历史结构的分析方法来研究全球政治和经济体系。这种整体的历史结构由三种力量组合而成，分别是物质权力（Material Capabilities）、观念（Ideas）和制度（Institutions）。物质权力就是动员财富、技术和组织的能力。观念是指特定社会群体对于诸如行为习惯、规范、道义、世界观、意识形态等精神要素的共享。制度则是基于权力关系状况而创设，并且可以用来稳定特定秩序的安排。制度通常都扮演一种维持霸权统治的角色，但制度的维持不仅有赖于霸权的物质力量，更有赖于体系中的各个成员在文化和价值观念等意识层次达成共识。霸权地位的实现不是单纯的物质力量或经济因素作用的结果，而是物质权力、观念和制度三者合力作用的产物。

其次，新葛兰西学派对社会力量、国家形态和世界秩序这三个层次结构的相互作用关系问题进行了深入的分析。新葛兰西学派一开始的分析对象不是国家或国际关系本身，而是社会力量。例如，十九世纪晚期西方资本主义国家劳工力量的崛起和垄断资产阶级的成型要求国家推行经济民族主义的政策以及帝国主义的政策，从而导致西方列强在世界范围内激烈争夺海外市场和原材料基地，并因此造成国际秩序的混乱。新葛兰西学派认为，对社会力量、国家形态和世界秩序三个层次结构相互作用关系的分析，是理解特定国际政治经济秩序发生、发展和崩溃的关键。① 按照新葛兰西学派的理论论述，国内社会集团之间的博弈随着生产的国际化以及国家对世界秩序和国际体系的卷入而将活动延伸到国际领域，并可能产生出一个跨国的社会集团联合体。

第三，新葛兰西学派将葛兰西关于“文化领导权”的概念应用于国际政治经济体系中的霸权兴衰分析。Hegemony 一词通常被翻译为“霸权”，给人一种武力威压和蛮不讲理的意味；但在论及葛兰西的 Cultural Hegemony 的词义时，更应该被理解为“领导权”的意思。葛兰西所说的“文化领导权”（Cultural Hegemony）指的是统治阶级通过争取到主要的社会集团的同意而实现在精神和道义上的领导，其本义并无暴力和压制的意思。新葛兰西学派借用了葛兰西“文化领导权”的概念，用来解释国际关系层面相关的霸权国通过获得国际社会对霸权国本身在精神和道义上的拥护、认可和赞赏的状态。新葛兰西学派从无形的意识形态层面去理解为何非霸权国家愿意接受霸权国家的领导这个议题，认为霸权国家对非霸权国家进行思想上的影响、控制或是“洗脑”，让非霸权国家误认为霸权国的存在或其所作所为，并不单纯有利于霸权国本身，而是同时有利于其他国家。

第四，新葛兰西学派借用了葛兰西关于国内层次的“霸权”（Hegemony）和“反霸”（Counter-hegemony）互相转换的辩证观点，并将之运用到国际关系领域的分析。葛兰西认为，国内层次上所说的统治阶级对附属阶级所建立的“霸权”（或“领导权”）也不是一种固定不变的状态。国内附属阶级建立反霸力量的关键步骤是要在霸权统治下慢慢地产生阶级的觉悟（Consciousness），并透过国内市民社会的政治结构（如媒体、学校、教堂等）对所有阶级进行洗脑，让他们相信新的霸权的出现也是为了所有人的利益而不是特定阶层的利益。霸权实际上是在不停地维持着一种动态的平衡关系，直到“反霸”的力量大到足以建立新的霸权并推翻旧有的霸权为止。新葛兰西学派秉承了这种辩证的思想，他们比主流国际政治经济学者更加重视变革的过程，并侧重分析了近代霸权变革的历史。例如，新葛兰西学派分析认为，从 19 世纪前半期开始，作为世界经济中心的英国以其海权优势，迫使其他国家遵守市场运作的规则，包括自由贸易和金本位制的规则。但从 19 世纪晚期开始，世界各个地区出现了有能力挑战英国霸权的国家，而欧洲的均势格局也不断走向崩解，并导致 20 世纪上半期发生了两次世界大战，自由贸易被保护主义所取代，金本位制被抛弃，世界经济一度分裂成以英国、美国、法国和日本等若干强国为中心的经济货币集团，全球政治经济体系出

① Robert W. Cox，“Social Forces，States，and World Orders：Beyond International Relations Theory”，in Robert W. Cox and Timothy J. Sinclair，eds.，*Approaches to World Order*，New York：Cambridge University Press，1996，pp. 94–113.

现了从旧霸权消失到新霸权形成的“非霸权”时期。

第五，新葛兰西学派提出了制度性权力的观点，并对国际制度维持霸权的功效性问题进行了深入的分析。罗伯特·考克斯曾经比较了英国治下的霸权和美国治下的霸权两者的差异，认为后者比前者有更多国际制度来协助其推行霸权统治，并监督各国的政策，而不用像当初英国那样屡屡需要使用霸权国的武力来对外干涉。新葛兰西学派的另一位代表人物弗雷德·盖尔认为，美国以经济和军事上的优势能力，工具性地建构了霸权的世界秩序，而这一秩序建立在经济自由主义的理念上，透过一系列的国际制度而得以促进并获得正当性，诸如国际货币基金组织、世界银行和关贸总协定等国际组织，都是有助于美国霸权实现的国际制度的表现形式。① 此外，新葛兰西学派结合前述有关“反霸”的思想，也认为国际制度领域不同理念的摩擦，可能为新霸权带来契机。

三、美国霸权危机与新葛兰西学派的分析

新葛兰西学派的代表人物罗伯特·考克斯从葛兰西讨论国内层次的“霸权”（领导权）理念中发展起了国际关系领域中霸权的概念。需要指出的是，考克斯对国际关系领域中“霸权”含义的理解不同于人们通常所说的支配性国家同其他没那么强大的国家之间的关系。考克斯认为，现实主义学者往往将“霸权”同“权力支配关系”联系在一起，但他更愿意将“霸权”定义为一种“关于某种秩序性质的价值观念和理解的结构”②。考克斯认为，一个大国如果只是凭借相对其他国家而拥有的支配地位是不足以创造霸权的；霸权应该建立在同意和舆论一致的基础上，而不是建立在强制的基础上。一个霸权秩序的形成是由于霸权国国内占统治地位的社会集团的思想和行为延伸到国际领域，他们占据支配性地位的意识形态进而在国际范围内获得认可。

新葛兰西学派在国际关系领域的研究方法及观点，对于我们分析国际关系领域的霸权问题，尤其是解释和理解战后以来全球政治经济体系中的美国霸权危机问题有很大的帮助。首先，我们可以运用新葛兰西学派的观点来分析二战后美国霸权地位的获取的问题。二战结束后，美国需要确保资本主义政治经济体系能够继续维持下去，同

① Fred Gale, “A neo-Gramsician and Reconstruction of International Regime Theory”, *Review of International Political Economy*, Summer 1998, pp. 272-273.

② Robert Cox, “Towards a Post-hegemonic Conceptualization of World Order”, in James Rosenau and Ernst-Otto Czempiel eds., *Governance without Government: Order and Change in World Politics*, New York: Cambridge University Press, 1992, p. 140.

时要确保美国能够在资本主义世界中居于霸权地位。1947年开始的美苏冷战让美国有机会成为资本主义世界的霸主，因为无论是西欧还是日本都认为苏联及共产主义运动对它们构成威胁，而鉴于当时西欧和日本尚未从战争中恢复，遏制这种威胁只能靠美国的领导才有可能实现。因此，冷战的爆发为美国实现霸权地位提供了一个非常难得的机会。另一方面，为了促进资本主义贸易和经济发展，美国的政治精英们创设了一套国际经济体系的框架，它包括建立以美元为核心的国际货币体系——布雷顿森林体系、配合布雷顿森林体系的国际货币基金组织和世界银行、发展资本主义自由贸易体系的关税及贸易总协定等。美国还通过实施马歇尔计划、道奇计划等方式支持西欧和日本的经济恢复，并逐渐将它们纳入美国的战略轨道。在国际政治层面，美国主导设计了全球性的集体安全组织——联合国。不同于一战结束后的国际联盟，联合国内创设了一个“大国警察机制”——联合国安理会，其常任理事国拥有否决权。此外，美国在冷战爆发后又组建了诸如美洲国家组织、北大西洋公约组织、美澳新同盟、美日同盟等一系列的多边和双边的安全组织，来进一步巩固其在全球秩序中的霸权地位。

通过这些国际制度，美国俨然为西方各主要资本主义国家的资产阶级和统治精英们提供了一种经济和军事保护。作为回报，这些国家的资产阶级和统治精英们则支持战后初期美国推行的国际战略和外交政策，并在各自国内成为美国霸权的代理人。通过这一国际政治经济新体系，美国可以借机遏制社会主义集团，而且在资本主义集团内部产生了一种在思想和意识形态方面的意见一致，同时让美国能够在一系列国际制度的基础上担当西方霸主的角色。美国在实力基础上创设的一系列国际制度，使得其国际霸权的地位具有了某种合法性，加强了美国治下的霸权秩序的持续性，还可以赢得资本主义国家大多数国民的意识支持，确立美国在知识和道德上的领导地位。

其次，新葛兰西学派有助于我们深入理解20世纪70年代以来美国霸权衰落的原因和后果。自从20世纪60年代以来，美国的经济和政治环境有了很大的变化。一方面，由于西欧和日本经济的快速发展，它们从60年代中期开始成为了美国在经济上的强有力的竞争对手，这同时意味着美国在全球经济和贸易中所占据的相对份额急剧下降。另一方面，美国在越南战场上遇到的惨败及苏联在政治军事层面上发起的战略攻势削弱了美国在政治上的领导权。作为其经济和政治权力下降的产物，美国创设的布雷顿森林体系也由于美国连年巨额贸易逆差和美元的贬值而难以维持。1965年，法国总统戴高乐率先在美国的西方盟国中决定将美元储备转换为黄金，并引起其他许多西方国家央行的效仿，从而因为美国无力以自己国库中的黄金兑换别国手中持有的美元，而直接导致了1971年尼克松政府决定停止其以官价兑换黄金的义务。此后，由于美元多次贬值，美国的西方盟国从1975年起不再履行通过外汇市场干预来稳定本币同美元固定汇率的义务，从而导致战后长期维持的固定汇率机制的终结。美国停兑黄金和无力维持固定汇率关系不仅导致布雷顿森林体系的两根支柱崩塌，而且也意味着美国无力通过对国际经济的管理来保护其他西方盟国的利益。

不过，70年代初发生的石油危机及之后发生的石油和美元挂钩制度一定程度上迟缓了美元霸权跌落的步伐。1973年10月中东战争爆发后，阿拉伯产油国将油价在短期内提高了三倍，引发石油危机。但是，这场危机对于严重依赖中东石油的日本和欧洲经济的打击要比对美国的打击大得多。这在事实上增加了美国经济的相对竞争能力。此外，石油危机还带来了一个更大的影响，那就是美国在1975年同沙特阿拉伯签订了一系列秘密协议，在这些所谓“不可动摇的协议”中，沙特同意将美元作为出口石油唯一的定价货币。由于沙特是世界最大的石油出口国，因此欧佩克其他成员国也接受了这一协议。这样，美元与石油挂钩就成为世界共识，但凡进行石油交易的国家都不得不将美元作为储备。①

布雷顿森林体系崩溃以后，美国正是通过美元垄断石油等大宗商品的交易媒介地位来延续和巩固美元的霸权地位。从事石油交易的任何国家和公司都需要储备美元，这就增加了人们对美国货币的需求。当其他国家将闲置的美元用于投资美国发行的各种债券（包括国债和公司债券）时，它们还同时为美国提供了低息贷款。石油美元成为美国在国际金融领域维持霸权地位的新的支柱，而美国却不用借助其他国家必要的同意了。这标志着美国经济霸权的根基从原先依赖国际货币基金组织等国际制度及各国对美国霸权的一种同意态度，转变成美国利用国际金融市场的手段来维持其金融霸权地位。但与此同时，这一霸权根基的转变缺乏来自其他国家的政治同意。一旦其他区域强国诉诸于加强本地货币在石油及大宗商品交易中的结算地位，并因此对美元霸权地位构成挑战时，美国同其他区域强国的关系必将趋于紧张。

最后，新葛兰西学派的研究方法和观点有助于我们理解和解释美国霸权同欧洲及亚洲的区域主义发展之间的关系。在上世纪70年代美国霸权力量下降的同时，欧洲和亚洲正以区域主义的发展战略而实现崛起，并因为这种崛起而导致当地的统治精英希冀能够同美国维持一种更为平等的地位。冷战结束、苏联解体后，美国为其盟国提供所谓“安全保护”的能力和意愿都在不断下降，这导致其盟国的统治精英追求独立和平等地位的愿望更为强烈，并由此导致在欧洲和亚洲都建立了一些没有将美国包含在内的新的国际制度安排。这些制度安排将挑战美国在全球经济、政治和社会事务的支

① David Spiro, *The Hidden Hand of American Hegemony: Petrodollar Recycling and International Markets*, Ithaca, NY, and London: Cornell University Press, 1999, p. 530.

配性地位。例如，欧洲联盟建立和发展欧元区的努力正使得欧元日益成为美元的强有力竞争对手，而其发展共同安全和防务的努力必将削弱美国对欧洲安全事务的控制。作为一种反击挑战美国和美元地位的方式，1999 年发生的科索沃战争和 2003 年发生的伊拉克战争则被普遍解读为美国继续控制欧洲及打压欧元崛起的举动。在东亚地区，日本、韩国和东盟许多国家也对美国的一些对外政策和意图开始心存戒心。尤其是在 1997 年东亚金融危机期间，美国对东亚各国试图通过区域性合作（如加强东亚区域内货币合作）来摆脱危机的做法进行了批评和压制。更有甚者，西方跨国公司在危机期间忙于低价购买亚洲国家资产，而西方主导的国际货币基金组织在提供援助方面也开出苛刻条件。在新葛兰西学派学者考克斯看来，亚洲金融危机的经历鼓励了亚洲内部通过区域经济合作来抵御未来危机及美国金融支配权的努力。① 人们可以预料，通过创设亚洲区域的各类国际制度，未来的亚洲将发展起更强的金融和经济独立性。

美国霸权的根基可以建立在其他国家同意的基础上，也可以建立在强制的基础上。在失去其欧洲和亚洲盟国支持意愿的新形势下，美国没有多少选择，要么重新定义其霸权为强制性权力并且阻止或延缓其实力的进一步下降，要么承认美国霸权的丧失并且为"非霸权"的世界做好准备。在小布什政府时期，美国在全球大打反恐战的作为似乎说明，在争取得到其他国家同意或是通过强制的手段获得认可之间，美国选择了后者来担当其维系霸权的途径。2003 年发生的伊拉克战争，是美国第一次在遭受其盟国及俄罗斯和中国等大国普遍反对的情况下，绕过联合国安理会发动的。回到新葛兰西学派对霸权问题的观点，霸权被认为是一种"世界秩序"，在此秩序内，各国政府和人民能够普遍地接受或默认各类国际制度的运作过程，而这些国际制度的运作要以经济和军事上的实力存在作为支撑。显然，在单边主义和反恐战大盛其道的布什政府时代，美国并不愿意费力地寻求某种全球共识，反而是在追求新帝国主义的外交政策目标。因此，布什政府时代的美国无力说服其他国家和人民相信美国在扮演着知识和道义领袖的角色，反而被看作是专注于追求自我私利的、地位不断跌落中的霸权。

四、霸权兴衰研究的新视角及其学理意义

二战后不久，美国利用其优势的经济和军事实力，借助对苏联发起冷战对抗之机，精心建构了能够确保美国霸权获得其他盟国同意的各类国际制度，并在知识和道义层

① Robert Cox, "Beyond Empire and Terror: Critical Reflections on the Political Economy of Order", *New Political Economy*, Vol. 9, No. 3, 2004, p. 313.

次上获得了资本主义世界体系中的领导权地位。但是，自从20世纪70年代以来，在美国物质力量相对下降、欧洲及亚洲区域强国崛起、欧洲和亚洲经济一体化推进、美国单边主义外交政策泛起等趋势的影响下，美国霸权正从原先注重制度和理念的建设转向越来越依赖于对美国自身私利的成功猎取。从新葛兰西学派的角度分析，美国霸权根基的转换源于相对下降中的美国经济权力，与此同时，西欧、日本、中国、印度等区域强权经济的崛起不断地促使美国越来越依赖于强制的手法来延续其霸权地位。

相对于现实主义、自由主义和马克思主义等主流国际政治经济学，新葛兰西学派对于全球政治经济体系中的霸权兴衰问题进行了新的阐述，并体现出重要的理论价值。首先，新葛兰西学派弥补了主流国际政治经济学在某些方面的研究缺陷。现实主义、自由主义的国际政治经济学通常以个体主义的角度分析，其中现实主义过于强调国家的经济和军事实力对于建立霸权的重要性，不同派别的自由主义则往往单独强调诸如经济相互依赖关系、国内政治或者国际制度的作用。马克思主义的国际政治经济学虽然更偏向于从整体角度分析，但过于强调经济关系的决定作用。而新葛兰西学派以整体的历史结构的分析方法来研究全球政治和经济体系，将物质权力、理念和制度三种力量整合在一个历史结构中，既凸显了其整体的世界观，也使得该学派在分析全球政治经济体系变迁中的霸权兴衰问题时更具有动态解释的特点。

其次，新葛兰西学派的分析是从国内社会集团关系入手，进而将国内层次中出现的“文化领导权”“反霸”“社会集团”“制度性权力”等概念应用于国际层面的分析，相信社会形式、国家形态与世界秩序三者之间存在互相影响的关系，以此来解释全球政治经济体系中的霸权兴衰现象。新葛兰西学派秉承了马克思主义重视国内社会集团之间斗争的分析方法，将国内和国际两个看似独立、实则相通的层次联系了起来，从而避免了现实主义将国内特性抽象化、简约化的缺点。

最后，在对全球政治经济体系变迁及霸权兴衰问题的分析过程中，新葛兰西学派十分注重历史的分析，尊重历史的情境因素，认为活跃在国内和国际舞台的人与事物总是不停地互动着的，历史情境会影响人类的思维与行为模式，也因此影响历史的走向。但是，现实主义或自由主义的研究方法往往企图提供一套普遍性的通则来解释国际关系。因此在它们的分析过程中，往往提出超越历史或“去历史”的见解，不论历史情境怎样，也不论世界历史经历着何种嬗变，都似乎不至于影响到这些理论的解释效果。就此而言，对于充满丰富历史情境的霸权兴衰问题，更重视历史分析的新葛兰西学派就能够在研究和解释中更体现其历史性和生动性。

美国民粹主义“敌人”情结的根源及其对特朗普内外政策的影响

——基于美国族裔政治视角的分析*

王传兴

由于2008年的美国金融危机，我们见证了美国政治中民粹主义思潮/运动的回潮。进而言之，唐纳德·特朗普（Donald Trump）当选为美国总统即是民粹主义已进入美国政治舞台中心的明证。有鉴于此，本文首先对美国民粹主义“敌人”情结产生的根源进行分析；接下来聚焦于民粹主义“敌人”情结在美国族裔政治中的具体表现；在此基础上，基于美国族裔政治视角来分析这种“敌人”情结对特朗普政府内外政策的影响。

一、美国民粹主义“敌人”情结的“文化论”民族主义根源

学术界对美国民粹主义及其根源存在不同看法和观点。例如，刘瑜认为“尽管美国民粹主义在历史上影响力有限，它绝非无足轻重”；并指出美国左翼民粹主义的根源，在于“权利观念”的不断泛化，而右翼民粹主义的根源则很大程度上是对美国左翼自由派在长线历史中地位不断上升的一种反弹。① 本文则认为，美国民粹主义在历史上反复出现的一个根源，乃是美国“文化论”民族主义。

人们曾普遍认为，美国式的认同感和民族主义是建立在对自由主义的认同之上，② 此即所谓的美国“信念论”民族主义。但事实上，美国还存在另外一种民族主义，即“文化论”民族主义。

“信念论”民族主义以自由主义传统为基础。正如托克维尔所指出的那样，由于在美国不存在土地贵族、由于“殖民地产生之初”美国人即享有民主平等条件这一事实

---

* 本文刊发于《美国问题研究》2017年第2期（总第25辑），第64-78页。

① 刘瑜：《民粹与民主：论美国政治中的民粹主义》，载《探索与争鸣》2016年第10期，第70-72页。

② 王缉思：《美国霸权的逻辑》，载《美国研究》2003年第3期，第7-29页。

的存在，美国在现代政治中为世人呈现了一个全新的实验；① 查尔斯·爱德华·梅里亚姆（Charles Edward Merriam）也指出，美国“力争实现它那自由、民主和平等的理想”，“没有人出来对民主目标提出挑战”；② 在20世纪，“信念论”民族主义最为坚定的信奉者是路易斯·哈茨（Louis Hartz），他坚持认为美国已经为“洛克式的共识”所吸引；这一共识并不强调社会阶级问题的重要性，相反，它聚焦于保护像财产权和言论自由之类的消极个人自由。③ 美国华裔学者裴敏欣指出，美国民族主义的基础是政治理想而非文化或种族优越感。④

“文化论”民族主义，即裴敏欣所否定的基于文化或种族优越感的美国民族主义，则以美国的定居主义传统为基础。在定居主义传统中，定居者社会（美国人）把征服看作是共和主义自由的基本动力，认为共和主义原则在根本上并非是普遍包容的。萨缪尔·P. 亨廷顿（Samuel P. Huntington）则指出，盎格鲁—新教文化对于界定美国特性起着决定性的作用，所谓“美国信念”只不过是这一文化的产物；他把北美大陆早期的殖民开拓者定义为“定居者”，而不是“移民”。亨廷顿进而认为，定居者与移民之间根本的不同之处，在于定居者是离开一个现有的社会，他们通常成群出走，以便建立一个新的群体，建立“山巅之城”，位处一个全新而通常遥远的边疆地区；在他看来，美国的核心文化就是由这些早期定居者创造的，后来的移民只是顺应和接受了这种文化而已。⑤ 国内也有学者从不同侧面触及到这一议题。沈宗美介绍了美国文化多元主义和形形色色的激进派人物，在意识形态领域所掀起的彻底否定西方传统文化运动，由此导致右翼分子、保守主义者以及大多数开明派人士的反对和批判；⑥ 高鉴国则认为，文化多样性和同化是美国民族关系中并存的两个特征、两种趋向，两者都有其合理性和必然性；⑦ 王希也曾讨论过美国政治中“一元”与“多元”之间的持续矛盾问题。⑧

---

① Aziz Rana, *The Two Faces of American Freedom*, Cambridge, Massachusetts: Harvard University Press, 2010, p. 5.

② 查尔斯·爱德华·梅里亚姆著，朱曾汶译：《美国政治思想：1865—1917》，北京：商务印书馆 1984 年版，第 275 页。

③ Louis Hartz, *The Liberal Tradition in America: An Interpretation of American Political Thought since the Revolution*, New York: Harcourt, Brace, 1955. 转引自 Aziz Rana, *The Two Faces of American Freedom*, Cambridge, Massachusetts: Harvard University Press, 2010, p. 5.

④ 裴敏欣：《美国民族主义的悖论》，载《战略与管理》2003 年第 3 期，第 52 页。

⑤ Samuel P. Huntington, *Who We Are? The Challenges to America's National Identity*, New York: Simon & Schuster, 2004, pp. 39-40.

⑥ 沈宗美：《对美国主流文化的挑战》，载《美国研究》1992 年第 3 期，第 118-149 页。

⑦ 高鉴国：《试论美国民族多样性和文化多元主义》，载《世界历史》1994 年第 4 期，第 2-10 页。

⑧ 王希：《多元文化主义的起源、实践与局限性》，载《美国研究》2000 年第 2 期，第 44-80 页。

本文之所以认为“文化论”民族主义是美国民粹主义反复出现，以及美国民粹主义“敌人”情结产生的一个根源，如上所述，是因为它的非包容性。质而言之，在美国“文化论”民族主义传统中所强调的封闭性、排他性社会主张，契合了美国民粹主义对“敌人”的需求。正因为如此，马克·D. 布勒韦尔（Mark D. Brewer）在对美国民粹主义五个方面的内容①进行概括之余，还进一步指出，包含在民粹主义这个帽子之下的上述各种不同内容，它们需要一样东西使之被串联起来，这样东西即是“敌人”情结。换言之，对美国民粹主义来说，“关键是要反对某事和/或某人，而且经常是发自内心地反对”。②

二、美国族裔政治中的民粹主义“敌人”情结

美国族裔政治的历史可谓悠久。“在美国政治发展的每个关键时刻，族裔问题都是存在的，因为它塑造了美国的政治制度、政治话语、公共政策和居民的政治身份。”③美国的“种族‘现实’——它对美国社会中构成不平等和差异起到根深蒂固的重要作用，乃是政治、经济和社会力量的产物，而非生物学或基因学的产物”。④

作为移民国家，族裔始终是美国政治中的重要议题。美国人的国家认同特点因历史阶段不同而各异；在几个世纪的过程中，就种族、族裔、意识形态和文化而言，美国人以上述各方面的差异程度来界定其身份内容；盎格鲁—清教文化作为美国认同的核心已有三个世纪之久。⑤ 由此观之，美国族裔政治的核心问题，乃是国家认同问题；而国家认同问题的核心，则是对盎格鲁—清教文化的认同程度——尽管多元主义是美国五种主要政治模式之一。⑥ 认同问题与现实利益息息相关。作为接受大量移民人口的

---

① 这五个方面的内容分别是：第一，民粹主义描绘了这样一幅画面，即普通美国人与社会精英之间的冲突。无论那些普通人是否真的是普通人，无论那些精英是否真的是精英，其实并不重要；观念（perception）才是至关重要的。第二，经济上的困境对美国民粹主义来说也是至关重要的，尽管经济低迷本身并不足以引起民粹主义的喷发。第三，美国背景中的民粹主义常常具有阴谋论思想的特点，导致人们认为到处是邪恶的企图和欺瞒性威胁。第四，民粹主义者经常负面地看待知识分子。第五，传统和现状受到尊崇，其目标总体上说是为了维持事务的恰当秩序。参见 Mark D. Brewer，“Populism in American Politics”，*The Forum*，Vol. 14，No. 3，2016，pp. 254-255.

② Ibid，p. 255.

③ Joseph Lowndes，Julie Sovkov，and Dorian T. Warren，“Race and American Political Development”，in Joseph Lowndes，Julie Sovkov，and Dorian T. Warren，eds.，*Race and American Political Development*，Routledge，2008，p. 1.

④ Paul Frymer，“Race's Reality：the NAACP Confronts Racism and Inequality in the Labor Movement，1940-65”，in Joseph Lowndes，Julie Sovkov，and Dorian T. Warren，eds.，*Race and American Political Development*，Routledge，2008，p. 180.

⑤ Samuel P. Huntington，*Who Are We? The Challenges to America's National Identity*，Simon and Schuster，2004，pp. 65-66.

⑥ 关于五种模式，参见 M. J. C. Vile，*Politics in the U. S. A*，Routledge，2007，pp. 18-21.

种族多样化国家，族裔政治一直是研究美国社会生活的重要视角，并随着时代变迁而同步发展。

二战前，来自他国的移民往往面临美国化的压力，需要同化并融入美国社会方能改变自身境遇。但随着早期移民的奋斗，少数族裔在美国的经济境遇得到改善，加上二战后民权运动的发展使得少数族裔在选举、就业、贷款等方面的境遇得到改善，少数族裔面临的美国化压力逐渐降低。另一方面，经济能力的改善也使得少数族裔能够更多参与到社会生活和政治生活之中，为美国亚文化认同的形成奠定了基础。同时，尊重不同种族和族裔群体的文化多元性，也成为了美国社会所认同的价值观。在此背景下，美国的多元文化社会结构逐渐形成，参与社会生活和政治生活的增加，也为少数族裔间的互动与团结营造了条件，在美国形成了众多有影响的族裔组织。因此，少数族裔群体为维护自身权益和提高在美国社会的境遇，往往会在政治活动中互相团结，表现出特定族裔所特有的政治行为倾向。随着少数族裔人口的不断增加，吸引他们的支持更成为选举中的重要课题。

伴随美国族裔政治的不同发展阶段，是民粹主义“敌人”情结这一“幽灵”，而这与民粹主义“敌人”情结的根源“文化论”民族主义是分不开的。每当美国社会面临挑战或遭遇危机时，这种情结往往会在美国族裔政治中得到最充分的体现。在美国历史上，定居主义传统中对“内部的包容性”和对“外部的排他性”意味着，就大部分美国精英而言，美国边界本质上是欧洲移民进入的港口，因而他们经常很快地融入到这一政治共同体之中。一方面，通过扩大谁可算作是美国人的种族和宗教类别，领土对移民的需求阻止了19世纪进程中移民社会内部最排外的倾向；另一方面，它也使社会内部人与从属外部人（Social Insiders and Subordinated Outsiders）之间的分别变得牢不可破。因此，虽然许多新欧洲移民可能已经即刻享有自由和平等地参与政治的必要条件，但长期生活在这片土地上的印第安人、黑人或墨西哥人，却被拒绝享有这些权利。①

这一政治传统绵延于美国历史之中：从美国建国之前将定居者与原住民区隔开来（即相对于原住民的“野蛮人”地位，定居者乃是享有英国臣民同等权利和地位的英王子民），到将黑人排除在宪法中《权利法案》保护之外的异类；从以财产拥有程度来区隔享有相关政治权利（如选举权和被选举权）的“先来的”定居者（如来自英国的盎格鲁—撒克逊人）与“后来的”移民（如19世纪中叶的爱尔兰人），到1882年5月6

① Aziz Rana, *The Two Faces of American Freedom*, Cambridge, Massachusetts: Harvard University Press, 2010, pp. 12-13.

日第47届美国国会通过的《排华法案》等。

具体而言，在美国建国之初，杰斐逊以及其他美国建国者，为民粹主义留下了宪政上的（合法）空间；而他提出的“朴素民众论”（The Plain People）——这种论调因为将白人之外的其他族裔排除在外而具有浓厚的民粹主义“敌人”情结，则成为后续各种民粹主义在美国宪政制度安排上的重要渊源。这一时期的民粹主义“敌人”情结，在美国族裔政治中具体表现为基于人口类别进行的美国最早的人口普查。1790年，美国人口普查依赖的是地理上的分类，以便按照人口规模来分配国会席位的比例。这一普查也根据公民地位来进行分类：被征税者与不被征税者，自由人与奴隶。这种基于民粹主义“敌人”情结的公民分类，还承载着许多政治和政策内容。例如，奴隶人口以五分之三计算规则，使得南方在当时的美国国会席位上和选举人团投票方面多了大约12个席位。此即所谓的颇具讽刺意味的“奴隶权力”——杰斐逊、麦迪逊和门罗入主白宫都有赖于此。① 杰克逊时期的族裔民粹主义“敌人”情结，则集中体现在《1830年印第安人迁徙法案》（Indian Migration Act）获得通过这一事件里。② 作为该法案的后果，美国强迫成千上万的印第安人以不情愿的，且经常是暴力的方式迁移到西部，从而导致印第安人“血泪之路”（Long，Bitter Trail）③ 的出现。意味深长的是，当时大多数欧裔美国人都赞成该法案的通过。

在19世纪中后期，从格兰其（Grange）组织到平民党这场前后延续了半个世纪之久的农场主民粹主义运动，二者都具有种族主义的反民主色彩，因为他们将“阴谋论”（他们将自己的经济困境归咎于银行、金钱势力针对他们策划的阴谋）“延伸到对犹太人的排斥、对非盎格鲁—撒克逊人的不信任”。④ 而且平民党运动的大多数人来自美国中西部和南部，虽然他们相信来自下层的改革，但他们心目中的“下层”，却并不包括所有的下层人民。譬如，南方平民党人就“坚决反对给黑人平等的社会与政治权利”。⑤ 又譬如，19世纪末那些来自南欧的天主教徒和中欧的犹太人，都曾以不同方式

① Kenneth Prewitt, “Immigrants and the Changing Categories of Race”, in Taeku Lee, S. Karthich Ramakrishinan, and Ricardo Ramírez, eds., *Transforming Politics, Transforming America: the Political and Civic Incorporation of Immigrants in the United States*, Charlottesville: University of Virginia Press, 2006, pp. 19-20.

② 有关《1830年印第安人迁徙法案》通过背景以及随后的实施情况，曾有这样的描述：到1800年代，由于阿巴拉契亚山脉以西的盎格鲁—美国人定居者（Anglo-American settlers）人口稳步增长，印第安人原住民被强迫出售土地。这些发展导致1830年代杰克逊的印第安人迁移政策。杰克逊甫一就任总统，立即要求国会授权联邦政府不受任何限制地将东部的印第安人迁移到密西西比河以西地区。详情可参见 Richard Young and Jeffrey Meiserr, “Race and the Dual State in the Early Republic”, in Joseph Lowndes, Julie Novkov, and Dorian T. Warren, eds., *Race and American Political Development*, Routledge, pp. 43-44。

③ 同上。

④ 原祖杰：《对美国平民运动的再思考》，载《美国研究》2009年第4期，第117页。

⑤ 原祖杰：《对美国平民运动的再思考》，载《美国研究》2009年第4期，第126页。

激烈反抗自己被“种族化”，因此也就使自己被阻隔于居主导地位的白人群体之外。①

进入20世纪，首先出现的民粹主义是20世纪30年代由休伊·皮尔斯·朗（Huey Pierce Long）领导的左翼“分享财富”运动。② 虽然休伊·朗曾显露出要将黑人从经济灾难中解救出来的倾向，但是其与黑人的战术性结盟，被认为充其量只不过是出于赢得更多黑人选票的政治算计。这就是为什么他在帮助黑人时会显得那么“屈尊俯就”；他所作的反对白人至上主义组织三K党的激烈演说，也只是在该组织开始衰落之后。③ 20世纪60年代的右翼民粹主义者乔治·华莱士（George Wallace），更是主张加强法治以抑制黑人犯罪并减少对黑人游手好闲者的福利支出；他所领导的美国南方顽固派坚持种族隔离政策，以对抗联邦范围的民权运动。他并且谴责民权运动中的黑人和激进学生说，如果不是因为他们的“放纵和死硬”，如果“放手让美国军队”去做的话，美国将赢得越南战争。④

20世纪90年代，一方面，民粹主义者继续在族裔问题上区分“你们”黑人与“我们”白人（罗斯·佩罗）；⑤ 另一方面，在全球化背景下，他们十分顾忌拉美裔的涌入，因为他们担心拉美裔的目标，是要重新将加利福尼亚和其他一些美国西南州变成西班牙裔（Hispanics）的土地。⑥ 他们也担忧移民——其中尤其是拉美裔移民——的涌入危及美国国家认同。正如亨廷顿所指出的那样，相对于美国国家身份，“族裔、种族和性别身份出现在前面。与其先辈相反，许多移民乃是其本身（Ampersands），因为他们保留双重忠诚和双重公民身份。西班牙裔的涌入则提出了有关美国语言和文化统一性的问题”。⑦ 这即是亨廷顿出版他那影响深远的著作《我们是谁?》一书的时代大背景。虽然亨廷顿本人并非民粹主义者，但他对美国身份危机——美国族裔构成即将发生根本性变化——的担忧，则是源于美国的“文化论”民族主义。这种“文化论”

---

① Kenneth Prewitt,“Immigrants and the Changing Categories of Race”, in Taeku Lee, S. Karthich Ramakrishinan, and Ricardo Ramírez, eds., *Transforming Politics, Transforming America: the Political and Civic Incorporation of Immigrants in the United States*, Charlottesville: University of Virginia Press, 2006, p. 24.

② 事实上，朗的“分享财富”运动对罗斯福的“新政”——尤其是第二份“新政”计划——产生过重大影响。相关内容可参见 Stephan Thernstrom, *A History of American People*, San Diego: Harcourt Brace Jovanovich, 1989, p. 851.

③ 白净一:《美国民粹主义——以20世纪30年代休伊·朗领导的民粹主义为例》，上海外国语大学硕士学位论文，2011年10月，第14页。

④ Stephan Thernstrom, *A History of American People*, San Diego: Harcourt Brace Jovanovich, 1989, p. 731.

⑤ 1992年，佩罗在一次集会演讲中连续数次用到“你们这些人”（“you the people”，一般认为指的是黑人）。这是区分“你们”与“我们”（白人）的典型种族歧视论调。

⑥ Pat J. Buchanan, *The Death of the West: How Dying Populations and Immigrant Invasions Imperil Our Country and Civilization*, St. Martin's Griffin, 2001, Chapter 6.

⑦ Samuel P. Huntington, *Who Are We? The Challenges to America's National Identity*, Simon and Schuster, 2004, p. 4.

民族主义的回归，为21世纪以来出现的美国族裔民粹主义“敌人”情结提供了思想基础和理论依据。

为此，一方面，自冷战结束以来，美国开始对移民进行控制，尤其是限制拉美和亚洲移民，这集中体现在《1990年移民法》（The Immigration Act of 1990）之中；另一方面，为确保其南部边界安全，美国开始加强对美墨边界进行控制，采取的措施包括“坚守防线行动”（Operation Hold-the-Line）、“看门人行动”（Operation Gatekeeper）、“保卫行动”（Operation Safeguard）、“格兰德河流行动”（Operation Rio Grande）等。①

三、族裔政治中的民粹主义“敌人”情结对特朗普内外政策的影响

2008年出现的新一波美国民粹主义，与其说是个特例，毋宁说是民粹主义的一次回潮。在历次民粹主义运动/思潮中，总的来说这些内容都具有美国“文化论”民族主义的封闭性和排他性特点。限于篇幅，在此仅对民粹主义“敌人”情结在当前美国族裔政治中的体现及其内外政策影响进行分析。

美国政治学家法理德·扎卡里亚（Fareed Zakaria）在曾列举出的特朗普民粹主义五个根源中，不知出于什么考虑，并没有将族裔政治因素纳入其中。② 但事实上，自从《1965年外来移民与国籍法修正案》（Immigration and Nationality Act Amendments of 1965）③ 在美国国会通过以来的过去半个多世纪里，尤其是在过去10年里，人们目睹

① See Christopher Rudolph, *National Security and Immigration: Policy Development in the United States and Western Europe since* 1945, Stanford, California: Stanford University Press, 2006, pp. 66-67, pp. 71-71.

② 这五个根源分别是经济上的停滞——1970年代以来包括美国在内的西方经济增长急剧下降；人口出生率下降致使有更少工人进入劳动力市场、退休人口规模膨胀；在全球化过程中，全球贸易虽然对经济产生总体上的积极作用，但却同时对某些具体生产部门产生破坏作用；技术因素——信息革命导致像谷歌这样的公司开发无人驾驶汽车，从而使得300万美国卡车司机可能丢掉饭碗；以及财政预算问题——美国在2015年债务与GDP的比率达到81%，而养老金和医保支出的增加将使得财政负担有增无减。参见 Fareed Zakaria, “Populism on the March”, *Foreign Affairs*, November/December 2016, https://www.foreignaffairs.com/articles/united-states/2016-10-17/populism-march.

③ 在美国，《1924年移民法》（又称约翰逊—里德法案，Immigration Act of 1924, or the Johnson-Reed Act）支持者的目的之一，是期望通过该法案确立清晰的“美国身份同一性”来“保持国民中基本类别的种族的优势，以此来稳定美国民族构成”——因为该法禁止中东、东亚和印度移民。而与此相对，《1965年外来移民与国籍法修正案》则废除了1921年美国国会确立的带有歧视色彩的种族来源限额制度（该法为《1924年移民法》所取代），代之以制度层面上更为公平的全球限额制度，为此前受种族主义和孤立主义影响的移民政策画上了句号，为之后的移民政策奠定了基调，在某种程度上开启了一个新的移民时代。事实上，在从《1921年紧急配额法》（Emergency Immigration Act of 1921）和《1924年移民法》到《1965年外来移民与国籍法修正案》的演变过程中，其中也折射出“文化论”民族主义与“信念论”民族主义在美国政治生活中影响力的此消彼长；而2008年金融危机以来美国民粹主义的强劲势头，也折射出上述势头的反转变化。

拉美裔移民如潮水般地涌入美国（见表 1 和表 2），从而导致美国人口构成正发生根本性的变化。① 由此带来尤其是白人草根阶层的焦虑——因为他们一度是美国人口的绝对多数，进而催生和推动美国民粹主义思潮/运动；而这场运动又与当今出现的美国身份认同（困境）密切相关。换言之，过去几十年里，源于“文化论”民族主义的民粹主义“敌人”情结，在移民问题引发的族裔政治中变得日益强烈。

表 1　来自墨西哥、加拿大、拉美、美洲（包括中美洲和南北美洲）移民各自占美国总移民人数的百分比变化（1820—1996）

年份	加拿大（%）	墨西哥（%）	拉美（%）	美洲（%）	进入美国的移民总人数
1820	2.49	0.01	2.13	4.62	8385
1821—1830	1.57	3.36	6.49	8.06	143439
1851—1860	2.28	0.12	0.6	2.88	2598214
1871—1880	7.50	0.18	6.87	14.37	2812191
1901—1910	2.04	0.56	3.55	4.11	8795836
1911—1920	12.94	3.82	7.00	19.94	5735811
1921—1930	22.51	11.18	14.42	36.93	4107209
1931—1940	20.54	4.22	9.75	30.29	528431
1941—1950	16.59	5.85	17.69	34.28	1035039
1951—1960	15.30	11.92	24.33	39.63	2515479
1961—1970	12.44	13.67	39.23	51.67	3321677
1971—1980	3.78	14.25	40.35	44.13	4493314
1981—1990	2.14	22.57	47.13	49.27	7338062
1991—1996	2.07	26.91	48.68	50.75	6146213

资料来源：David M. Brownstone, Irene M. Franck, *Facts about American Immigration*, the H. W. Wilson Company, 2001, p. 487, p. 492, p. 619.

表 2　美国人口中各族裔（预计）数量和比例（2009—2050）　　单位：千人

	2000	2009	2010	2020	2030	2040	2050
总人口（%）	282125（100%）	301461（100%）	310233（100%）	341387（100%）	373504（100%）	405655（100%）	439010（100%）

① 关于这一点，有学者指出，一方面，《1965 年外来移民与国籍法修正案》可以说是“美国移民史的分水岭”，因为它确立的以国籍为基础、以家庭团聚为核心目标的移民入境原则，为亚洲、拉美移民的亲属打开了方便之门，并进而改变了美国移民的地区来源——此前是放任西半球、偏爱西北欧、限制东南欧和亚洲移民；另一方面，也不应过分强调此一法案对美国移民潮进程的作用，因为无论在任何时期、任何地区，移民潮的产生都是一个双向互动的结果，既涉及移民输入地的因素，也涉及移民输出地的因素……战后外来移民群体中民族来源的变迁，并非是战后美国所独有的现象，也普遍存在于欧美移民接收国。参见欧阳贞诚：《美国外来移民的劳动力市场与经济影响（1965—2005）》，北京：三联书店 2016 年版，第 37-39 页。

续表

	2000	2009	2010	2020	2030	2040	2050
白人 （%） 北美白人/ 拉丁裔	228548 （81.0） （69%/ 12%）	224470 （74.46） （—/ —）	246630 （79.5） （63.5%/ 16%）	266275 （78.0） （58.1%/ 19.9%）	286109 （76.6） （52.6%/ 24%）	305247 （75.2） （49.2%/ 26%）	324800 （74.0） （44%/ 30%）
黑人 （%）	35818 （12.7）	37265 （12.36）	39909 （12.9）	44389 （13.0）	48728 （13.0）	52868 （13.0）	56944 （13.0）
亚裔 （%）	10684 （3.8）	13201 （4.38）	14415 （4.6）	18756 （5.5）	23586 （6.3）	28836 （7.1）	34399 （7.8）
其他人* （%）	7075 （2.5）	26526** （8.79）	9279 （3.0）	11967 （3.5）	15081 （4.0）	18704 （4.6）	22867 （5.2）

资料来源：Laura B. Shrestha、Elayne J. Heisler, *The Changing Demographic Profile of the United States*, Congressional Research Service, March 31, 2011, p. 20, p. 21, p. 23.

*说明：其他人包括美国印地安人、阿拉斯加原住民、夏威夷原住民和其他太平洋岛人、两个族裔以上的混血人；

**说明：除*中的全部外，还包括某些其他种族。

这就是为什么说特朗普的胜选，是其对白人草根阶层的关注和焦虑作出即时而恰当回应的结果。但另一方面，无论就国际环境还是人口结构而言，特朗普时期的美国都迥异于美国历史上民粹主义出现的其他时期，如安德鲁·杰克逊时期的美国。虽然基于“文化论”民族主义①的美国民粹主义“敌人”情结在今天十分强烈，但是经过两个世纪的演进，主张基于“信念论”民族主义的包容性美国社会力量，已然变得非常强大。由此，这两股相互反作用的力量势必对特朗普政府的内外政策（制定）产生影响。以下集中从族裔政治角度对美国民粹主义“敌人”情结影响特朗普政府内外政策进行分析。这种影响可以从两个虽然不同但相互之间存在关联的维度来进行分析。

第一个维度：这种民粹主义“敌人”情结因为针对特定族裔群体而对特朗普内外政策产生了影响。从这一维度观察，特朗普“百日新政”中的相关政策议题中，包括签署在美墨边境筑墙的政令和签署“穆斯林禁令”。

2017年1月25日，特朗普签署了要求建造美国和墨西哥之间“边境墙”的行政命令。但自该政令生效以来，始终没有解决钱——这道总长3219公里的实体高墙造价预计高达120亿美元——从哪里来的问题。按照特朗普的计划，部分经费将从特朗普砍掉的联邦机构预算中转拨，其余部分则由墨西哥方面通过直接支付或对美出口交纳20%边境税的变相办法承担。但国会两党议员反对，墨西哥方抵触情绪更是强烈。就特

① 与“文化论”民族主义相关的另外一种叙述版本，是基于犹太—基督教文明的民族主义。参见李向阳：《特朗普政府的亚洲政策及其影响》，载《亚太地区发展报告（2017）》，北京：社会科学文献出版社2017年版。

朗普的“穆斯林禁令”政策而言，其实早在2015年共和党初选中当特朗普处于领先地位时，他即号召禁止所有穆斯林进入美国。2017年2月27日特朗普甫一上任不久即签署行政命令，要求国务院采取“新审查措施”，今后120天内暂停所有难民入境美国；90天内暂停向伊朗、苏丹、叙利亚、利比亚、索马里、也门和伊拉克七国普通公民发放签证；无限期禁止叙利亚难民进入美国。是为“禁止穆斯林”的行政命令。但特朗普的这一“禁令”遭到了华盛顿州联邦地区法院法官詹姆斯·罗巴托（James Robart）的强硬回击，他下令暂缓这一禁令的执行。2017年3月，特朗普总统再次发布经修改的“穆斯林禁令”，但这一次他更是遭到了包括夏威夷和马里兰等州在内的联邦地区法院法官的挑战。由此观之，虽然在美国历史中这种针对特定族裔的歧视性做法——无论是国会立法还是行政命令——并不鲜见，但有所不同的是，由于战后美国进步主义运动的成果，这一次的歧视性做法受到了强烈抵制，而不像上述1830年“印地安人法案”那样在美国社会中得到欧洲裔白人的普遍赞同。

第二个维度：特朗普得到了心怀民粹主义“敌人”情结的特定族裔群体支持，从而使其获得了反精英、反建制、反政治正确的社会基础，进而对特朗普内外政策产生影响。由此维度观之，特朗普“百日新政”中的相关政策议题，包括企图推翻奥巴马医改法案、退出TPP、反对全球主义①等。这些都契合了特朗普的那些核心支持者——他们主要是“文化论”民族主义拥趸者的底层白人蓝领工人阶级——的关注。2017年1月20日，特朗普就职后立刻签发第一道行政命令，作为叫停奥巴马医改（《平价医疗法案》）计划的第一步。但从特朗普的“百日新政”来看，这也是其遭受的最大挫败——新医保改革法案（《美国医保法》草案）中途流产，尽管特朗普提出的《美国医保法》于2017年5月4日在国会以微弱多数获得通过（且在参议院的结局还属未定）。究其原因，根本上还是因为如果“去奥巴马化”的“步子够大”——全民医保被废除，他的那些核心支持者就将首先面临彻底失去医疗保障的危险，从而动摇其执政根基。

2017年2月23日，特朗普签署行政命令，宣布美国退出跨太平洋伙伴关系协定

① 也有观点认为，特朗普时代的美国不会拒绝全球化，主张的并不是完全孤立的逆全球化，而是美国化的全球化。并进而指出，需要保持政治警惕的是，逆全球化可能并不是特朗普的政策目标，反倒成为他利益交换的工具、政治选举的幌子。至少从目前的一些新政看，特朗普主张的并不是完全孤立的逆全球化，而是美国化的全球化，一种“伪逆全球化”。它有浓厚的新重商主义特征，有自由贸易的理想，但国家利益的思维模式或许才是最重要的。具体表现在以下三个方面：首先，特朗普政府贸易政策的核心理念是反对传统的多边主义的全球化，而致力于用各国间的双边协议取而代之，从“一盘棋”到“分而治之”；其次，特朗普政府以美国利益为名出击，目的在于逃避西方国家的道义责任；最后，特朗普政府不是不要全球化，而是不希望新兴市场国家平等分享全球化的收益。参见韩剑：《换种角度认识逆全球化》，中国社会科学网，2017年4月14日，http：//www.cssn.cn/gj/gj_hqxx/201704/t20170414_3486699_2.shtml.

（TPP）。第二天，他又签署行政命令要求各行政机构设立"管制改革工作组"，削减成本高昂、没有必要的管制措施；而这些被取消的措施多在能源、环保等领域，实质上推翻了奥巴马政府时期许多环保、应对气候变化的措施。

四、结语

通过以上从两个维度对民粹主义"敌人"情结影响特朗普内外政策的分析，可以得出以下四个结论。

第一，特朗普内外政策的不确定性，源于特朗普政府内的右翼民粹主义者与传统保守派之间的斗争。具体而言，特朗普政府内部存在两个相互竞争的派别。其一是以斯蒂夫·班农（Steve Bannon）为代表的意识形态派别，他们企望推翻现代官僚（行政）国家，使美国回到安德鲁·杰克逊时代的美国，重回"普通白人"至上；其主张既适用于国内事务，也适用于对外事务。另一派更为实用主义，自认为遵循保守的里根政府传统，这一派在外交事务上虽然主张更加接触性和更加合作性的外交政策，但依然以相当具有民族主义色彩的"美国优先"观点为基础。这两个派别都具有"文化论"民族主义的情结。而作为总统，特朗普经常不能确定自己站在哪一边。由此使得其内外政策具有很大的不确定性。①

第二，特朗普内外政策的不确定性，还源于特朗普的个人性格。与奥巴马政府以自己的可靠性、可信性和可预测性而自豪相对，特朗普则反其道而行之，宣称"作为一个国家，我们必须更加具有不可预测性"。② 但是，特朗普这种在内外政策上"我行我素"的作为，如果不是因为他得到了心怀民粹主义"敌人"情结的底层白人支持，恐怕是不可持续的；换言之，特朗普在内外政策上"我行我素"的可能性，至少部分是建立在支持他的社会力量基础之上的。

第三，在更宏观层的面上，特朗普内外政策的不确定性更大程度上受制于当前美国政治中的结构性问题。就短期而言，特朗普内外政策的不确定性似乎源于其不按常理出牌；但就长期而言，特朗普内外政策的不确定性则更多源于这样一个事实，即那些秉持民粹主义"敌人"情结的人固然可以影响特朗普的内外政策，但这种影响会受到美国"信念论"民族主义者的"反制"——这种不确定性从根本上来说是源于美国

① Klaus Larres, "Donald Trump and America's Grand Strategy: U. S. Foreign Policy toward Europe, Russia and China", *Global Policy*, May 2017, p. 7.

② Klaus Larres, "Donald Trump and America's Grand Strategy: U. S. Foreign Policy toward Europe, Russia and China", *Global Policy*, May 2017, p. 8.

社会长期以来业已形成的政治共识遭到侵蚀的结果。

第四，美国政治将经历一个两种民族主义相互之间长期博弈的过程，这一博弈正/将发生在秉持“文化论”民族主义为基础的民粹主义者与秉持“信念论”民族主义为基础的国际主义者之间。由此在两个方面给特朗普内外政策带来不确定性。其一，特朗普政府本身的稳定性与否给特朗普内外政策带来潜在而巨大的不确定性，这从2017年5月中旬以来不断发酵的一系列涉及“俄罗斯门”事件中可见端倪。其二，给特朗普早日成为“成熟”总统带来挑战，从而给特朗普的内外政策带来不确定性。具体而言，就像其他政治“素人”一样，作为总统的特朗普必然需要经历一个学习过程，从而适应美国的制度性安排、学习对美国利益的认知。但对于特朗普来说，与大多数美国历史上的“素人”不同之处在于，伴随特朗普学习过程的将是上述两种民族主义理念的博弈，从而平添了特朗普成为“成熟”总统的挑战。2017年4月初特朗普与习近平在海湖庄园举行了峰会，美国参议院全体议员于2017年4月25日赴白宫参加了有关朝鲜问题的吹风会。从这两个事件的结果来看，特朗普的学习是否已经取得了进步呢？

美国特朗普政府“印太战略构想”评析*

夏立平

在美国总统特朗普2017年11月访问亚洲五国之前和期间，特朗普政府推出“印太战略”（The Indo-Pacific Strategy），企图维护和扩大美国在该地区的利益与保持有利于美国的地区战略平衡。该战略如果进一步充实，将增加印太地区形势的不稳定性和不确定性。本文在研究特朗普政府公布的《美国国家安全战略报告2017》和特朗普总统本人及其政府高官相关言论的基础上，对特朗普政府“印太战略”进行分析。

一、特朗普政府推出“印太战略”的背景

“印太战略”的提出，是为了应对世界大变局和替代奥巴马政府“亚太再平衡”战略。进入21世纪以来，中国和一批发展中国家迅速崛起，亚洲正在整体崛起，世界经济和政治的重心开始从大西洋两岸向亚太地区转移，国际体系正在经历百年未有之大变局。

在这种形势下，美国奥巴马政府实施“亚太再平衡”战略，开始将美国全球战略和军事战略的重点转向亚太地区，以保持美国在亚太地区的领导地位从而保持在世界的领导地位，牵制和制约正在迅速崛起的中国。但奥巴马政府“亚太再平衡”战略遭遇挫折，主要表现在：美国“亚太再平衡”战略向其盟国和盟友发出错误信号，使这些国家认为如果它们在与中国的海上领土主权和海洋权益争端中发生武装冲突，美国会在军事上卷入支持它们。因此日本和菲律宾在2010年以后一段时间分别在钓鱼岛争议和黄岩岛争议中对中国采取强硬立场，导致东海和南海形势紧张。奥巴马政府还在地缘政治上企图以南海问题为抓手形成问题型联盟，企图促成区域外大国与某些东南亚国家共同针对中国的态势。由于中国应对得当，既在涉及领土主权和海洋权益问题上坚定维权，又采取有效措施维稳，因此“亚太再平衡”战略在东海和南海制约中国

* 本文刊发于《现代国际关系》2018年第1期，第22-28页。

的企图失败了。同时，中国大力推进“一带一路”，印度洋已经成为中国21世纪海上丝绸之路的重要发展方向。

针对这种情况，特朗普政府用“印太战略”替代“亚太再平衡”战略，企图将美国亚太防线扩大到印度洋地区，将印度纳入美国势力范围，更多借用印度来制约中国。

特朗普政府建制派精英与日本安倍政府一拍即合。实际上，奥巴马政府为了推行其“亚太再平衡”战略，已经开始将太平洋和印度洋这两洋区域整合到一个统一的概念系统中。2011年11月，时任美国国务卿希拉里·克林顿在发表的标志着奥巴马政府“亚太再平衡”战略出台的文章中，强调印太地区对于美国的战略重要性。她指出，从印度次大陆到美国西海岸的横跨太平洋和印度洋的广阔地区正在被航运和战略日益紧密地联系在一起。这一区域占据世界人口的一半，是全球经济的关键引擎，也是美国关键盟国和重要新兴大国中国、印度等国的聚集地。为维护该地区的和平与稳定以及确保美国在该区域的战略利益，美国将调整在印度洋和太平洋区域的军力部署，将这两洋区域整合为一个统一的可操作的概念系统，进一步发展与澳大利亚的军事同盟关系，将其由太平洋伙伴关系提升为印太伙伴关系。① 2012年1月，美国防部公布的美国国防战略方针指出：“美国的经济与安全利益不可分割地维系于从西太平洋和东亚延伸到印度洋和南亚的这一弧形地带的事态发展”，美国的军事力量“势必将向这一地区平衡”。② 2013年4月，时任美军太平洋总部司令塞缪尔·洛克利尔（Samuel Locklear）海军上将在美国国会听证会上，详细论证了“印度洋—亚洲太平洋”区域在美国全球战略中日益增长的重要性和面临的安全挑战，以及奥巴马政府“亚太再平衡”战略已经和行将采取的战略步骤。③ 2013年7月，时任美国副总统乔·拜登（Joe Biden）访问印度和新加坡时，称美国现在将印太看做一个地区，将印度向东看战略和外交接触看作亚洲未来不可分割的组成部分。④ 这些表明，当时奥巴马政府试图在推行“亚太再平衡”战略框架下建构印度洋和太平洋两洋战略上的联系。

2013年3月，日本首相安倍晋三在美国演讲中谈到日本在太平洋和印度洋两个地

① Hillary R. Clinton, “America's Pacific Century”, *Foreign Policy*, November 2011, p. 57, 59, 62-63.

② U. S Department of Defense, “Sustaining U. S. Global Leadership: Priorities for 21st Century Defense”, January 2012, http://www.defense.gov/news/Defense_ Strategic_ Guidance.pdf.

③ Admiral Samuel J. Locklear, Commander of United States Pacific Command, testified before U. S. Senate Committee on Armed Services, “U. S. Pacific Command programs and Operations”, April 9, 2013, https://www.c-span.org/video/?311961-1/us-pacific-command-operations#.

④ J. Biden, “Remarks by Vice President Joe Biden on Asia - Pacific Policy”, July 19, 2013, http//www.whitehouse.gov/the-press-office/2013/07/19/remarks-vice-president-joe-biden-asia-pacific-policy.

区汇合的利益时，使用了“印太”这一术语。①在2017年11月特朗普总统访问亚洲之前，特朗普政府建制派精英急于推出一个不同于奥巴马政府的特朗普政府亚太战略，因此接受了日本安倍晋三的“印太”战略概念，双方可以说一拍即合。2017年10月18日，美国务卿蒂勒森（Rex W. Tillerson）在华盛顿智库战略与国际研究中心发表题为《确定下一个世纪我们与印度的关系》的演讲，宣称“在未来一百年印太地区继续保持自由和开放是至关重要的”，“美国和印度是有着不断增加战略汇聚点的全球伙伴，这对未来一百年将有深远的影响”，“正在上升的德里—华盛顿战略伙伴建立在对法治、自由航行、普世价值和自由贸易共同承诺的基础上。美印两国是全球稳定的两大挡书板”。② 11月2日，在特朗普出访亚洲前夕，总统国家安全事务助理麦克马斯特（H. R. McMaster）告诉记者：“总统此行将着眼于三个目标。首先是加强国际社会实现朝鲜无核化的决心；二是推动建设自由开放的印度洋—太平洋地区；三是通过公平互惠的贸易和经济交往来推动美国的繁荣。”③ 11月10日，特朗普总统在越南举行的亚太经济合作组织（Asia-Pacific Economic Cooperation，以下简称APEC）工商领导人峰会上发表讲话时宣称：“我来到这里倡导和平，促进安全，并与你们一起实现印度—太平洋地区真正的自由和开放。我们为此感到骄傲，我们都是主权国家，我们要求繁荣昌盛，人人都希望兴旺发达。”④ 在大约半小时的讲话中，他至少十次提到“印度洋—太平洋地区”。12月18日，特朗普总统签发的《美国国家安全战略报告2017》提出：“我们将确保世界关键地区的实力平衡继续有利于美国：印度—太平洋、欧洲，以及中东。”⑤ 该报告将印太地区列为美国地区战略的首位，以一个部分详细阐述了美国印太战略的主要内容。这标志着该战略基本成形。

美日利用澳印和其他印太国家对中国崛起的担心推销该战略。2007年，印度学者格普利特·S. 库拉纳（Gurpreet S. Khurana）在《海上通道安全：印度—日本合作的前景》一文中，认为“印太地区”指“从东非和西亚的沿海地区，经过印度洋和西太

① “Japan is Back”, Speech by Prime Minister Shinzo Abe at the Center for Strategic and International Studies (CSIS), Washington, D. C., February 22, 2013, http: //www. mofa. go. jp/announce /pm/abe/us_ 20130222en. html.

② Rex W. Tillerson, Secretary of State, Remarks on “Defining Our Relationship With India for the Next Century”, at Center for Strategic & International Studies, Washington, D. C., the U. S., October 18, 2017, https: //www. state. gov/secretary/remarks/2017/10/274913. htm.

③ “National Security Adviser H. R. McMaster updated reporters on the president's upcoming trip to Asia”, White House Daily Briefing, White House, Washington, D. C., the U. S., C-SPAN, November 2, 2017, https: //www. c-span. org/video/? 436740-1/white-house-briefs-reporters-presidents-trip-asia#.

④ Kevin Liptak and Dan Merica, “Trump delivers ‘America first’ speech at Asia-Pacific economic summit”, CNN, November 10, 2017, http: //edition. cnn. com/2017/11/10/politics/donald-trump-apec- vietnam-trade/index. html.

⑤ The White House, *National Security Strategy of the United States*, Washington, D. C., the United States, December 2017, https: //www. whitehouse. gov/wp-content/uploads/2017/12/NSS-Final-12-18 -2017-09 05. pdf.

平洋，直到东亚的沿海地区”。① 2012 年末和 2013 年初，时任印度总理曼莫汉·辛格（Manmohan Singh）在界定印度与东盟和日本关系时使用了“印太”概念。② 2013 年 5 月，澳大利亚政府颁布的《澳大利亚国防白皮书》正式使用“印太地区”概念，提出：“印太地区对于澳大利亚来说至关重要，与印度建立密切的战略伙伴关系是澳大利亚战略的重要组成部分”。③

二、特朗普政府“印太战略”的主要特点

在“有原则的现实主义”和“美国优先的国家安全战略”指导下，加强印太地区联盟和伙伴体系，企图将两洋联结，形成大月牙形同盟与伙伴国网络。特朗普政府“印太战略”是其“美国优先的国家安全战略”重要组成部分之一。而“美国优先的国家安全战略”和“印太战略”都是在特朗普“有原则的现实主义”（Principledrealism）指导下制定的。

2017 年 5 月，特朗普总统在利雅得的演讲中首次提出“有原则的现实主义”，认为其“扎根在我们的价值观、共同的利益和常识当中”。④ 8 月 21 日，特朗普总统在弗吉尼亚州迈尔堡空军基地发表演说公布美国的阿富汗和南亚战略时宣称“这种有原则的现实主义将指导美国未来的决定”。⑤ 9 月 22 日，特朗普总统在第 72 届联合国大会一般性辩论上发表演讲时，提出“有原则的现实主义”是基于“共同目标、利益和价值观”，“我们追求好的结果，不被意识形态束缚”。⑥

2017 年 12 月出台的《美国国家安全战略报告 2017》宣称：“美国优先的国家安全战略基于美国的原则、对美国利益的清晰评估和处理我们面临的挑战的决心”，“这是

① Gurpreet S. Khurana, “Security of Sea Lines: Prospects for India-Japan Cooperation”, *Strategic Analysis*, Vol. 31, No. 1, 2007, pp. 139-153.

② Manmohan Singh, “PM's Address to Japan-India Association, Japan-India Parliamentary Friendship League and International Friendship Exchange Council”, May 28, 2013, http://pmindia.nic.in/speech-details.php? nodeid=1319.

③ Department of Defence, Australian Government, “Defending Australia and its National Interests”, *Defence White Paper* 2013, May 13, 2013, p. 3.

④ “Transcript of Trump's speech to the leaders of more than 50 Muslim countries to outline his vision for US-Muslim relations in Saudi Arabia”, CNN, Riyadh, Saudi Arabia, May 21, 2017, http://edition.cnn.com/2017/05/21/politics/trump-saudi-speech-transcript/index.html.

⑤ “Remarks by President Trump on the Strategy in Afghanistan and South Asia”, Fort Myer, Arlington, Virginia, the U.S., issued by the White House, August 21, 2017, https://www.whitehouse.gov/ briefings-statements/remarks-president-trump-strategy-afghanistan-south-asia/.

⑥ “Remarks by President Trump to the 72nd Session of the United Nations General Assembly”, United Nations, New York, issued by the White House, September 19, 2017, https://www.whitehouse.gov/briefings-statements/remarks-president-trump-72nd-session-united-nations-general-assembly/.

一种结果导向，而不是意识形态导向的有原则的现实主义”，“它基于这样一种认识，即和平、安全和繁荣取决于在国内尊重国民，在国外合作推进和平的强有力的主权国家”。[①] 该报告认为：“美国优先的国家安全战略是由有原则的现实主义指导的。‘现实主义’是因为它承认权力在国际政治中的中心作用，以及主权国家是实现和平世界和清晰定义我们国家利益的最好希望。‘有原则的’是因为它基于承认推进美国原则在全球扩展和平和繁荣。由美国权力强化的美国价值和影响使世界更自由、安全和繁荣。”[②]

根据“有原则的现实主义”，《美国国家安全战略报告 2017》认为：“大国竞争时代回归”，要运用美国的力量威慑和制约“企图构建与美国价值观和利益对立的世界”的两大“修正主义国家”俄罗斯和中国。[③] 同时，要对付“寻求有能力用核武器杀死数百万美国人”的朝鲜和“支持恐怖主义”的伊朗，以及伊斯兰恐怖分子。[④] 为达到这些目的，特朗普政府推出“印太战略”。

《美国国家安全战略报告 2017》将“印太地区”定义为“从印度西海岸至美国西海岸的广大区域，这是一个世界上人口最多和经济最有活力的地区”。[⑤] 这实际在地缘战略上将从美国西海岸开始的太平洋与直到印度西海岸的印度洋联结在一起。

自冷战以来，美国在东亚与西太平洋地区依靠以自己为核心的“轴辐”安全体系。这一安全体系主要是由美日、美韩、美澳、美泰、美菲等五对双边联盟组成。这是一个以日本为北锚、澳大利亚为南锚，缺半边的半月形安全体系。但近年来美国深感这种体系已经不足以应对和牵制崛起的中国。因此特朗普政府推出“印太战略”实际上是将其亚太“轴辐”安全体系扩大到印度洋区域。企图形成一个把日本和印度作为“东西两翼”、[⑥] 澳大利亚作为连接印度洋和太平洋两洋与东西两翼的锚点、环绕着东亚大陆的大月牙形同盟与伙伴国网络（包括韩国、菲律宾和泰国等盟国以及越南、印

---

① The White House, *National Security Strategy of the United States*, Washington, D. C. , the United States, December 2017, https: //www. whitehouse. gov/wp-content/ uploads/2017/12/NSS -Final-12-18-2017-0905. pdf, p. 1.

② The White House, *National Security Strategy of the United States*, Washington, D. C. , the United States, December 2017, https: //www. whitehouse. gov/wp-content/uploads/2017/12/NSS- Final-12-18-2017-0905. pdf, p. 1.

③ The White House, *National Security Strategy of the United States*, Washington, D. C. , the United States, December 2017, https: //www. whitehouse. gov/wp-content/uploads/2017/12/NSS- Final-12-18-2017-0905. pdf, p. 25.

④ The White House, *National Security Strategy of the United States*, Washington, D. C. , the United States, December 2017, https: //www. whitehouse. gov/wp-content/uploads/2017/12/NSS- Final-12-18-2017-0905. pdf, p. 7.

⑤ The White House, *National Security Strategy of the United States*, Washington, D. C. , the United States, December 2017, https: //www. whitehouse. gov/wp-content/uploads/2017/12/NSS- Final-12-18-2017-0905. pdf, pp. 45-46.

⑥ Michael Green and Daniel Twining, “Why aren't we working with Japan and India?”, *Washington Post*, July 18, 2011, http//articles. washingtonpost. com/2011-07-18/opinions/35238121-1-obama- adminstration-strategic-dialogue-japan-and-india.

尼、马来西亚和新加坡这些美国的安全与经济伙伴国家），① 从而使美国在地缘战略上占有优势，以平衡和制约中国。这实际上在安全领域某种程度上继承了奥巴马政府“亚太再平衡”战略中关于“印太”的部分内容，但又加入一些新的内容。

运用“离岸制衡”，构建“美日澳印四边形安全合作机制”。构建“美日澳印四边形安全合作机制”是特朗普政府“印太战略”的重要支柱之一。《美国国家安全战略报告 2017》强调：“我们欢迎印度崛起成为全球领导力量和强有力的战略与防务伙伴。我们将增加与日本、澳大利亚和印度的四边合作。”② 2017 年 11 月 13 日，美国、印度、日本和澳大利亚四国外交部门的官员在菲律宾马尼拉召开的东亚峰会期间举行了正式会议。这是特朗普政府出台“印太战略”以来四国首次进行正式官方相关沟通。

特朗普政府出台“印太战略”和积极推进构建“美日澳印四边形安全合作机制”，实际上是对“离岸制衡”（Offshore Balancing，也称为“离岸平衡手”）战略的运用。“离岸制衡”是进攻性现实主义（Offensive Realism）的代表人物约翰·米尔斯海默（John J. Mearsheimer）在其著作《大国政治的悲剧》中提出的概念。其定义是：“这些远处的霸权通常喜欢让地区大国来制衡热衷于追逐霸权的国家，它们则坐山观虎斗。但有时这种推卸责任的策略并不可行，遥远的霸权国家不得不插手以平衡崛起中的国家。”③ 米尔斯海默认为：“国际体系是一个险恶而残忍的角斗场，要想在其中生存，国家别无选择，只得为权力而相互竞争。”④ 他提出：“无论何时，某种国际秩序的出现，大体上都是体系中大国自私行为的副产品。换句话说，体系的构造是大国安全竞争的无意识结果，而不是国家采取集体行动构建和平的结局。”⑤ 他主张：“美国外交政策的中心目标是做西半球的霸主，防止欧洲和东北亚出现与之匹敌的霸权国。”⑥ 构建“美日澳印四边形安全合作机制”是特朗普政府从“离岸制衡”视角，为了利用日、澳、印来制约和围堵中国，防止中国成为东亚地区主导国家。将印度拉入“美日澳印四边形安全合作机制”既可以利用中印这两个发展中大国之间的矛盾，防止发展中国家的整体崛起；又可以利用中印这两个亚洲大国之间的矛盾，防止亚洲的整体崛起。

---

① The White House, *National Security Strategy of the United States*, Washington, D.C., the United States, December 2017, https://www.whitehouse.gov/wp-content/uploads/2017/12/NSS-Final-12-18-2017-0905.pdf, p. 46.

② The White House, *National Security Strategy of the United States*, Washington, D.C., the United States, December 2017, https://www.whitehouse.gov/wp-content/uploads/2017/12/NSS-Final-12-18-2017-0905.pdf, p. 46.

③ 约翰·米尔斯海默：《大国政治的悲剧》，上海世纪出版集团 2003 年版，第 26 页。

④ 同上，第 38 页。

⑤ 同上，第 61 页。

⑥ 同上，第 530 页。

2013年1月，日本首相安倍晋三发表文章认为，中国快速扩张军力，已经造成严重威胁，提出构建美日澳印"亚洲民主安全之钻"的构想，希望拉拢美国、澳洲和印度一起建构对中国的"钻石包围网"。①

在此前后，美日印三边关系、美日澳三边关系、美印澳三边关系都取得一些进展。这三个三边关系有一些共同的特点，即都是以美国为主导、通过三边政治和军事合作来巩固美国在印太地区和世界的领导地位，加强应对地区不测事态的能力，牵制和平衡中国，美日印澳四国则企图通过这种合作加强自身的地位和能力，获取自己需要的利益。2007年4月，美日印三国在日本海域举行首次联合军演。同年9月，美日印澳等国在印度洋举行了代号为"马拉巴尔07-2"的海上联合军演。2009年，美日印三国海军再度合作，在冲绳附近海域展开军演。2011年12月19日，美日印首次三边对话在华盛顿举行。2013年10月第五次美日澳三边战略对话部长级会议发表含涉东海、南海问题内容的联合声明。2014年7月，正在澳大利亚访问的日本首相安倍晋三呼吁加强美日澳三边关系，日澳并签署两国《经济伙伴关系协定》（EPA）和《防务技术和装备转移协定》。

美国和日本希望把印度也拉进来与澳大利亚一起形成"四边机制"。奥巴马政府曾为将印度拉入印太同盟与伙伴国战略网络做了不少努力。2015年，时任美国总统奥巴马应印度总理莫迪的邀请，以主宾身分出席印度共和国日庆祝活动，成为史上第一位受邀参加印度国庆活动，也是唯一一位任期内两度访问印度的美国总统。在访问期间，两国发表《美印关于亚太与印度洋地区的战略视角联合声明》。② 美印达成"突破性的谅解"，同意最终克服数年来阻碍美国公司在印度建核反应堆的僵局。两国领导人续签了一份10年的防务协议，同意从2015年起延长美印防务合作框架协议，双方决定在两国军方之间开展更频繁的对话，扩大联合演习规模，实施"更宏大的防务计划和活动"，在印度共同研发和制造先进的美国武器系统。两国还签署了《后勤交流备忘录》等。美国给予印度"非北约盟友主要防务伙伴关系"地位。自2008年以来，印度已与美国签署超过150亿美元的军购合同。2013年，美国超过俄罗斯成为印度最大的军火供应方。美印已经建立了两国军队高层互访机制、联训联演机制、人员培训机制、情报共享机制、海上合作机制等。这些标志着美印防务合作取得重大突破，助推两军关

---

① Shinzo Abe, "Asia's Democratic Security Diamond", *Project Syndicate*, January 28, 2013, http://www.project-syndicate.org.

② U.S.-India Joint Statement, "US-India Joint Strategic Vision for the Asia-Pacific and Indian Ocean Region", January 25, 2015, http://www.mea.gov.in/bilateral-documents.htm?dtl/24728/USIndia_Joint_Strategic_Vision_for_the_AsiaPacific_and_Indian_Ocean_Region.

系以及印军现代化迈上新的台阶。但澳大利亚一度担心中国的反应，因此不那么积极。印度也不愿成为美日制约中国的棋子。因此美日构建“美日印澳菱形”合作机制的企图曾一度搁浅。

特朗普总统上台后，美印关系继续升温。2017 年 6 月 18 日，印度边防部队在中印边界锡金段非法跨界进入中国洞朗地区，与我边防部队对峙。同月 25—26 日，印度总理莫迪访问美国，会晤特朗普总统。美印双方表示将强化双边关系。特朗普称，美印关系从未如此牢固。并表示双方在多数问题上都取得共识，将在反恐领域加大合作。莫迪承诺将推进改革措施，帮助美国企业进入印度市场。由于中国采取坚定立场、有效军事威慑和积极外交行动，8 月 28 日印方将越界人员和设备全部撤回边界印方一侧。同年 9 月，美国和印度签署大合同，印度花费 100 亿美元从洛克希德·马丁公司购入 100 架以上 F-16 战斗机。这不仅是美印之间的一个军售项目，也是表明双方的相互支持。

当前，特朗普政府在“印太战略”框架下积极推进构建“美日澳印四边形安全合作机制”。

形成有利于美国的“印太”地区经济关系。特朗普政府虽然退出“跨太平洋伙伴关系协定”（英文缩写 TPP），但仍然企图在印太地区维护有利于美国的地区经济关系。《美国国家安全战略报告 2017》指出：“美国将鼓励区域合作，以维持自由和开放的海上航道、透明的金融实务基础设施、畅通无阻的贸易，以及和平解决争端。”① 特朗普政府强调实施在公平和相互基础上的双边贸易协定，以及寻求对美国出口的平等和可靠的路径。它宣称：“我们将与伙伴一起工作，构建一个致力于自由市场和受到保护免于会颠覆它们主权的力量威胁的国际网络”。② 特朗普政府还提出，要加强与盟国在建设高质量基础设施方面的合作。

三、特朗普政府“印太战略”的内在矛盾

美国联盟关系内部的联盟困境和美日澳印四边形安全合作机制中的弱角问题。特朗普政府推行“印太战略”将增加美国印太联盟体系的内在矛盾。首先，美国印太海权联盟是一个不对等的联盟体系。美国的综合实力远强于它的盟国，美国在日本等国

① The White House, *National Security Strategy of the United States*, Washington, D. C., the United States, December 2017, https://www.whitehouse.gov/wp-content/uploads/2017/12/NSS-Final-12- 18-2017-0905.pdf, p. 47.

② The White House, *National Security Strategy of the United States*, *Washington*, D. C., the United States, December 2017, https://www.whitehouse.gov/wp-content/uploads/2017/12/NSS-Final-12-18- 2017-0905.pdf, p. 47.

又有庞大驻军。这使得美国亚太海权联盟体系主要服务于美国利益，而其他盟国在许多利益考量上是与美国有差异的。其次，联盟国家国内因素影响与其他盟国的联盟关系。

根据国际政治理论，特朗普政府“印太战略”所要加强的美日联盟、美澳联盟等同样面临着联盟困境，即“抛弃”（Abandonment）和“牵连”（Entrapment）的困境。格伦·施奈德（Glenn H . Snyder）指出，“抛弃”的形式有多种多样，比如说盟国解除盟约或与敌国结盟。由于同盟从来都不是绝对稳固的，所以被自己的盟国抛弃的担忧也总是存在的。“牵连”则意味着因盟国的利益而被拖进一场冲突，而那些利益本国却并不能共享或只能部分共享。施奈德指出，任何结盟的国家都不可避免地要在被“抛弃”和“牵连”之间进行权衡。盟国必须表明自身的价值，以免被其伙伴所抛弃。但问题是，一个想“表忠心”的国家会更容易被其盟国拖进一场它不希望或不必然发生的战争中去。相反，一个担心遭受“牵连”而打算与盟国拉开距离的国家又要冒被盟国抛弃的风险。结盟国家面临在这两者之间应该如何权衡的问题。① 这是“抛弃”和“牵连”困境的第一层含义。“抛弃”和“牵连”困境的第二层含义是，一国如果为避免被抛弃而选择强化同盟，那便有可能引发对手的敌意，从而加剧紧张局势，到头来事与愿违。②

在美日澳印四边形安全合作机制中，“牵连”主要表现为美国担心被日澳印拉入一场它不想参与的武装冲突或战争中；“抛弃”主要表现为日澳印担心美国不理会它们的安全需求。美日澳印也担心过于强化同盟关系可能引发中国的反弹。

特朗普政府“印太战略”重点加强的美日澳印四边形安全合作机制还面临印度这个弱角问题。印度是发展中大国和国际体系中新兴大国之一，历史上还是不结盟运动的领导国家。它不愿意完全跟在美国后面跑，也不愿意与美国结成紧密联盟。保持一个相对独立的大国地位符合印度的国家利益。印度和美国对这一机制的期待也不同。印度是希望拉拢美国来维护其在南亚和印度洋地区的霸权地位，而美国不希望任何其他国家在世界任何一个地区拥有这种地位，而是希望利用印度来制约中国。因此即使洞朗事件后印度更多需要美国，对形成美日澳印四边形安全合作机制兴趣上升，但印度还是与美日澳拉开一定的距离，以免过分引起中国的担心。2017 年 11 月 12 日美日澳印四国外交部门官员在越南岘港 APEC 领导人非正式会议期间举行的正式会议，没有发布正式的联合公报、声明或新闻稿，而是以各自公布消息的形式对外发布了会议

---

① Glenn H. Snyder, “The Security Dilemmain Alliance Politics”, *World Politics*, Vol. 34, No. 3, July 1984, pp. 466-489.

② Glenn H. Snyder, “The Security Dilemmain Alliance Politics”, pp. 490-494.

结果。印度外交部的版本在介绍会谈内容时没有谈及南海问题。

战略目标与财政资源不相称。特朗普政府“印太战略”的主要目标是保持有利于美国的地区战略平衡。但经济上力不从心，难以为其“印太战略”大幅增加财政和军事投入。其目标与资源不对称的矛盾将日益明显。2010 年奥巴马政府提出“亚太再平衡”战略时，美国国内生产总值（GDP）为 14.7 万亿美元，而美国国债总额是约 15 万亿美元。为了削减财政赤字，奥巴马政府 2012 年 1 月曾提出在今后 10 年削减军费开支约 4890 亿美元。但即使这样，美国国债继续上升。2016 年美国国内生产总值约为 18.6 万亿美元，而美国国债总额上升到 19.5 万亿美元。

2017 年 12 月，特朗普总统签署了为高达 7000 亿美元的美国军费预算授权的《2018 财政年度国防授权法案》（National Defense Authorization Act for Fiscal Year 2018）。但由于美国全球性对外军事承诺和遍布世界许多地方的海外驻军，这笔巨大的军费预算能用于印太地区的比较有限，驻印太地区美军的军费难以大幅增加。同月，特朗普总统签署了国会两院通过的高达 1.5 万亿美元的《减税法》（The Tax Cuts and Jobs Act）。这两个法案将进一步增加美国政府的财政赤字和国债。

在这种情况下，特朗普政府所能采取的应对措施将是一方面要求盟国和伙伴国家承担更多的责任和义务，另一方面督促盟国和伙伴国家购买更多美国武器装备。

战略目标之间自相矛盾。特朗普政府“印太战略”的主要战略目标之间存在很大的自相矛盾。例如，《美国国家安全战略报告 2017》虽然说“美国寻求继续与中国合作”,① 但渲染“中国正在使用经济引诱和惩罚、实施影响和含蓄的军事威胁说服其他国家接受它的政治和安全议程”,② 企图构建环绕着东亚大陆的大月牙形同盟与伙伴国网络以制约中国。同时，特朗普政府认为：“朝鲜正在加速推进它的网络、核与弹道导弹项目。这已经产生需要全球回应的全球威胁。”③ 美国将“与盟国和伙伴国家共同努力实现朝鲜半岛完全、可核查、不可逆的无核化”,④ 包括与中国合作。特朗普政府既要制约中国，又要中国出力解决朝核问题。这将使中国许多专家学者和广大民众对美国的战略意图产生怀疑，担心美国企图既解决朝核问题又削弱中国。

---

① The White House, *National Security Strategy of the United States*, Washington, D. C., the United States, December 2017, https://www.whitehouse.gov/wp-content/uploads/2017/12/NSS-Final-12-18-2017-0905.pdf, p. 46.

② The White House, *National Security Strategy of the United States*, Washington, D. C., the United States, December 2017, https://www.whitehouse.gov/wp-content/uploads/2017/12/NSS-Final-12-18-2017-0905.pdf, p. 46.

③ The White House, *National Security Strategy of the United States*, Washington, D. C., the United States, December 2017, https://www.whitehouse.gov/wp-content/uploads/2017/12/NSS-Final-12-18-2017-0905.pdf, p. 46.

④ The White House, *National Security Strategy of the United States*, Washington, D. C., the United States, December 2017, https://www.whitehouse.gov/wp-content/uploads/2017/12/NSS-Final-12-18-2017-0905.pdf, p. 47.

四、特朗普政府“印太战略”的影响

进一步增加中美关系的复杂性和竞争性，中美关系可能经历一段比较困难的时期。特朗普政府“印太战略”虽然提出“美国寻求继续与中国合作”,① 但《美国国家安全战略报告 2017》却将中国视为国际秩序的“修正主义国家”和美国的“竞争者”。该报告宣称，美国要与价值观相似的国家加强合作，应对“压制”阵营影响力的扩展。这种划分让世界感受到一丝冷战气氛。

特朗普政府将经济看作国家安全的首要内容。《美国国家安全战略报告 2017》继续指责中国侵犯美国知识产权，在贸易等方面存在不公平行为。更值得注意的是，特朗普政府眼中的中国经济挑战不仅在于中国的经济行为，更在于中国政府在经济中发挥重要作用的经济模式。2017 年 8 月 14 日，美国总统特朗普签署行政备忘录，授权美国贸易代表莱特希泽审查所谓的“中国不公平贸易行为”，尤其针对中国在技术转让等知识产权领域的做法。其后，美国贸易代表莱特希泽宣布，美国正式对中国发起“301 调查”。今后特朗普政府如果在这方面变本加厉，对中国实施单边制裁，将损害中美关系的压舱石——经贸关系。

台湾问题可能再次成为中美关系中的焦点问题。特别是特朗普政府“印太战略”向台湾蔡英文当局发出错误信号，使其认为可以利用这一战略为其“实质台独”目的服务。

在奥巴马政府以南海问题为抓手制约中国的企图失败后，特朗普政府可能企图在“印太战略”中以台湾问题为抓手制约中国。2017 年 12 月 13 日，特朗普总统签署美国国会两院通过的“2018 财政年度国防授权法案”。该法案要求美国防部长在 2018 年 9 月 1 日前提交报告给适当的国会委员会，评估美国海军军舰停靠中国台湾地区港口的可行性，以及美国在夏威夷、关岛或其他适当地点接受台军舰进港要求的可行性。如果美国军舰停靠台湾港口，将是对中国主权和领土完整的严重侵犯。有的美国亲台人士在特朗普政府中担任要职。例如，薛瑞福出任美负责亚太事务的助理国防部长。他在被特朗普提名后就公开表示支持美台军舰互访，并称这并不违反“一个中国”政策；在美国会参议院武装部队委员会提名听证会上薛瑞福宣称“崛起的中国为这一代美国人带来最严峻的安全挑战”，主张“努力建设与台湾和新加坡的安全伙伴关系”。由于美负责亚太

① The White House, *National Security Strategy of the United States*, Washington, D. C., the United States, December 2017, https: //www. whitehouse. gov/wp-content/uploads/2017/12/NSS-Final-12-18-2017-0905. pdf, p. 47.

事务的助理国防部长是中美安全关系和美台安全关系政策实施的决策参与人之一，薛瑞福担任这一职务将可能推动特朗普政府做出某些严重冲击中美关系的行动。

朝核问题将成为中美博弈的重大问题。如果朝鲜拥有能够打到美国的核导弹，将会出现三种可能的结果。第一种是美朝形成类似冷战时期美苏之间的相互核威慑；第二种是通过谈判实现朝鲜弃核；第三种是美国认为这威胁到美国的核心国家利益而对朝鲜进行先发制人的打击。这很可能导致朝鲜半岛发生高烈度战争甚至核冲突。这将严重威胁中国的重大安全利益。

向美国的盟国和伙伴国发出错误信号，使它们在与中国有争议问题上采取强硬立场。特朗普政府"印太战略"对中国采取在美国需要中国的问题上合作，在大多数问题上进行制约的政策，这向美国的盟国和伙伴国发出错误信号，使它们认为可以在美国的支持或默许下，在与中国有争议问题上采取强硬立场。例如，2017 年 12 月，澳大利亚宣布将广泛修订反间谍和外国干预法，澳总理特恩布尔指中国是澳重点关注的对象。

日本借特朗普政府"印太战略"加强自身军事实力和扩张日本海权势力范围。近年来，随着中国迅速崛起和朝核问题恶化，美国鼓励日本进一步发展防卫力量，在亚太地区海上安全中发挥更大的作用。特朗普政府"印太战略"宣称："我们欢迎和支持我们的关键盟国日本发挥强有力的领导作用"。① 日本安倍晋三内阁利用特朗普政府"印太战略"，"借船出海"，企图修改和平宪法，发展日本军事力量和构建为日本所用的国际安全机制。

安倍晋三始终将修改宪法作为其内阁最重要的目标之一，其目的是为日本成为军事大国铺路。美国总统特朗普主张"盟国应该分担"联盟的经费，这也给日本安倍晋三内阁将日本防卫经费实现六连增提供了借口。2017 年 12 月 15 日，日本政府确定，2018 年度初始预算案中涉及防卫领域的经费（包含美军重组费用）将达到史上最高的约 5.19 万亿日元（约合 3047 亿元人民币），包括为引进美国陆基"宙斯盾"系统和采购日美联合研发新型拦截导弹"标准"-3block 2 的费用。日本政府打算将海上自卫队的最大护卫舰"出云"号改造为日本二战后第一艘攻击型航母，搭载 F-35B 战斗机。

近年来，日本积极与越南、菲律宾、印度、澳大利亚、英国、法国等发展海洋安全合作关系，以构建和加强为日本所用的国际海洋安全合作机制。在特朗普总统宣布美国退出 TPP 后，日本主导了"全面且先进的跨太平洋伙伴关系协定"（即"新版 TPP"，Comprehensive Progressive Trans-Pacific Partnership，英文缩写 CPTPP）谈判。

---

① The White House, *National Security Strategy of the United States*, Washington, D. C., the United States, December 2017, https://www.whitehouse.gov/wp-content/uploads/2017/12/NSS-Final-12-18-2017-0905.pdf, p. 46.

2017年11月11日，日本和越南在岘港宣布“11个国家就CPTPP达成了框架协议”，但此次达成的框架协议实际上已经冻结了20个项目。安倍晋三政府的主要目的是“一边维系与美国的关系，一边推进由日本主导的海洋安全与经济合作”。①

五、应对思考

构建亚太命运共同体，扩大中美共同的朋友圈，解构美国印太海权联盟体系。

在今后很长一段时间里，绝大多数印太国家都不会愿意在中美两国之间选择站队，而是愿意与中美都进行经济合作，让中美之间在安全上相互制约。这些国家中的大多数可以成为中美共同朋友圈中的伙伴国。因此中国有必要继续积极推动构建亚太命运共同体，用扩大中美两国的共同朋友圈来解构美国印太海权联盟体系。对特朗普政府“印太战略”，中国应该既重视，但又不必过于担心和炒作。

为了推动构建亚太命运共同体和扩大中美两国的共同朋友圈，中国应推动建设相互尊重、公平正义、合作共赢的新型国际关系。构建中美新型大国关系是新型国际关系的重要组成部分。习近平主席指出中美在亚太的共同利益远大于分歧，双方要在亚太地区开展积极合作，让越来越多的地区国家加入中美两国的共同朋友圈，一道为促进亚太和平、稳定、繁荣作出贡献。中美之间可以进行良性竞争，避免恶性竞争。

中国应一方面积极为构建亚太命运共同体提供力所能及的国际公共物品，另一方面应继续谦虚谨慎，构建中国新兴大国的良好国家形象。“虚心使人进步，骄傲使人落后”是颠扑不破的真理，做人如此，国家也是如此。只有谦虚谨慎才能赢得越来越多国家及其人民的好感。

用继续推进“一带一路”来应对美国的制约和围堵，积极推动亚太区域经济一体化。中国“一带一路”倡议适应了地区和世界经济发展的新形势，适应了欧亚经济转型发展的需要，兼顾所有参与国家利益的需要，已经成为地区和世界经济发展的新动力。“一带一路”的推进，将发展中国与中亚、东南亚、南亚、中东、欧洲、拉美国家的经济贸易关系，从而打破美国的制约和围堵。

同时，中国应继续积极推动亚太区域经济一体化。争取早日完成“区域全面经济伙伴关系”（Regional Comprehensive Economic Partnership，英文缩写RCEP）谈判。全面和系统地推进亚太自贸区进程。如果有国家邀请，中国可以表示愿意参与CPTPP谈判。亚太区域经济一体化的发展将使特朗普政府“印太战略”在经济领域难以为继。

---

① 《日澳强化海洋合作》，日本《读卖新闻》2017年1月15日。

荣誉偏执、身份迷思与日本战略偏好的转向*

陆 伟

近年来，中国和平崛起的进程步入新常态，即与实力和影响力的快速提升相同步，中国所面临的对外环境压力与日俱增。在造成中国崛起困境的诸多外部因素中，日本安全政策取向越来越成为仅次于美国“亚太再平衡”战略的最大干扰变量之一。事实上，自安倍第二次上台以来日本因素显得更加突出。① 人们不禁要问，战后半个多世纪以来一直信守和平主义发展道路的日本为何在外交政策上表现出如此咄咄逼人的外向性姿态？其战略偏好是否发生了转向？这种转向是基于何种动机？它是如何刺激对外战略选择的，呈现出怎样的特点？又在影响未来的中日关系和东亚国际格局的走向上意味着什么？厘清这些问题，对于认清中日关系“政冷经凉”的根源，寻找缓和中国崛起困境的应对之策至关重要。

一、荣誉动机与战略的进攻性偏好的因果机制

对于日本战略选择的改变以及由此采取的对华强硬政策的原因，目前学界和政策研究界的分析路径主要集中在以下两方面：一是秉持传统的地缘政治和权力竞争视角，重视美国亚太再平衡战略带来的战略刺激和中国崛起导致的战略恐惧；② 二是基于国内政治和外交决策分析的视角，关注日本国内政治生态的变化、右倾保守主义的兴起、

---

* 本文刊发于《当代亚太》2016 年第 4 期，第 87-122 页。

① 吴怀中：《安倍“战略外交”及其对华影响评析》，载《日本学刊》2014 年第 1 期，第 46-68 页。

② Ian Bremmer and David Gordon，“US Needs Japan as Its Best Ally in Asia”，*Financial Times*，September 9，2012；Michael Auslin，“Shinzo Won't Go”，*Foreign Policy*，April 23，2014，http：//www.foreignpolicy.com/articles/2014/04/23/shinzo_wont_go_abe_japan_obama_asia_pivot；杨伯江：《美国战略调整背景下日本“全面正常化”走向探析》，载《日本学刊》2013 年第 2 期，第 3-5 页；信强：《“次轴心”：日本在美国亚太安全布局中的角色转换》，载《世界经济与政治》2014 年第 4 期，第 39-53 页；刘卫东：《美国对中日两国的再平衡战略论析》，载《世界经济与政治》2014 年第 10 期，第 81-97 页；李振广、吕耀东：《试评析日本在美国“再平衡”战略中的角色》，载《现代国际关系》2014 年第 11 期，第 10-15 页；森本敏『日本の瀬戸際』，実業之日本社 2011 年；PHP「日本のグランド・ストラテジー」研究会編『日本の大戦略』，PHP 研究所 2012 年；樋渡由美『専守防衛克服の戦略』，ミネルヴァ書房 2012 年。

权力架构和决策机制的调整等因素。① 就前者而言，日美同盟一直是战后日本外交战略的基轴，配合美国的战略需要是历届日本政府共同的核心战略目标，因此作为影响日本对外战略的常量，美国因素发挥何种以及到什么程度的作用主要取决于日本当政者的工具性目的。而对中国崛起的反应更是为主观认知所左右，“中国威胁论”和“中国机遇论”在日本决策层中纠缠、变换这一看似矛盾的心理和现象实质上也主要根植于其不同的战略选择。就后者而言，日本国内的保守主义和政治右倾化总体上即是一个自我不断强化的过程。② 如果仅以这一期间日本在安保政策和制度的一系列修改举措来推断，两者之间确实存在着某种关联。但我们依然有必要进一步厘清中间的作用机制，因为从各国对外战略演变的经验来看，政治理念只是影响战略走向的必要条件而非充分条件，③ 而日本也在冷战结束之后的总体保守主义的大氛围下，出现过不同的外交政策选择。④ 总之，上述两种研究路径由于缺乏关键的中介变量，对“日本压力”产生的构成因素及其影响方式都无法作出有说服力的解释。本文认为战略偏好的改变是日本转向外向型进攻路线和对华强硬政策的关键变量，⑤ 其转换的实现和程度则取决于基于荣誉的动机。

何谓战略？古今中外的政治家和学者基于各自的理论旨趣和界定标准，提出了许

① 张勇：《日本战略转型中的对外决策调整——概念模式与政治过程》，载《外交评论》2014 年第 3 期，第 43-65 页；时殷弘：《日本政治右倾化和中日关系的思维方式及战略策略问题》，载《日本学刊》2014 年第 2 期，第 1-14 页；吴怀中：《日本政治变动及其对华影响——一种结构、生态与政策的演化视角》，载《日本学刊》2013 年第 2 期，第 16-33 页；陆伟、蔡建国：《冷战后日本政军关系的演变及其影响探析》，载《日本学刊》2013 年第 6 期，第 49-66 页；吕耀东：《论日本政治右倾化的民族主义特质》，载《日本学刊》2014 年第 3 期，第 1-20 页；徐万胜：《安倍内阁的“强首相”决策过程分析》，载《日本学刊》2014 年第 5 期，第 55-74 页；井上寿一ほか編『日本外交の再構築』，岩波書店 2013 年；信田智人『冷戦後の日本外交——安全保障政策の国内政治過程』，ミネルヴァ書房 2006 年。

② 参见张广宇：《冷战后日本的新保守主义与政治右倾化》，北京大学出版社 2005 年版；李寒梅：《日本民族主义形态研究》，北京：商务印书馆 2012 年版；刘江永、王新生：《战后日本政治思潮与中日关系》，北京：人民出版社 2013 年版。

③ 例如，具有强烈保守民族主义色彩的小布什政府却在“9·11”事件后全面奉行对华接触战略，甚至将中国视为“利益攸关方”，从而使中美关系进入了它所界定的“历史上的最好时期”。反倒是崇尚理想主义和“巧实力”外交的奥巴马政府在中国一再呼吁构建新型大国关系的背景下，依然推行旨在遏制中国的亚太再平衡战略。关于小布什和奥巴马的对外政策理念，参见胡欣：《新保守主义和保守民族主义对美国外交的影响》，载《世界经济与政治》2006 年第 8 期，第 32-39 页；孙哲：《美国霸权的发展维度——奥巴马政府全球发展战略评析》，载《世界经济与政治》2009 年第 11 期，第 55-63 页。

④ 福田康夫执政期间，搁置“价值观外交”，倡导“和平合作国家”论，对华贯彻战略互惠战略，与前任安倍内阁和后任麻生内阁大异其趣。之后上台的民主党内阁也在鸠山由纪夫执政期间大力推崇亚洲一体化和集体安全。参见吴怀中：《日本对华安全政策的理论分析》，载《日本学刊》2010 年第 2 期，第 3-16 页；赵宏伟：《东亚区域一体化进程中的中日关系》，载《世界经济与政治》2010 年第 9 期，第 19-39 页。

⑤ 有学者认为，导致日本对华趋于全面强硬的最重要原因是面对“中国崛起”时日本战略选择的变化，这一分析更接近于实际，但依然缺乏对背后深层次动因的揭示。参见朱峰：《权力变更、认同对立与战略选择——中日关系的战略未来》，载《世界经济与政治》2007 年第 3 期，第 16-25 页。

多不同的定义。其主要分歧在于将战略限定在军事领域，认为是国家应对武力冲突和战争的原则和方法，还是超越军事事务，认为是国家运用可使用的力量以实现特定目标的总体指导理念和政策选择。① 但无论是基于军事战略的狭义界定，还是着眼于大战略的广义界定，都不约而同地聚焦于战略的物质维度，却或多或少忽视了精神维度。正如默里所言，“理论都太经常地针对固定的价值，但在战争和战略中，绝大多数事物都是不确定的和可变的。更糟的是，这样的方法使探究偏向于客观因素，而战略包含着人的激情、价值取向和信念，它们极少可以量化”。② 战略偏好的视角就契合了从这一层面完善战略分析理论的需求。需要说明的是，本文对战略的理解依然承袭对大战略的主流界定，即是“在平时和战时，发展和应用政治、经济、心理、军事权力以达到国家目标的艺术和科学”。③ 而将战略偏好界定为国家在特定时空环境中面对国际机遇和挑战，在威胁认知、利益排序、手段选择、政策风格等方面表现出的（很多时候是背后潜藏着的）倾向性喜好。对此所作的定义表明，其一，战略偏好对战略行为起着重要提示（以自我的心理暗示体现）和导向作用，因而具有本体性的地位。其二，作为一种心理活动，它有赖于动机的触发和支撑。

国际关系的文化理论为我们识别了各种动机的不同功能，进而构建了以荣誉动机为核心变量的分析框架。完整、系统地作出这一理论贡献的是勒博（Richard Ned Lebow）。勒博的理论建构是以古希腊先哲对人与秩序的思考为起点，通过对柏拉图等圣哲关于人性中普遍要素的思想的重新解读，明确区分了驱动人类行为的三个普遍动因：欲望（Appetite）、激情（Spirit，又译作精神）和理智（Reason）。其中，欲望是指各种欲求，例如对财富的追求；激情则使人产生自尊，推动人追求在同侪和社会活动中获得认可从而满足自我；理智既是一种动机，又带有工具性，它旨在导向良善生活，节制欲望和激情。当理智的目标无法实现时，恐惧便由此而生。恐惧（Fear）是一种情绪，并非人类的驱动因之一，但它是一种强大的次要动机。勒博认为，自由主义和马克思主义思想根植于欲望，现实主义则强调恐惧，而激情的重要性在现代却被忽略。④ 在他看来，对激情的失衡追求比对欲望的失衡追求更容易导致失序，将激情置于

① 李际均：《论战略》，北京：解放军出版社 2002 年版；时殷弘：《国际政治与国家方略》，北京大学出版社 2006 年版；周丕启：《大战略分析》，上海人民出版社 2009 年版；门洪华：《中国国际战略导论》，北京：清华大学出版社 2009 年版；Jack Snyder, *The Soviet strategic Culture: Implications for Limited Nuclear Operations*, A Project Air Force Report Prepared for the United States Air Force, Rand, September 1977；左希迎、唐世平：《理解战略行为：一个初步的分析框架》，载《中国社会科学》2012 年第 11 期，第 178-202 页。

② 威廉森·默里、麦格雷戈·诺克斯、阿尔文·伯恩斯坦：《缔造战略：统治者、国家与战争》，北京：世界知识出版社 2004 年版，第 1 页。

③ 参见钮先钟：《战略研究》，桂林：广西师范大学出版社 2003 年版，第 1-34 页。

④ 理查德·内德·勒博：《国际关系的文化理论》，上海社会科学院出版社 2012 年版，第 11-15 页。

价值中心的社会更容易陷入战争。为此，他统计了1648—2008年间有崛起国、主导国和大国参与的阵亡人数超过1000人的战争，发现有68%的战争源于地位、荣誉或复仇的欲望，而安全和利益所能解释的战争分别仅为18%和7%。① 由此得出的结论是，对于荣誉、地位的考虑以及与之相伴的复仇心理是导致国家采取进攻性战略的首要动因，而安全需要和经济利益不过是次要原因。

勒博构建的这一激情基础上的政治范式，有助于我们更好地理解行为体行为选择背后深层次的动机分布，尤其是基于地位、荣誉的内在心理所扮演的角色。但是，就像有些学者所言：正因为勒博将自己研究的目标指向构建一种宏观理论，试图与现有的现实主义、理性主义和自由主义等主流范式形成竞争，导致了因过分注重国际体系层次的建构，而忽视对于荣誉等人性动机与行为选择之间的关联机理的深入探讨，同时对在何种文化背景和政治条件下，社会的主体意识才能实现向基于荣誉的动机转换也缺乏足够的论证，② 我们在运用国际关系的文化理论来分析日本转向进攻性的扩张战略时，首先需要进一步厘清基于荣誉的动机影响国家的国际行为的内在机理和逻辑。

需要指出是，本文界定的荣誉是建立在行为体自我建构的角色身份和地位的基础上，以对后者的获得和占有为满足，并不依附于所归属的某一群体，更与群体的共享荣誉无关，在表现形式上呈现出排他性的、偏执的特征。③ 另外，荣誉激励的恐惧是对自身地位丧失的过度忧虑，而安全困境下的恐惧则是对危及生存权的被动反应。④ 这大致区分了国家主观臆断和过分夸大对手威胁并作出相应政策选择究竟是基于荣誉动机还是源于安全困境。因此，荣誉涉及到对身份、地位的执着追求。同时源于对身份、地位及其现实获得的不同理解而产生的情感反应，又与自尊、尊严、屈辱等概念密切相关。基于此，我们可以将这些因素整合在一起，通过身份和地位的关键链接，构建荣誉动机理论的分析框架。

荣誉既是身份、地位的社会性彰显，又是身份、地位的外在表征，彼此之间具有密切的关联性。将它们整合在一起会发现，基于以下四种因果机制，源自荣誉、身份的动机在推动国家形成进攻的战略偏好过程中起着关键的作用。

首先，执迷于荣誉的国家总是夸大战略环境的内在零和性质，降低威胁判断的门

---

① 理查德·内德·勒博：《国家为何而战？》，上海世纪出版集团2014年版，第106-127页。

② 陈拯：《人性动机、战争原因与东亚身份政治——以勒博〈国家为何而战?〉为中心的讨论》，载《当代亚太》2014年第3期，第47-62页；余潇枫：《导读：透析国际关系的“文化之维”》，载《国际关系的文化理论》译序。

③ 中国传统文化中的荣誉观则完全不同，它强调荣誉的共创共享。正是基于这样的价值取向，中国的国际战略也是从与世界各国“一荣俱荣、一损俱损”的认识出发，提出了“命运共同体”的理念。

④ 由于都是恐惧，在表面上没有大的不同。为了与现实主义的理论解释划清界限，区分两类不同性质恐惧的意涵和由来，勒博从满足激情的角度来定义前者。

槛，从而使与对手的身份地位之争以激烈的传统安全竞争呈现。

江忆恩认为关于对手及其造成的威胁的性质（零和还是非零和）是决定一国战略文化类型的三种核心范式之一。① 现实主义和理性主义的理论前提假设是物质主义，认为基于一种物化的权力和安全的稀缺性才导致国家之间的零和互动。甚至出于保持逻辑统一性和理论简约性的需要，也将地位看成是一种绝对稀缺的物质资源，以使地位竞争作为零和游戏的理由成立。② 然而，勒博注意到，由于劳动分工的增加，世界的全部财富是可以扩展的，同时国家追求物质利益也可以通过合作实现一定程度上的满足。自由主义者就强调国际政治与国内政治中欲望的重要性，并认为民主的贸易国家更倾向于保持彼此之间的和平关系。随着发达国家财富增长、发达国家数量增加，物质开始失去其作为地位标志的价值。而荣誉则完全不同，荣誉更是一个关系概念。“如果所有人拥有它，就如同无人拥有它”，可以获取的荣誉是有限的。荣誉世界极富竞争性。③ 对霍布斯式的荣誉观而言，荣誉世界的封闭性排除了共同拥有的可能选项，其排他性决定了除非行为体独占性地享有荣誉，否则不能得到满足。因此，与合作相比，冲突成为惯例。

身份、地位因素的掺入，则使荣誉的零和性质更加严重。这种情况最有可能发生的场景是，一国或所在的集团被实力较弱的另一国或集团实现追赶，致使对方获得与自己相同或接近的国际地位。这是因为地位高的行为体不接受其他行为体的领导，不承认其他行为体处于更高的社会地位。在基于荣誉的社会，相同社会地位的行为体之间的合作很难实现。一旦“荣誉之争被转变为地位之争，地位之争显得更不受约束，可能充斥着更多暴力”。④

对陷入地位之争的行为体来说，很容易会因荣誉可能受到轻视的敏感反应而对威胁代理和指涉对象实施安全化的操作，由此将对手的敌人意象固化，认定对手本质的不可改变和战略意图的不可改变，⑤ 为在决定何种冲突构成对国家安全的威胁时提供很低的判断门槛，并将这种威胁置于范围广泛的领域。⑥ 尤其是在相对实力发生逆转性的变化或不平衡时，对它之于国家生存的意义或者含义作出夸大假设，过度敏感地解读对手的任何举动。终因理智无法控制激情而产生畏惧，并在雪球效应下得以自我实现。

① Alastair Iain Johnston, "Thinking about Strategic Culture", *International Security*, Vol. 19, No. 4, 1995, pp. 46-47.

② Fred Hirsch, *Social Limits to Growth*, Cambridge: Harvard University Press, 1976, p. 27.

③ 勒博：《国际关系的文化理论》，上海社会科学院出版社 2012 年版，第 52、112 页。

④ 同上，第 52 页。

⑤ 秦亚青：《权力・制度・文化》，北京大学出版社 2005 年版，第 353 页。

⑥ 彼得・卡赞斯坦主编：《国家安全的文化：世界政治中的规范与认同》，北京大学出版社 2009 年版，第 238-239 页。

现实主义认为，“国家在多大程度上彼此惧怕关系重大，因为它们之间的畏惧程度极大地决定着它们的安全竞争烈度，以及它们发生战争的可能性”。[①] 问题是这种心态从何而来？荣誉动机显然能够作出更令人信服的解释。

畏惧荣誉失去的心理导致在设定与对手严重的零和冲突中，必然以取得绝对优势地位为目标，强调遏制对手的必要性，选择对抗，甚至不排除暴力的手段。由此，行为体选择了向非合作的传统安全的回归，它们之间在荣誉驱使下的地位之争也以激烈的传统安全冲突的形式呈现出来。但表面的“安全困境”背后实则是一种“地位困境”。[②] 其中，悬而未决的领土争议因它作为国家荣誉的标志最具象征性意义而成为冲突的引爆点和聚焦对象。基于荣誉的领土争端超越了主权和军事安全的范畴，更将地位、尊严、民族情感、历史记忆牵涉其中，构成了国家在领土争端上显示强现实主义战略偏好的主导性动机。阿尔萨斯和洛林在法德几百年欧洲争霸史上所扮演的角色即是最好的例证。关键是需要我们弄清领土争端背后的动机层级。

其次，追求荣誉至上的国家更愿承担风险，敢于为赢得地位冒险，崇尚进攻主义。

一个国家风险偏好的大小，决定了对进攻性还是防御性战略的选择。托利弗借鉴经济学中的前景理论（Prospect Theory）认为国家在预期自己处于获益状态时更倾向于规避风险，在预期自己处于损失状态时，更愿意接受风险。托利弗的这一发现，对探寻国家不同的风险偏好倾向产生的根源提供了重要的启示。但他并没有将物质权力、荣誉或地位上的损益作明确的区分，只是笼统地指出国家冒险行为是由避免实力、地位和声誉等受损，“比在这些方面获利的前景在领导人的考量中所占的分量更重”导致的。[③]

然而，根据国际关系的文化理论，研判国家承担风险的倾向性因素，不仅要分析危机关头它对于获益或损失的不同反应，更要分析这些收益和损失的性质。甘冒风险的意愿会随动机的不同而改变。[④] 具体而言，前景理论的创建和检验着眼于物质利益的损益，首先是一种关于欲望的理论。安全语境下的风险偏好也与前景理论的预测相似，存在着规避或接受两种可能。不过因为出于恐惧的心理，损失会被理解为非常大且迫在眉睫，行为体可能更愿意通过形成均势和先发制人来承担风险，也有可能更愿意跟

① 约翰·米尔斯海默：《大国政治的悲剧》，上海人民出版社 2003 年 4 月版，第 55 页。

② 蒲晓宇认为，“地位困境”指的是这样一种情况：一方试图维持其相对位置的行为导致其他国家做出对应的反应，最后这种有代价的行为并没能改变原有的地位排序，但却耗费了不必要的资源并带来矛盾和冲突。参见蒲晓宇：《霸权的印象管理——地位信号、地位困境与美国亚太再平衡战略》，载《世界经济与政治》2014 年第 9 期，第 34-49 页。

③ Jeffrey W. Taliaferro, *Balancing Risks: Great Power Intervention in the Periphery*, Ithaca: Comell University Press, 2004, p. 4.

④ 勒博：《国际关系的文化理论》，上海社会科学院出版社 2012 年版，第 291、425 页。

随强者来规避风险。这样，行为体损益的区别与承受风险之间便不再存在关联性。而当荣誉成为主导性的动机时，对这类行为体来说，失去荣誉是不可容忍的，任何风险都难以撼动对荣誉或地位的追逐。同时，鉴于承担风险是获得地位和荣誉的重要先决条件，它在承担风险能够获益时也愿意接受风险。因此，甘愿冒险将是基于荣誉的行为体“义无反顾”的唯一选择。一些著名的社会心理实验也表明，人们会出于对地位、荣誉等象征价值的追求不惜牺牲自己的物质利益。①

这种情况发生在对身份、地位有“挫败”心理体验的国家身上则会变得更加糟糕。约翰·加尔通（Johan Galtung）发现，对于达成“获得地位”的国家，如果没有实现其对“归属地位”等级的威望和认知，就会产生愤怒的感情，导致身份矛盾和冲突行为在国际体系中经常发生。② 身份认知的分裂是以结果性荣誉为导向的行为体无法容忍的，因而驱使其为摆脱这种困境而不惜铤而走险，直至他者认同自我界定的身份为止。总之，国家在战略上采取进攻姿态并不像进攻性现实主义所预测的生存或安全的标准，③ 而更多的是取决于基于荣誉和地位的动机。

在国际关系中，能够享受自致的大国身份下的荣誉实际上就是一种威望。荣誉、地位驱动下战略性进攻姿态主要表现在以下几个方面。首先，追求超强的军事实力。“威望就是实力的声望，尤其是军事实力的声望”，④ 它能确保国家获得包括维护荣誉、地位在内的“绝对安全”，而这远远超出了保护国家安全利益的范畴。历届美国政府都无一例外地致力于塑造对所有竞争对手压倒性的军事力量，就是为了维护“美国例外”的荣誉和至高无上的地位。其次，强调遏制的有效运用。罗伯特·吉尔平（Robert Gilpin）注意到，权力和威望是不同的，“威望包括一个国家权力的可靠性，以及它为实现自己目标而遏制或胁迫其他国家的意愿”。⑤ 换言之，遏制的意志是国家威望显现的标志。行为体采取遏制的动力来源于威望的受损或认为的实力的差距。出于嫉妒或愤怒的情感宣泄，对威胁自身地位的对手，削弱其竞争实力、压缩其战略空间、限制其向主流荣誉社会的准入，通过军事上的“先发制人”、制度上的规制、意识形态上的孤立等多种手段的选择，以挽回荣誉。第三，重塑同盟和均势。结盟战略的根本转换是

① Bernardo A. Huberman, Christoph H. Loch and Ayse Öncüler, “Status as a Valued Resource”, *Social Psychology Quarterly*, No. 1, 2004, pp. 103-114.

② Johan Galtung, “A Structural Theory of Aggression”, *Journal of Peace Research*, Vol. 1, No. 2, 1964, pp. 95-119.

③ 约翰·米尔斯海默：《大国政治的悲剧》，上海人民出版社 2003 年版，第 44 页。

④ 罗伯特·吉尔平：《世界政治中的战争与变革》，上海人民出版社 2007 年版，第 37 页。

⑤ 同上。

一国发生外交革命的重要表征，① 同样地，该国战略偏好的转变也必然表现为联盟关系的调整。然而，国家自主地选择结盟对象和重新塑造同盟关系并非出于安全或生存的目的，因为进攻性现实主义理论预测国家为此多采取“绥靖”“跟随强者”“推诿责任”等各种替代性战略②（由此也带来了安全目标和防御战略之间的逻辑上的矛盾），能够得到更令人信服解释的，是国家在荣誉动机下对风险的偏好。根据戴维·莱克（David A. Lake）的分析，能否拥有独立同盟是衡量国家在国际关系中安全等级的重要指标。在等级中所处的位置越高，依附的程度就越弱，就越有资格关注制衡强国或威胁。③ 一旦国家拘泥于提升在安全等级制中地位的荣誉考量，就有极大的冲动为制衡对手扩大选择结盟对象的范围，主动地塑造新的均势格局。如沙特阿拉伯为展示作为穆斯林逊尼派国家盟主的威信，不依靠美国而与周边国家组建阿拉伯国家联合部队，通过主导对也门的军事干预，构建对什叶派大国伊朗的战略均势。

再次，道义责任的工具性利用为一国通过对外介入索取荣誉提供了可能，由此产生了干预国际事务的巨大动力，导致该国转取外向塑造的姿态。

荣誉决定了群体的相对地位。韦伯（Weber M.）指出，“身份群体的位置是在社会秩序之中，即在荣誉的分配领域”。④ 一国要想获得有利的身份位置，就必须拥有与之对应的荣誉。荣誉越大，地位则越高。荣誉对成为大国至关重要。然而，外在荣誉必须由他人赋予，而且只能凭借他人视为荣誉的行为才能获得。⑤ 在国际关系中，这种能被视为荣誉的行为，在吉尔平看来，有其道义和功能的基础，它们源自主导国有能力提供公共产品，推动或保护安全、经济秩序和共同的意识形态及其他价值观。⑥ 因此，对于有抱负的国家来说，只有承担更多的国际公益，才能借助荣誉和威望获得大国的身份和地位。这就产生了对国际公益供给的工具性利用的巨大需求，从而增强了一国深度介入国际事务的意愿。例如，欧盟积极推动气候、人权等领域规则的制定，源自于维护作为国际规范主导者地位的目的，随之而来的便是在实践中干涉他国参加国际气候谈判的立场，大力推行人道主义干预的活动。

提供国际公益以及因之转向对外介入的程度因国家在国际荣誉等级秩序中的位置

---

① 在大英百科全书里面，“外交革命”的词条对应于“同盟逆转”，后者在近代以来的外交中代表了外交战略和实践的一个根本转换。转引自陈志敏：《中国的外交创新是否需要外交革命》，载《世界经济与政治》2014年第12期，第38页。

② 约翰·米尔斯海默：《大国政治的悲剧》，上海人民出版社2003年版，第202-204页。

③ 戴维·莱克：《国际关系中的等级制》，上海人民出版社2013年版，第71-72、150页。

④ 马克斯·韦伯：《经济与社会》，上海人民出版社2010年版，第1075页。

⑤ 勒博：《国际关系的文化理论》，上海社会科学院出版社2012年版，第53页。

⑥ 罗伯特·吉尔平：《世界政治中的战争与变革》，上海人民出版社2007年版，第36-37页。

或同一国家对荣誉满意度认知所处的时期不同，而在意志和进取性上表现出明显的差异。冷战结束后，美国尽享“单极时刻”的荣耀和地位，导致其提供国际公益的意愿和规模大大减弱。① 在经济危机造成相对实力下降的情况下，采取总体上的战略收缩态势。② 而对立志成为国际政治的主要玩家的国家来说，由于期望被视为大国的诉求得不到兑现，或者所受的待遇低于其对自身地位的认识，现有的物质资源使它们对扩大战略行为的空间抱有很强的能力自信，因而更渴望通过对外介入来获取荣誉。

由追求国际体系的主要成员国的身份而引发国家对外介入的偏好，也符合社会身份理论的预期。③ 根据这一理论，这类国家对于积极身份的社会承认具有强烈的诉求，为此，它们实施社会流入和社会创造等多种身份管理策略，学习、效仿其他大国的行为规范，或采取能够获得积极评价的、体现自身独特性贡献的行为，以向国际社会证明其享有大国的地位是实至名归的。近几年国际关系领域的相关研究亦表明，“边缘大国”的积极身份的追求使它们有极大的动力谋求对国际事务的积极介入，并在实践中投入更多的战略资源。④

虽然国际公益的属性模糊了实行这类物品的供给与对外介入的道义界限，然而由于是基于荣誉的动机，以实现荣誉的最大化作为衡量取舍的价值坐标，在实施的对象、议题、路径和手段等的选择上，体现了自利的算计，甚至是一种排他性的安排，与公共物品的原有属性相背离，更与关注人类共同利益的道德责任无关。正如摩根索所言，为提高自身声望而给予的对外援助和军事援助一样，也是一种形式的贿赂。⑤ 问题的关键是，这种行为因借助提供国际公益的名义获得某种道义和功能上的优势而实现了“洗白”，对荣誉的获得构成了有效的路径依赖，从而使国家积极地追求对外塑造。

最后，荣誉至上的国家从满足自尊的情感体验出发，突出自我价值的独特性，并为构建和阐述自身的特征与叙事而推行民族主义和意识形态的议程。

自尊是一个人对他的荣誉和地位的主观感受，由于荣誉的相对性决定它是一种有限的利益，过度追求荣誉的人对享有的自尊总会感到失望，由此产生持续不断的需求。

---

① 刘丰：《单极体系的影响与中国的战略选择》，载《欧洲研究》2011 年第 2 期，第 15-29 页。

② 左希迎：《美国战略收缩与亚太秩序的未来》，载《当代亚太》2014 年第 4 期，第 4-28 页；王鸣鸣：《奥巴马主义：内涵、缘起与前景》，载《世界经济与政治》2014 年第 9 期，第 108-128 页。

③ 张莹瑞、佐斌：《社会认同理论及其发展》，载《心理科学进展》2006 年第 3 期，第 475-478 页。

④ Shogo Suzuki, “Seeking ‘Legitimate’ Great Power Status in Post-Cold War International Society: China’s and Japan’s Participation in UNPKO”, *International Relations*, Vol. 22, No. 1, 2008, pp. 45-63; Deborah Welch Larson and Alexei Shevchenko, “Status Seekers: Chinese and Russian Responses to U. S. Primacy”, pp. 70-95; 陈拯：《身份追求与规范建设——“边缘大国”改造国际人权规范的动机研究》，载《世界经济与政治》2013 年第 5 期，第 114-135 页。

⑤ Hans Morgenthau, “A Political Theory of Foreign Aid”, *American Political Science Review*, Vol. 56, No. 2, 1962, p. 302.

人不仅通过个人活动，更重要的是借助其社会地位的成就获得自尊。勒博认为，近代之所以时常被称为民族主义的时代，是因为人借助各种方式获得自尊，其中许多人得益于其国家的荣誉。① 当一国从满足群体成员的自尊需求出发，竭力建构在群际关系中相对优越的地位，以便能够激发和维系内向的认同时，即意味着该国推行了一项民族主义的议程。

国家建构相对于其他国家的优势地位是通过展现本群体的标志性特征来实现的。它实际上是与外群体的社会比较、积极区分的结果。② 因此，首先体现为自我建构的认同以求"异"为不可或缺的前提，在实现的方式上，通常以建构偏见呈现，带有强烈的我族中心主义色彩。③ 这种建构偏见的过程其核心内容和思想内涵就是自我灌输自己国家神话般的历史，在赞扬自己民族性格的同时诋毁其他国家，并基于宣传独一无二的历史强调自我定位，突出自我定位对于"民族特性"的决定性影响。④ 借助不对称的群体评价，使国民从认知、情感和行为上认同自己所属的群体，以支撑他们的自尊。

维护身份稳定的本体性安全也助长了行为体推行民族主义议程的渴望。基于荣誉动机，当国家自我界定的身份没有获得国际社会的主体间认知时，出于对分裂的自我焦虑和羞耻，倾向于将内生的身份本体安全化。为此，该国在话语实践中，极力要向国际社会提供一个统一的自传体叙述呈现身份。⑤ 国家的自传体叙述旨在呈现一个具有美感的自我，充满了对文化传统和核心价值的赞誉和对荣誉行为的描述，同时对那些与己不利的历史和事实轻描淡写或者视而不见。其形式表现在对内的历史教育、文学、影视作品和对外的政策谈话、舆论宣传等方面，以此来摆脱本体性不安全的状态。

简而言之，对荣誉的执迷在推动国家行为体接受冲突的零和性质、大胆贯彻防务上的进攻主义、采取外向性的扩张姿态和推行民族主义议程上发挥了关键作用。在这四方面作用机制的影响下，国家的战略偏好呈现出进攻性的特征。21 世纪以来日本战略取向和行为的重大调整，完全符合上述理论假设的预期。

二、荣誉偏执：21 世纪以来日本主体动机的转向

透过最近 30 多年间日本对外主体意识的变化可以发现，从 80 年代起其动机的层级

---

① 勒博：《国际关系的文化理论》，上海社会科学院出版社 2012 年版，第 123 页。

② H. Tajefe, "Social Psychology of Intergroup Relations", *Annual Review of social Psychology*, Vol. 33, 1982, pp. 1-39.

③ 金太军、姚虎：《国家认同：全球化视野下的结构性分析》，载《中国社会科学》2014 年第 6 期，第 7 页。

④ 肯尼思·奥耶编：《无政府状态下的合作》，上海人民出版社 2010 年版，第 89 页。

⑤ Brent J. Steele, *Ontological Security in International Relations: Self, Identity and the IR State*, New York: Routledge, 2008, pp. 25-48.

分布迎来了分化重组的激荡期，经世纪之交内部的竞争和淬炼，基于荣誉的动机逐渐脱颖而出，进入21世纪第一个10年下半期后已明显地转变为国家的主导性动机。这一过程伴随着日本大国身份战略的实践，自我身份的主体性追求以及现实权力政治变化、历史思维惯性三重因素叠加，导致了国家的战略思维完全为地位、荣誉的考量所占有。身份分裂的焦虑、被竞争对手超越的耻辱、传统文化体验的自豪感所引发的对自尊的诉求，使日本赢得荣誉的心理呈现出偏执的特征。

以往从文化的视角分析日本战略和外交行为的研究，更多地关注日本传统思维方式和价值观的表象特征，强调它们对当代日本对外关系的影响，往往带有文化决定论的倾向。然而文化既有传承性，又有情境性。本文提出以荣誉为核心的文化，是因为它是一个具有现代性的概念，不仅与日本传统文化有很强的继承关系，而且考虑到了战后日本文化的演化和在国际社会中的现实位置。更重要的是，作为精神的本源动力，在导致日本战略偏好转向时扮演了关键性角色。

在日本荣誉情结具有深厚的历史渊源。它深嵌于日本文化的精神结构之中，构成了日本人精神世界的显著特征。南博言简意赅地概括了日本文化的核心精神构造，即“外的客我”意识高于“内的客我”意识，而内外结合的“客我”意识又高于“主我”意识。[①] 这种文化结构给日本人的思维取向带来了深层影响。首先，对外在判断和价值的严重依赖，使得言行的选择以别人看到的自我，或者是自己觉得别人会看到的自我为依归。其次，“主我”脆弱导致的自卑，激发了对“争取优越感的补偿动作”[②] 的心理期许。最后，消除个体我的不确实感，需要集体我的出现，催生了前者以后者为归宿的命运共同体意识。因此，崇尚荣誉并以集体荣誉为终极关怀成为日本一个突出的文化取向。由于特别偏爱荣誉，随之而来的便是对耻辱的认知设定极低的判断标准和产生过度消极的心理效应，一种被本尼迪克特视为代表日本民族特质的耻感文化也可以从中得到合理解释。

这种荣誉情结早已渗透到日本人的思维之中，并逐步形成其行动的导向性依赖的惯习。《万叶集》中的不少诗篇就已流露出“扬名”的思想。到了镰仓时期一部分阶层以“扬善名、忌恶名”作为重要的行为规范。后经室町时期的广泛传扬，及至江户时期“重名”“知耻”已内化为日本社会普遍的行为准则。对荣誉的追求导致了地位或等级的增加。武士能够名声鹊起并位列四个阶层之首正是依托了精神上崇尚荣誉的特权。武士阶层的崛起，不仅将作为其道德准则的注重勇气、牺牲和忠诚推广为社会

① 南博：《日本人的心理》，上海：文汇出版社1991年版，第7页。
② A·阿德勒：《自卑与超越》，北京：作家出版社1986年版，第195页。

的核心价值，也进而奠定了近代日本国家主义的精神基础。正如新渡户稻造所指出的，“不能容忍被蔑视为劣等国家的这种荣誉感”构成了促使日本变化的原动力。①

武士文化特有的荣誉偏执延展到国际关系层面，使日本自明治维新以后一直将地位和威望视为国家的目标。近代以来日本战略文化的最大特点是以在国际体系中获得与西方列强同等的地位来定义荣誉。谋求对中国东北、台湾，以及朝鲜、琉球等地的殖民统治是在实践中兑现这种努力的重要一环。因为当时日本社会普遍存在一种信念，即殖民主义是西方列强的共有属性，帝国是获得大国地位的必要条件，日本也应当获取殖民地。② 然而，日本的强国身份并没有因其成为非西方唯一的资本主义国家和侵略邻国而得到确认，相反西方列强眼中的二流帝国形象使它陷入难以自拔的身份认知困境。“三国干涉还辽”和“黄祸论”对海外的移民限制和歧视、作为一战战胜国权益的得而复失，这一连串的失败激发了日本耻辱和复仇的心理。在日益扭曲的荣辱观的驱使下，对民族尊严、国家威望等精神价值观的追求很快演化为军国主义的狂热和冒险，推动日本走上了全面侵华战争之路，甚至以国家命运为赌注发动没有任何胜算的对美开战也毫不足惜，最终只能落入彻底覆灭的下场。

战败的命运使日本迫不得已接受民主化和非军事化的改造。发展道路的改变限制了追求荣誉的手段，激情因之失去了施展的空间。另外，美国提供的核安全“保护伞”，消除了对本土安全防御的担忧。相比之下，战后物质资源的极度匮乏及百废待兴的现实，谋求国家的生存自然成为压倒一切的第一要务。这样，在日本的动机层级中欲望取代荣誉及畏惧，占据主导性地位。“轻军事、重经济”吉田路线的提出和贯彻，正是这种动机层级分布的反映。在此后的半个世纪，日本在总体上对地位的诉求首先是基于其经济财富与民主政治制度，并借此为国民提供高标准的生活水平，同时在外交政策方面（例如维持和平、发展援助计划、支援国际机构）秉承自由主义的国际主义，致力于在经济与福利领域贡献于国际社会。由于这条和平主义的道路给日本带来了实际利益和世界第二大经济大国的巨大荣耀，其动机层级保持着基本的稳定。

显然，上述变化是在日本战后特殊的历史情境下发生的。由于外来规范的植入与固有的价值体系存在着是否以及何种程度的匹配难题，和平主义的规范和理念的内化不时遭遇极大的抗拒，而且即使实现了内化，也面临着退化的可能。③ 事实上，伴随着

① 新渡户稻造：《武士道》，北京：商务印书馆 1993 年版，第 97 页。

② 德富蘇峰『大日本膨張論』，河原宏、藤井昇三『日中関係史の基礎知識』，有斐閣 1974 年，77 頁。

③ 柳思思：《从规范进化到规范退化》，载《当代亚太》2010 年第 3 期，第 145-160 页；林民旺、朱立群：《国际规范的国内化：国内结构的影响及传播机制》，载《当代亚太》2011 年第 1 期，第 136-160 页；陈拯：《建构主义国际规范演进研究述评》，载《国际政治研究》2015 年第 1 期，第 135-153 页。

日本经济高速增长期的结束，自20世纪80年代开始，在保守的政治精英中就发出了重塑民族精神和价值观的呼声。他们指责国民浸淫于欲望，贪图物质享受，希望借助经济发展的奇迹，唤醒所谓民族的荣誉感和使命感。战后体制下形成的思考方式和思考方向由此出现分化，各种动机混杂迎来了重新排序的竞合期。这一竞合期覆盖了整个八九十年代，作为酝酿启动阶段，对日本转向基于荣誉的社会产生了三方面的影响。首先，从中曾根康弘的“国际国家”到小泽一郎的“普通国家”，不仅开启了日本重构自我身份的帷幕，而且在国家认同和荣誉上赋予了新的定义标准。其次，海湾战争中充当“冤大头”的角色，在造成与自我内心设定的身份巨大落差的同时，对以经济实力作为获得大国身份、地位标志的价值理念产生了鄙视。第三，身份的自我和他者认知之间的张力，将本体安全的安全化提上日程，并触发了以畅销书《一个可以说NO的日本》为象征的对自尊的渴望。

进入21世纪以后，日本加速向基于荣誉的社会过渡。一方面，“普通国家”理念进一步上升为“大国化”的具体目标和实践，从小泉政府推进的以操弄民族主义议题为抓手的敢于“大国化”进程到安倍政府热衷于大国特有专利的“价值外交”的实施，① 反映了日本对大国身份的执着和定位的升级。另一方面，经济的长期低迷、中国的崛起和“入常”希望的再次破灭，使日本对未来亚太权力分配中被边缘化的前景产生了空前的担忧。面对日本身份的分裂，保守主义的政治精英和决策领导者下决心要为消除本体上的不安全状态而全面推动社会的文化价值取向以荣誉为主导的转型，以便将国民的共识统一到大国化的目标上来，并使严重的“受挫”心理在精神的追求中得到充分释放。

这一计划包括了如下的步骤：（1）正式的政策宣示。其中最具代表性的就是“美丽国家”概念的应运而生。按照安倍的解释：他的“美丽国家”，是“一个尊重日本的文化、自然、历史和传统的国家，一个建立在自由的基础上遵守秩序、具有尊严的国家，同时也是一个被世界尊敬、信赖喜爱的国家”。② 在这一执政理念和政策目标的背后体现了保守主义的政治精英和自民党决策层重塑日本文化的价值取向的意图和野心。（2）教育改革。自从1990年代末日本立法规定国旗、国歌以来，教育改革都被历届内阁视为与经济改革并列的两大主要课题。然而与经济改革徒有空论、踌躇不前形成鲜明对照的是，在教育上的改革却是大刀阔斧并卓有“成效”。其重要的标志是2006

① 朱锋：《“价值外交”与亚洲政治新变局》，载《现代国际关系》2007年第9期，第10-11页。

②《安倍畅言“美丽日本”要让每个国民引以为豪》，水均益采访安倍晋三（东京2007年4月8日），参见http：//news. cctv. com/special/C18213/20070408/101040. shtml.

年“具有彻底颠覆战后教育理念意味”的“爱国主义教育法”的颁布。① 对于右翼领导人来说，唤醒社会公众的荣誉意识和民族自豪感使教育改革变得更为迫切。在安倍看来，“日本战后教育最大的蹉跌之一是日本人的心灵深处固化着国家=恶的方程式”，忌讳国家主义的倾向强烈。因此，当务之急是通过教育改革“培养有志向的国民，创造有品格的国家”。②（3）外交实践。无论是小泉力推靖国神社参拜常态化，还是安倍鼓吹“价值外交”，彼此之间潜藏着一以贯之的内在逻辑，即在日本的外交决策中，以荣誉为代表的政治价值观逐渐取代经济价值观。最为明显的表现是日本领导人宁愿舍弃深化中日关系给日本摆脱长期经济低迷带来的巨大机遇，而首先选择通过价值观和意识形态领域的竞争对正在崛起的中国进行制衡。

上述一系列举措的实施，使日本政治精英竭力推动的社会偏好的转向在21世纪第一个10年取得了重大突破，追逐荣誉渐成价值观的主流，经济财富和物质利益不再是外交决策的首要动机，大国地位和荣誉开始在观念中占据优势地位。当然，作为过渡时期的特有现象，动机的层次分布还是呈现得较为混沌和复杂，经济利益的思维惯性依然对日本的对外行为发挥着重要的作用，从结果上看，即表现为中日之间的“经热政冷”和“破冰之旅”“融冰之旅”“暖春之旅”等关系的短暂复苏。

安倍第二次上台执政，不仅开创了战后日本政治史前任首相时隔数年后重回权力中心的先河，更重要的是使以改变动机层次分布为中心的文化转型过程得以延续，并为最终彻底转向基于荣誉的社会铺平了道路。这是右倾保守主义阵营赐予安倍“梅开二度”机会的重要原因。而对安倍们来说，特殊的家庭身世背景和成长教育环境，使得带有浓重精神价值色彩的政治基因深入骨髓。恢复国家地位也在一定程度上被视为个人尊严的重要组成部分因而构成了有力的动机。这增强了他们对荣誉的承诺，安倍直言不讳道：“维护国家利益，守护基于历史和传统的国家荣耀也是我的工作”。③ 于是有意识地试图加强特定的话语，并将自身视为这些话语人格化的化身，便与安倍政权的命运紧密地联系在一起。民主党政权后期由实施钓鱼岛“国有化”所营造的日本国内“不屈从中国”气氛的不断升温，足以为安倍提供了因势利导的“良机”。他借力打力，竭力诉诸日本外交失败造成屈辱的悲情，并利用公众对经济大国地位滑落的心理准备普遍不足，推动“中国威胁”议题的持续发酵，激起日本社会对“嫉妒”“耻辱”潜意识的共鸣，从而确立了荣誉至上的价值取向。

---

① 俵義文『安倍晋三の本性』，金曜日2006年，92-122頁。

② 安倍晋三『美しい国へ』，文芸春秋2006年，202，207頁。

③「参議院予算委員会会議録第十一号」（2013年4月24日），16頁，参见 http：//kokkai. ndl. gojp/ SENTAKU/sangiin/183/0014/18304240014011. pdf.

话语变化是反映动机层次分布的有力象征。自21世纪第一个10年末期以来，有关荣誉和地位的话语开始频繁出现在日本首相的施政演说、国会质询应答、媒体采访、新年贺词、重大政策起草的基调发言以及海外的外交政策演讲中。与此相对应的是，重振经济、灾后重建等话题却被摆到次要的位置，相关的话语只是出于安抚民心的考量或被用作激发民族精神的工具。甚至作为第二次安倍内阁政策标签的经济刺激计划在他对国会的第二次施政演讲中即予以忽略。① 具体而言，日本领导人在“夺回日本”“恢复强大的日本”“日本回来了”的语境下，通过三个方面的内容建构，确立了对外政策决定的荣誉导向原则。第一，从当代日本领先的科学技术、美食和低碳长寿的宜居环境引申开来，前赞先人克服天灾、勇于开拓的民族精神和明治维新创造的亚洲唯一的近代文明，② 后颂日本战后尊崇自由、民主主义，一路迈向和平的道路以及给亚洲的发展和繁荣作出的贡献，③ 以一种能够把自己的过去、现在和将来用统一逻辑串联起来的自传体叙述，来展现荣誉、激发认同。第二，从明治时代跻身世界列强的历史文脉中，重新界定了日本在国际体系中的地位：作为闪耀在世界舞台中心的国家，④ 维护世界秩序，担当起亚洲和平与稳定的新管理者角色，⑤ 并在抗衡中国中发挥主导作用。这是日本“大国化”目标的新高度，也是中国崛起背景下日本对新角色的期许。第三，在反省战争罪行和看待战后体制的作用时，强调日本在历史问题上所受到的“不公正”待遇和作为现代主权国家的功能“不健全”，从自我不断强化的“屈辱”的情感中，为满足狂热的自尊需求提供强大的动力。自豪感、地位、尊严作为关键词频繁地出现在各种重大场合的政策宣示中，表明荣誉在主导话语认可下已然占居国家动机层级中的绝对支配地位。

安倍曾在第二次上台前夕发表的执政宣言《走向新国家》中誓言，鉴于“经济至上主义而不计价值的得失”，必须“开展一场将日本这一国家夺回来交还给国民的斗

---

① 美国媒体敏锐地观察到了这种话语的变化，参见《安倍晋三誓言捍卫日本领土主权》，美国《华尔街日报网站：cn. wsj. com/gb/20130301/bas 095435. asp.

② 「第百八十三回国会における安倍内閣総理大臣施政方針演説」，http：//www. kantei. go. jp/jp/96_ abe/statement2/20130228siseuhousin. html.

③ 这方面的话语出现在安倍2013年8月的战败日致辞、2014年2月的“建国日”谈话、2015年2月的施政方针演说、“安倍谈话”起草委员会会议、3月东京联合国大学的演讲、4月美国国会的演讲等重要场合。参见日本首相官邸网站：http：//www. kantei. go. jp/.

④ 「2015年安倍首相の年頭所感」，http：//www. kantei. go. jp/jp/97_ abe/statement/2015/0101nentou. html.

⑤ 「第13回アジア安全保障会議（シャングリラ・ダイアローグ）安倍内閣総理大臣の基調講演」（2014年5月30日），http：//www. kantei. go. jp/jp/96_ abe/statement/2014/0530kichokoen. html.

争”。① 几个月后，安倍却在美国智库“战略与国际问题研究中心”宣称“日本回来了”。② 经济社会问题的积重难返显然无法让安倍在短时间里产生如此强烈的自信，真正支撑其底气的是日本价值偏好的“重新夺回”，③ 即从沉湎于物质财富“内向”的日本向追逐荣誉而变得“外向”的日本转化。

如果说中曾根时期乃至小泽一郎提出的“正常国家”更多地只是一种战略设想和愿景，而进入21世纪以来则终于上升为国家的主要政治议程，并化为具体的政策实践，尤其试图以安保领域的全面突破（法律制度、动员体制、决策运作）作为标识的“成果”，由此，“正常国家”在身份和地位上的定义才真正具有了地缘政治大国的内涵，这一角色的构建是转折性的，标志着荣誉已经在日本动机层级中居于最高位置。当荣誉处于主导性的动机时，日本的战略偏好便在上述机制的作用下发生重大变化。

三、荣誉偏执、身份迷思与日本现实主义的战略偏好

进入21世纪第一个十年的后半期、尤其是安倍第二次执政以来，日本战略选择上的现实主义偏好日益明显，其安全防务政策开始表现出积极的扩张性特征，这已成为近年来东亚安全格局重构的最大变化之一。由于日本战略偏好的现实主义转向与美国战略重心东移和中国实质崛起同步展开，似乎符合地缘政治和安全困境的理论预期。同时，还因为它发生在日本不断加速的右倾化过程和摆脱战后体制图谋的环境中，又自然地为人们建构彼此之间的因果联系提供了可能。然而不论是国际环境还是国内政治因素，只是作为一种背景性因素而存在，其在多大程度上产生影响要取决于某种关键变量的中介性作用。换言之，我们必须进一步探究这种转向背后更深层次的动力机制与行为逻辑。根据上述理论框架，本文认为，荣誉动机是促使日本战略偏好转向的主要动因。正是对大国身份和荣誉的执迷，导致了日本在接受冲突的零和性质、大胆贯彻防务上的进攻主义、采取外向性的姿态和推行民族主义议程等方面的行为集合中，确立了现实主义的战略选择。

（一）威胁认知和零和博弈意识的强化

一国对外战略的调整总是从对所处的安全环境的重新认识开始的。现实主义战略

---

① 安倍晋三「新しい国へ」,『文芸新春』2013年1月号，132-133頁。

② 安倍晋三「日本は戻ってきました」，http：//www. kantei. go. jp/jp/96 _ abe/statement/2013/0223speach. html.

③ 美国著名的日本问题专家理查德·塞缪尔斯认为，日本人声称“卷土重来”关乎重新赢得国家声誉。参见 Richard J. Samuels，“A Question for Asia：Is Japan Back?”，*The National Interest*，May 28，2014，http：//nationalinterest. org/feature/question-asia-japan-back-10546? page=show.

确立的前提是基于本国存在着严重的安全威胁和零和博弈的竞争对手的判断。在日本也正是对国际秩序面临变动和国家安全受到挑战的认知，激发了其现实主义的战略偏好。

日本的威胁认知从何而来？透过日本公布的《外交蓝皮书》《国防白皮书》《国家安全保障战略》等战略文件和政界、学界精英的公开言论可以看出，中国崛起→中国威胁→日本安全威胁的三段论演绎构成了其思维逻辑和思维方式的主要特点。表面上看，这受到了现实主义的权力转移理论的支配，但如果考虑到同一时期东亚不同国家和日本不同时期、不同阶层对中国崛起大相径庭的反应，其实并不尽然。而且即使存在着上述情况，仍需进一步研究以权力转移理论为圭臬的动机导向。

日本对战略环境恶化的认知显然是受到地位动机的驱使。从日本对中国崛起的复杂心态变化来看，当经济利益和财富增长成为主要的政策目标时，一种倾向性的观点是普遍认为："对日本企业来说，中国的重要性不仅是作为'工厂'，更是作为市场"，因此，"两国的互补关系胜过竞合关系，相互合作存在着相当广阔的空间"，① 出于将恢复经济列为政策议程的考量，日本领导人甚至也不掩饰内心的矛盾，公开承认："中国的崛起对（日本）经济来说是很大的机遇，中国的市场也很有魅力。"② 然而，当荣誉、威望主宰着日本决策层的考量时，必然转向从日本能否成为地缘政治大国的角度来看待中国的崛起。而现实发展趋势导致的心理失落和恐惧，使其更倾向于用威胁来定义中日关系，用零和博弈的思维对待两国关系的互动。正如石之瑜所分析的，"中国崛起"对日本的冲击未必就是现实主义学者所理解的单纯是出于国家安全考虑，更重要的是它将使日本失去一直以来作为东亚国家"范形"的姿态，造成其面对世界时的一种身份困境。③ 在荣誉思维的主导下，导致日本深信自己所处的战略环境秩序面临日益严重威胁的认知动因主要来自以下四个方面：第一，日本在东亚国际体系中实力现状处于被对手刚刚超越、却没有构成对己方的彻底性"完胜"的特殊的关键阶段，因而在心理上为能够竞争荣誉和体验愤怒的情感保留了空间。第二，曾经是亚洲最发达国家的日本，如今却不得不面对强大的亚洲，这种近代史上前所未有的大变局严重挫伤了日本所谓的"自尊"。其结果正如日本媒体自我承认的那样："'亚洲老大'意识

① 関志雄：『中国の台頭で変貌する日中関係— 日本にとっての機会と挑戦 —』，http：//www. rieti. go. jp/users/china-tr/jp/ssqs/140805ssqs. htm.

② 『安倍首相、歴史観や米国の思い出について語る WSJインタビュー抜粋』，http：//jp. wsj. com/articles/SB12468361420061044368104580605443145601072.

③ 石之瑜：《回到亚洲？——日本认识中国崛起的思想基础》，载《世界经济与政治》2006 年第 4 期，第 27、31 页。

的动摇，正是不安和焦虑的根本原因。”①第三，日本人口不断减少、经济停滞的现状增强了对中国的崛起可能夺去其作为地区第一强国位置的担忧，但正如美国的日本问题分析家所指出的那样，这种“威胁与19世纪完全不同，并非殖民地化而是边缘化”，② 因之主要是一种心理恐惧。第四，日本迈向“政治大国”的荣誉目标设定本质上追求的是地缘政治大国，这种身份定位及其由此产生的迷思，进一步放大了心理上既存的愤怒、焦虑与恐惧，从而强化了对威胁严重性的判断和博弈的零和思维。因此，引导日本对外在威胁严重性程度感知的决定性因素主要不是中国崛起的发展过程，而是自身转向荣誉动机的深化过程。同时这种威胁也主要不是在传统安全层面上的，而是由地位和声誉来定义的。

这可以从日本“威胁意识”指涉对象的主要方面得到进一步证实。日本政界、学界作出本国的战略环境受到严重威胁的评估，是基于对以下三方面的看重和解读。第一，以中国为代表的新兴国家的群体性崛起，对西方主导的国际体系造成了前所未有的冲击，尤其是中国正在以经济成长为基础，向美国发起“势均力敌”的竞争。③ 这将挑战现有的国际秩序，自然也是作为现有国际秩序重要领导和维护力量的日本的最大威胁。第二，伴随着金融危机以来相对实力的下降，美国不得已实行战略收缩会是大概率的事情。鉴于中国利用自身经济实力，推进形成对本国安全和发展有利的国际秩序，以及韩国进一步加强与中国的关系，如果美国对东亚事务的参与度降低，继续内向，中国将占据统治地位，日本也将因之面临很大的困难。④ 第三，亚太地区的权力秩序逐渐呈现出G2支配的态势，⑤ 中国倡导“新型大国关系”的抽象概念，旨在谋求与美国的对等关系，确保自己的势力范围。而奥巴马政府倾向于接受，也不排除在一定程度上容忍中国日益强烈的主张和向海洋等方面的扩张。⑥ 未来的结局可能是中国把美国驱逐出西太平洋，日美安保体制、日本独自防卫力量的存在也将被忽视。⑦ 显然，对美国主导的西方国际秩序规范动摇和日本地位处境的担忧，使日本政治精英更愿意

---

① 「社説：戦後70年日本とアジア脱・序列思考のすすめ」，『毎日新聞』2015年1月1日。

② Tobias Harris, “The Reactionary Visionary. Can Shinzo Abe convince Japan’s voters that the path to future glory lies in the imperial past?”, *Foreign Policy*, 12 December, 2014, http://foreignpolicy.com/2014/12/12/the-reactionary-visionary-japan-elections-economy-shinzo-abe/.

③ 朴喆熙：《日本人观察中国的四种观点》，《东京新闻》2014年10月26日，转引自《韩学者分析日本人多视角看待“中国崛起”》，载《参考消息》2014年10月27日。

④ 「20年後のアジア太平洋地域秩序と日本の役割」，http://www.mofa.go.jp/mofaj/files/000077719.pdf.

⑤ 「米中首脳会談 G2では仕切れない」，『毎日新聞』2014年11月13日。

⑥ 神谷万丈『「インド太平洋」は日本の地域安全保障政策の中核概念たり得るか』，http://www2.jiia.or.jp/pdf/resarch/H25_ Indo-Pacific/01-kamiya.pdf.

⑦ 岡崎（久彦）研究所『米中「新型の大国関係」を米国が受け入れる余地』，http://wedge.ismedia.jp/articles/-/4837.

相信本国战略环境的恶化和威胁的零和性质，相比而言，国土安全并不是他们关注的焦点。换言之，从观念结构上说，荣誉思维下的地位困境与“威胁意识”形成了正相关的联系。

然而，这并不意味着安全威胁在日本战略决策层的视阈中无足轻重。对纠结于地位之争的日本来说，既然“范形”身份是日本在东亚的安生立命之本，地位不仅是一种荣誉，更是国家生存本身。基于此，日本决策层改变了对安全威胁的评估标准，将它与日本地位的得失联系在一起，并导致对中国崛起的消极解读和对中国动向的过度敏感反应。上述威胁界定方式与地缘政治大国的目标导向和身份属性相互作用，自然使日本重回传统安全竞争的旧有模式。

为此，近年来日本不断加大对中国军事威胁的渲染和本国安全的安全化操作力度，采取了在现代行为体常用的“在对一种动机做出反应的时候却在利用另一动机来解释和论证他们的行为”① 的方式，来证明由地位动机引发的对外战略调整是正当的，以便凝聚国内共识和动员民众。这在应对与中国的岛屿与海洋权益之争上表现得最为明显。钓鱼岛“购岛”计划推出后，日本不断强化“西南防御”部署，并进而实现了在“联合机动防卫力量”概念下军事战略转向进攻型的重大调整。所谓中国日益强大的军事力量和频繁的海上活动对日本离岛安全和海洋资源构成重大威胁，被日本决策精英习惯性地用于为自己辩护的依据，然而这只不过是日本领导人为掩盖政治目的而编造的安全谎言。撇开中国防御性的国防战略不谈，即使从现代战争特点和权力竞争方式以及中日之间侵略与被侵略的历史经验来看，中国侵占日本离岛的可能性是不存在的。更能让日本产生自信的理由是，“尽管中国无疑一直在投入重金，但日本自卫队的技术优势仍是北京所无法比肩的”，加之美国提供的同盟支持，日本安全保障的基础依然稳固。日本的做法不仅无助于安全，甚至在一定意义上会“适得其反”。② 因为这将使中国被迫放弃长期坚守的“搁置争议”和战略隐忍，采取强烈的反制行为，结果反而深陷与中国之间的“安全困境”。而如果是出于确保战略资源和能源供应的考虑，日本明智的做法更应该是谋求合作。几十年来东海海洋权益争端的经验显示，石油和天然气田之争倒是激发了建设性对话，2004 年中日两国就曾因油气勘探的激烈摩擦而平心静气地展开了一系列会谈，经过 4 年谈判最终达成了在边界地区附近合作开发油气资源

① 勒博：《国家为何而战?》，上海人民出版社 2014 年版，第 90 页。

② End drift to war in the East China Sea, January 23, 2014, www. ft. com/intl/cms/s /7d713b60 - 8425 - 11e3 - b72e-oo144feab7de. html.

的协议。[①] 可见，安全恐惧和利益欲望并非日本在东海岛屿争端上顽固坚持强硬立场的真正动机。澳大利亚战略学教授休·怀特一针见血地指出：“为了这些岛屿或资源开战对任何人来讲都不值”，“这场争端永远都不是关于领土的。”虽然“在一场旨在定义亚洲大国未来数十年角色和地位的竞争中，它们只是一些象征符号”，[②] 但更进一步说其实就是试金石和风向标。正是执迷于东亚大国的地位和身份，才导致日本战略决策层不惜以物质财富和安全利益为代价，在岛屿争端上采取对抗性政策。

（二）大胆追求防务上的进攻主义

日本在安保防务政策上转向进攻主义的理念，是荣誉动机影响战略偏好的第二种因果机制产生作用的典型反映。近年来，日本的防卫政策已从专守防御的传统约束中彻底摆脱出来，而开始信奉进攻主义。仅从常规的安全动因去理解并不能对此作出很好的解释，因为日本的这种咄咄逼人的“高姿态”，不仅远远超出了本土安全的目标和范畴，反而会招致螺旋式上升的“安全困境”。但是，如果是受到荣誉动机的驱使，这便是一种顺理成章的必然选择。在日本决策层看来，中国崛起所带来的权力对比的结构性变化，不仅使日本“政治大国”的威望失去了立足的空间，甚至面临在区域地位和影响力竞争中被边缘化的危险。对损失的预期以及这种损失的固有属性，滋长了日本的风险偏好意识，愿意为了获得大国身份和地位而冒险。而且从荣誉的动机出发，日本精英进一步认为，即便传统意义上的安全不至于受到威胁，但由于不能确保作为政治大国的地位和影响力，就谈不上有绝对的安全。日本炒作“中国威胁”的一再升级，实质是发自这种思维逻辑下的受挫心理借助安全说辞而作的一种宣泄。因此，对绝对安全受损前景的预判，使日本领导人愿意进行冒险，以便获得更有利的国际地位。这就激发了其在安保防务上的进攻主义偏好，具体表现在以下几方面：

首先，谋求建立进攻性的军事力量体系。从21世纪第二个十年开始，日本战略决策层对防卫建设和军力结构作出根本性调整的初衷是认为，“日本安全保障和防卫战略的基本方向是，日本在实现保护本国的和平和安全、维持繁荣的基本目标的同时，还应该立志成为对地区和世界的和平和安全作出贡献的国家。换言之，日本要从被动的和平国家成长为能动的创造和平的国家”。[③] 这就意味着日本国防战略的指导理念从固

---

① Emily Meierding, “The real reason tensions are rising in the South China Sea”, May 24, 2015, www. vox. com/2015/5/24/8646571/the-real-reason-tensions-are-rising-in-the-south-china-sea.

② Hugh White, “A Great War in the East China Sea: Why China and Japan Could Fight”, *The National Interest*, July 15, 2014, Nationalinterest. org/feature/great-war-the-east-china-sea-why- china-japan-could-fight-10877.

③ 新たな時代の安全保障と防衛力に関する懇談会『新たな時代における日本の安全保障と防衛力の将来構想—「平和創造国家」を目指して』（2010年8月），http://www.kantei. go. jp/jp/singi/shin-ampobouei2010/houkokusyo. pdf.

守本土的防御向预防性的、主动介入的转变，而获得进攻性的军事能力是支撑这一战略的关键。由此引发了自安倍第二次执政以来日本国防预算的连年攀升。从《防卫计划大纲》《中期防卫力量整备计划》、防卫省的年度预算报告所确定的防卫力量建设和军力结构调整的重点来看，日本所着力追求的两栖作战、预警巡逻、防空反舰、导弹防御、隐形无人机以及在具备实施远洋机动、海空联合、电子战、网络太空、“先发制人”等不同作战方式上的能力大幅提升，① 都是围绕打造进攻性的军事力量体系展开的，贯彻着以下三方面的意图和目标：一是通过提升两栖战力，实现对广大离岛及其附近海域的有效控制，进而改变战后秩序所规定的地缘政治版图；二是跟上美国亚太地缘战略和军事改革的步伐，实现日美在军事上的一体化，以开展全球范围内对美国干预行动的无缝支援；三是增强远程投送能力、扩大作战的半径，确保对地区事务的快速介入和实施对对手的敌人的所谓安全援助。以上种种大大超出了追求本土安全和最低限度威慑力的意义，反映了日本恢复地区中心力量地位动机驱使下在发展军事力量上的激进冒险。对此，前内阁官房副长官柳泽协二就明确指出，“就保卫国家的防卫力而言，日本在世界上屈指可数，如果通过扩军来对抗中国的扩张路线，日本迟早会吃不消。必须先在政治框架中规定现状下的防卫力应该发挥哪些作用”。②

其次，注重遏制作为战略手段的全方位推行。早在民主党执政后期，日本领导人即把“在构筑亚太地区的秩序和规则方面发挥主导作用”视为“外交的根本”。③ 在这一角色定位下对国际秩序变化的认知，必然敏感地认识到，中国实力的迅速增强和影响力的不断扩大，不仅对日本的地区主导权构成了严重挑战，使其无法发挥秩序主导者的作用，而且中国的成功崛起会进一步导致以它为代表的新兴国家对现有的西方发达国家主导的国际体系的冲击。因此，基于地区政治大国和西方世界重要一员的双重身份，日本对推行对华遏制“情有独钟”，将其确定为“战略性外交”的核心内容，不断加大精力和资源的投入。在日本战略精英层看来，遏制中国不能简单地从维护自身传统安全的考虑出发，更应以“体系眼光”即防止东亚体系变为“中国秩序”来理解其深远的意义。④ 这就使日本在实施对华遏制上比美国更具有战略性、全面性和对抗性，也表现得更为大胆和冒险。

① 陆伟：《“联合机动防卫力量”：日本新军事战略的构建和影响》，载《外交评论》2014 年第 5 期，第 39-61 页。

② 《日本与其不断扩军不如睦邻》，载《参考消息》2015 年 8 月 20 日。

③『第百八十回国会における野田内閣総理大臣施政方針演説』，http：//www. kantei. go. jp/jp/noda/statement/2/20120124siseihousin. html.

④ 吴怀中：《日本对华大战略简析——以“接触”与“防范”为核心概念》，载《日本学刊》2012 年第 5 期，第 76 页。

从战略性上看，围绕所谓“自由与繁荣之弧”和“民主安全菱形”的战略构想，沿三条线路展开布局：一是北线的美日韩军事三角；二是南线的美日澳安全三角加美日印三角；三是“战略地位重要的”东盟国家，① 意在构筑整个印太范围内的对华包围网。从全面性上看，在规则制定、安全结盟、外交挑唆、商贸竞争、外宣诋毁乃至军事谋划等各个层面，多管齐下，形成全方位的联动性施压。从对抗性看，既有冷战式的意识形态挑衅，将中国贬为政治异己，又在中国和重要战略伙伴间打入楔子，对中国的地区合作倡议找碴作梗，还紧盯中外经贸活动，从中搅局，② 挤压中国“走出去”的经济战略。日本的上述举措反映了其淡化成本的大胆冒险倾向，表现在日本既愿承受巨大的安全风险；又以巨额的经济利益为代价，例如出于削弱中国在地区经济一体化的影响力考虑，日本不惜农业等领域的损失，选择加入美国主导的 TPP 谈判，③ 还以各种借口，与美国一起拒绝中国设立“亚洲基础设施投资银行”（AIIB）的倡议，成为少数几个不是该行初始创立成员的主要国家之一，从而放弃了原本可以凭借在基础设施投资方面的优势获取可观的经济收益的机会。日本著名国际学者白石隆直言不讳地指出安倍政府是基于“在统一制订了世界或者地区规则之后才能被作为一个大国来尊重”的考虑，并希望“通过新安保法制和 TPP 双管齐下维持地区力量均衡”。④ 这说明日本以遏制作为对华战略手段的偏好受到了地位动机的驱使，其真正的目的在于压缩中国崛起的战略空间，消除日本成为东亚秩序主导者的最大障碍。

最后，牵头组建亚洲中等强国联盟。与美国结盟，使日本获得了安全“保护伞”，还带来了经济的发展和繁荣。这同时满足了日本安全恐惧和利益欲望的动机要求，因而被其视为外交战略的基轴。然而随着近年来荣誉、地位动机在日本决策中占据绝对主导的地位，安倍等人日益认识到，实现国家正常化这一核心目标的最大障碍来自于战后历史定性对自身的制度和心理束缚，作为当年主要当事方的美国在导致日本不正常状态过程中存在的“历史过失”是无法彻底原谅的。⑤ 地位动机的掺入，驱使日本精英提高日美同盟价值判断的门槛，随之也产生了更多的怀疑和不满。其中最具代表性的“美国将无法有效保护日本”观点的频频出现，实质是利用中美实力对比相对性的消长这一公认的事实，用安全话语来掩盖对日本的“正当地位”不能通过与美结盟

① 张瑶华：《安倍 2.0 时代的日本外交》，载《国际问题研究》2013 年第 2 期，第 77 页。

② 日本争夺中国海外高铁市场便是明显的例证。「中国勢などと火花…鉄道事業、海外市場に攻勢」，『読売新聞』2015 年 3 月 9 日。

③ 详见倪月菊：《日本的自由贸易区战略选择——中日韩 FTA 还是 TPP》，载《当代亚太》2013 年第 1 期，第 80-100 页。

④ 「（インタビュー）TPPの底流 政策研究大学院大学学長・白石隆」，『朝日新聞』2015 年 10 月 7 日。

⑤ 刘卫东：《美国对美日之间历史认识问题的应对》，载《当代亚太》2014 年第 5 期，第 94 页。

得到满足的失落情绪。① 在"正常化"作为日美同盟新的价值判断标准的情况下，日本一方面在日美防卫合作指针修改过程中，将获取同盟框架中的平等地位作为利益诉求的核心目标，以此来为集体自卫权搭建实践平台，从而完成安保体制"正常化"最关键的一块拼图，另一方面利用美国为推行再平衡战略而鼓励盟友构建自身能力和它们之间的横向联系的机会，谋求自己主导的同盟体系，以重塑东亚的均势。日本著名的国际问题专家添谷芳秀建议，东亚国家应该改变地区秩序的中心参与者的角色，制订基于中等强国联合的有效的合作机制，从而在大国之间的中间地带发挥有效的影响力。并特别强调，"理想的情况是，日本应带头促进东亚中等强国之间的合作"。② 添谷的意见代表了日本决策层的主流想法。

这一中等强国联盟就是日本选择澳大利亚、印度、韩国，开展以安全防务合作为中心的双边同盟，并在此基础上扩展为三角或四角的多边联合和覆盖其他次区域的重点国家的安全伙伴网络。早在安倍第一次执政时日本即开始进行布局。安倍第二次上台后，又推动了双边关系的全面提升，尤其是促成了与澳、印之间合作的机制化和制度化，将日澳、日印关系提升到"准同盟"的高度。③ 从现有的发展态势来看，基于下列因素，这一同盟体系能够在一定程度上实现日本的地缘政治目标。第一，虽然澳、印等国具有独立地决定国家战略和外交政策的传统，但中等强国的地位使它们对中国崛起给自身利益可能造成利益的损失更加敏感，也是不争的事实。这为日本不断推进彼此的同盟化进程提供了较为牢固的战略基础。第二，实力对比使日本成为相对优势的一方，较容易地在互动博弈中取得主动。例如，澳大利亚突破海军力量发展瓶颈的有效路径是由日本提供潜艇技术，而印度更需要日本 ODA 的巨额资金，还希望尽快获得 US-2 两栖飞机。第三，正因为实力上的相对优势，日本在议程设置上发挥了主导作用。双边和多边合作始终围绕应对中国海洋活动和确保航海自由展开，在很大程度上贯彻了日本的意志和主张。日本追求的中等强国联盟体系蕴含着与美国传统的轴辐体系不同的战略深意，在于它抓住了"印度洋—太平洋的战略框架是掌控亚洲快速变化轮廓的最好方式"这一关键，并为美国制衡中国可能的失败而寻找替代战略。④ 正如日本战略决策层的核心人物石破茂所言，"我们很可能会看到中国的国防预算持续增长，

---

① 田久保忠衛『オバマ「宥和」政策で同盟関係に危機?』（2014.02.17），http：//jinf.jp/weekly/archives/12279.

② Yoshihide Soeya，Keio University Middle-power multilateralism bringing China into the fold East Asia Forum，July 27，2015，http：//www.eastasiaforum.org/2015/07/27/middle-power-multilatera lism-bringing-china-into-the-fold/.

③ 参见朱海燕：《日澳关系"同盟化"的新发展及其前景》，载《现代国际关系》2014 年第 8 期，第 44-51 页；刘思伟：《印日安全关系分析：均势安全论与共同体安全论》，载《南亚研究》2014 年第 3 期，第 47-62 页。

④ 哈尔什·V. 潘特：《日印澳三边框架制衡中国》，载《参考消息》2015 年 8 月 3 日。

而美国的影响力日渐减弱。因此，我们将有必要建立一个亚洲版的北约，以便在该地区与中国保持平衡”,[①] 日本多元化同盟战略的选择，反映了其对于国际地位下降的焦虑感和渴望发挥国际作用的内在诉求,[②] 显露了要在亚太地区均势结构重建过程中获得主导优势的意图。

（三）外向塑造姿态的呈现

战后半个多世纪以来，日本一直保持外交上的“低姿态”，在实践中也主要推行以获取资源和市场为目的的“经济外交”，其内向型的、被动反应式特征非常明显，这与物质利益的动机占据主导地位的状况是相适应的。然而，这种内向型的低姿态外交在近年来已被彻底打破，日本在国际事务中越来越呈现出主动介入、广泛参与、深度干预的姿态，“积极和平主义”被奉为圭臬，表明日本决策精英层外交偏好由内向型防御转为外向型塑造的根本性变化。

地位、威望动机是导致日本外向型扩张姿态的最主要驱动力。2013 年 12 年发表的日本首份《国家安全保障战略》明确指出，“在全球化不断推进的世界，日本应该对地区和全球的和平、稳定及其繁荣发挥比以往更加积极的作用”，是基于“日本作为国际社会玩家”的角色定位。[③] 按照安倍政府重要的战略决策智囊北冈伸一的定义，它必须具备“改变他者行动的影响力”，“要求日本发挥更综合性的力量，并非仅限于经济。同时不是仅着眼于美国和亚洲，而是从更广泛的全球视野，致力于发挥更大的影响力”。[④] 基于上述的角色定位和角色认知，2013 年 9 月安倍在联大的发言中，雄心勃勃地为日本公布了一个极其广泛的全球议程，明确表示，不管是叙利亚、核扩散、联合国维和、索马里海盗、发展援助还是妇女权利问题，东京都要拥有发言权。[⑤] 安倍政府不仅在言辞上高调介入国际事务，还在行动上积极跟进，与批准解禁集体自卫权的宪法解释、强行表决安保法案，从而构建全球力量投射的合法性授权的制度环境相呼应，倾力推行所谓“俯瞰地球仪外交”，为全面干预国际事务进行战略布局。

鉴于日本政治精英认为本国在国际体系中所受的待遇低于其对自身大国地位的认识，主要是由于日本无法像欧美大国一样参与国际社会治理的所有制度性决策过程，

---

① 『目指せ「アジア版 NATO」首相、石破氏に調整指示　実現へ3つの関門』，http：//www.sankei.com/politics/news/140307/plt1403070029-nl.heml.

② 张云：《中日关系稳定符合双方战略诉求》，载《联合早报》2012 年 12 月 30 日。

③ 『国家安全保障戦略について』，http：//www.mod.go.jp/j/approach/agenda/guideline/pdf/security_strategy.pdf.

④ 北岡伸一『グローバルプレイヤーとしての日本』，NTT 出版株式会社 2012 年，第 4-5 頁。

⑤ 『第 68 回国連総会における安倍内閣総理大臣一般討論演説』，http：//www.kantei.go.jp/jp/96_abe/statement/2013/26generaldebate.html.

尤其是国际安全领域的政治决策，因而通过实现对公共物品的工具性利用，塑造国际安全事务领域的影响力即成为主要着眼点，从而使日本重点在以下三方面加大了介入国际事务的力度。（1）在官方发展援助（简称 ODA）方面，鲍德温有一句经典名言："对外援助首先是国家权力的工具……是援助国试图促使其他国家按照援助国的意愿采取行动的手段，因此，对外援助政策就是对外政策"，① 日本的对外援助无论在形式和内容上与美国有很大不同，在本质上也基本符合现实主义的这种理论预期。然而，必须注意的是，在获得国际威望动机的驱使下日本对外援助在战略方向上的重大变化。布尔认为，一个国家如果宣称自己拥有大国的某些特殊权利，就必须在涉及整个国际体系的和平与安全的重大问题上发挥着决定性的作用。它们负有义务根据所承担的管理责任对自己的政策加以调整。② 正是基于这一要求，2015 年 2 月日本政府批准新的"开发合作大纲"，以救灾为名目，允许对其他国家军队和军人提供援助，③ 从而实现了对外援助由立足于经济安全的民生援助向着眼于地缘政治的战略性援助转变。相应地，日本对 ODA 援助的重点对象和区域也进行了重新布局，以便对国际事务实行更有效的介入。如日本近年来通过持续加大对印度的援助，获得了对方战略上的亲近，为扩大在印度洋的军事存在及影响提供了基础。④（2）在参与联合国维和行动方面，由于其本身的彰显道义和责任的价值属性，成为日本提升国际地位、合法化地展开海外军事行动的切入点和实践平台。对日本来说，参与联合国维和行动的意义就在于，向国际社会展示其愿意并有能力承担相应的国际责任，以证明自己享有大国的地位是实至名归的。⑤ 社会流入的身份管理策略的实施，推动了日本以欧美大国的维和行为规范作为学习、效仿的目标，对自己的维和行动从派兵程序、地理范围、活动区域到任务使命、武器携带等进行多方面的重大调整，从原先以单一的民事任务为主的辅助性维和向更有"质量"的全面深度干预的主体性维和转变。近来日本向在南苏丹执行维和任务的韩国军队提供弹药、决定给在该地的自卫队追加"驰援警戒"任务、考虑在联合国维和行动框架之外派遣自卫队参加欧盟的任务部队等种种举措表明，参与国际维和成为日本干预国际事务日益倚重的路径。（3）在参与全球治理方面，日本将提升国际地位和威望同应对成为美国霸权体系的主要威胁的作为联系在一起，在海洋安全、

① David A. Baldwin, *Foreign Aid and Americon Foreign Policy: A Documentary Analysis*, New York: Praeger, 1996, p. 3.

② 赫德利·布尔：《无政府社会——世界政治秩序研究》，北京：世界知识出版社 2003 年版，第 162 页。

③『開発協力大綱の決定』, www. mofa. go. jp/mofaj/files/000067687. pdf.

④ 杨思灵：《日本对印度的官方发展援助研究》，载《南亚研究》2013 年第 1 期，第 94-113 页。

⑤ Shogo Suzuki, "Seeking 'Legitimate' Great Power Status in Post-Cold War International Society: China's and Japan's Participation in UNPKO", *International Relations*, Vol. 22, No. 1, 2008, p. 52.

反恐、涉华和涉俄的国际安全争端等领域，主动走向前台，竭力显示自己的独特贡献和角色。满足于社会创造的身份管理策略的需要，安倍等人公开宣称日本是“区域秩序的主导者”“世界领导力量”“阻止权力转移的中流砥柱”，并在推动上述领域的全球安全治理上追求议程的设置和领导角色。如日本在吉布提开设首个真正意义上的海外基地，在原有的打击海盗任务之外，更着眼于满足在应对非洲、中东地区的灾害、维和行动及发生紧急事态和恐怖主义大试身手的需要。在2014年和2015年连续两年将G7的议程引向了对“中俄以实力改变现状是全球问题”的讨论的基础上，2016年又撺掇G7外长会议通过《海洋安全声明》等。可见，对外援助和国际公共物品提供的工具性利用，给日本牟取大国威望和地位的私利披上了“合法性”外衣，为此而在国际事务上积极扮演“塑造者”的角色便是自然的选择。这样，日本越是执迷于大国的身份，对国际事务干预的动力就越强。

（四）民族主义议程的推行

一国战略偏好的变化需要相应的国内社会文化作支撑。现实主义战略的转向在文化层面上的变化即是民族主义议程的推行，后者构成了前者的重要组成部分。日本民族主义议程的核心内容是奉行历史修正主义、重塑传统价值和文化认同、改写和平宪法和民主主义教育。① 这不仅导致了与邻国关系的持续紧张，使政治、经济、安全利益在长期不正常的状态下严重受损，而且也引起了主要盟国美国的不满和警惕，甚至有可能从根本上颠覆日美关系架构的合法性。② 对上述日本行为的解释，理性主义的分析路径显然是无能为力的。因为基于物质性动机的对得失损益的权衡应该引导日本改弦更张而不是因小失大。本文认为，对大国身份的偏执与贪恋造成的内心设定的自我与现实呈现的自我的分裂，使日本处于不断自我强化的本体性不安全状态，由此产生的焦虑感和挫败感激发了其通过“自传体叙述”以维持本体性安全和自我认同统一性的强烈冲动，从而导致了以否认战争罪行、美化殖民侵略、拒不道歉为主要特征的民族主义议程大行其道。

本体性安全是基于身份稳定的安全，它对于一国的重要性在这一社会心理学的概念被斯蒂尔（Steele）、米岑（Mitzen）、辛瓦尔（Kinnvall）等人用于分析国际关系和

---

① 毛里和子：《中日关系——从战后走向新时代》，北京：社会科学文献出版社2009年版，第152页。

② 这方面的详细讨论参见刘卫东：《美国对美日之间历史认识问题的应对》，载《当代亚太》2014年第5期，第76-94页。

国际安全问题后得到了确认。① 在他们看来，国家是具有社会动机的行为体，除了物质生存之外也追求社会存在。而前提条件是能否呈现统一的身份。如果国家没有稳定和连贯的身份，没有确定性的行动框架，它就无法与别国沟通，也无法使国际社会对自己的行为形成合理的预期，进而还会危及国家对核心价值的保护，影响个体成员对群体的归属感和自尊心理。因此，从这个意义上说，本体性安全是一种最基本的生存需求。②

如前所述，基于对自己在国际社会中的身份和地位的过分期许，近年来日本越来越持有本体性不安全的危机心理。对此，我们可以作出一个大胆的假设：如果日本将自己定位为中等强国，专注于在自己擅长的经济和民生领域发挥作用，就能获得国际社会的良好预期和积极反馈，从而保持主体间身份的一致，同时对过去的反省和忏悔的信号也能通过实际行动释放出来，被周边邻国接受和谅解。然而，在日本保守的政治精英看来，历史问题才是造成本国本体性危机的根源。一方面，历史定性带来的制度约束，从根本上限制了日本能够发挥国际政治影响力的空间，使其在无政府秩序下最能显示大国实力和威望的安全领域长期处于被边缘化的状态。另一方面，因战争记录激起的"谢罪""道歉"的正义呼声，使日本背负沉重的道义责任和负担，阻止了向战后走和平主义发展道路良好记录叙事转化的实现，对提升国际形象、构建国内认同造成了巨大的障碍。很显然，日本政治精英将因自我构建的"政治大国"地位与国际安全领域政治决策权的缺失所造成的精神和身份的分裂，首当其冲地归咎于历史问题。

国家对本体性安全的追求是通过维护本国的民族主义、身份、价值观（文化中心主义）等形式体现出来的。③ 由于历史问题成为本体性安全危机的根源，而稳定的身份是通过连续统一的话语和实践呈现，具体而言，就是依赖于统一的自传体叙述，把自己的过去、现在和将来以统一的逻辑加以叙述，因此，在偏狭的自尊的驱动下，日本根据满足持续的自我感的需要，对自我认同达成反思性理解的结果，就是变本加厉地

① Catarina Kinnvall, "Globalization and Religious Nationalism: Self-identity, and the Search for Ontological Security", *Political Psychology*, Vol. 25, No. 5, 2004, pp. 741-767; Jennifer Mitzen, "Ontological Security in World Politics: State Identity and the Security Dilemma", *European Journal of International Relations*, Vol. 12, No. 3, 2006, p, 341-348; Brent J. Steele, "Ideals That Were Never Really in Our Possession: Torture, Honor and US Identity", *International Relations*, Vol. 22, No. 2, 2008, pp. 243-361.

② 景晓强：《身份、情感与对外政策——以本体安全研究为中心的讨论》，载《外交评论》2011 年第 4 期，第 57-68 页；Ayse Zarakol, "Ontological (in) Security and state Denial of Historical Crimes: Turkey and Japan", *International Relationgs*, Vol. 24, No. 1, 2010, pp. 3-23.

③ 包广将：《东亚国家间信任生成与流失的逻辑：本体性安全的视角》，载《当代亚太》2015 年第 1 期，第 45 页。

强化对战争罪行的美化和篡改，大力推行以历史修正主义为主要内容的民族主义议程，进而固化为“不道歉”的战略文化。其呈现出来的新的特征在安倍的战后70周年谈话中得到了集中体现。① （1）“双重标准说”。基于西方大国的身份意识，将日本对中国和周边国家的侵略与欧美殖民统治相提并论，认为唯独要求日本进行谢罪，就是一种双重标准，是胜者对败者的惩罚。（2）“被动应对说”。将日本发动的侵略战争归咎于西方的殖民统治给日本带来的危机感，辩称由此导致的孤立使日本被迫作出应对，试图以构建“新的国际秩序”为目标而成为国际社会的“挑战者”，从而在世界大势中“迷失”。（3）“正面遗产说”。称颂日本对邻国的侵略为帮助它们摆脱西方殖民统治的所谓的“解放战争”，强调日本民众为此作出的巨大“牺牲”。不仅修改旨在追求平衡表述的教科书审定标准，停止重复自我批评的所谓“自虐”行为，还在标志性的军事装备上恢复历史旧称，甚至为军国主义遗物申遗，以保持自传体叙述的统一，激发民族自豪感和认同感。（4）“历史眼光说”。质疑日本观的片面性，提出日本叙事的视角“不应停留在战争年代，而是要置身于更长的时代背景中”，② 尤其要强调日本在二战后为维护地区稳定和繁荣做出的贡献。其背后的逻辑是日本的过去、现在和将来均一以贯之地保持着良好的形象，那些指责日本在走向修正主义的批评是不成立的，③ 即使存在着不良记录也足以能够“将功补过”。

显然，日本已把推行以历史修正主义为核心的民族主义议程作为建构政治大国身份的关键前提和文化认同基础，即试图通过对历史问题的重新解释，塑造符合“合法大国”道义标准的形象，平衡自我构建和外在承认的张力，以达到内外协调的身份稳定。但事实是日本大国欲越是膨胀，其本体性不安全的感知就越强烈，越有动力从民族主义的议程中获取“自传体叙述”的统一，而历史修正主义则导致周边国家日益增强的警惕和不信任，更加失去成为“合法大国”的道义基础。荣誉、地位的动机使日本在这样的恶性循环中难以自拔。

四、结论

相对于权力、结构等物质性因素，精神、身份和认同因能够深刻揭示一国行为的文化根源，而成为当今国际安全和冲突研究的转型方向和发展趋势。本文借鉴国际关

① 「安倍首相の戦後70年談話」，http：//www. kantei. go. jp/jp/97_ abe/discource/20150814danwa. html.

② 北岡伸一『侵略と植民地支配について日本が取るべき姿勢』，『中央公論』2015年9月号。

③ Japan's Foreign Minister Says Apologies to Wartime Victims，April 8，2014，www. nytimes. com/2014/04/09/world/asia/japans-foreign-minister-says-apologies-to-wartime-victims.

系的文化理论，通过对荣誉这一精神性动机内涵的重新界定和理解，拓展和细化了荣誉动机下身份迷思和地位偏执与国家现实主义战略选择的内在关联和因果逻辑，用以分析 21 世纪以来日本战略偏好的重大转变。

本文认为，进入新世纪以来日本文化上的最大变化就是确立了荣誉在国家动机层级中的绝对支配地位。正是因为这种传统价值观和思维与不断演进的“正常国家”实践相结合催生的对大国身份、地位的执迷和狂热，驱使日本在战略取向上越来越倾向于接受冲突的零和性质、大胆贯彻防务上的进攻主义、采取主动塑造国际事务的外向性姿态和推行民族主义议程等行为，从而导致战略偏好向现实主义的重大转变。这一研究的最大优点是在回归决定人和国家行为的基本因素的动机这一逻辑原点的基础上，将体系结构和国内政治等各层次的变量整合到统一的分析框架中，[①] 更好地理解日本对外战略的深层次动力机制和行为逻辑，并为改变迄今在日本外交安全战略研究上偏重于具体问题、以政策分析为导向理论化程度较低的现状，对理论分析框架构建的可行方向和路径进行有益的探索。应该指出的是，荣誉是一种内隐的存在，很难量化，其行为结果与现实主义和理性主义预期在呈现方式上往往具有相似性。考虑到这一点，本文对两种理论能够提供的解释进行了比较。理论成立的要诀在于与其他理论的竞争中能够提供对事实更合理的解释。本文并不期望对荣誉动机进行决定性的检验，而是致力于评估其逻辑与经验的适用性和合理性。同时，也不完全否认已有的其他分析视角，而是要推动理论的多元，从文化的视角丰富对日本战略动机和政策选择的研究。当然，深化这方面的研究，必须明确荣誉、身份动机的主导性地位如何衡量？它与其他动机相比在决定日本战略选择上应如何区分？主导动机的转变是否意味着战略文化的演化？这种动机的形成在何种条件下会发生逆转？所有这些都是未来研究有待拓展的问题。

本文研究显示，由于荣誉、地位动机已在日本政治中占据主导地位，虽然未来日本实现对外政策目标的手段和方式可能会随执政党和内阁的更替而出现调整，但其战略选择日益呈现出现实主义偏好的总体态势不会发生改变。因此，中日关系的磨合将长时间在摩擦甚至激烈对抗中来实现。但这并不意味着面对中日关系的困局和日本给中国造成的战略压力就只有一筹莫展、无所作为。本文研究带来的政策启示是，我们要秉持“命运共同体”理念，一方面，通过“经济外交”，推进“一带一路”建设，以利益为纽带，构建包括日本在内的相互依存的关系网络，另一方面，加强对亚洲各

① 袁伟华：《对外政策分析中的角色理论：概念解释机制与中国—东盟关系的案例》，载《当代亚太》2013 年第 1 期，第 154 页。

国尤其是日本民众的公共外交和人文交流，从全球性非传统安全问题凸显着国际社会新型共生关系的认识中，逐渐提升彼此之间的集体意识和对区域共同体的认同，从而使日本荣誉偏执驱使下的排他性的大国身份追求失去生存的空间，不得不回归区域一体化建设的轨道。

北约扩大进程中德国的战略选择与作用*

吕　蕊

冷战时期地处东西方交锋前沿的德国一直在谋求改善自己的地缘境况。"苏东剧变"使中东欧地区成为北约和俄罗斯之间的权力真空和破碎地带。出于利用北约东扩改善自身地缘安全的考量，德国担当起推动北约东扩的先驱者角色。冷战后影响欧洲安全和地缘政治的北约东扩由此拉开序幕。但随着北约东扩进程的有序推进，德国、美国以及新加入的中东欧国家围绕北约的职能和防卫区域的扩大等问题开始了新一轮的博弈和竞争。

本文主要从四个层面阐述北约扩大进程中德国的战略选择与作用。首先要讨论的是，冷战结束后德国如何游说美国同意启动北约东扩。其次，着重阐明北约东扩面临的阻力和障碍，以及德国如何通过渐进外交的思路破解困难和僵局。再次，主要分析德国在进入21世纪后对北约东扩从积极推进到消极应对的转变及其原因。最后，从欧洲安全结构、德国与美国关系、德国的国家利益等视角出发，综合分析德国在北约东扩问题上的政策与立场。

一、北约东扩与德国对美国的政策游说

以波兰、捷克、斯洛伐克和匈牙利为首的中东欧国家在冷战后先后提出加入北约的要求。尽管北约1993年开始就东扩问题进行过非正式讨论，但并未将此纳入正式日程。首先，多数北约官员认为北约东扩毫无必要，中东欧国家即使不是北约成员国也能在紧急状态下获得北约的保护。其次，从财政角度看，东扩意味着北约防御领土的扩大，同时北约每年将增加数十亿美元的防务预算。在北约成员国普遍削减国防预算开支的情况下，不可能因为东扩专门增加预算。① 复次，北约国家的公众舆论对东扩态

* 本文刊发于《欧洲研究》2015年第6期，第58-75页。

① Charles A. Kupchan, "Expand NATO-And Split Europe", *The New York Times*, November 27, 1994, http: //www. nytimes. com/1994/11/27/opinion/expand-nato-and-split-europe. html.

度消极。在冷战结束国际局势趋缓的大背景下，纳税人不愿将更多的资金用于前景并不确定的政治或军事领域。再次，北约扩大将为北约自身带来危机。东扩将会造成北约焦点的扩散，弱化北约的凝聚力，稀释北约的军事能力，恶化北约内部东扩的支持国与反对国之间的关系。最后也是最重要的一点，美国、英国等国家担心东扩问题浮上水面后俄罗斯的反应。①因此，1993 年年初的几个月，北约官员倾向于搁置东扩问题，同时发展与所有中东欧国家的关系。

作为北约成员国的德国而不是北约的领导国美国成为推动北约东扩的先驱者，这集中体现了德国和美国对东扩的认知差异，产生这些差异的主要原因在于：首先，从国内政治看，冷战结束使德国总理科尔（Helmut Kohl）在国内的政治地位更加巩固，这便于基民盟推行更为连贯甚至偏激进的政策，这也是德国能够在国家统一后迈出北约东扩这一大步的原因所在。美国方面，共和党赢得了冷战的胜利却输掉了国内总统选举。民主党总统候选人克林顿（William Clinton）在总统竞选期间就提出削减国防开支、提升就业率。②执政后克林顿顺应民意，强调经济发展和民生改善，主张降低国防和外交在美国议事日程中的地位，对北约东扩相对消极。其次，中东欧在美国和德国议事日程中的地位不同。在克林顿政府的外交蓝图中，对欧洲政策的重点是优先发展与俄罗斯的关系。克林顿政府认为北约东扩必然会引起俄罗斯的敌视，进而影响俄罗斯国内正在进行的改革议程，因此搁置了这一事宜。而中东欧国家是德国的近邻，中东欧国家的安全与稳定关系到德国的安全与稳定，因此德国在完成国家统一后首要的关注点就是中东欧地区。最后，具体到北约东扩，克林顿上台后开始削减军费并逐渐减少在欧洲的驻军，北约东扩恰与这一进程背道而驰。美国也不愿承担北约扩大庞大的费用。因此克林顿执政初期政府内部几乎无人倡导北约的扩大。

而德国内部在北约东扩问题上尽管存在着以总理科尔为首的“谨慎派”③ 和以国防部长沃克尔·鲁厄（Volker Rühe）及国防部政策规划主任乌尔里希·维泽尔（Ulrich Weisser）为首的“行动派”之间的分歧，但在北约是否东扩问题上基本达成了共识。

---

① Charles A. Kupchan, “Expand NATO-And Split Europe”, *The New York Times*, November 27, 1994, http://www.nytimes.com/1994/11/27/opinion/expand-nato-and-split-europe.html.

② Bill Clinton, “Address Accepting the Presidential Nomination at the Democratic National Convention in New York”, 16 July 1992, http://www.presidency.ucsb.edu/ws/? pid=25958.

③ 科尔并不反对中东欧国家加入北约，但考虑到美国、俄罗斯因素及北约内部的氛围，科尔在对外演讲中对北约东扩问题表态谨慎。1993 年 2 月科尔在第 30 次慕尼黑安全会议上发表了德国安全关切的演讲。科尔指出，德国的安全取决于整个欧洲的稳定，德国的核心利益是促进和保护人权、自由、民主和法治，要实现这些目标需要稳定的环境。但这些核心价值在欧洲的某些国家正受到挑战。因此，科尔建议重组德国的军事力量，使其能更有效地应对危机管理的新任务。北约在完成集体防御的目标的同时也应做好应对危机的充分准备。在北约东扩问题上，科尔认为应该谨慎设计相关政策，尊重包括俄罗斯在内的德国东部邻居的合法安全利益。*Bulletin des Presse-und Informationsamts der Bundesregierung*, No. 13, 1993, pp. 101-105.

1993年3月鲁厄发表演讲表示，中东欧国家在后共产主义时代面临政治经济困境和民族主义抬头等多重挑战。西欧不能将中东欧排除在跨大西洋安全框架之外，欧盟应当承担更多责任重新平衡欧洲与美国的关系，克服欧洲新的分裂危险。美国也需要重新定义其国家利益，北约应该把东扩问题提到议事日程中。鲁厄还强调中东欧国家特别是波兰加入北约对德国具有战略意义。① 具体到北约东扩问题，维泽尔提出，北约东扩不能简单理解为吸纳中东欧国家为成员，而应从欧洲政治发展的广阔背景予以考虑，包括欧洲一体化进程及北约转型。北约东扩将会鼓励中东欧国家发展民主和市场经济，防止其出现经济衰退和其他安全威胁。②在维泽尔和鲁厄的推动下，科尔于1993年6月表示，北约必须要回应中东欧国家要求北约扩大的要求。面临外部事态的变化，北约应重新调整自身的框架。德国外长金科尔（Klaus Kinkel）也随后表示，北约峰会应当阐明中东欧国家的加入标准，德国不希望北约东扩造成欧洲分裂。总理和外交部长的表态表明德国政府在北约东扩上已经达成共识。

为了将自己的想法变为美国的想法并将其付诸实施，德国开展了强有力的外交和游说。大致可分为几个重要步骤：一是利用《兰德报告》（Rand Report）提出议题，引领美国的舆论导向；二是利用人际外交重点公关；三是利用职能部门交流合作进行政策游说。

（一）利用兰德公司提出议题

德国国防部是北约东扩的先驱者。在维泽尔的建议下，鲁厄聘请美国的兰德公司为北约东扩进行理论和政策论证。德国选择兰德公司除了维泽尔曾在兰德公司做访问学者的个人因素外，还考虑到兰德对华盛顿决策的影响力。而彼时兰德公司正在做一项名为“冷战后美国对欧洲未来的承诺”的研究，兰德公司总裁詹姆士·汤姆森（James Thomson）认为引入德国的视角将有助于这项研究。兰德公司密集讨论了欧洲安全的未来、北约的生存和发展等问题，并首次讨论北约东扩的可能性以及重建北约问题。由德国与中欧问题专家罗纳德·阿斯莫斯（Ronald Asmus）、东欧与俄罗斯政治专家史蒂芬·拉拉比（Stephen Larrabee）执笔的《兰德报告》的结论是，为适应新的战略形势，北约应该进行内部改革，东扩仅是北约改革的部分内容。《兰德报告》以《建设新北约》（Building A New NATO）为题发表在《外交》1993年秋季号，引起强烈的

① Volker Rühe, “Shaping Euro-Atlantic Policies: A Grand Strategy for a New Era”, *Survival*, Vol. 35, No. 2, 1993, pp. 129-137.

② Reinhard Wolf, “The Doubtful Mover: Germany and NATO Expansion”, in David Haglund ed., *Will NATO Go East? The Debate over Enlarging the Atlantic Alliance*, Center for International Relations, Queen's University, 1996, pp. 197-224.

政治和公众反响。

《兰德报告》及相关文章对后续推行北约东扩具有重要意义:第一,1993 年春夏间《兰德报告》被呈至美国和德国的相关决策部门。兰德公司在 1993 年夏天数次向国务院做简报。兰德公司的报告和文章成为美国决策的重要参考。第二,《兰德报告》在美国国务院等部门引发一些正面反应。国务院中少数官员比如负责军控与国际安全的副国务卿林恩·戴维斯(Lynn Davis)接受兰德公司的观点,支持维谢格拉德集团国家加入北约。第三,兰德公司的报告获得众多中东欧国家政府和学界人士的认可,也得到美国参议员卢格、布热津斯基、基辛格等人的支持,这些资深政要对美国的北约东扩决策施加了重要影响。第四,这是美国首个高级智库接受外国职能部门的资助为外国政府从事国家安全的研究和政策建议。① 就美国国家安全政策研究接受德国国防部的资助,这在美德关系中前所未有。兰德公司成为德国与美国之间的沟通桥梁。

尽管如此,美国国防部和国务院仍对北约东扩持否定态度。国防部反对仓促讨论北约东扩,认为现在北约东扩的成本大于收益。东扩不仅会降低北约的行动效率,而且在美国削减国防预算和在欧洲军事部署的情况下并不现实。国防部提出以"和平伙伴计划(Partnership for Peace)"替代北约东扩。和平伙伴计划既能在北约同中东欧国家之间建立军事联系,也会推迟后者加入北约的时间和美国对这些国家的安全保障。同时该计划也不会刺激俄罗斯,还能够避免引起北约的分裂。

美国国务卿的特别顾问斯特罗布·塔尔伯特(Strobe Talbott)主张北约缓慢扩大,认为北约东扩不仅会导致欧洲新的分裂,而且会给俄罗斯造成北约在遏制和孤立俄罗斯的错觉,从而影响美俄关系。② 国务卿沃伦·克里斯托弗(Warren Christopher)接受了塔尔伯特"俄罗斯优先"的立场。克里斯托弗在 1993 年 6 月雅典北约外长会议上,发表《冷战后美国的领导作用:北约和跨大西洋安全》的演讲,强调在国际维和任务日益加重的情况下,美国政府希望加强北大西洋合作委员会(North Atlantic Cooperation Council,NACC)的作用,北约东扩目前不在议事日程上。③。随后美国国务院成立跨部门工作组。这一工作小组的主要工作是通过增强北大西洋合作委员会的作用,比如通过共同协商、联合维和行动、人员交换、民事—军事培训加强与中东欧国家的关系。

---

① Chaya Arora, *Germany's Civilian Power Diplomacy: NATO Expansion and the Art of Communicative Action*, New York: Palgrave Macmillan, 2006, p. 124.

② James M. Goldgeier, *Not Whether but When: The U. S. Decision to Enlarge NATO*, Washington, D. C.: Brookings Institution Press, 1999, p. 34.

③ Warren Christopher, "U. S. Leadership After the Cold War: NATO and Transatlantic Security", *Intervention at the North Atlantic Council Ministerial Meeting, Athens*, Greece, June 10, 1993, http://dosfan.lib.uic.edu/ERC/briefing/dossec/1993/9306/930610dossec.html.

（二）利用人际外交重点公关

在人际关系公关上，德国游说的重要对象是美国国会的外交事务专家理查德·卢格（Richard Lugar）和美国前驻德国大使理查德·霍布鲁克（Richard Holbrooke）。卢格与维泽尔和鲁厄熟识。鲁厄在1993年年初向卢格阐明了北约扩大的必要性，从而说服卢格支持北约东扩。卢格是首位公开支持北约东扩的美国政治家。1993年6月，卢格发表题为《北约：扩大或关门》的演讲。卢格提出，冷战后美国和欧洲面临的新的安全威胁来自前苏联加盟共和国及其转型困境。对于这一新威胁、新挑战，美国需要重新定义北约，赋予其新使命并接纳新成员，否则北约将因使命完结而解体。① 卢格在美国新闻署的简报中还提出立即接纳波兰、匈牙利、捷克为北约成员国的建议。

霍布鲁克担任驻德大使期间，鲁厄与霍布鲁克至少一月两晤，力图使霍布鲁克接受北约扩大的逻辑。霍布鲁克逐渐从北约扩大的怀疑者转变为支持者。② 霍布鲁克和塔尔伯特关系友好，霍布鲁克影响了塔尔伯特对北约东扩的看法。在霍布鲁克的建议下，塔尔伯特1993年12月任命罗纳德·阿斯莫斯为北约东扩问题顾问。1994年9月霍布鲁克结束驻德大使的工作后担任美国欧洲事务助理国务卿，这一任命是由塔尔伯特所推动的。

（三）利用职能部门交流合作进行政策游说

利用职能部门交流合作也是德国游说的重要组成部分。1993年10月，德国国防部派出以维泽尔领衔的代表团出访美国，与国家安全委员会、国务院、国防部、参议院及相关智库交流，目的是期望在10月20—21日特维穆德北约防长会议前摸清美国对北约东扩的政策。维泽尔发现，尽管美国职能部门在北约需要调整问题上已达成共识，但在方案和路径上并不一致。美国国务院和国家安全委员会倾向于加强北大西洋合作委员会，而国防部则坚持和平伙伴计划。美国国家安全委员会希望维持与俄罗斯的友好关系，反对快速开启中东欧国家加入北约的进程。与国防部一样，美国国家安全委员会不希望讨论入盟标准并设置时间表。

德国代表团访问期间，正值美国国家安全委员会为克林顿与维谢格拉德集团四国领导人会晤做前期准备。当德国代表被问及有何建议时，维泽尔意识到这是影响美国决策的重要机会，他建议克林顿至少应该向四国领导人传达美国政策的未来方向。美国国家安全委员会和白宫的意见是北约会考虑“是否”（Whether）、“何时”（When）、

---

① Richard Lugar, “NATO: Out-of Area or Out-of-Business”, *Foreign Policy Bulletin*, Vol. 4, No. 2, 1993, pp. 25-29.

② James M. Goldgeier, *Not Whether but When: The U. S. Decision to Enlarge NATO*, Washington, D. C.: Brookings Institution Press, 1999, p. 69.

“如何”（How）接纳新成员的问题，在德国代表团的建议下修改为“何时”及“如何”。这一提议在德国代表团与白宫官员会晤时得到白宫再次确认。这样美国职能部门基本就东扩问题达成共识，即和平伙伴计划不是北约扩大的替代品，只是中东欧国家成为北约正式成员的前期准备。

1994 年 1 月 8 日，克林顿启程赴布鲁塞尔参加北约峰会，并就美国对北约政策发表了倾向于“和平伙伴计划”的演讲，这令中东欧国家大失所望。“和平伙伴计划”被媒体和评论家解读为美国推迟甚至拒绝东扩的搪塞之举。①为了安抚中东欧国家领导人，1 月 12 日克林顿抵达布拉格与维谢格拉德集团领导人一起出席记者招待会时表示，中东欧国家的安全对美国至关重要，和平伙伴计划不代表北约成员国身份也不会一成不变，当前的问题不是北约是否扩大而是何时和怎样扩大。②克林顿这一发言实际上就是德国代表团同美国国安会和白宫达成的共识。这也标志北约领导国美国正式同意北约东扩，也意味着德国的游说取得胜利。

在政府的外围，基辛格、布热津斯基、卢格、罗伯特·佐利克（Robert Zoellick）和詹姆斯·贝克（James Baker）等政要和专家也在北约东扩上表达自己的见解，这对学界、政界和舆论界形成共识具有重要作用。其中布热津斯基将北约东扩定义为地缘和功能上的“双重扩大（Double Enlargement）”，他主张明确中东欧国家加入北约的路径。卢格提出北约扩大应设置自己的优先日程，而非事事为俄罗斯考虑。美国在北约东扩上要有清晰的时间表。③基辛格认为和平伙伴计划会将北约削弱为一个多边主义的平台。④

从 1994 年 7 月开始，美国对北约的政策出现了明显的调整。克林顿访问德国时表示，北约应该考虑在 1997 年前接纳波兰甚至其他维谢格拉德集团国家。克林顿的上述表态表明，美国已经完全认可德国曾经兜售的北约东扩理念，北约东扩从蓝图变为了可供操作的现实政策。除了德国的游说外，克林顿政府对北约东扩的政策转变存在三个直接原因：首先，克林顿政府在外交事务方面表现惨淡，亟需借助新的契机改变颓势。1993 年至 1994 年波斯尼亚危机凸显了欧洲在冷战后面临的新挑战和新危机。美国要继续维持在欧洲的领导力，必须出台新举措，而北约东扩正好能够满足上述要求。

---

① Charles Kupchan, “Strategic Visions”, *World Policy Journal*, Vol. 11, Fall, 1994, p. 113.

② “The President's News Conference with Visegrad Leaders in Prague”, January 12, 1994., http://www.presidency.ucsb.edu/ws/?pid=49832.

③ Gerald B. Solomon, *The NATO Enlargement Debate*, 1990—1997: *Blessings of Liberty*, Westport: Praegers Publishers, 1998, p. 49.

④ James M. Goldgeier, *Not Whether but When: The U. S. Decision to Enlarge NATO*, Washington, D. C.: Brookings Institution Press, 1999, pp. 47-48.

其次，欧盟的迅速发展使美国产生了危机意识。1994 年 5 月西欧联盟部长理事会通过《基什伯格宣言》（Kirchberg Declaration），赋予爱沙尼亚、拉脱维亚、立陶宛、波兰、匈牙利、捷克、斯洛伐克、罗马尼亚和保加利亚“联系国地位（A Status of Association）”，这样这些国家就可以直接参与西欧联盟理事会的讨论。美国意识到，在欧盟和西欧联盟强劲的发展势头下，美国再无作为，将可能丧失在欧洲的领导地位，北约也将会衰退。再次，民主党需要在 1994 年 11 月国会中期选举中争取中东欧裔选民的选票。中东欧后裔在伊利诺伊州、密歇根州、宾夕法尼亚州、纽约州人数众多，他们对冷战后美国对中东欧政策，特别是克林顿政府对中东欧国家加入北约的应对十分关注。如果克林顿反对北约东扩或在此议题上难有作为，可能会刺激这些选民转投共和党。这将不利于民主党的中期选举。

二、北约东扩的障碍与德国的渐进路径

美国确立北约东扩的基调后迅速驶入快车道，克林顿 1994 年 11 月宣布美国将确定北约东扩的对象国、时间和方式。而德国政府却决定，维谢格拉德集团国家作为首批加入北约的成员，不公开入约的确切日期和具体的时间表。德国此时在北约东扩问题上踩刹车主要是出于对俄罗斯的顾虑。

北约东扩是将同欧盟毗邻的前华约组织的成员国（主要指波兰、捷克、匈牙利三个国家）纳入北约版图，这也意味着北约扩大以吸收前华约国家为基本内容。这一做法不可避免地引起继承前苏联衣钵的俄罗斯的反对和抗议。如果期望东扩顺利，北约不得不处理好同俄罗斯的关系。在这方面，擅长在东西方阵营纵横开阖的德国发挥了至关重要的作用。

俄罗斯总统叶利钦最初并未对北约东扩表示反对。他在 1993 年 8 月与波兰总统签署的联合声明中表示，波兰做出的加入北约的决定符合欧洲一体化的整体利益，也不违背其他国家包括俄罗斯的利益。①新的俄波关系不再有霸权和独裁，也不再有“大哥”与“小弟”的差别。②叶利钦的言论遭到国内严厉的批评，受制于此，叶利钦的立场开始向后回摆。1993 年 9 月叶利钦致信英法德美四国领导人，反对北约接纳中东欧国家，并将东扩视为北约对俄罗斯采取的新的孤立政策。俄罗斯希望在欧洲安全与合作

① *BBC Summary of World Broadcasts EE*/1778（1993），p. A/8. Sevodnya，27 Aug. 1993，CDPSP XLV/34（1993），p. 20.

② John-Thor Dahlburg，“Yeltsin Hails New ‘Era’ as He and Walesa Sign Pacts”，*Los Angeles Times*，August 26，1993，http：//articles. latimes. com/1993-08-26/news/mn-28212_ 1_ president- yeltsin.

组织（Organization for Security and Cooperation in Europe，OSCE）基础上建立泛欧洲安全组织。①在对待北约的问题上，俄罗斯存在两条红线：一是北约的军事设施不得部署在靠近俄罗斯边界地区；二是前苏联国家特别是乌克兰不能作为北约东扩的对象国。②

为了扭转俄罗斯对北约东扩的敌意，获得俄罗斯的支持，德国在1996—1997年间多次与俄罗斯举行高级别官员会晤。③德国在会晤中主要阐明以下观点：（1）北约东扩并非以牺牲俄罗斯的安全利益为代价来重构欧洲的地缘政治版图。北约扩大与权力投射无关，而是出于弥合欧洲持久分裂的需要。（2）北约东扩符合俄罗斯的利益。中东欧将成为连接俄罗斯与西方的桥梁，中东欧稳定将相应减少俄罗斯在西部边境的军事部署。中东欧国家加入北约的目的是维护这一地区的稳定，这同样符合俄罗斯的利益。（3）德国向俄罗斯提出补偿机制。这些补偿包括：通过和平伙伴计划和多国军事执行部队（The Implementation Force，IFOR）加强与俄罗斯的联系；确保俄罗斯在欧洲委员会（Council of Europe）的成员地位；制订规范双边关系的《北约—俄罗斯宪章》（NATO-Russia Charter）；向俄罗斯保证将敦促美国允许俄罗斯参加七国集团峰会（G7 Summit），并将其发展成为八国集团（G8）。德国对外关系委员会主任卡尔·凯泽（Karl Kaiser）表示，“在推动八国集团方案上，德国比其他任何国家都更积极”。④

德俄协商为北约与俄罗斯之间的对话开辟了道路。到1996年末，尽管俄罗斯仍然反对北约东扩，但接受北约提出的俄罗斯—北约安全关系对话的提议。对话在北约秘书长索拉纳（Javier Solana）和俄罗斯外长普里马科夫（Yevgeny Maksimovich Primakov）之间进行。德国外交官积极参与了谈判草案的起草。1997年2月，在索拉纳与普里马科夫举行第二轮谈判之前，德国外交部长金科尔和美国国务卿奥尔布赖特（Madeleine K. Albright）先后访问俄罗斯，访问主题都是要求俄罗斯在北约东扩问题上保持更加灵活的立场。1997年4月，俄罗斯总统叶利钦与德国总理科尔会晤。科尔表示，北约在满足俄罗斯的要求上已经做了很多努力，北约也需要保留自己的某些权利。科尔劝说叶利钦不要放弃这一重新安排欧洲安全体系的独特机会。叶利钦向科尔表示希望协定

---

① Tatiana Parkhalina，“Of Myths and Illusions：Russians Perceptions of NATO Enlargement”，*NATO Review*，Vol. 45，No. 3，1997，pp. 11-15，http：//www. nato. int/docu/review/1997/9703-3. htm.

② Chaya Arora，*Germany's Civilian Power Diplomacy：NATO Expansion and the Art of Communicative Action*，New York：Palgrave Macmillan，2006，p. 182.

③ 这些会晤包括：1996年2月、7月、9月德国总理科尔三度访问俄罗斯并与叶利钦总统会谈；7月俄外交部长普里马科夫与德国外长金科尔会谈；11月德国外交部政治主管沃尔夫冈·伊辛格（Wolfgang Ischinger）访问俄罗斯；1997年2月德国外长金科尔访问俄罗斯；4月俄总统叶利钦在德国与科尔会晤。

④ Axel Hofmann und Hartmut Kistenfeger，“Schach dem Bündnis：Rußland setzt bei der NATO-Osterweiterung ein lukratives Tauschgeschäft durch，und die Deutschen helfen dabei”，*Focus*，17 May，1997，http：//www. focus. de/politik/deutschland/aussenpolitik-schach-dem-buendnis_ aid_ 165356. html.

可以在1997年5月末完成。5月2日德国外交部政治主任伊申格在索拉纳与普里马科夫谈判前会见索拉纳，讨论如何推进谈判。他们认为谈判的关键是北约如何获得俄罗斯的许可从而保留五“不”原则，即在北约扩大问题上不推迟、不赋予俄罗斯否决权、不排除任何一个欧洲民主国家进入北约、不降低标准赋予新成员国二等成员身份、北约不屈从于任何国家或组织。①商谈的结果是坚持北约1996年12月提出的三“无”原则即无意图、无计划、无理由在新成员国的领土上部署核武器和没有必要改变北约的核政策，将三“无”原则和五“不”原则都写入谈判文件但不写入最后的协定。这一协商结果获得各大国的认可。这样索拉纳在谈判中获得更大的机动性并促成谈判成功。1997年5月27日俄罗斯同北约在巴黎签署《俄罗斯联邦与北约有关共同关系、合作和安全的基础文件》（Founding Act on Mutual Relations，Cooperation and Security between the Russian Federation and the North Atlantic Treaty Organization），俄罗斯最终确认允许北约扩大。

德国在争取美国、力劝俄罗斯的同时，还注重与其他北约成员国交流沟通，以寻求理解和支持，消除其他成员国特别是英法两国对德国在北约地位坐大的担忧。交流沟通的主要议题包括：

第一，德国就北约东扩的渐进道路选择与美、英、法三国的沟通。德国选择的渐进道路引起了美国的不满。为了防止与美国的快进路径分道扬镳，确保英国和法国的支持，1995年2月至3月鲁厄访问美国，重申德国对东扩的支持，并于3月3日在美国佛罗里达基韦斯特与美国、法国、英国国防部长就协调发展与俄罗斯的战略伙伴关系达成一致，即在1996年俄罗斯和美国的总统大选之前不启动北约东扩进程。于是，德国的渐进路线取得了同盟国的支持。

第二，德国就《北约—俄罗斯宪章》与美、英、法三国的合作与协调。1996年10月11日，德国在美国、英国、德国、法国四国防长和政治主任非正式会议上提出《北约—俄罗斯宪章》的详细草案。这份草案最主要的目标是在欧洲危机管理和地区稳定方面建立密切合作关系。最终，德国的这份草案被各方所接受。

第三，德国就北约东扩对象国与伙伴国的沟通。北约在接受波兰、捷克和匈牙利三国方面基本形成共识，但在接纳罗马尼亚和斯洛文尼亚两国问题上存在分歧。美英两国只同意支持前三个。尽管科尔与克林顿于1997年6月17日已达成了接受三个成员国的协议，但德国政府避免就这一问题公开表态。科尔表示已准备接受五个新成员，但在北约东扩初期接受三个成员国是适宜的。德国提议在北约公报中加上“对此次未

① Julie Moffett，“Central/Eastern Europe：U. S. Ethnic Leaders Aid NATO Expansion”，*Radio Free Europe Radio Liberty*，May 9，1997，http：//www. rferl. org/content/article/1084669. html.

能入盟国家优先对待"。这一提议满足了法国、意大利对罗马尼亚、斯洛文尼亚的关切以及挪威、冰岛、丹麦期待波罗的海三国未来加入的诉求。

1997年7月，在经历5年内部协调和3年与俄罗斯的艰难谈判后，北约在扩大问题上达成最后的协定，同意接纳波兰、捷克和匈牙利三国正式成为北约成员国。由于俄罗斯的强烈反对，乌克兰未能加入北约。1995年9月乌克兰接受了与北约的和平伙伴计划。

对北约来讲，北约东扩吸收新的成员国势在必行。一方面，北约通过"三无原则"和"五不原则"表达了自己在东扩上的政治立场和决心，并公开宣扬俄罗斯在东扩问题上没有否决权，这也意味着无论俄罗斯同意与否，北约都将推进东扩。另一方面，在北约东扩过程中，北约的自身能力、表决机制、俄罗斯阻力等多重因素都决定北约不可能将中东欧和前苏联国家一口吞下而只能遵循自西向东、分步渐进的原则，因此是波兰、捷克、匈牙利而非乌克兰被北约纳入首批入约的新成员。对俄罗斯来讲，尽管从意愿上，俄罗斯不愿看到自己曾苦心经营的苏东地区被北约侵占，乌克兰更是不能侵犯的红线。但从实力上看，俄罗斯难以阻止北约东扩的脚步。而且无论是解决现实经济问题还是谋求加入国际货币基金组织、世贸组织或七国集团，俄罗斯都有求于美欧。因此，在俄罗斯既没有北约东扩否决权也没有发言权的前提下，叶利钦政府所能够做的就只能是警告和获取实利。

因此，在北约并未将乌克兰视为第一块必须触动的奶酪，而俄罗斯又视乌克兰为囊中之物的情况下，将乌克兰纳入和平伙伴计划成为北约和俄罗斯都能接受的妥协方案。在核心战略利益未被侵犯以及外交颜面得以保留的前提下，俄罗斯也乐于顺水推舟，同意北约将波兰、捷克和匈牙利纳入北约的麾下。这样北约以暂不吸收棘手的乌克兰换取俄罗斯对维谢格拉德集团国家入盟的支持。由此，冷战后北约实现首次东扩，并为21世纪的后续东扩揭开了序幕。

三、德国与21世纪的北约扩大

在1999年实现冷战后的首次东扩后，北约又进行了两次扩大。2004年保加利亚、斯洛伐克、罗马尼亚、斯洛文尼亚、爱沙尼亚、拉脱维亚和立陶宛7国加入北约；2009年阿尔巴尼亚、克罗地亚加入北约。这两次东扩被称为北约3.0时代的扩大。①在

① 帕特里克·凯勒（Patrick Keller）将北约扩大的历程分为三个阶段：1949年到冷战结束阶段被称为北约1.0时代；冷战结束到1999年科索沃战争阶段被称为北约2.0时代；科索沃战争之后的扩大称为北约3.0时代。参见Patrick Keller，"Germany in NATO：The Status Quo Ally"，*Survival*，Vol. 54，No. 3，2012，pp. 95-110.

相当程度上，这两次东扩是1999年东扩的继续，主要是为整合吸收此前尚未纳入北约的中东欧国家。两次扩大中最大的亮点是爱沙尼亚、拉脱维亚、立陶宛三个前苏联国家的加入，这也意味着北约扩大已经进入俄罗斯相对核心的战略空间之内。

关于冷战后北约第二次扩大的议题于2001年进入讨论。候选国家包括斯洛文尼亚、斯洛伐克、爱沙尼亚、拉脱维亚、立陶宛和保加利亚。在这次讨论中，包括德国在内的主要欧盟成员国希望审慎考虑，反对北约的快速扩大。主要有两方面原因，一是担心俄罗斯对北约扩大的反对，德国认为没有俄罗斯的稳定就没有欧洲的稳定。北约的扩大和美国导弹防御体系的部署已经刺激了俄罗斯，北约新一轮扩大只会加剧俄罗斯与北约之间的紧张关系。二是大多数北约中的欧盟成员国所关注的是欧盟扩大而非北约扩大，关心促进巴尔干地区特别是南联盟国家的稳定。1997年6月，欧盟成员国签署《阿姆斯特丹条约》，欧盟就“共同外交与安全政策（Common Foreign and Security Policy，CFSP）”达成共识，这也是欧盟经贸一体化向外交与安全领域的延伸。而且2001年欧盟在着手处理波兰、捷克、匈牙利、爱沙尼亚、拉脱维亚和立陶宛等10国的入盟谈判，以及1999年南联盟战争后前南斯拉夫地区的局势稳定。因此相对北约扩大来讲，欧盟关注自己的事务和周边安全更显迫切。

但2001年“9·11事件”的突发对北约扩大的相关辩论产生了直接影响。第一，它促成北约在北约防区之外采取军事行动。“9·11事件”之前北约的欧洲成员主张北约的军事行动仅限于防区范围之内，强烈反对在域外采取军事行动。“9·11”事件之后北约理事会通过决议，同意援引《华盛顿条约》第5条关于集体防御的条款支持美国在阿富汗发动的反恐战争。域外行动权成为“9·11事件”之后北约重大的政策突破。与此相关，候选成员国能否为打击恐怖主义做出贡献成为加入北约的一个重要考量标准。

第二，“9·11事件”之后美国与俄罗斯协调了彼此的立场。俄罗斯总统普京支持美国的反恐战争，美俄关系迅速升温。2001年12月，美国国务卿鲍威尔访问俄罗斯，两国就《关于美俄削减和限制进攻性战略武器条约》达成谅解。此举顾及了俄罗斯的外交颜面，缓解了俄罗斯关于美国退出《反导条约》的忧虑，也使得俄罗斯软化在北约扩大问题上的强硬立场。

第三，“9·11事件”和美俄关系缓和使德国转变了在北约第二轮东扩中的立场。德国在2002年布拉格峰会上对接纳北约新成员国转为积极。2002年11月北约邀请保加利亚、爱沙尼亚、拉脱维亚、立陶宛、罗马尼亚、斯洛文尼亚和斯洛伐克7国加入北约。

尽管冷战后北约第二轮扩大顺利完成，但美国和以德国为主的欧盟国家在北约未来发展方向、功能与职能的扩大、域外行动权等问题上的分歧却在不断加大。第一，国际形势提高了美国加快改造北约进程的期望。21世纪的国际局势风云变幻，“9·11事件”、阿富汗战争、伊拉克战争、格鲁吉亚—俄罗斯战争次第发生。为了应对纷繁复杂的国际局势，美国期望北约在疆域和功能上同步扩大，并在全球反恐反扩问题上扮演重要角色，同时与澳大利亚、日本等新伙伴建立全球伙伴关系，在域外拥有广泛行动权限。①这种理念和功能的扩大造成北约内部的分化，并由此分裂成以英美为代表的改革派、以中东欧国家为代表的回归派和以德法为代表的维持现状派。德国几乎在所有的战略议题上都与美国和英国为代表的改革派存在矛盾。②

第二，新地缘态势的变化促使德国寻求安全选择的多样化。欧洲一体化超越跨大西洋安全关系成为德国外交政策的首要关注。冷战后东西方对抗基本终结后，巴尔干局势成为德国和欧盟安全关切的核心。在欧盟对周边局势持续关注以及欧盟共同外交与安全政策和安全与防务政策（European Security and Defence Policy，ESDP）不断发展的情况下，北约对德国的安全效能持续下降，欧盟的集体安全超越北约占据德国外交与安全的首要位置。尽管大西洋联盟仍然是德国安全架构的一个基石，但不再是唯一的基石。③德国之前一直谋求北约内部一些重要部门的人事任命为德国人，但随着北约地位的下降、欧盟地位的上升，德国转而在欧盟防务与安全政策中力求达到主要部门的官员为德国人的目标。

第三，对权力认知的分歧和冲突影响了德国同美国的关系。“9·11事件”激发了美国新保守派的黩武欲望，小布什政府在外交上罔顾国际法而采取的单边主义的做法难以得到德国的认同。这也是德国公开反对美国发动伊拉克战争的重要原因。在美国奉行武力和单边主义的情况下，欧盟和德国则更看重软权力和规范性权力（Normative Power）。这也让德美两国渐行渐远甚至引发大西洋变宽的争议。

如果说2004年北约扩大，德国同美国的分歧尚差强人意的话，格鲁吉亚和乌克兰的加入问题则让德美矛盾进一步公开化。在2008年布加勒斯特峰会上，德国否决了赋予格鲁吉亚和乌克兰的“成员国行动计划”资格（Membership Action Plan，MAP），这也就否决了两国加入北约的可能。德国认为北约扩大的目标是在创造稳定的欧洲安全秩序的同时避免与俄罗斯的冲突，而格鲁吉亚和乌克兰加入北约将会引发同俄罗斯的

① Ivo Daalder and James Goldgeier, “Global NATO”, *Foreign Affairs*, Vol. 85, No. 5, 2006, pp. 105-113.

② Timo Noetzel and Benjamin Schreer, “Does a Multi-Tier NATO Matter? The Atlantic Alliance and the Process of Strategic Change”, *International Affairs*, Vol. 85, No. 2, 2009, p. 222.

③ Benjamin Schreer, “A New Pragmatism: Germany's NATO Policy”, *International Journal*, Vol. 64, No. 2, 2009, pp. 383-398.

龃龉和冲突。北约目前应该多关注西巴尔干国家，支持他们的国内改革进程而非一味侵蚀俄罗斯的战略空间。

北约扩大一个最重要的标准就是新入约的国家必须保证不能削弱联盟或任何一个成员国的安全，因此所有潜在成员国在加入北约前必须和平解决与邻国的冲突以及国内少数族群的争端，必须不能与俄罗斯有政治和军事冲突。① 显然格鲁吉亚和乌克兰两国因国内形势不稳难以达到加入北约的基本条件，而格鲁吉亚也没有处理好在南奥塞梯和阿布哈兹问题上与俄罗斯的争端。德国认为，2008 年 8 月南奥赛梯战争和随后的格鲁吉亚—俄罗斯冲突验证了德国布加勒斯特峰会否决票的正确性，避免了北约惹祸上身。

除了格乌两国国内局势不稳定之外，德国否决格乌两国加入北约的主要原因在于：

第一，格乌两国被俄罗斯视为战略空间的核心，北约如果不顾俄罗斯的想法和意图强行将这两个国家纳入北约将会激怒俄罗斯。普京为北约东扩划定的红线就是乌克兰和格鲁吉亚这两个前苏联加盟共和国不能加入北约。乌克兰对俄罗斯具有重要的战略意义。乌克兰是独联体第二大强国，乌克兰的深水不冻港塞瓦斯托波尔是俄罗斯黑海舰队司令部驻扎地，俄罗斯希望利用乌克兰作为战略支点恢复昔日荣光，因而绝不会轻易让乌克兰加入北约。俄罗斯认为格乌两国特别是乌克兰加入北约将意味着欧洲地缘政治发生重大转移。②

第二，德国认为，吸收格鲁吉亚尤其是乌克兰加入北约完全背离了冷战结束初期德国向俄罗斯就北约东扩所做的基本承诺，违背了俄罗斯此前设定的不得将乌克兰纳入北约的政策红线。一旦突破这一红线，德国游说俄罗斯的言辞将被证明是根本站不住脚的，并危及德国历来珍视的在欧美与俄罗斯之间寻求平衡的外交原则。德国还担心会激起实力逐渐恢复的俄罗斯的强烈反应甚至是政策反制。

第三，俄德关系是影响德国与北约关系的关键要素。从地缘关系看，地理位置困境迫使德国在处理格鲁吉亚和乌克兰问题上，必须考虑俄罗斯的感受。过分倚重遥远的美国而得罪强邻俄罗斯绝非是德国的最佳政策选择。③能源和经贸联系也使得德国在格鲁吉亚和乌克兰问题上表现谨慎。德国的能源依赖俄罗斯。德国进口的 38%的天然

---

① Dirk Schuchardt, *Germany's Interests in Future NATO Enlargement*, January 4, 2010, p. 14, http: //www. atlantic-community. org/index. php/articles/view/Germany's_ Interests_ in_ Future_ NATO_ En largement.

② Associated Press, "Russia Calls NATO Plans Colossal Shift in Europe", *The New York Times*, June 6, 2006, http: //www. nytimes. com/2006/06/07/world/europe/07iht-kiev. 1915928. html.

③ Christopher S. Chivvis and Thomas Rid, "The Roots of Germany's Russia Policy", *Survival*, Vol. 51, No. 2, 2009, p. 114.

气、35%的原油和25%的煤炭来自俄罗斯。① 德国是俄罗斯最大的贸易国，德国对俄罗斯的出口额占俄罗斯进口总额的13%。而且冷战期间和冷战后，德国极尽所能在美国和俄罗斯之间维持良好的关系和微妙平衡，这种关系赋予德国游走于东西方之间的外交能力和便利，充当了东西方之间的斡旋者和平衡者角色。如果容许格鲁吉亚和乌克兰加入北约将破坏德国的上述外交能力。

第四，德国的安全关切通过北约的前两次东扩得到了满足，德国对北约的需求度也随之降低。经过冷战后的两次东扩，德国的安全环境得到空前的改善。这在客观上降低了德国对北约的安全依赖，德国对推动北约扩大丧失了原动力。这使得德国对北约的政策越发表现为实用主义，在不和谐与合作（Discord and Collaboration）之间做出政策选择，更积极地追求自己的国家利益。②而且格鲁吉亚和乌克兰加入北约对德国来说损失大于收益，因此，德国更明确表明自己的立场，不会被动为北约东扩盲目买单。

四、结论：北约东扩评述与德国未来外交走向

（一）权力转移下的欧洲安全结构与北约东扩

冷战后，随着苏联解体和华约组织的解散，国际权力在欧洲大陆出现重大转移。之前美苏对抗、北约华约对峙的格局演变成美国—欧共体（欧盟）实力依然强劲，但前苏东地区土崩瓦解的局面。在前苏东国家中，除俄罗斯能够自保外，波兰、捷克等中东欧国家和前苏联的14个加盟共和国完全蜕变为权力真空和破碎地带。由于这些国家难以发展成为独立于北约和俄罗斯之外的第三方实力中心，因此这一真空地带要么由北约填补，要么由再度强大的俄罗斯填补。俄罗斯由于庞大的体量、优异的资源禀赋、强大的军事力量所赋予的再生能力，以及未来发展的不确定性，仍被欧美视为对自身安全的最大威胁。为此不给对方以喘息之机，在俄罗斯尚无还手之力之前整合中东欧等国家并将其纳入北约麾下是欧美明智的选择。而且中东欧国家在经济和外交上向西看的强烈倾向也为北约东扩提供了必要的理由。

北约东扩是对冷战后欧洲安全结构产生重大影响的事件。在经历1999年、2004年和2009年的三次东扩后，北约已经由冷战后初期的16国发展成28国集团。尽管在安全磋商上有欧安会议，北约仍在欧洲安全事务中扮演举足轻重的角色。更微妙的是，

① “Germany Imports of Crude Oil, 1971-2016”, http://www.tradingeconomics.com/germany/imports-of-crude-oil.

② Patrick Keller, “Germany in NATO: The Status Quo Ally”, *Survival*, Vol. 54, No. 3, 2012, pp. 95-110.

表面上欧洲安全结构只存在北约和俄罗斯两大主体，但美国借助北约深嵌于欧洲安全结构之中，并试图继续垄断欧洲安全事务。而以德法为代表的维持现状派谋求安全自主权的意愿和行动日趋明显。控制与反控制、协调与抗争将成为北约未来的基调。以英美为代表的改革派、德法为代表的现状派、新加入国家为代表的回归派之间的博弈将决定北约未来的走向，而这反过来也将深刻地影响未来欧洲的安全结构。

（二）德国在北约东扩中的作用与价值

北约东扩在本质上是以挤压甚至牺牲俄罗斯的战略空间为代价的。因此北约东扩的过程也是不断在试探俄罗斯的底限，迫使其让步的过程。在这个过程中，需要有独立于美国和俄罗斯的第三方发挥斡旋作用，以便让北约东扩能更加顺利和更少阻力地推进。在这方面，德国充当了上述斡旋者和协调者的作用。

德国在冷战时期处于东西方冲突的前沿阵线，被迫在遥远的美国与近邻强敌苏联之间做出艰难的政策抉择。为了在恶劣的地缘环境中谋取更大也更为灵活的生存空间，德国必须左右逢迎，在美苏两个超级大国的缝隙中求生图存。冷战期间，身为西方阵营成员的联邦德国借助新东方政策和德俄传统友谊得到了东西方国家的信任和尊重。这种斡旋和平衡能力也被德国运用到推进北约东扩的进程中。由于实力不济，俄罗斯也只能对北约东扩半推半就。相对而言，俄罗斯比较看中德国不过分挑战俄罗斯政策底限的温和做法。东扩之初，德国的渐进路线得到了俄罗斯的认可。这也是德国在北约东扩中展现的价值和作用。如果将北约东扩比作一列列车，那么德国在让车轮启动的关键时刻扮演了重要的推动角色，并在首轮东扩中让列车行驶得更为快捷、更为平稳、更为顺利。

但是纵观冷战后的三次东扩，德国的态度和立场具有明显的实用主义色彩，对自己的周边安全有利就推动，不利时就反对。德国的立场也从最初的越殂代疱积极推动蜕变到最后的积极反对。究其原因，在于北约东扩的不断推进给德国自身安全带来的边际效益呈递减趋势，德国对北约东扩的热情和支持力度同步锐减。就像当年美国国内和其他反对北约东扩的国家一样，德国也担心北约将会因防御疆界的扩大而增加安全责任，分散联盟公共资源。而且德国对东扩可能引发俄罗斯的反对越发担忧和警惕。

（三）北约东扩与德国的国家利益

综合来看，德国算得上是北约东扩的受益国。1955 年联邦德国加入北约，这对二战后浴火重生和地处东西方交锋地带的联邦德国来讲，无疑找到了保障自身安全的最佳组织和屏障。1990 年民主德国因并入德国而成为北约成员国，德国实现统一结束了近半个世纪的分裂。

尽管如此，德国对自身所处的东西方“前沿阵地”的恶劣环境有着深刻的理解。西方国家在冷战期间进行的战争模拟中，几乎所有北约与苏联的战争都发生在德国领土上。而一旦发生苏联入侵欧洲的情况，德国国防军也是北约首先考虑使用的武装力量。德国迫切希望改变自己“前沿阵地”的地位。

冷战结束后，德国在美国对东扩犹豫不决之时就力促美国吸收波捷匈等国加入，因为德国坚信北约东扩能够给自己带来更大的安全红利。德国在北约东扩和拓展自己的国家利益之间找到了平衡。一方面，美国填补战略真空吸收中东欧国家加入北约能够巩固冷战的胜利成果，压缩强敌俄罗斯的战略空间。另一方面，北约东扩的方向是由西向东推进，这种顺序必然会将波兰、捷克、斯洛伐克、匈牙利等国纳入首批候选国，也就是相当于将之前的敌国转化为盟国。如果俄罗斯同北约发生冲突，那么将会是波捷匈等国而非德国处于冲突的最前线。脱离了最前线就相当于获得了更好的安全保障，这样德国推动北约东扩就是在构筑自己的安全地带，让自己的安全得到保障。这可能就是德国更加主动、更加积极地推动北约东扩的内在动因。

（四）德美关系视角下的北约东扩

北约东扩无论对德国还是对美国都具有重大的战略意义。但对德美双边关系来讲，北约东扩却蕴含着不同的含义。在北约东扩 2.0 时代，德美在北约东扩的利益存在一致性。但在北约东扩 3.0 时代，上述一致性不复存在，直接造成德美双边关系的不和谐或紧张。

首先，北约 3.0 时代是美国利用反对恐怖主义、反对大规模杀伤性武器扩散来拓展世界霸权的重要时期，美国发动了阿富汗和伊拉克两场战争，北约则成为美国巩固世界霸权和拓展利益的重要平台。美国期望北约再定义，给北约这个篮子里放入更多的鸡蛋，承担从域外动武、国家重建到民主输出、地区维稳等广泛义务。特别是在中东盟国难堪重任的情况下，北约更是成为小布什政府拓展所谓民主大中东的实用工具。德国对美国驾驭下的北约无论在功能还是职能上都有不满。德国担心北约在防御范围和防御职能上的变化会分散联盟的公共资源、增加成员国的负担。这在相当程度上体现的是地区大国德国与世界大国美国之间的利益差异。

其次，冷战后北约东扩的时期也是德国目光转向欧盟的重要时期。这一时期，德国日益重视欧盟安全领域的一体化，通过加强共同外交与安全政策和共同安全与防务政策提升欧盟的能力。同所有大国对待国际组织一样，德国也采取有利则用无利则弃的实用主义做法。在北约首轮东扩满足德国的安全需求后，德国在北约防区扩大和职能扩大的问题上同美国的矛盾日渐明显。究其根本，北约是美国领导下的北约而非欧盟或德国的北约，依托北约但同北约拉开距离成为德国在新时期的新政策。

（五）北约东扩、欧盟安全政策困境与德国的进取外交

时至今日，不管德国赞同也好反对也好，北约无论在职能上还是疆域上的扩大基本暂告一段落。一方面，北约作为阶段性工具促进了德国的安全，但当下和未来北约已经难以为德国提供更好的安全效能。另一方面，德国尽管在欧盟一体化进程上投入很多精力，但在安全领域上，无论是欧盟的共同外交与安全政策还是共同安全与防务政策都鲜有进展，这也使得德国曾经倚重的双轮驱动陷入动力不足的窘境，德国的外交与安全政策由此陷入一个难以突破的瓶颈。

有鉴于此，德国在2013年提出进取外交。尽管进取外交字面上更多强调德国的世界责任，但是德国的世界大国外交确实在悄然展开。德国参与联合国维和行动、加大对外军售的力度、通过P5+1框架介入伊朗核问题等举措，都在预示德国外交寻求重大突破。更重要的是，从2005年开始，德国就与日本、印度、巴西组成四国集团，谋求通过联合国改革成为安理会常任理事国，德国成为世界大国的战略诉求已不言自明。从二战后被迫寻求美国和北约的保护到目光转向欧盟，再到重新谋求成为世界大国，德国外交似乎要寻求实现新的历史循环。但未来结果如何尚待时间的检验。

德国政治基金会在华的工作方式及其公共外交特征评析*

杨　烨　张妗娣

德国是世界上最早建立智库的西方发达国家之一。形形色色的德国智库，具有研究议题广泛、资金充裕和研究实力雄厚的特点，在德国多个领域发挥着重要的作用。其中，作为德国智库的一种典型类别，政治基金会一方面由于其非政府组织的身份，能够灵活地开展各类活动；另一方面，各大政治基金会与德国相应的主要政党有着广泛而密切的联系，能深入影响德国政治的各个方面。

目前，中国已经成为德国政治基金会研究和开展海外业务的重点地区之一。在德国六大传统的政治基金会中，目前有五个在中国设有办事处。政治基金会作为德国公共外交的重要载体之一，其驻华机构能够在中国积极地展开公共外交，不仅有效地宣传和推广了自身的价值观念，提升了德国的国家形象，也能在某种程度上影响中德关系的发展。

一、德国政治基金会及海外机构概述

近年来，智库在德国取得了较大的进展，德国的各类智库为政府部门、政党、企业或组织等提供了源源不断的思想和观念，在引导舆论和辅助政府决策的过程中起到了至关重要的作用。德国政治基金会是一类特殊的智库，它的作用和影响不仅体现在国内政治上，也通过设立海外机构对所在国产生了影响。

（一）政治基金会：一类特殊的智库

随着智库在国家公共政策决策领域的作用日益凸显，学界对德国智库的研究层出不穷，对德国智库的分类也各有不同。根据马丁·图内特（Martin Thunert）的分类，德国智库分为学术型智库和倡导型智库。学术型智库的主要任务是进行课题研究，以其研究

* 本文刊发于《社会科学》2014 年第 4 期，第 22-28 页。

成果辅助政府和相关单位的决策。学术型智库通常保持政治中立，避免对特定的政策议题表明立场。① 倡导型智库则明确地致力于支持或促进具体的政策解决方案或政治目标，包括政治基金会、与利益集团相关的智库以及独立于政党和利益集团的机构。

德国政治基金会是一类独特的倡导型智库，在德国国内政治和对外关系中发挥着重要的作用。德国主要有以下六大政治基金会：

表 1　德国政治基金会的概况

政治基金会名称	亲近的政党	建立年份
弗里德里希·艾伯特基金会（Friedrich-Ebert-Stiftung）	社会民主党（SPD）	1925
康拉德·阿登纳基金会（Konrad-Adenauer-Stiftung）	基督教民主联盟（CDU）	1964
汉斯·赛德尔基金会（Hanns-Seidel-Stiftung）	基督教社会联盟（CSU）	1967
弗里德里希·瑙曼基金会（Friedrich-Naumann-Stiftung）	自由民主党（FDP）	1958
海因里希·伯尔基金会（Heinrich-Böll-Stiftung）	联盟 90/绿党（Bündnis 90/Die Grünen）	1996
罗莎·卢森堡基金会（Rosa-Luxemburg-Stiftung）	民主社会主义党（PDS）	1998

作为倡导型的智库，政治基金会的任务是：对内通过政治教育，宣传和推销其政策思想；对外通过交往，宣传其价值观和社会发展模式，以进行政治渗透。② 在资金方面，除了少数来自私人捐赠，德国政治基金会的资金大部分来自于联邦和州的财政预算，官方资金的注入确保政治基金会“符合公共利益”。③ 在运作方面，虽然德国的基本法明确了基金会独立于政党的地位，政治基金会与政党的重要纽带在于分享共同的价值观念。但是，有的学者认为，德国的政治基金会与政党之间是“一种互生共补的关系”，④ 政治基金会与政府职能部门有着多重联系。正是由于政治基金会介于官方与非官方之间的特殊身份，它在德国国内政治和对外关系的发展中发挥着不容忽视的作用。

（二）德国政治基金会的海外机构

德国政治基金会建立之初，其工作重点主要是在德国国内。第二次世界大战后，国际格局发生了重大变化，德国国际地位逐步回升。同时，伴随着冷战后的全球化进程，德国六大政治基金会也日趋深入地参与到德国的海外活动中。从 20 世纪 60 年代起，以艾伯特基金会为代表的德国政治基金会开始建立海外关系网，这一时期的对外

① Martin Thunert, “Think Tanks in Germany”, *Friedrich-Ebert-Stiftung*, *Briefing Paper Shanghai* (*Special Issue*), September, 2011.

② 冯仲平、孙春玲：《欧洲思想库及其对华研究》，北京：时事出版社 2004 年版，第 205 页。

③ 引自艾伯特基金会上海办公室提供的内部资料，2013 年 4 月 22 日。

④ 吴辉：《德国政党与政治基金会的关系》，载《中共石家庄市委党校学报》2006 年第 7 期，第 34-37 页。

交流仅局限在个别的西欧和拉美国家，受活动经费的限制，其活动的内容也比较单一。冷战结束后，德国政治基金会在海外的活动进入扩展阶段。这一时期政治基金会的海外活动在经济上得到了比较充足的保障，活动的内容开始变得越来越多样化，对外活动的范围也逐步延伸到了世界各地，甚至在当地派遣了德国专家和建立了驻外机构。

从政治基金会的海外活动范围来看，艾伯特基金会和阿登纳基金会是相对建立最多的海外关系网络的政治基金会。艾伯特基金会在100多个国家活动，总共设有90多个海外机构；① 阿登纳基金会目前在120多个国家进行着200多个项目，② 其海外机构有60多个。伯尔基金会大约拥有16个海外机构，其他三个政治基金会的海外机构相比之下略少些。

长期以来，德国政治基金会在不同的国家和地区所开展的项目内容是不一样的，各有侧重。目前，德国政治基金会与目的国家建立了广泛的联系，尤其是艾伯特基金会与阿登纳基金会这两大政治基金会已经建立起覆盖全球的网络体系，而其他的政治基金会开展的海外业务也在不断扩展之中。

二、德国政治基金会驻华机构的发展、工作方式及特征

德国政治基金会一直十分重视对华研究以及在华开展活动，目前有五个政治基金会在中国设有办事处。

（一）德国政治基金会驻华机构的发展

赛德尔基金会是最早进入中国的德国政治基金会。早在1979年，赛德尔基金会就与中国对外友好协会正式建立了联系，开始了与中国各领域的交流。自从1983年以来，赛德尔基金会在中国各地创建了16个培训中心。该基金会一直致力于在中国开展多元化的交流合作，建立了项目合作中心和教育培训机构，通过教育、培训、咨询和交流等方式，促进中国的社会、法治和政治领域的改革进程。③

作为德国历史最悠久和影响力最广泛的政治基金会，艾伯特基金会已经形成遍及全球的项目合作网络，在不同区域和国家开展了项目交流，中国也是其最重视的海外活动国家之一。1984年，艾伯特基金会的工作人员就陪同时任德国总理勃兰特（Willy Brandt）访华，以此为契机建立了与中国的初步联系。1985年，艾伯特基金会建立了

① 艾伯特基金会的官方网站：http：//www.fes.de/sets/s_ fes_ i.htm.
② 阿登纳基金会的官方网站：http：//www.kas.de/wf/de/71.3628/.
③ 赛德尔基金会的中文网站：http：//www.hss.de/china/ch/our-work-in-china.html.

驻上海办公室，其工作职责是研究中国自改革开放以来的经济体制改革。1987年，艾伯特基金会又建立了第二个驻华机构——北京办公室，其主要工作职责是与中国进行政治领域的交流和促进社会领域的改革。在华工作的二十多年来，艾伯特基金会一直致力于宣传和推广德国经济发展和社会发展改革的经验，也尊重中国的发展模式，从不将自身的发展模式强加于中国。

德国另一大政治基金会——阿登纳基金会早在1992年就与西北大学共同成立了中德企业管理研究所（Das Chinesisch-Deutsche Management Institut，CDMI），开展与中国的交流。1996年，阿登纳基金会成立了驻北京办公室，不久后因为工作需要又建立了驻上海办公室。其在中国的主要工作是推动中国在法律领域、社会变革领域和区域发展领域的改革。同时，在外交与安全政策领域，阿登纳基金会与中国就全球化、地区冲突与恐怖主义等非传统安全领域的问题等进行合作交流。近年来，阿登纳基金会也关注到新媒体在中国的发展，尤其是互联网对中国社会产生的巨大影响，并且尝试就新媒体的议题与中国的新闻工作者建立伙伴关系以及与媒体技术人员进行交流合作。①

1996年，伯尔基金会在中国对其工作内容进行了推介，并第一次举办了在华的研讨会。作为与德国绿党联系紧密的政治基金会，伯尔基金会在中国关注的议题包括性别平等、社会公正、环境保护以及公民社会的形成等，其活动目标是促进中国的改革与发展。伯尔基金会也就相关议题开设专门的非政府组织，如分别于1999年和2001年成立的北京红枫妇女心理辅导中心和天津妇女社区中心，其主要的职责就是从心理学和法律咨询方面帮助遭受家庭暴力和性别歧视的妇女。此外，伯尔基金会一直致力于深化中国的环境教育，加强中国人的环境保护意识。

自2002年起，卢森堡基金会就与中国展开了积极的对话和交流项目，并于2008年在北京设立了办事处，其在中国有20个合作伙伴，包括高等教育机构、官方智囊机构以及一些非政府组织。卢森堡基金会经常与中国的合作伙伴共同举行社会政治领域的会议、专题研讨会和培训课程等，并不定期出版相关著作。其在中国的工作目标是：开展社会公正和可持续发展领域的合作、加强安全议题上的交流合作、关注中国市场经济的改革以及推行环保理念，等等。②

（二）德国政治基金会驻华机构的工作方式与特征

1. 政治基金会驻华机构活跃度高

德国驻华使领馆的官方色彩强，它的工作职能受到政府的控制，其公共外交的职

① 阿登纳基金会的中文网站：http：//www. kas. de/china/zh/about/.

② 卢森堡基金会的官方网站：http：//www. rosalux. de/weltweit/asien/ostasien. html.

能也受到限制。相比于官方机构，德国政治基金会的驻华机构显得更为活跃。2012 年，艾伯特基金会的驻华机构在上海举办了 14 场活动，活动的主题各不相同。2011 年，阿登纳基金会在中国共开展了 40 次项目活动，活动形式包括开展学术讲座、专家研讨会、学习和课程培训等。尽管其他的驻华基金会主办的活动不多，但也频繁地受邀参与其他单位举办的重要国际会议、大事活动和专题讨论会等。通过各种活跃的海外活动，政治基金会搭建了一个进行中德对话和信息传递的平台，有助于增强中德双方的互信和理解。

2. 政治基金会在华活动内容多样化

德国政治基金会驻华机构活动的领域几乎涵盖了中国社会的各个层面和领域，除了举办传统意义上的研讨会、专题讲座、培训课程以及研究旅行等活动外，也会经常定期或不定期出版自己的研究成果。比如，阿登纳基金会通过举办各类活动，把信息搜集编纂起来，不定期出版带有专题指向性的论文。这些研究成果以电子版的形式在阿登纳基金会的网页上供下载，或者通过电子邮件发送，有的通过一些新型的社交网站进行传播。

向中国派遣专家也是德国政治基金会在华的活动方式。一直以来，艾伯特基金会与中国的很多高校、官方机构以及非政府组织维持了良好的合作伙伴关系，也会引进世界范围内法律、社会、经济和政治领域的权威专家或学者到中国来授课，与相关部门就有关议题进行共同的研讨和提出相应对策，并对相关政策进行分析研究和提供咨询。

此外，有些政治基金会在中国设立奖学金。比如阿登纳基金会在中国设立奖学金来发现和鼓励有才能的青年。其驻上海办公室每年为上海对外经贸大学的 15~20 名学生提供奖学金，并为其安排一系列学术交流及参观活动。到目前为止，已有 160 多名中国学生获得过阿登纳基金会的奖学金。

3. 政治基金会在华合作伙伴多元化

德国政治基金会在中国选择的合作伙伴也是根据基金会自身和项目实施的特点而变通的。通常情况下，如艾伯特基金会的合作伙伴为“工会、媒体或者是妇女组织”；阿登纳基金会的合作伙伴“以行业协会及中小企业为主”；伯尔基金会开展的项目多是与“社会基层组织特别是社会弱势群体”有关；赛德尔基金会的合作伙伴多是“职业培训机构"；而卢森堡联邦基金会倾向于选择"左翼的社会团体"作为合作伙伴。①

尽管各有侧重，但是在华活动的五大政治基金会的合作伙伴日趋多元。其驻华机构积极开展各类项目，在多个领域、多个地区展开相关工作。在与机构的关系上，五大政治基金会的合作对象都涉及政府机构、政府智囊团、非政府组织（NGO）、高校、企业，等等。在与个人的关系上，政治基金会与其奖学金获得者一直保持密切联系。比如，阿登纳基金会每年都会举办历届奖学金获得者见面会，这些奖学金获得者目前都担任着重要的社会岗位。德国的政治基金会认识到大众传媒在建立公众信任上的重要性，它们利用各种媒体手段为自己作宣传。但它们的海外工作机构更为谨慎地利用媒体，依据当地的规范来做其允许范围之内的事。②

三、德国政治基金会驻华机构公共外交特征评析

作为对传统政府外交的补充，公共外交是一个国家全方位外交活动的重要组成部分。③ 德国视公共外交为政府间官方外交的支持和完善。德国政治基金会的驻华机构是德国对华公共外交的重要载体之一。

（一）何谓"公共外交"?

"公共外交"这一概念是由美国学者埃德蒙·格利恩（Edmund Gullion）提出的。根据韩方明主编的《公共外交概论》一书，"公共外交"指"一个国家为了提高本国知名度、美誉度和认同度，由中央政府或者通过授权地方政府和其他社会部门，委托本国或者外国社会行为体通过传播、公关、媒体等手段与国外公众进行双向交流，开展针对全球公众的外交活动，以澄清信息、传播知识、塑造价值进而更好地服务于国家利益的实现"。④ 唐小松在《论中国公共外交的两条战线》一文中对"公共外交"这样解释，"公共外交是政府扶持媒体、文化活动、网络等传播途径，有的放矢针对外国民众开展的有意识的外交活动"。⑤ 不同的学者对公共外交的界定虽有差别，但都总结了以下共同点：一是公共外交由政府主导；二是公共外交的内容主要是文化、教育等

① Sebastian Bartsch，"Politische Stiftungen"，in Siegmar Schmidt，Günther Hellman，and Reinhard Wolf edited，*Handbuch zur deutschen Aussenpolitik*，Wiesbaden：VS Verlag für Sozialwissenschaften/GWV Fachverlage Gmbh，2007，p. 285，转引自：李之文：《政治基金会：德国外交中的特殊行为体——理论、实践与特点分析》，复旦大学国际关系专业硕士学位论文，2010 年，第 42 页。

② 根据与阿登纳基金会驻上海办公室工作人员的访谈整理记录。

③ 王冲：《公共外交的模式新探——基于动机、手段和效果的划分标准》，载《太平洋学报》2012 年第 5 期，第 43-52 页。

④ 韩方明主编：《公关外交概论》，北京大学出版社 2012 年版，第 8 页。

⑤ 唐小松：《论中国公共外交的两条战线》，载《现代国际关系》2007 年第 8 期，第 42-46 页。

信息的交流；三是公共外交的对象是外国公众；四是公共外交的目的是实现国家利益。

（二）德国政治基金会驻华机构的公共外交特征

德国展开公共外交的目标和原则是向“有学识的群体”宣传德国的价值理念，以期对外建立跨越意识形态鸿沟及文化障碍的网络和对话。① 德国前任外交部长费舍尔（Joschka Fischer）认为，公共外交是“与海外民间社会发展文化关系”，同时也是“德国外交政策的重大课题”。②

1. 驻外机构是对华公共外交的重要载体

一国与另一国的外交活动是由多个不同外交主体、用不同活动方式、为了实现不同目标而展开的，而在这一过程中，最具影响力的自然是官方的外交。③ 公共外交是对传统官方外交的重要补充。德国在华公共外交的主要载体包括四个部分：德国的政府官员或前政要、工商界组织、在华德国公众以及非政府组织。

政府官员利用自己私人的身份与中国建立联系，如德国前联邦总理施罗德分别于2003年以官方的身份和2006年以私人的身份访问了同济大学，他与中国公众建立的联系对推动两国人民的友好关系是十分有利的。商界通过公共外交与中国建立了广泛的信息交流和沟通的渠道，引导中国民众对德国产生认同和好感。据一项由中国德国商会和不莱梅大学应用科学学院共同组织的调查，61%的在华德国企业致力于参加多项社会活动，④ 注重承担企业社会责任，德企在中国享有良好的声誉。在中国的德国人并不是一个庞大的族群，但他们在公共外交上的影响力也不容小觑。“每个人的一举一动并不等于国家形象，但每个人的一举一动却事关国家形象的建构、提升、修补”。⑤ 在中国最具影响力的社交网站新浪微博上，德国摄影师雷克（Christoph Rehage）⑥ 以幽默风趣的中文吸引了十多万的“粉丝”关注，平均每条微博都有上百的评论和转发。一些在华德国人个人的公共外交活动使得原本抽象、模糊的德国形象生动起来。

自从20世纪80年代中期德国政治基金会陆续在华设立办事机构以来，政治基金会的在华机构成为了德国公共外交的重要载体。政治基金会在华的活动主要是开展政治对话、合作项目、研讨会、报告会等，通过在华开展的项目，搭建了系统化的外交活

---

① 唐小松：《公共外交：信息时代的国家战略工具》，载《东南亚研究》2004年第6期，第60-63页。

② Joschka Fischer, Address at the Forum on “The Future of Cultural Relations Policy”, Berlin: The German Federal Ministry of Foreign Affairs, July 4, 2000.

③ 闫瑾：《德国外交政策决策过程中的政治基金会》，载《国际论坛》2004年第2期，第58-63页。

④ 刘爱君：《六成在华德企注重承担企业社会责任》，参见 http://news.sohu.com/20070302/n248458611.shtml.

⑤ 刘明：《当代中国国家形象定位与传播》，北京：外文出版社2007年版，第5页。

⑥ 德国人雷克以“雷克小流氓”的网名在新浪微博注册，详见 http://weibo.com/leikexiaoliumang.

动网络。政治基金会的活动范围广泛、内容丰富、形式多样以及合作伙伴多元，已成为官方外交在华的补充和完善。

2. 特殊的角色定位是对华公共外交的基础

政治基金会之所以能够成功地参与到德国的公共外交实践中，是因为其独特的角色定位。德国政治基金会在华的角色兼具独立客观性和权威性，不仅是独立的研究智囊机构，也是具有半官方背景的权威组织。

一方面，德国政治基金会的自治性、非营利性、自愿性等特点具有明显的非政府组织色彩，这使政治基金会能够灵活地在一些政府行为体无法触及的外交领域活动，所能涵盖的议题更加广泛。同时，德国政治基金会在中国设有办事机构和开展项目活动，能够形成涵盖社会精英以及普通民众的广泛联系网络，这张活动网络覆盖了中国的各阶层和各领域。

另一方面，由于其与官方机构千丝万缕的联系，又使得政治基金会的在华活动具有一定的权威性，这一点是其他非政府组织所不能企及的。政治基金会和相应政党的纽带在于分享共同的价值体系，具有明确的政治和利益目标。这不仅提升了基金会在华活动的可靠性，而且能与项目合作伙伴在互信互利的基础上开展合作。德国官方也对政治基金会的海外活动投以足够的重视，例如，2012 年德国总理默克尔访问中国期间，专门会见了阿登纳基金会驻华办公室的工作人员，不但了解他们在华工作的状况，也听取他们对于加强中德战略伙伴关系的意见和建议。

总之，“非政府”“官方资助”以及“政党相关”的标签促进了德国政治基金会在中国发挥作用。

3. 系统化的交往是对华公共外交的手段

自德国政治基金会进入中国以来，其活动策略也在不断地进行系统的调整：首先，政治基金会在中国不断地扩展活动的范围，逐步在北京和上海以外的二三线城市开展公共外交；其次，对外活动的方式日趋多样，由一开始的经济援助转向着重加深与中国各领域精英阶层的联系；此外，政治基金会在中国关注的议题越来越多样，除了关注中国的政治经济改革之外，许多全球性问题也被涵盖进基金会驻华机构的活动主题中来。

政治基金会也注重在中国各个领域建立系统化的联系。例如艾伯特和阿登纳这两大基金会在华开展的项目涉及政治、经济、文化和社会的各个方面，其活动领域包括社会改革、经济改革、法律、外交和安全等众多领域。在活动手段上，德国政治基金会的外交主要是通过项目的完成来实现的，其实质是围绕各个议题和政策领域展开交流活动。政治基金会实现公共外交的手段包括召开各种研讨会、开办培训班、出版刊物以及提供资金资助和向所需项目提供专家技术支持等。

总之，德国政治基金会驻华机构是德国对华公共外交的重要载体之一，凭借其独特的身份定位和系统化的交往在中国形成一个庞大的活动网络，不仅能促进德国对华公共外交，也是其官方外交的重要补充。

四、结论

德国政治基金会驻华机构以其灵活的身份和与主要政党的紧密联系，在中国开展多种形式的交流合作项目，包括举办传统的政治教育和职业培训、研讨咨询会、讲座，出版相关刊物，派遣权威专家学者以及提供资金技术支持，等等，并与中国的各个机构建立了良好的伙伴关系，形成了具有影响力的交流网络，成为德国对华公共外交的重要组成部分。

这些借助各政治基金会驻华机构展开的公共外交活动，一方面，可以通过各类活动有效地传播德国的信息，使中国民众更多了解德国的文化和理解德国的内外政策，有效地提升德国文化的吸引力和政治影响力，形成良好的德国形象。在国际政治和外交领域中，国家形象能够“影响到一个国家在国际社会中的政治地位、经济参与程度以及凭借自身实力在国际舞台上纵横捭阖的能力”，① 因而塑造良好的国际形象能够保证德国国家利益的实现；另一方面，德国一直高度重视对华关系，德国政治基金会对华展开积极的公共外交，是对其官方外交的重要补充，能够提升德国在中国的外交影响力。德国政治基金会在华就各个领域的议题与中国的政府机构、政府智囊团、非政府组织（NGO）、高校、企业、个人以及媒体进行交流合作，促进了德中之间的双向交流，加深了德中之间的互信，也能在某种程度上推动中德关系的进一步发展。

① 傅新：《综合安全与国家形象》，载《现代国际关系》2004年第6期，第12-17页。

区域与国别卷

Studies on Regions and Countries

亚太研究

四大力量博弈与东亚秩序*

门洪华

国家兴衰、全球化和地区一体化是当前推动世界变革的三大动力。国家兴衰亘古有之，是形成和塑造世界面貌的根本动力，而全球化和地区一体化相辅相成，推动了大国兴衰的步伐，改变了国家兴衰的形式。全球化的发展导致新的国家兴衰，推动着地区合作进程。全球化改变着世界体系的运作规则，国家既有参与全球化的渴望，又有着鞭长莫及的恐惧，各国深刻认识到，在全球化和地区一体化并行不悖的时代，自身繁荣只有在其所属地区的整体共同繁荣之中才能得到保障。基于此，地区合作向着一体化的方向转化，地区一体化愈发受到国家的重视，地区秩序建设提上议事日程。地区秩序是存在互动关系的相邻国家之间权力分配、利益分配、观念分配的结果，其主要表现形式就是地区制度的创立与运行。可以说，21 世纪的世界是由地区组成的世界，地区的重要性正在与日俱增，而地区秩序日渐成为国家战略关注的核心。

东亚正处于世界变动的漩涡，东亚秩序建构为诸大国战略博弈所促动，吸引着全球的目光，昭示着世界的未来走向。① 东亚有着辉煌的古代历史，而中国引领是彼时的荣光。16 世纪以来，随着欧洲利益的全球拓展，其国际影响日益突出，19 世纪堪称“欧洲世纪”，欧洲的重要性如此耀眼，以至于东亚失去了锋芒。20 世纪是“美国世纪”，东亚以其被动或主导的开放而波澜不断。19 世纪至 20 世纪，历经欧风美雨的涤荡，追随与超越成为东亚变革的主题。20 世纪后半期，尤为中国建设性崛起和亚洲金融危机所触发，东亚一体化加速，东亚进入全面接触时代，东亚影响力的增强给予学者充分的空间来研究和想象世界的未来。② 进入 21 世纪，各种内外力量汇聚，使得东亚的政治、经济、安全乃至文化版图都在经历着根本性变革，东亚秩序因之处于震荡

* 本文刊发于《国际政治研究》2015 年第 5 期，第 49-65 页。

① Men Honghua, “East Asian Order Formation and Sino-Japanese Relations”, *Indiana Journal of Global Legal Studies*, Vol. 17, No. 1, 2010, pp. 47-82.

② David C. Kang, “Getting Asia Wrong: The Need for New Analytical Frameworks”, *International Security*, Vol. 27, No. 4, 2003, pp. 57-85.

之中。

中国崛起是引动东亚秩序变革的核心力量。随着中国崛起效应的持续发酵，世界诸大国围绕中国前景展开战略调整，尤其是美国战略东移和日本加速右转，使得东亚成为世界关注的重心，东亚秩序走向更是牵动着所涉各国的战略目光。

本文的内容是：梳理东亚合作进程与东亚秩序的变迁，剖析中、日、东盟、美等四股力量的战略考虑与相互博弈。在此基础上，分析中国东亚战略走向，强调中国必须充分认识自身崛起的地区效应，通过制度化合作发展东亚利益共同体、责任共同体，大力促成东亚命运共同体，培育建立在共同利益基础之上的平等、合作、互利、互助、开放的东亚秩序，以争取中国在东亚的主动地位。

一、东亚的重要性

东亚既是一个地域概念，又是一个历史文化概念。传统上，我们是把东亚当作一个文化概念来看待的，如费正清所言：“东亚在文化上为深受中国文化影响的地区，即中国、朝鲜、日本、越南等。”① 有的学者则视之为儒教文化影响所及的地区，如北京大学教授梁志明所言：“狭义的东亚指中国及其岛屿（如台湾），以及日本列岛、朝鲜半岛、蒙古等；广义的东亚则不仅包括上述东北亚地区，还包括东南亚，即中南半岛和南洋群岛地区诸国。”② 从地域意义上，目前尚有各不相同的界定。按照西方人的传统理解，东亚一般而言包括东部西伯利亚、中国、蒙古、朝鲜半岛、日本和东南亚。③ 大多数中国学者在讨论东亚问题时，往往把中日韩+东盟十国（“10+3”）等同于东亚。这种界定清晰明确，故而得到了其他国家许多学者的赞同。④ 美国学界一般把东亚视为东北亚与东南亚之和。例如，彼得·卡赞斯坦（Peter Katzenstein）认为：“东亚地区的定义包括了东南亚和东北亚，主要有东盟加上中国、朝鲜、韩国和日本，同时它不包括北美、澳大利亚、新西兰、南亚。对于建设亚洲和东亚地区主义的诸多倡议来说，它是相当稳定的一个定义。”⑤ 日本学界则往往扩大东亚的地域所属，将某些南亚、大洋洲等国家纳入其中，如中村哲指出：“所谓东亚是指东北亚和东南亚组成的地区。

---

① 费正清、赖肖尔：《中国：传统与变革》，南京：江苏人民出版社 1996 年版，第 3 页。

② 梁志明：《关于东亚现代化历史进程的几个问题》，载《东南亚研究》2004 年第 3 期，第 26–30 页。

③ 马士、密亨利等：《远东国际关系史》，上海书店出版社 1998 年版，第 1–11 页。

④ Shaun Breslin, “Understanding China's Regional Rise: Interpretations, Identities and Implications”, *International Affairs*, Vol. 87, No. 4, 2009, pp. 817–835.

⑤ 彼得·卡赞斯坦著，秦亚青、魏玲译：《地区构成的世界：美国帝权中的亚洲和欧洲》，北京大学出版社 2007 年版，第 11–12 页。

东北亚是指中国大陆、日本、韩国、朝鲜及中国台湾地区，将来可能包括蒙古、俄罗斯远东部分……东南亚与以印度为中心的南亚和东亚的中间地带设定为东南亚地区是十分有效的，东南亚将来还会包括澳大利亚、新西兰、巴布亚新几内亚等部分。”①韩国学者白永瑞认为：“东亚不仅仅是一种地理上的固定实体，而是文化和历史的产物。广义的东亚包含着东北亚和东南亚，从这一地域在经济上相互依赖日益增强的现实看，也蕴含了在政治和安全保障等方面追求合作的趋势。”② 综上所述，作为一个西方人提出的地域概念，东亚的文化历史范畴相对明确（即儒教文化影响所及之地区），而其地理范畴则一直处于变动之中，鉴于东亚地区的开放性，其地理范畴扩大是一个基本趋势，东亚峰会将澳大利亚、新西兰、印度、美国、俄罗斯纳入其中，就是一个明显例证。鉴于此，我们当以开放包容的态度认识东亚，并从文化深度、战略高度把握其趋向。

东亚有着鲜明的独特性。整体而言，东亚处于从边缘到中心的发展进程之中，既面临着外来文化的持续渗透，又普遍存在着文化保护和文化复兴的问题，可以说传统问题尚未解决，新问题又层出不穷，因而既有合作的强烈愿望和战略空间，又存在着阻碍一体化与合作的各种障碍。具体而言，东亚各国体制各异，发展水平各异，“拥有从发达国家到最贫穷国家之间巨大的收入差距，各国一方面作为整体促进着经济增长，另一方面在很大程度上保持着发展阶段的次序性同时落后国家不停地追赶着发达国家。而且，这个追赶过程发生在生产、贸易、投资、金融、援助等领域的国际性的结合之中。这种现象不论是在拉美、非洲还是中东都是看不到的”。③ 东亚的独特性还体现在，东南亚作为一个异质性众多的次地区相对稳定和东北亚作为时代火药桶的地位凸显形成了鲜明对照。④

世界从来没有像今天这样如此重视东亚。20 世纪下半叶，东亚一波波经济崛起时时牵动着世界的关注，推动着东亚世界经济政治地位的提升。以日本、四小龙、中国和东盟国家为代表，形成一股生气勃勃的潮流，创造了令世人瞩目的“东亚奇迹”。东亚不但在经济发展，而且在社会生活方方面面也发生了显著改变，它提供的新鲜经验和发展模式预示着东方现代文明发展的一种新方式。尤其是中国崛起带动了东亚经济发展，推动了东亚的战略竞争，也促进了东亚地区的深入合作。东亚正在逐渐赢得更大的影响力和自主权。过去几十年，亚洲奇迹除了应该归功于东亚各经济体的社会和

---

① 中村哲：《东亚近代史理论的再探讨》，北京：商务印书馆 2002 年版，第 32 页。

② 白永瑞：《思想东亚》，载《读书》2009 年第 11 期，第 29-33 页。

③ 大野健一郎、樱井宏二郎著，史念译：《东亚发展经济学》，北京：民族出版社 1999 年版，第 2 页。

④ 门洪华：《东亚秩序建构：一项研究议程》，载《当代亚太》2008 年第 5 期，第 70-86 页。

经济发展政策外，东亚国家之间的积极合作也功不可没。① 促进东亚合作是所有东亚国家在全球化趋势下的必然反应，符合东亚所有国家的利益。与此同时，东亚经济崛起带动了其国际政治地位的提升，世界贸易集中在北美、欧洲和东亚三个地区内部和地区之间，② 东亚被视为与欧美三足鼎立的世界经济支柱。东亚向来是世界诸大国竞争重地，美国长期视之为确保世界大国地位的核心区域，甚至认为美国若退出东亚必将堕落为地区国家，为东亚的未来充满忧虑；日本长期把东亚视为确保其战略利益和谋取世界大国地位的支撑，为此不惜落下反复无常之名；为维护自身利益和东亚一体化的核心地位，东盟奉行大国平衡战略，以“东盟+1”（“10+1”）为核心战术应对东亚变局；中国崛起牵动着世界关注的目光，而中国在东亚的一举一动都牵动着周边国家的神经。以上四股力量相互影响、相互制约，使得东亚剧变举世关注。

二、东亚合作进程及其困境

东亚重要性的提升是东亚合作进程的溢出效应之一。东亚地区合作进程历史久远，冷战结束以来呈现加速趋势，具体表现在经济合作的制度化框架正在逐步建立和完善，政治驱动开始与经济驱动并驾齐驱；从低度政治问题领域起步的政治对话和安全协调不仅确保了东亚总体的和平、稳定，而且开始在战略层面发挥主动效应，战略层面的政治考虑成为东亚一体化进程的重要推手。作为以上合作进程的溢出效应，东亚进入全面接触的时代，东亚共同体被接受为东亚秩序的愿景。如何建构一个可被广泛接受的、稳定而富有建设性的地区秩序已是摆在东亚诸国面前的重大战略议题。

20 世纪 90 年代中期以前，尤其是 1997 年亚洲金融危机爆发之前，东亚缺乏地区性的、正式的政府间合作协议，有亚太合作而无东亚合作，市场力量是东亚一体化的天然推手，东亚被视为自然贸易区（Natural Trade Territory），而地区内诸经济体逐渐被视为天然贸易伙伴。亚洲金融危机及其深刻教训触发了东亚的全面经济合作；而中国经济崛起的战略效应也开始全面展现，并成为东亚一体化的首要推动力。以此为标志，东亚经济合作开始进入快车道，呈现出多样化、多元化乃至竞争态势。总体而言，东亚合作尚处于对话机制阶段，制度化程度有待提升。尽管东亚已经进入自由贸易区的时代，各国的相关倡议均缺乏地区整体性的广度和深度。换言之，东亚已经实现了实质性的经济一体化，但相关制度性框架尚待完善和巩固。当然，东亚秩序的制度化建

① 于永定：《我看世界经济》，北京：三联书店 2004 年版，第 567-568 页。

② 彼得·卡赞斯坦著，秦亚青、魏玲译：《地区构成的世界：美国帝权中的亚洲和欧洲》，北京大学出版社 2007 年 12 月版，第 27 页。

构总少不了外来设计的影响，亚太经合组织、美国主导的跨太平洋伙伴关系协定（TPP）等都对东亚秩序的未来有着巨大的影响。

政治和经济相辅相成、相互影响，政治因素对经济合作发挥着不可或缺的影响力。东亚各国促动经济一体化不仅要实现国内生产总值增长等经济目标，还力图重新获得对经济全球化进程的政治控制力，主动应对经济全球化对国家政策工具选择的制约。① 东亚政治对话和安全协调取得了显著进展，尤其是“10+3”机制开始从市场驱动向制度驱动演进，在中国的坚持下确保了东亚合作主渠道的地位；东盟十国建立了相对成熟的次地区秩序，中日韩三国初步建立了对话协商机制，开始推动自由贸易协定的进展；东亚峰会使得开放地区主义成为东亚战略趋向。当然，源于东亚经济社会发展水平差异大、各方利益不易协调的现实，东亚的政治对话、安全协调从低度政治领域起步，取得的成就也主要体现在非传统安全领域，昔日政治对抗的阴影并未消除，缺少战略互信，战略对抗的风险反而有所增加。虽冠以地区合作之名，各国仍免不了从国家角度思考、从双边角度作为，这似乎是东亚合作困境的经典写照。

另外，东亚一体化在经济、政治、战略诸领域均遭遇了质量提升的难题，但这并没有妨碍东亚进入全面接触的时代。经济相互依赖的全面发展，加上非传统安全问题日益突出，使得各国之间形成了某种程度上“共存共荣”的命运共同体。寻求合作与共同发展成为东亚的共享理念，也成为东亚合作制度建设的逻辑起点。东亚共同体理念的提出并得到广泛认同确属顺应时代潮流之举。

东亚共同体到底是理想主义的讴歌还是现实主义的选择，各国有着不同的认识和考虑，但这并不妨碍东亚共同体作为一个有着明确而宏大目标的地区秩序愿景。地区秩序建构是超越现有的经济合作范畴同时又能容纳各种因素、建立战略框架的命题。第二次世界大战结束迄今，鉴于东亚的历史遗产和外来霸权主导地区事务的事实，东亚秩序并非常用的概念。东亚大国（尤其是中国、日本）惯常探讨国际秩序或全球秩序，避免使用易引起历史联想的地区秩序概念，东亚秩序的错综复杂也使得战略家望而却步。伴随着冷战的结束，地区主义浪潮席卷全球，不仅为地区经济一体化开辟了广阔的道路，也为地区政治对话和安全合作提供了新的动力。东亚被地区主义裹挟其中，东亚秩序处于剧烈变动乃至重构之中，地区秩序的探讨开始浮上台面。

东亚地区一体化以经济力量的自然驱动为开端，加上地区内外各种力量的折冲，明显体现出政治和经济相分离的特征。然而，经济相互依赖的溢出效应和地区主义的

① Peter J. Katzenstein and Takashi Shiraishi, eds., *Network Power: Japan and Asia*, Ithaca: Cornell University Press, 1997, p. 344.

推动力是不可阻遏的。经济相互依赖、既有的规范和制度，起到了缓解地区内权力失衡的冲击、防止安全困境泛化的效用。① 与此同时，一系列双边同盟、安全对话、多边论坛、部长级会议、第二轨道接触及其他特定机制逐步建立起来，并发挥着越来越重要的作用。② 尽管政治误解和安全上的不信任依旧阻碍着全面合作的展开，但绝大多数国家明确意识到，未来东亚秩序建构的中介不会是霸权战争，而是基于共同利益、以国际制度为主要方式的国际协调。③

从本质上讲，秩序建构是一个共同利益汇聚和制度化的进程。当前，东亚合作以开放性、渐进性、协调性为基本特征，扩展到经济、政治、安全、社会、文化等各个方面，共同发展、共同繁荣、合作安全的理念逐渐深入人心，共同利益的汇聚与制度化成为东亚秩序建构的一种可行战略路径。

三、战略力量博弈与东亚秩序演变

东亚共同体是一种愿景性的地区秩序设计，体现了东亚国家超越传统秩序模式的努力。传统的东亚秩序总是围绕一个中心国家而运转，地区国家关系伴随着中国、日本、美国等中心国家的交替变化而不断被重新规定。④ 冷战结束以来，随着东盟国家在地区一体化的领导地位得到中日韩等国家的认可，以及东盟积极实施“10+1”这一大国平衡术，东亚秩序建构有了可预期的目标。东亚各国积极应对全球化和地区化两大并行不悖的世界潮流，在拥抱全球化浪潮的同时全面融入地区一体化，开始将东亚共同体视为未来东亚秩序的愿景；东亚各国奉行开放地区主义，使得地区外大国尤其是美国继续在东亚秩序建构中扮演重要角色。这些因素构成东亚秩序建构的主要动力，其互动在一定程度上决定了东亚秩序的未来路径。

东亚有三个传统的地区秩序即中国主导的朝贡体系、美国寻求的门户开放体系和日本主导的所谓“大东亚共荣圈”。⑤ 在古代东亚，中国是地区秩序的主导建构者。周边邻国定期派遣朝贡使向中国皇帝称臣纳贡，成为天朝藩属；中国对接受“诰谕”的各国授予金银印章，发给勘合符，提供政治承认、优惠贸易、安全保证等公共物品。

---

① Amitav Acharya, “Will Asia's Past Be Its Future”, *International Security*, Vol. 28, No. 3, Winter 2003/2004, pp. 149-164.

② G. John Ikenberry and Jitsuo Tsuchiyama, “Between Balance of Power and Community: the Future of Multilateral Security Co-operation in the Asia-Pacific”, *International Relations of the Asia-Pacific*, Vol. 2, 2002, pp. 69-94.

③ 代帆、周聿峨：《走向统一的东亚秩序?》，载《太平洋学报》2005 年第 12 期，第 20-27 页。

④ 白永瑞：《东亚地域秩序：超越帝国，走向东亚共同体》，载《开放时代》2008 年第 3 期，第 5-15 页。

⑤ Norman Palmer, *The New Regionalism in Asia and the Pacific*, Lexington: Lexington Books, 1991, p. 4.

朝贡秩序所倡导的是域外诸邦对中华帝国以小事大、慕德向化、梯山航海、克修职贡；中华帝国对各国则是抚驭万邦、一视同仁、导以礼义、变其夷习。无疑，这是儒家学说在处理中华帝国对外关系方面所能构建的理念原则和理想框架。这个框架所要达到的境界是：域外诸藩国，如群星参斗，葵花向阳一般，围绕着中华帝国运转、进步。在这一向心、垂直体系之下，庶几共享太平之福，维持一种中华模式的国际和平局面，① 或可称之为“中华治下的和平”（Pax Sinitica）。朝贡体系是中华中心主义的文化秩序和贸易交流体系，是华夏伦理性政治秩序的自然扩展，其背后隐含着一种超越民族、种族畛域的包容性的天下概念。当然，天朝的至高无上不仅体现在文化上，还体现在政治结构和贸易往来上，作为一种同心圆式的等级秩序，朝贡体系的不平等性是内在的。

19世纪中叶，朝贡体系因西方工业国家的殖民入侵而瓦解，美国在19世纪末20世纪初提出“门户开放”政策，日本则在20世纪30、40年代追求所谓的“大东亚共荣圈”，这两种秩序均属不平等的殖民主义安排。② “门户开放”体系是一种均势性的殖民秩序，地区外大国在秩序建构和维持上扮演主导角色，它在一定意义上代表了东亚秩序的可渗透性。自此，美国在东亚秩序中一直扮演着强权角色，从而使得开放地区主义成为东亚秩序建构的必然特征。

总体而言，中国的朝贡体系和日本的所谓“大东亚共荣圈”均具有不平等性，前者以文化优势为主导，后者则以军事入侵和征服为路径。中国朝贡体系对东南亚诸国的历史遗产，与20世纪80年代以来中国经济的繁荣结合在一起，增强了东南亚对中国崛起的疑惧心理。③ 当然，朝贡秩序在一定意义上是自然形成的，而日本的所谓“大东亚共荣圈”则更具有主动追求的刻意，体现了日本的战略攻击性。这种历史遗产也使得日本慎言地区秩序，害怕因此引起其他东亚国家的恶感。鉴于此，中日两国均提出明确的全球秩序图景，却很少言及东亚秩序，尤其是日本更把东亚秩序倡议视为帝国主义禁忌。④ 因而，两国均同意东盟在东亚秩序设计及实践中扮演领导角色。

第二次世界大战结束以来，东亚出现了三个部分性地区秩序安排：美国主导的安全体系、日本主导的雁行经济秩序、东盟主导的次地区共同体秩序。美国领导的东亚安全体系具有霸权稳定的性质，依旧被某些成员国视为东亚稳定的柱石；日本领导的

① 何芳川：《华夷秩序论》，载《北京大学学报（哲学社会科学版）》1998年第6期，第30-45页。

② 关于美日因不同东亚秩序追求导致的矛盾与冲突，可参见：Akira Iriye, *Pacific Estrangement: Japanese and American Expansion*, 1897—1911, Cambridge: Harvard University Press, 1972; Akira Iriye, *Power and Culture: The Japanese-American War*, 1941—1945, Cambridge: Harvard University Press, 1972.

③ 代帆、周聿峨：《走向统一的东亚秩序?》，载《太平洋学报》2005年第12期，第20-27页。

④ Yonosuke Hara, *New East Asia Theory*, Tokyo: NTT Press, 2002, pp. 32-33.

雁行秩序则体现了日本的经济强势和战略谋划能力。在一定意义上，雁行经济秩序和东盟次地区共同体秩序在新一波全球化、地区化浪潮中确立，并成长为与美国安全体系并行的秩序形态，体现了东亚秩序的变动性。

近年来，中国的全面崛起、日本的政治右倾化、东南亚的规范性崛起、美国霸权安排的持续成为东亚秩序变动的新要素，各方力量致力于寻求自身的优势和对其他力量的制衡，某种地区均势正在建构之中。与其他地区不同的是，东亚均势导致了对大国的战略约束，或可被视为进一步合作及地区秩序建构的前提条件。与此同时，经济一体化的溢出效应正在重塑地区安全关系，所有国家都在享受着地区合作的红利。

东亚是世界政治经济的中心之一，也是全球力量消长最大的地区；东亚拥有全球最具活力的经济形态和市场，也拥有全球最具变数的经济转型和社会转型；东亚集中了世界上几乎各种类型的经济体制和政治体制，也体现出世界上最为多样的矛盾和冲突。东亚是冷战结束以来矛盾冲突最多的地区，中日钓鱼岛争端、韩日独岛（竹岛）争端、俄日千岛群岛（日本称北方四岛，俄称南千岛群岛）之争、中国的台湾问题、朝鲜半岛危机、南中国海争端等均是显在或潜在的冲突之源。鉴于其历史遗产的复杂性，东亚迄今所有秩序建构倡议均缺乏长远性和明晰的路线图，东亚合作缺乏强有力的制度网络，各国整军经武，投身军备“竞走”（Arms Walks），传统安全困境依旧是大国进一步合作的障碍。当然，东亚安全情势也表明，各国无意获取入侵或占领邻国的军事能力，而是着眼于防止他国恐吓和惩罚造成的破坏性后果。① 基于此，在未来一段时间里，东亚将介于均势秩序和共同体秩序之间，② 处于战略十字路口。

当前，东亚秩序建构面临的最大挑战是：所涉中、日、东盟、美等四股战略力量之间正在展开着新的博弈，难以就未来目标达成一致，甚至在地区稳定与繁荣上也出现了越来越多不同的考虑。

从当时提出东亚共同体的考虑看，其基本设想是：以中小国家为主导，以问题领域为驱动，以社会互动实践为具体模式，东盟是东亚合作和一体化进程的核心，中日韩分别加入这一进程，一方面主动发挥作用，另一方面也愿意接受经东盟协商一致做出的决定。③ 毋宁说，这是一种较为务实的软性地区主义（Soft Regionalism）的秩序建设路径。其主要取向是，从实际需要开始，在进程中不断增加合作的内容，逐渐超越

① Dennis C. Blair and John T. Hanley, Jr.,“From Wheels to Webs: Reconstructing Asia-Pacific Security Arrangements”, *The Washington Quarterly*, Vol. 24, No. 1, 2001, pp. 7-17.

② G. John Ikenberry and Jitsuo Tsuchiyama,“Between Balance of Power and Community: the Future of Multilateral Security Co-operation in the Asia-Pacific”, pp. 69-94.

③ 秦亚青：《东亚共同体建设和美国的作用》，载《外交评论》2005年第6期，第27-28页。

和突破经济合作的框架，容纳政治、社会、文化、安全等各种因素，培养互信、互惠、互赖的共同体意识，把优惠性的自由贸易安排、货币与金融合作、安全问题的处理作为优先选项，以此为基础逐步建立整体性的宏观合作机制。① 这一秩序建构思路的基础条件之一就是，中国发挥着稳定器的建设性作用，其他国家接受和适应中国的和平发展。然而，我们看到的东亚现实却是各国均处于深刻变化之中，② 尤其是 2008 年全球金融危机爆发以来，各国进入战略深刻调整期，其基本动因之一就是尚未适应中国崛起产生的巨大效应。

20 世纪 90 年代以来，随着中国的快速崛起和以东盟为同心圆的一体化进程的加速推进，以及中国—东盟自由贸易区建设和双边关系的健康发展，日本在东亚的影响力迅速下降。与此同时，美国在东亚的影响力也经历了相对衰退，东亚秩序出现了中国、东盟及美国分别在经济、政治及安全领域各领风骚的“三驾马车”鼎足局面。正在涌现的这一地区秩序与第二次世界大战结束以来美国主导的东亚秩序有很大的不同，反映出东亚地区正在发生的权力转移和充满活力的经济和政治生态。③ 对此，美国和日本均充满了焦躁和不安。日本对中国崛起的不适应进入深化期，中日矛盾逐步激化；美国则通过战略东移重返东亚，二者或明或暗的配合搅乱了一池春水，东亚格局为之剧变，地区内外各种矛盾显现并激化。④

对东亚发展进程始终不能释怀的是日本。日本运用军事手段（“大东亚共荣圈”）和经济手段（“雁行模式”）企图主导东亚的历史，决定了日本对东亚主导地位有着明晰而持久的渴望。进入 21 世纪，不仅中国在东亚的经济和政治影响力迅速扩大，中日实力对比也发生了逆转。面对综合国力日趋强大的中国，日本采取了颇为高调的姿态，利用意识形态、军事等因素遏制中国的意图彰显，尤其是肆意挑起钓鱼岛争端，导致中日关系进一步恶化。2012 年 12 月安倍晋三再度出任日本首相以来，政治右倾化进一步主导日本政坛，其外交政策更具进攻性，不仅加强与美国的同盟关系，而且刻意在中国周边挑事，甚至企图结成针对中国的松散联盟；与此同时，安倍政权极力在安全战略上寻求新突破，并通过修订安保法案的方式来突破和平宪法的限制。安倍多次强调在领土争端方面采取较为强硬的外交政策，在钓鱼岛问题上肆意挑战中国的战略底线，中日困局走向深化和固化。日本的政治右倾成为影响东亚秩序建构的重要负

① T. J. Pempel, “The Race to Connect East Asia”, *Asian Economic Policy Review*, Vol. 1, No. 2, 2006, pp. 239-254.

② Kurt M. Campbell, “The Cusp of Strategic Change in Asia”, *Orbis*, Vol. 45, No. 3, 2001, pp. 371-385.

③ 韦宗友：《美国战略重心东移及其对东亚秩序的影响》，载《国际观察》2012 年第 6 期，第 60-67 页。

④ 季玲：《“东亚共同体”与东亚集体身份兴起的情感动力》，载《外交评论》2011 年第 4 期，第 69-82 页。

面因素，中日互不信任是东亚秩序建构难以跨越的障碍因素。日本经济界精英普遍认为，中日竞争已经深刻影响到东亚经济制度建设的所有核心层面，如东南亚和东北亚国家之间优惠贸易纽带的性质、相互重叠的自由贸易区网络、东亚一体化进程的包容性等。在安全领域，两国确实存在传统的安全困境认知，难以培育基于共同信任、互惠、相互依赖的共同体意识。与中国的竞争鼓励着日本国内对军事力量的兴趣，① 两国在战略层面互不信任加剧了东亚的安全困境，并阻碍了地区安全制度的建构。

美国在东亚的核心利益自1905年以来就保持不变，即确保均势。② 美国的目标造就了东亚的地区开放主义，使得东亚秩序建构也必须考虑美国的反应。近年来，美国大战略目标逐步明确为护持全球领导地位，确保东亚主导地位，维系东亚均势格局。护持全球领导地位，美国采取的途径是构建由盟国和伙伴网络、地区组织和全球性制度等组成的全球体系，调控国际关系尤其是大国关系。确保东亚主导地位，维持有利于美国的地区均势不被蚕食，防止因退出东亚、丢失亚洲主导地位而退守为地区国家，是美国的战略底线。然而，美国不是东亚霸主，其目标并非无限，而是聚焦于维持有利于美国的地区均势不被打破。美国战略东移以抓住亚太世纪的机遇和应对中国崛起的挑战为核心议题，以巩固和发展美国在亚太的领导地位为目标，其核心要素是平衡中国日益增长的全球和地区影响力。美国最为担心的是中国在东亚乃至亚太的影响力超过自己，进而导致美国失去东亚乃至亚太主导地位。美国认识到与中国合作的收益，但更忧虑中国崛起带来的严峻挑战，把维系其主导的地区均势不被打破视为东亚战略底线。因此，美国极力充当"离岸平衡手"，有意在东亚保持适度的紧张关系，利用中国和邻国的嫌隙，特别是周边国家对中国崛起的担心，推动这些国家加强与美国的政治、经济、安全合作，进而扰乱东亚地区内部整合的步伐。防止和打破亚洲国家对中国在经济、安全等方面的战略依赖成为美国对华关系的一条主轴，其主要做法是大肆渲染中国崛起威胁论，巩固和发展盟友关系，尤其是加强与中国有争端的周边国家关系，挑拨中国周边国家惹是生非，从东北亚、东南亚、南亚等各战略方向加强对中国的战略遏制。③ 美国的战略东移以制度化途径为主要抓手。美国积极推动传统同盟关系的深化，同时扩大与新兴国家的制度化合作，致力于构筑新型多边军事合作体系。与此同时，美国对亚太地区经济合作进程的主导权被提升到前所未有的战略高度。美国

① ［美］约瑟夫·S. 奈著，刘华译：《美国注定领导世界？——美国权力性质的变迁》，北京：中国人民大学出版社2012年版，第138页。

② John Mearsheimer, "The Future of the American Pacifier", *Foreign Affairs*, Vol. 80, No. 5, September/ October 2001, pp. 46-60.

③ Wu Xinbo, "The End of the Silver Lining: A Chinese View of the U. S. -Japan Alliance", *The Washington Quarterly*, Vol. 29, No1, Winter 2005-2006, pp. 119-130.

主导推进“跨太平洋伙伴协议”（TPP），强力介入东亚经济一体化，阻碍中国掌握地区经贸主导权。① 美国的战略调整引发了东亚权力重新组合，使得东亚安全形势更趋复杂，传统的领土争端与愈演愈烈的海权竞争相互交织，中美安全冲突成为世界各国关注的焦点。美国战略调整的矛头直指中国，在热点问题上采取明显偏袒中国邻国的干预立场，强化与相关国家的同盟、准同盟关系，推行海空一体化，着力前沿部署，对中国进行战略试探，对地区争端升温起到了火上浇油的作用，使得中国感受到了军事遏制态势和强大的战略压力，并造成了两国地缘战略竞争的深化。

在东亚秩序建构进程中，东盟迄今扮演着领导者和制衡者的双重角色，而二者内在的矛盾性正在凸显，使得东盟主导推动地区秩序建构的动力不足、创新乏力。一方面，东盟在东亚一体化进程中的领导地位得到了东北亚三大国的尊重，也得到了美国、俄罗斯等国家的尊重，东盟处理次地区多样性和多重矛盾上的成功经验为东亚秩序的建构提供了范例。另一方面，东盟明确认识到自身在推动地区一体化进程中作用的吃力，以及对丧失主导地位的担心，因此，东盟采取所有措施的不变核心是通过大国平衡确保自身主导地位，为此，甚至不惜放缓地区一体化的速度和深度。具体而言，东盟总体上对中国崛起普遍持有欢迎的态度，主动适应的态势明确，但平衡和冲淡中国地区影响力的扩大也是其必然的趋向；抵消和平衡美国的作用也是催生东亚制度安排的重要动力，② 东盟欢迎美国的军事存在，希望借助美国力量平衡中国、制约日本，同时也对美国争夺东亚经济合作主导权的企图充满警惕。鉴于此，东盟对防止东亚秩序建构走向歧途可以起到关键性作用，但推动秩序建构的动力就不足了。当然，最近美国的一系列频繁动作也给东盟制造了困难。美国战略东移对东盟的主导地位构成了挑战；与此同时，美国针对中国的战略作为，实际上将既有盟友和潜在盟友置于两难境地。多数东盟国家把美国看成是消除焦虑的工具，但并不完全将中国崛起视为自己的威胁，而是期望美国在既有的领土、领海争端中发挥制衡中国的作用，东盟各国并不愿意在中美之间做出选择，或为美国火中取栗。以上几股力量的战略调整，使得东亚地区的未来充满了变数。③

由于中国的迅猛崛起，如何解读中国的东亚秩序观变得越来越重要。有学者提出了一个颇具广泛影响力的观点即中国寻求多极世界、单极东亚的格局，而美国寻求单极世界、多极东亚的格局，中美双方对东亚秩序的理解针锋相对。无论如何，美国宣

① 门洪华：《中国对美国的主流战略认知》，载《国际观察》2014 年第 1 期，第 69-82 页。

② 芮效俭：《中国和平崛起和东亚合作：中国和美国的视角》，载《外交评论》2005 年第 6 期，第 26-27 页。

③ 武心波：《“东亚变局”与“日本风险”及其外溢效应》，载《东北亚论坛》2013 年第 6 期，第 3-15 页。

布东亚是其战略重点，在东亚发起了全面攻势和破坏性介入，力图通过强化同盟、主导“跨太平洋伙伴关系协定”（TPP）谈判进程来塑造东亚秩序，使得东亚呈现一定程度的经济合作与战略防务分裂的现象，① 成为东亚秩序的外部搅局者。日本则抓住美国战略东移的机遇，构筑对抗中国的战略态势，为此，日本不惜放弃东亚共同体的理念，成为东亚秩序的内部搅局者。东盟一方面要维系东亚合作的主导权，一方面又要平衡大国力量，难以做到左右逢源。上述四大战略力量的博弈必然深刻影响着东亚秩序的前景。

四、东亚秩序前景与中国战略趋向

东亚既有的地区制度安排涵盖经济、政治和安全层面，并主要体现在跨地区层次、地区层次、次地区层次和双边层次。跨地区层次主要是亚太经合组织（APEC）、东盟地区论坛（ARF）、东亚峰会及正在进行中的“跨太平洋伙伴关系协定”谈判，其中亚太经合组织是唯一涵盖整个东亚地区的多边合作机制，东盟地区论坛是亚太地区唯一的官方多边安全合作对话机制，这两个制度安全均以东亚国家为主体。在东亚地区层面上的制度建构主要是经济合作框架，尤以“10+3”机制、“区域全面经济伙伴关系”（RCEP）谈判为主要体现；次地区层面的制度建构主要是东盟共同体建设和中日韩自由贸易协定（FTA）谈判，而双边层面的制度建构以“10+1”机制、双边自由贸易协定为主要形式。

与自由贸易协定积极建设形成对照的是踌躇不前的东亚多边安全合作。东亚安全格局有着两大特征：一是美国战后双边安全协议仍有较强适应能力，二是新近尝试的多边安全机制软弱无力。东亚安全合作面临种种困境，军事同盟被视为冷战思维的表现，合作安全被视为理想主义的产物，多边合作被视为缺乏效力，而双边合作有破坏均势之嫌。从现有制度安排来看，东亚的多边安全合作尚处于磋商阶段，而传统的双边安全合作仍为主要形式。

总体而言，东亚地区制度建设尚处于初级阶段。东亚秩序建构的特殊性在于，地区外大国期望发挥重要作用，地区大国未发挥领导作用，东盟规范仍是东亚秩序建构的主要推动力。迄今为止，东亚合作在低度政治为主要特征的功能性领域取得了丰硕成果，但在政治和安全合作上依旧荆棘密布。当然，即使在经济领域，各国不同的自由贸易区构想及其实践也有可能导致“意大利面条效应”（Spaghetti Effect），并在无形

① 俞正樑：《东亚秩序重组的特点与挑战》，载《国际展望》2012年第1期，第1-13页。

中增加地区一体化的成本。另外，东亚多边安全制度安排依旧处于对话阶段。对着眼于自助的民族国家而言，多边安全机制的匮乏并非严重问题；但对进一步地区一体化而言，安全威胁却不啻是梦魇和障碍。

东亚秩序建构的困境在于，目前的东亚秩序仍然处于领域分割状态（安全与经济的分离尤其明显），各国主张不尽一致，中国和东盟的理念更为接近，而美国和日本的想法更为契合，因而出现了多种秩序主张。2010 年之前，东亚共同体的理念已经为东亚国家所接受，尽管存在着不同制度设计的竞争，但东盟中心的地位得到了地区内外诸国的尊重，东盟规范发挥着支点性作用，东亚秩序看起来有着审慎乐观的前景。然而，这一秩序设计不仅存在着内在的不足，也与美国寻求的规范存在对冲，尤其是在安全机制上，同盟安全与合作安全两种模式既有冲突也有竞争。其结果是双边同盟、多边对话和特殊外交的混合，既不构成军事竞争对抗，也难以形成多边合作体系,① 其变数天然存在。2010 年以来，地区内外各种矛盾开始显现并激化，东亚合作出现动力不足、前景不明、凝聚力不够等困难，地区内领土和海洋权益矛盾也趋于激化。②

当前东亚秩序的主要特征表明，东亚各国之间存在着巨大的经济差距，政治发展不平衡，战略互信缺失，且对东亚地域范围主导权的分配存在分歧,③ 东亚共同体秩序的建构困难重重。各国深刻认识到东亚合作可以进行利益让渡，但难以实现主权让渡；重视功能性合作，而不是着眼于地区制度的建构；遵循开放地区主义的逻辑，促进地区内外的有效互动。这种境况表明，未来东亚秩序建构的中介不会是霸权战争，而是基于共同利益之上、以国际制度建设为主要方式的国际协调。

基于此，东亚秩序建构的主要路径和突破点在于，超越既有的功能性合作，积极推动地区制度化建设。当前，东亚合作的进程已不可逆转，但向高层次推动地区合作的政治共识不强，东亚合作可能继续推进功能性合作，保持和发展地区的合作对话框架，就重大问题进行对话、沟通、协商和改善地区关系，推进领域的合作机制，发展共享利益，择其易者先行。④ 但是，我们也必须清醒地认识到，既有的低制度化合作模式已经并正在制约着东亚一体化的进程，对于构建具有强制约束功能的地区合作制度而言，以协商一致、非正式性为核心的东盟方式几乎是不可逾越的藩篱，其结果是导

① G. John Ikenberry and Jitsuo Tsuchiyama,"Between Balance of Power and Community: the Future of Multilateral Security Co-operation in the Asia-Pacific", pp. 69-94.

② 季玲：《"东亚共同体"与东亚集体身份兴起的情感动力》，载《外交评论》2011 年第 28 期，第 69-82 页。

③ "国际政治与经济综合研究"课题组：《东亚共同体构建的现实基础与理性思维》，载《世界政治与经济论坛》2010 年第 3 期，第 1-13 页。

④ 张蕴岭：《东亚合作之路该如何走?》，载《外交评论》2009 年第 2 期，第 1-8 页。

致地区合作制度建设的滞后和降低了制度的有效性。目前，美国推动的“跨太平洋伙伴关系协定”谈判给东亚合作带来了巨大的内部分解和外部压力，但在另一个角度未尝不是东亚改变既有路径的机遇。因此，我们建议在继续加强和扩大东亚功能性合作的同时，加大地区制度建设的力度和分量。

地缘政治经济被视为大国战略谋划的地理坐标。对中国而言，东亚是中国政治、安全、经济利益集中的地区，是中国持续发展最重要的舞台，而立足东亚也是中国长期对外战略的重点。中国拥有东亚领土面积68%和人口65%的事实、中国在东亚历史上曾长期具有的特殊地位、中国经济30余年来保持9.8%的年增长率，都决定了中国必然是引领东亚变革的核心力量之一。

地区秩序建构是一个国家地区战略的最高层次表达。从历史角度看，崛起大国往往被视为既有秩序的挑战者，大战难以避免。中国的崛起也引起邻国和世界其他大国的类似忧虑。冷战结束以来，有许多学者对亚洲的未来抱有悲观心态，认为亚洲必成争夺之所，其主要理由在于对中国成为修正主义国家的预测。然而，中国与其邻国通过融入地区一体化的战略路径缓解了这些担忧。① 中国积极参与了一系列基于合作原则和共识的多边制度，“这些制度不一定能够满足成员国的安全需要，却非常适合增进非敌非友国家间的关系。它们为中国及其邻国提供了和平共处并缓解潜在冲突的机制，从而大大改变了此前中国的相对孤立处境，为中国提供了进行制度化合作的经验”。② 中国是东亚地区制度的建设者之一。在相互接触的进程中，中国成为东亚负责任的利益攸关方。在地区一体化进程中，中国逐步并明确进行了基于共同利益的战略调整，并与地区内国家达成了以共同利益为导向的建设性合作。中国倡导在共同利益的基础上，各国建立互信机制，通过战略合作机制争取共同安全，通过友好协商和平解决争端；在共同利益的基础上，承认并尊重世界的多样性，不同文明、不同文化背景的国家和民族之间保持和睦相处的关系；在共同利益的基础上，大小国家一律平等，求同存异，通过国际政治民主化的途径，解决事关世界与地区和平的重大问题，即追求“共同利益、共同存在、共同发展、共同安全”。③ 中国温和、务实、坚定的作为，代表了促进东亚秩序良性建构的中国思路。

国际秩序建设是任何一个大国外交必须回答的问题，更是崛起大国必须严肃对待

① 郭清水：《中国参与东盟主导的地区机制的利益分析》，载《世界经济与政治》2004年第9期，第53-59页。

② David Shambaugh, ed., *Power Shift: China and Asia's New Dynamics*, Berkley: University of California Press, 2005, p. 347.

③ 黄仁伟：《新安全观与东亚地区合作机制》，载《世界经济研究》2002年增刊，第24-29页。

的重大议题。一个真正成功大国的标志，取决于该国能够在多大程度上促进共享的价值观和稳定国际秩序。① 而对中国来说，必须先积极参与东亚新秩序的建构，才可能具备引导世界秩序演变的条件。在东亚秩序的建构进程中，中国必将发挥越来越重要的作用，而中国要打破将大国崛起与战争、不稳定相关联的传统认识，② 促进东亚稳定发展，必须着眼于通过地区合作，在自己利益攸关的地区培育和建立共同利益基础之上的平等、合作、互利、互助的地区秩序，在建设性的互动过程中消除长期积累起来的隔阂和积怨，探索并逐步确立国家间关系和国际关系的新准则，为国际秩序变革提供一种可借鉴的范式。换言之，中国在东亚地区秩序建构中的探索，不仅决定着东亚秩序的未来方向，也将有助于促进全球秩序向着更加公正合理的方向发展。

东亚国家对中国的地区战略走向高度关注，它们愿意中国参与地区合作，但又普遍担心中国主导地区合作事务，而美国等在东亚拥有重要利益的国家对中国的动向也颇为敏感。有鉴于此，中国东亚战略尤其是对东亚秩序建构的部署，引起了地区内外国家的高度关注。2012 年至今，中国相继提出了一系列创新性的东亚战略倡议，秉持“亲、诚、惠、容”的合作理念，深化互利共赢格局，推进地区安全合作。中国致力于升级其地区战略，积极促进地区合作的制度化。这包括：与东盟携手建设中国—东盟命运共同体，设立中国—东盟海上合作基金，发展海洋合作关系，与东盟国家共同建设 21 世纪“海上丝绸之路”，提出打造中国—东盟自由贸易区的升级版，主导设立亚洲基础设施投资银行（AIIB），支持东亚国家开展基础设施互联互通建设，提出建设孟中印缅经济走廊等构想，通过引导地区安排的方向、促进东亚国家对中国崛起的适应，发展开放性全地区合作，缓解东亚疑虑，凝聚共同利益，深化地区认同，力争在新一轮东亚乃至亚太秩序的构建中发挥强有力的塑造和引导作用。

中国东亚秩序战略的核心目标是充分认识中国崛起的地区效应，有效降低中国崛起的负面冲击力，促进地区稳定与共同发展，完善东亚共同体的“中国论述”，推动地区制度建设的顶层设计，致力于以汇聚共同利益为基础开展开放透明的东亚共同体建设，通过制度性合作发展东亚利益共同体，创立责任共担、大国多担的责任共同体，大力促成东亚命运共同体，培育并巩固建立在共同利益基础之上的平等、合作、互利、互助、开放的东亚秩序。

作为东亚关键的利益攸关方，中国迎来为地区和平发展做出更大贡献的时代，承

① 巴里·布赞：《中国崛起过程中的中日关系与中美关系》，载《世界经济与政治》2006 年第 7 期，第 15-18 页。

② David C. Kang, *China Rising: Peace, Power, and Order in East Asia*, New York: Columbia University Press, 2007, p. 7.

担地区大国责任是中国必然的战略选择。中国承担地区责任，以大有作为为目标，以力所能及为条件，以循序渐进为原则。与此同时，地区事务纷繁复杂，各国利益诉求不一，唯有逐步建立责任共担、大国承担重要责任的责任共同体，地区合作才能有更为牢固的制度化基础，地区命运共同体的意识才能逐步强化。为此，中国要深化对地区公共物品的认识，与各国一道确立地区和平发展的目标，客观评估地区国家的根本利益诉求，既能够做到雪中送炭，又能够实现共享繁荣，从而深化东亚命运共同体意识，实现东亚秩序的重塑。

日本变局与中日关系的走向*

门洪华

冷战结束以来，中日两国兴衰趋势对比明显，双边关系进入敏感变动期。进入 21 世纪，中日两强并立日趋明朗，双边政治关系以僵硬对峙开局，“政冷经热”一时间成为描述中日关系的核心话语，如何塑造双边关系渐次成为两国深入思考的重大议题。2010 年钓鱼岛争端开启了中日“政冷经凉”的新时代，中日敌对态势明显，双边关系发展到接近“全面崩溃”“坏到不能再坏”的状态。① 双边关系如何走下去，成为考验两国政治领导能力和战略智慧的重大关口。

在此紧要关头，2014 年 11 月 7 日，中日双方就稳定双边关系达成四点原则共识，使得两国首脑得以在亚太经合组织会议期间实现会见，双边对话可以重新开启，为中日关系逐步恢复正常打开了希望之窗。2015 年是世界反法西斯战争胜利、中国人民抗日战争胜利、日本结束对台殖民统治 70 周年，也是日本强迫中国签订“二十一条”100 周年、甲午战争和《马关条约》120 周年，对双边关系而言，历史问题地雷遍布。中国要纪念中国人民抗日战争暨世界反法西斯战争胜利 70 周年，日本首相安倍晋三要发表谈话，中日如何相互审视和定位引起世界的关注。在此关键时刻，作者于 2015 年 6 月—10 月赴日本东京大学法学部担任访问教授，得以近距离观察日本动向，并与日本各界人士进行了广泛访谈，深入思考中日关系，本文就是这次调研考察的成果结晶。笔者关注的核心问题是：处于变局中的日本将走向何方？日方看待和处理中日关系的基本战略走向是什么？中国如何高屋建瓴地加以应对？

笔者认为，防止中日恶性冲突的底线正在铸就。以“四点原则共识”为基础，双方深刻认识到历史问题的敏感性，希图打破历史问题全面影响现实政治关系和阻断高层交流的僵局；双方在钓鱼岛争端的应对过程中形成了基本底线，开始尝试建立危机管控机制，以防止擦枪走火的恶化局面；双方均强调发展经贸关系的重要性和必要性，

---

* 本文刊发于《世界经济与政治》2016 年第 1 期，第 67-86 页。

① 冯昭奎：《中日关系的辩证解析》，载《日本学刊》2015 年第 1 期，第 1-23 页。

明确表达出改变"经凉"局面的愿望；两国各界人士均强调从民间层面加深相互了解的价值，尝试加强人文交流。上述变化有助于推动双边关系走向稳定，但中日和解之路依旧漫远难期。

其根本原因在于，中日两强东亚战略对峙，形成世界上最为复杂的双边关系。"一山二虎论"持续发酵。中日关系既高度相互依赖，又在诸多领域竞争加深，双边关系分外敏感。在经济和贸易领域，双方相互依赖不断加深，互利共赢的基础雄厚，经贸合作的深化给两国企业和国民带来了实实在在的利益。中日之间缔结了300对以上友好城市，两国人员往来年均500万人次以上，各层次往来频繁有加。如此密切的联系一旦打破，两国必然要付出高昂的代价，相互依赖已经成为防止两国恶性冲突的重要杠杆。然而，在政治和安全领域，中日彼此存在根深蒂固的不信任乃至敌意，钓鱼岛和东海争端固化了政治争端。中日之间存在着复杂而深刻的历史和现实冲突点、爆发点，历史纠葛、领土争议、经济矛盾、战略分歧、利益冲突、尊严挑战等层层叠加，稍有不慎即可能导致双边关系的全面倒退。加上日本曾长期居于东亚显耀地位，对中国全面崛起既不适应又难以接受，既有实力又有动力遏制中国发展，其对华战略的冲突性、挑战性因素难以抹除，中日战略竞争加深势在必然。①

中日战略性碰撞和角力的时代刚刚开始，双边关系尚未完全定型，中日关系将继续经历一个不稳定的复杂调整。② 两国管控危机并进而淡化敌对，维系和平共处并逐步实现和解，存在着较大的塑造空间。有鉴于此，我们有必要深入而冷静地分析日本变局及其对华战略走向，制定具有针对性的又高瞻远瞩的对日政策，推动中日关系渐次走向稳定和发展，防止中日竞争阻隔中国长远战略目标的实现。

一、日本国内变局

进入21世纪以来，经济不景气、人口老龄化加剧、政治右倾化使得日本承受发展困境和外交困局的双重压力，前景充满变数。日本遂将提升大国地位的主要途径从侧重于经济转向政治、安全层面，在全力倚重美国的同时，将矛头指向战后体制，以此转移民众视线，达到缓解政治压力的目的。上述战略调整引动了东亚变局，使得日本成为东亚和平发展的搅局者。

日本变局的基础在于其经济困境。自20世纪80年代中后期以来，从泡沫经济及其

---

① 门洪华：《构筑中日共同利益的战略框架》，载《教学与研究》2007年第10期，第39-46页；肖晞：《日本的战略趋向与中国的应对》，载《国际观察》2014年第2期，第110-120页。

② 张蕴岭：《中国周边地区局势和中日关系》，载《日本学刊》2014年第5期，第1-14页。

崩溃到90年代以来的长期经济停滞，尽管日本政府前后采取了10余次经济调整，但大多是着眼于当下形势的应对之策和景气对策，新型可持续发展模式一直未能构筑起来，日本陷入“成功的悖论”之中。① 日本泡沫经济崩溃后，金融危机、失业和需求、消费不足等多种恶性现象循环交织在一起，经济长期徘徊于“紧缩螺旋怪圈”的边缘。与此同时，日本人口老龄化严重，国内市场饱和，总需求严重不足；后发优势消失，总供给能力下降；再加上结构改革滞后、政府经济政策失误以及外部环境恶化等多种原因共同作用，使得日本经济难以摆脱长期低迷的困境。② 1991—2014年，日本经济年均增长率仅为0.9%。与此相关，日本GDP规模在世界经济中所占比例下降明显。大前研一预测，日本GDP世界第三的位置岌岌可危，2025年日本GDP有可能会降至世界第六位，排在美国、中国、印度、巴西、印度尼西亚之后。如果再把欧盟计算在内，日本勉强可以维持世界第七的位置，甚至可能进一步跌至衰退的低谷。③

表1　2000—2014年中美日GDP占世界比重（%）

	中国	美国	日本
2000	4	31	15
2001	4	32	13
2002	4	32	12
2003	4	30	11
2004	5	28	11
2005	5	27	10
2006	5	27	9
2007	6	25	8
2008	7	23	8
2009	9	25	9
2010	9	25	8
2011	10	25	8
2012	11	25	8
2013	11	24	8
2014	14	24	8

数据来源：根据国际货币基金组织《世界经济展望报告》整理。

2008年全球金融危机带来的两大后遗症——增长率大幅度下滑、债务问题严

① 小岛明：《2020年东京奥运会与1964年奥运会之间：超越景气对策的可持续性发展模式》，载《日本外交政策论坛》2015年冬季版，第16-18页。

② 张季风：《日本经济长期低迷原因新探》，载《日本学刊》2015年第4期，第54-68页。

③ 大前研一：《死·生——日本的迷惘与绝望》，北京：中信出版社2013年版，第96页。

重——深刻地影响了日本经济，① 导致日本的经济转型更为困难。② 2012 年底，安倍内阁启动“安倍经济学”，试图通过一系列经济刺激政策实现经济增长率的回升，摆脱 20 多年经济低迷的状况。安倍经济刺激计划使日本经济在 2013 年出现明显复苏，实现 6 个季度的持续增长，同时也带来了日元持续贬值、财政赤字不断扩大的潜在危机。以 2014 年第二季度日本消费税从 5%提高到 8%为转折点，日本经济增长态势受到阻遏，并经历高台跳水式的下滑，从快速增长转向明显放缓，复苏缺乏持续有效的动力，③ 而 2014 年开始出现的劳动力不足问题严重制约了日本的经济景气。④ 日本内阁府 2015 年 2 月 16 日发布的统计数据显示，2014 年全年日本 GDP 实际增长为零。2015 年底，世界银行等诸多机构预测，2015 年日本 GDP 实际增长为 1.0%左右。“安倍经济学”无法从根本上解决劳动力空心、财政空心、产业空洞化等制约日本经济的结构性难题，⑤ 其长期前景难以乐观。2015 年 9 月 16 日，全球三大评级机构之一标准普尔表示，“安倍经济学”不太可能在未来两三年内成功恢复本国经济增长并扭转通货紧缩颓势。⑥ 日本经济界精英也认为，如果日本的结构改革不够充分，即使暂时推动经济景气，也无法实现长期性的、持续性的经济发展。⑦ 可以说，“安倍经济学”炒得火热，但并未从根本上扭转日本经济低迷局面，难以奢望长期经济景气的出现。

日本经济长期增长乏力深刻影响了日本社会心理和国民心态。日本国民对长期的经济萧条、高龄化社会以及雇佣状况的不安，加上政府决策并没有获得社会信任，使人们降低了对经济回升的信心，形成了经济萧条与消费萎靡的恶性循环，日本社会总体开始出现排斥革新、社会保守化现象。⑧ 日本失去了自信，不愿意面对全球化。⑨ 日本国民和企业对全球的整体态势理解不够，⑩ 日本社会发生了很大的变化，一部分人国际化，但大部分人非常国内化，不愿意出国，因此不了解世界，⑪ 经济低迷对普通国民生活和心理产生重大的负面影响，“日本经济看不到未来”成为日本国民普遍持有的悲

---

① 日本经济研究中心理事长岩田一政（Kazumasa Iwata），2015 年 7 月 2 日（访谈时间，下同）。

② 日本国际问题研究所研究顾问高木诚一郎（Takagi Seiichiro），2015 年 7 月 30 日。

③ 张晓兰：《2014 年日本经济形势及 2015 年展望》，载《宏观经济管理》2015 年第 1 期，第 83-85 页。

④ 小峰隆夫：《安倍经济学第二幕面临的课题：劳动者不足开始制约经济》，载《日本外交政策论坛》2015 年春季版，第 24-30 页。

⑤ 刘军红：《中日关系的经济学分析》，载《现代国际关系》2014 年第 10 期，第 56-59 页；姜跃春：《“安倍经济学”的困境与日本经济前景》，载《国际问题研究》2015 年第 2 期，第 103-111 页。

⑥ 苏海河：《“安倍经济学”难以扭转日本通缩颓势》，载《经济日报》2015 年 9 月 18 日，第 13 版。

⑦ 小岛明：《2020 年东京奥运会与 1964 年奥运会之间：超越景气对策的可持续性发展模式》，载《日本外交政策论坛》2015 年冬季版，第 16-18 页。

⑧ 陈言：《“安倍经济学”还是“安倍外交学”?》，载《中国经济周刊》2014 年 2 月 24 日，第 72-73 页。

⑨ 韩国延世大学国学研究院院长白永瑞，2015 年 7 月 18 日，早稻田大学。

⑩ 佳能全球战略研究所研究主任濑口清之（Seguchi Kiyoyuki），2015 年 7 月 9 日。

⑪ 日本外务省亚太局中蒙课第一课长植野笃志（Atsushi Ueno），2015 年 7 月 13 日。

观态度，这种不安全感影响着日本的社会风潮。与此同时，中国崛起的外部压力与经济萎缩的内部压力相互作用，给日本带来了双重的压力。在这种双重压力下，日本的民众心理发生了深刻变化，心态难以平和，在日子不好过的时候，民众就会表现出非常强硬的态度，而且这种状况还在持续，这突出表现在日本民众的对华态度上（参见图 1）。而且，日本的这种状态在未来 5 至 10 年内不会改变。① 在经济困难与中国崛起的双重压力下，日本国民心态难以平和，日本会继续表现出心态恶化、政治强硬、军事力量不断扩张的取向，而政治右倾化就是这种变化的集中体现。

日本政治右倾化，主要是指日本保守政治势力及其主张在政界渐占上风并影响政府决策的一种政治倾向，日本民众对此加以迎合或接受的一种社会思潮，以及日本政府采取的维护其固有价值或传统，宣扬并激发民族主义的一系列政策。其主要倾向是：修改和平宪法，成为正常国家；通过修改教科书、参拜靖国神社等否认或美化侵略战争历史，改变战后体制，摆脱战败国地位；在领土问题上强硬冲突，朝野共同强调外来威胁，加强军备等。② 鉴于日本经济低迷和社会变化，未来五至十年，政治右倾化是日本一个总体发展趋势。

自民党结党之初就将“确立自主宪法”作为目标之一，迄今“修宪论”已经喧嚣了半个世纪。正如东京大学教授川岛真指出的，自民党一直以来都是按照自己的意愿解释宪法第 9 条，从来没有停止过。③ 修宪真正进入具体操作阶段是在安倍第一次担任首相期间于 2007 年提出并获得迅速通过的《国民投票法》。其主要内容为：国民投票的对象仅限于修宪；不设最低投票率限制，过半数赞成宪法修正案即正式通过。《国民投票法》的通过，从法律上解决了修改宪法的程序性问题，为日本今后的修宪开启了通道。在宪法修改问题上，日本越来越注重双管齐下。一方面继续努力，争取最终实现对宪法第 9 条的文本修改，并为达此目的增加了迂回战术，即先设法修改宪法第 96 条，以便对第 9 条的修改能够在程序上变得更加容易；另一方面，在文本修改难以很快实现的情况下，通过对宪法的“解释”，特别是通过“实际行动”，追求修宪后想要达到的实际效果，使和平宪法渐渐变得名存实亡。④

安倍第二次执政加快了右倾化进程。安倍明确声称，日本面临的最大课题仍是摆

① 黄仁伟：《未来 5 至 10 年的大国战略走向》，载《国际观察》2013 年第 1 期，第 1-8 页。

② 刘江永：《中国与日本：变化中的“政冷经热”关系》，北京：人民出版社 2007 年版，第 152 页；周永生：《日本政治、社会右倾化问题探讨》，载《东北亚论坛》2013 年第 3 期，第 25-33 页；梁云祥：《日本政治右倾化与中日关系》，载《国际政治研究》2014 年第 2 期，第 34-44 页；时殷弘：《日本政治右倾化和中日关系的思维方式及战略策略问题》，载《日本学刊》2014 年第 2 期，第 1-14 页。

③ 东京大学大学院综合文化研究科教授川岛真（Shin Kawashima），2015 年 9 月 24 日。

④ 武寅：《中日关系的历史分期与转折》，载《世界历史》2014 年第 2 期，第 4-19 页。

脱战后体制，为此积极推动修改宪法，谋求军队合法化及解禁集体自卫权。2013 年 4 月 15 日，安倍在接受《读卖新闻》专访时称，分三步修改宪法，即首先在夏季举行的参议院选举中获胜，为修改宪法确保 2/3 以上的席位；随后，着手推进易于得到广泛支持的宪法第 96 条的修改工作；在此基础上，在行使集体自卫权问题上改变宪法解释。2015 年 7—9 月，安倍政权强推旨在解禁集体自卫权的安保关联法案，① 纵使引起国内百万人抗议而在所不惜，其右倾意志彰显。

安倍之所以如此强硬推行右倾化政策，与冷战后右倾化思潮泛滥、日本政治精英积极煽动“中国威胁论”密切相关。在日本政坛、舆论、社会思想意识中，公开或者暗中否定侵略历史、美化侵略战争的情况具有相当的广泛性，牵制右倾化的社会力量日趋减少。2013 年 5 月 1 日《朝日新闻》公布的日本国民舆论调查结果显示，支持修改和平宪法的达到 53%，反对者仅为 35%。2013 年 5 月 3 日《每日新闻》公布的日本国会议员调查结果，支持修改和平宪法的达到 78%，反对的仅为 14%。安倍政权解禁集体自卫权受到了民众的强烈反对，但值得关注的是，许多日本中左派人士也不反对安保法案，这反映了日本社会的深层看法。② 另一方面，川岛真的观点也有一定的代表性，他认为，许多日本人认为安保法案通过违宪，但他们并不完全反对通过安保法案这一目标，而是存在先修改宪法的想法。③ 安倍在很大程度上有意识地利用与中国之间的矛盾与冲突，甚至不断出现刺激中国的言行，以期引起强烈的反弹，从而在改变国家发展方向上争取更多国民的共鸣。当前，99% 的日本人认同中国威胁，“中国威胁论”甚至成为日本借以推进政治右倾化的一张王牌。④ 在中日关系极度恶化的情况下，日本企图与其他国家建立双边政治、经济及军事合作关系，增强本国的同盟力量，联合起来共同压制中国。⑤

日本政治右倾化在安全上的重要表现就是试图摆脱战后体制。所谓“战后体制”通常指战后日本在美国主导下所确立的政治、经济以及安全保障等相关制度约束，其核心就是“日美同盟+和平宪法”。日本谋求实现“正常国家化”的目标面临理论上要摆脱日美同盟，现实中要强化日美同盟的逻辑悖论。对此，日本的化解之道是通过两

① 该安保法案由两部分组成：一是《自卫队法修正案》《武力攻击事态法修正案》《特定公共设施利用法修正案》《船舶检查法修正案》《海上运输规则法修正案》《周边事态法》《联合国维和行动合作法》《美军等行动通畅化法案》《俘虏对待法修正案》《国家安全保障会议设置法修正案》共 10 部法律的修正案综合构成的《和平安全法治整备法案》，二是随时允许为应对国际争端的他国军队提供后方支援的新法《国际和平支援法案》。

② 日本东洋学园大学政治学教授朱建荣，2015 年 9 月 19 日。

③ 东京大学大学院综合文化研究科教授川岛真，2015 年 9 月 24 日。

④ 日本东洋学园大学政治学教授朱建荣，2015 年 9 月 19 日。

⑤ 于潇、盖兆军：《日本经济发展对 APEC 进程的影响及中国的应对战略》，载《现代日本经济》2015 年第 3 期，第 1-8 页。

重置换实现的：将双边层面中的"美主日从"关系置换为世界范围内的"美主日辅"关系，实现日美关系从"依附型"到"合谋型"的转换；其次，从摆脱日美同盟置换成行使集体自卫权，积极配合美国再平衡战略，努力扮演好"次轴心"的战略支点角色。[①] 中国旋即成为安全战略转变的重要借口。为此，安倍以"积极和平主义"为旗号，刻意抹黑中国，强化日美同盟，[②] 并在中国周边寻求合谋者，拼凑对华进行战略围堵的地缘安全网络。与此相关，日本在国际经济布局上也刻意与美协调、与华对抗，意气用事的色彩明显。其潜在的原因是，日本精英不愿意接受日本衰落的现实和中等强国的前景，[③] 试图利用中国尚未全面崛起的空档攫取关键性利益，甚至打乱中国和平发展的战略布局。

二、日本对华战略取向

中国强势崛起与日本实力相对下降形成了鲜明的对比，中国崛起的效应深刻影响了日本对中国的认知。1980—2014 年，中国 GDP 规模从仅相当于日本的 27.9%迅速扩大到 2 倍；中日所占世界贸易的份额升降对比明显，中国对日本的贸易依赖度大幅下降，日本对中国的依赖度大幅上升。面对综合国力日趋强大的中国，日本采取了颇为高调的姿态，利用意识形态、军事等因素遏制中国的意图彰显，尤其是肆意挑起钓鱼岛争端，中日关系恶化。

中日关系的恶化由来已久，潜存的历史问题、现实利益冲突、未来战略对冲相互交织在一起，从多个层面冲击着中日关系的基本格局。日本社会出现严重的"厌中"情绪，现有民调表明中国的形象非常负面。[④] 20 世纪 90 年代日本国民对中国的亲近感和不亲近感基本上在 50%上下浮动。从 2004 年开始，对中国的不亲近感急剧飙升。2010 年以来，对中国持亲近感的日本人不到 20%，认为与中国关系良好的人不到 10%，

---

① 蔡亮：《安倍解禁集体自卫权的战略意图、路径及对中日关系的影响》，载《东北亚论坛》2014 年第 6 期，第 83-92 页。

② 2015 年 4 月最新修订的《日美防卫合作指针》使日美同盟由传统安全合作同盟变为全方位安全合作同盟，由区域性同盟变为全球性同盟，由从属型同盟变为更加平等互助的同盟，由防御性同盟变为更具进攻性的同盟。参见黄大慧、赵罗希：《日美强化同盟关系对中国周边安全的影响》，载《现代国际关系》2015 年第 6 期，第 25-46 页。

③ 日本经济新闻社编集局高级研究员可部繁三郎（Shigesaburo Kabe），2015 年 7 月 3 日；乔治·华盛顿大学艾略特国际关系学院副院长望月（Mike M. Mochizuki），2015 年 8 月 11 日，东京。

④ 日本经济研究中心亚洲部主任、资深研究员北原基彦（Kitahara Motohiko），2015 年 7 月 2 日。

将近九成的民众对中国持有负面看法。① 电视节目反复播放中国飞机和舰船逼近日本、威胁钓鱼岛，中国民众由于愤怒而攻击在华日本人、打砸日货的报道画面，刺激日本民众加深恐惧和厌恶感。② 日本对中国的报道常常是“坏的单独报道，好的与亚洲、金砖国家一起报道”。③ 这些报道使得日本民众对中国的印象呈现恶化趋势。根据《中国日报》与日本言论 NPO2014 年进行的调查，93%的日本人对中国抱有负面看法，更有日本民众担心会与中国发生军事冲突。有鉴于此，对中国恶语相加或诋毁成为日本舆论的主旋律。日本对华民意基础的恶化，成为制约中日关系健康发展的重要因素。

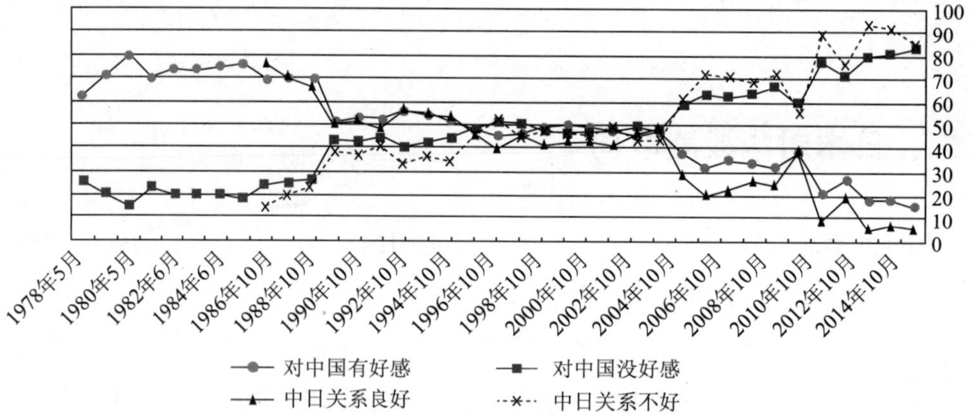

图1　日本人眼中的中国与中日关系（%）

资料来源：《外交に関する世論調查》（日本国内阁府）。

日本社会出现如此巨大的变化，与“中国威胁论”的发酵密切相关。一直处于领先地位的日本难以接受自己的优势地位受到削弱甚至被中国取代，很多人担心中国强大起来以后会对日本进行报复，日本政府坚持对华强硬政策，甚至企图与其他国家联手阻遏中国崛起进程。对抗性的心态与举措表明，日本不愿意接受和承认中国崛起的事实，担心被中国超越，认为强大起来的中国抓住历史不放，缺少宽恕之道。④ 今天的日本，中国影子几乎无处不在。《读卖新闻》《朝日新闻》《日本经济新闻》等的中国报道几乎每天都有，报道角度从经济转向了政治、外交乃至人们的日常生活。中国的崛起已经不是遥远的现象，而是影响他们日常生活的、频繁出现的事件和危机，中国

① 中国对日本的负面看法同样严重。《中国新闻周刊》2014 年 8 月的舆论调查显示，提到日本首先想到“危险的军国主义国家”的达 79.92%，认为日本国内的军国主义情绪“很可能死灰复燃”的占 95.62%，更有 55.35%的人断言“永远不相信日本政府的道歉是诚心的”。

② 傅高义：《从历史记忆和相互认知出发：避免中日冲突》，载《日本学刊》2014 年第 1 期，第 16-20 页。

③ 野村资本市场研究所资深研究员关志雄，2015 年 7 月 8 日。

④ 早稻田大学韩国研究所所长李钟元，2015 年 7 月 18 日。

崛起在日本引起的震动由此可想而知。由于缺乏充分的心理准备，加上媒体煽风点火的报道渲染，日本社会对中国的不满全面扩展，甚至觉得中国在欺负日本。中国被日本媒体塑造为一个傲慢、拘泥于历史、拥有大国主义强权思想、心存报复的落后国家，加上中国媒体突出强调日本右翼倾向，对日报道惯于渲染阴暗面，日本民众对中国威胁有了明确的感知。①

安倍政权的对华战略以国内政治重塑为基础，以日美同盟强化为支撑，以对华围堵为侧翼。日本提出“积极和平主义”政策，相继完善实施该政策的基础，包括设立国家安全保障会议、制定国家安全保障战略、解禁集体自卫权的内阁决议等。② 日本深刻认识到，单单依靠自身力量无法同中国抗衡，必须与美国联手同中国打交道，故而以强化日美同盟为战略支点，意图借势强化日美军事合作，并拉美国入局共同遏制中国。日本认为中国周边国家（尤其印度、澳大利亚、菲律宾等）有相同的想法，积极拉拢某些中国周边国家为战略依托，并促成以日美同盟为核心遏制中国态势的松散联盟。与此同时，在双边关系的处理上，日本一方面矢口否认钓鱼岛存在主权争议，另一方面不断强调两国应就推进经济合作展开对话，试图通过制造舆论将中日关系恶化归咎于中国。基于此，在围绕历史认识、价值观差异的纷争，围绕亚太地区权力的对抗，围绕领土、领海、贸易、经济合作等具体利益的对抗等三个层次上，中日冲突同时出现。③ 期间，通过渲染“中国威胁论”达到在国内突破宪法框束、在国际上发挥更大作用的目标，是日本对华战略的长远考虑。④ 要实现上述战略目标，日本必然要紧靠美国、利用美国并惟美国马首是瞻，同时要充分渲染和利用“中国威胁论”，全面利用日本国内对华疑惧，给中国制造困难并加以利用。因此，日本期望中国出现不稳定，以分散中国的注意力。⑤

当然，日本并不否认中国的重要性，实际上70%以上的日本人士都强调中日关系的重要性，只是日本难以接受中国崛起的事实。就像日本历史学家沟口雄三2004年曾写道的，“中国的经济冲击对日本而言是亚洲观和世界观的冲击，中国的近身连击，给日本带来了无可名状的痛苦”。日本社会对中国崛起高度敏感，对中国的反应失去常态。⑥ 尽管仍有诸多人士强调中日保持良好关系的重要性，认为两国应该超越20世纪，

① 东京大学法学部教授高原明生（Akio Takahara），2014年11月24日中央党校演讲；2015年6月24日访谈。

② 金永明：《日本积极和平主义政策研究》，载《国际观察》2015年第2期，第114-125页。

③ 毛里合子：《重建日中关系》，载《日本学刊》2013年第4期，第18-31页。

④ 时殷弘：《日本政治右倾化和中日关系的思维方式及战略策略问题》，载《日本学刊》2014年第2期，第1-14页。

⑤ 富士通总研经济研究所资深研究员金坚敏，2015年7月8日。

⑥ 日本东洋学园大学政治学教授朱建荣，2015年9月19日。

实现日美同盟与中日正常关系的并行，① 但日本对华战略长期态势已然形成，加上日本能够用历史和宏观视角思考中日关系的精英并不多，② 这一局面难以轻易改变。

这种战略态势严重影响着中日经济关系。日本商界曾是日本国内推动日中友好的重要力量，但是，围绕靖国神社和钓鱼岛的政治争议给日本公司带来的政治风险，促使很多日本公司将投资多元化。2014 年，中日贸易额为 3124.4 亿美元，同比微降 0.03%；日本对华投资大幅度下降，日本企业对华投资项目 653 个，同比下降 30.8%，实际投资额 43.3 亿美元，同比下降 38.8%。日经 CSIS 智库 2012 年底进行的中日关系问卷调查显示，日本商务人士对中国作为生产基地和市场的重要性的认识显著下降，对中国的商业心理急剧冷却。针对作为生产基地的中国，认为“虽然不可或缺，但今后未必如此”的回答者达到 76%。针对作为市场的中国，回答“重要性将下降”的回答者占 65%。安倍上台后，积极引导日本企业扩大向东南亚、印度乃至非洲、欧洲的投资，借以减少和分化日本对华经济依赖。概言之，日本对华制衡战略延伸到经济领域，导致双边贸易额下降、日本对华投资下降，呈现政冷经凉的局面，经济关系未能发挥压舱石的作用。

三、防止中日恶性冲突的底线开始铸就

冷战结束以来，中日关系总是处于麻烦之中。③ 尤其是 2012 年以来，日本对华战略判断持续消极，中日关系步入谷底。进入 2014 年，中日都相对明确地表达了促进双边关系稳定的期望，尤其是安倍数次通过各国际场合喊话，希望开启首脑交流。2014 年 5 月底 6 月初中日军机接近事件，使得两国高度关注双边关系的处理。以此为契机，中日关系从谷底起步，在政治、安全、经济等领域均逐渐出现和缓迹象，防止中日恶性冲突的底线开始铸就。

首先，2014 年以来，中日双方在国际场合的非正式接触与会晤逐步增加，最引人注目的是两国外长在 8 月东盟外长会议和 9 月联合国大会期间的两次会晤。在双边场合，执政党人员之间的接触、友好团体及经济团体之间的交流、地方之间的交流也有明显恢复。2014 年 5 月初，全国人大委员长张德江会见以日本自民党副总裁高村正彦为团长的日本日中友好议员联盟代表团。9 月底，国务院副总理汪洋接见来访的日中经济协会代表团，提出希望尽早重开中日经济高层对话。2014 年 10 月底，国家主席习近

① 熊本县立大学理事长、前日本防卫大学校长五百旗头真（Iokibe Makoto），2015 年 7 月 18 日。
② 佳能全球战略研究所研究主任濑口清之，2015 年 7 月 9 日。
③ 日本经济新闻社编集局高级研究员可部繁三郎（Shigesaburo Kabe），2015 年 7 月 3 日。

平在北京会见日本前首相福田康夫，引起了中日两国及国际舆论界的高度关注。在上述各项进展的基础上，经过紧张的外交磋商和多种途径的接触与探讨，2014 年 11 月 7 日，国务委员杨洁篪同日本国家安全保障局局长谷内正太郎在北京举行会谈，中日双方达成四点原则共识：双方确认将遵守中日四个政治文件的各项原则和精神，继续发展中日战略互惠关系；双方本着“正视历史、面向未来”的精神，就克服影响两国关系的政治障碍达成一些共识；双方认识到围绕钓鱼岛等东海海域近年来出现的紧张局势存在不同主张，同意通过对话磋商防止局势恶化，建立危机管控机制，避免发生不测事态；双方同意利用各种多双边渠道逐步重启政治、外交和安全对话，努力构建政治互信。以此为基础，习近平与安倍 2014 年 11 月 10 日在亚太经合组织领导人非正式会议期间、2015 年 4 月 22 日在亚非领导人会议期间两次会面，就加强对话沟通、增信释疑交换意见。习近平强调，我们愿意同日方努力将中日第四个政治文件中关于“中日互为合作伙伴、互不构成威胁”的共识转化为广泛的社会共识。安倍承诺，日方愿意落实双方四点原则共识，积极推进两国各领域的交往与对话，增进两国人民相互理解，继续坚持包括“村山谈话”在内的以往历届政府在历史问题上的认识，日本决心继续走和平发展道路。2015 年 8 月 14 日，安倍在纪念战后七十年的特别谈话中，公开使用“侵略”“殖民地统治”“道歉”等词句，在形式上表现出日本愿意反省战争的姿态。2015 年 9 月 3 日，习近平在纪念中国人民抗日战争暨世界反法西斯战争胜利 70 周年大会上发表讲话，强调中国将始终坚持走和平发展道路，无论发展到哪一步，中国都永远不称霸、永远不搞扩张，永远不会把自身曾经经历过的悲惨遭遇强加给其他民族。2015 年 11 月 1 日，第六次中日韩领导人会议在韩国首尔举行，国务院总理李克强参加并应邀与安倍会见，安倍表示愿坚定不移地按照日中四个政治文件的原则，沿着建立日中战略互惠关系的基本思路，进一步改善和发展双边关系。

其次，在安全问题上，中日四点原则共识的达成标志着两国间的安全危机得到初步控制，中日安全关系已经脱离了最危险的时期。① 钓鱼岛争端是此次中日安全危机的起源，危机发生后，钓鱼岛海域曾被认为是最紧张和风险最高的地方。然而，在经过危机初期的激烈对抗、摩擦之后，虽然中日两国尚未达成任何正式协议，双方却逐渐形成了一定的默契，双方的自我克制和各自采取的一些危机管控措施使钓鱼岛海域的形势渐趋相对稳定。中国海警和日本海上保安厅的执法船较好地保持了安全距离，两国都未派军事力量进入，也都未上岛开展活动。2014 年以来，双方执法船在钓鱼岛周围 12 海里内巡航的频率比 2013 年有所下降，中日媒体上都没有再出现两国舰机在相关

① 张沱生：《中日安全关系的现状与前景》，载《国际政治研究》2015 年第 1 期，第 43-50 页。

海域出现险情的报道，双方在东海其他海域及西太平洋公海的摩擦逐渐降温。显然，双方都采取了更谨慎的政策，加强了风险管控。2015 年初，中日防务部门重启中断 3 年之久的海上联络机制对话，就防务部门海空联络机制相关内容和技术性问题达成一定的共识，并计划 2015 年底前启动该机制。在可以预见的将来，虽然双方开展磋商对话和建立危机管控机制的努力不会一帆风顺，双方之间发生海上意外事件的可能性仍然存在，但因擦枪走火引发两国严重军事冲突的可能性将明显下降，双边安全对话有可能逐步恢复。当然，在两国切实建立起危机管理机制前，双方的诸多海上争端仍然存在着较大的安全风险。

其三，双方都认识到经济合作应发挥双边关系稳定器的作用，推动经济合作符合双方利益。中日经贸关系基础坚实，两国处于不同的发展阶段，经贸合作有较强的互补性，在节能环保、绿色低碳、高新科技、财政金融、智能城市建设等领域的互利合作大有可为。日本企业界反映说，安倍再度上台后引导日本企业向东南亚跑、向印度跑、向非洲跑、向欧洲跑，绕了一大圈回头坐下来一算，日本的合作重点还得在中国。因为东南亚、印度、非洲都还没有形成开展深入产业合作所必需的上下游产业链、较完备的基础设施和素质较高的技术队伍。① 与此同时，日本改变对市场的开发，希望吸引投资，期望中国增加对日投资。② 据中方统计，2013 年中国对外投资总额为 1078.44 亿美元，对日投资为 4.34 亿美元，占 0.4%。据日方统计，日本 2013 年吸引外资 23.58 亿美元，其中中国投资额为 1.4 亿美元，占 5.9%；2014 年日本共吸引外资 96.43 亿美元，其中中国投资额为 5.95 亿美元，占 6.2%。需要指出的是，中国对日投资有的是通过第三方进行，尚未包括在统计之内。对日本而言，中国投资是一个新事物，一般民众还没有感受到，但中国企业接触日本贸易振兴机构（JETRO）的次数仅次于美国，对日投资的兴趣颇为高涨。③

表 2　中国企业对日直接投资一览表　　单位：100 万美元

年份	中国统计			日本统计		
	向日本	总额	比重	中国	总额	比重
2005	17	12261	0.1	11	3223	0.3
2006	39	21164	0.2	12	-6789	—
2007	39	26506	0.1	15	22181	0.1

① 冯昭奎：《中日关系的辩证解析》，载《日本学刊》2015 年第 1 期，第 1-23 页。

② 名古屋大学经济学教授木越义则（Yoshinori Kigoshi），2015 年 9 月 13 日；京都大学经济学教授矢野刚（Go Yano），2015 年 9 月 14 日。

③ 日本经济研究中心亚洲部主任、资深研究员北原基彦，2015 年 7 月 2 日。

续表

年份	中国统计			日本统计		
	向日本	总额	比重	中国	总额	比重
2008	59	55907	0.1	37	24550	0.2
2009	84	56529	0.1	-137	11839	—
2010	338	68811	0.5	314	-1359	—
2011	149	74654	0.2	109	-1702	—
2012	211	87804	0.2	72	1761	4.1
2013	434	107844	0.4	140	2358	5.9
2014	—	116000	—	595	9643	6.2

资料来源：日中经济协会：《日中经济产业白书（2014/2015）》，2015年6月版，第15页。

另一方面，即使在政府不积极的情势下，中日企业努力依旧。① 尤其是，日本经济团体在中日关系紧张之际，大力倡导双边交流，发挥着积极而建设性的推动作用。2013年，日本经济团体组成大规模代表团访华。2014年9月，日中经济协会派出历史上规模最大的代表团访华，凸显出日本经济界致力于扩大两国在各领域互利共赢的意愿。此外，中国政府的政策也让日本企业有所放心。2012年，中国民众反日情绪激烈，中国政府没有采取对日本企业的敌对政策，而是对日本企业采取了保护的态度。安倍参拜靖国神社后，日本企业紧张担心中国的经济制裁，但是中国并没有爆发更为激烈的情况，日本明确意识到中国在日本问题上“政经分离”的态度，日本企业越来越放心。② 2014年9月日本经济代表团访问中国，商务部长高虎城明确表达不愿意看到政治影响经济的观点。以此为基础，中日经济关系走出冷淡的底线已经铸就。武田药品工业株式会社董事长长谷川闲史（Yasuchika Hasegawa）就此指出，希望能出现另一种意义上的“政冷”，即政治尽可能保持冷静，使经济获得应有的合作。他认为，中日两国经济影响力巨大，在经济领域内双赢，才能促进世界的多赢。

当然，冰冻三尺非一日之寒。当前中日关系取得的一些进展，不过是消除紧张冲突之后的部分后果，中日关系很难在短期内回到战略互惠的轨道上，双边关系的稳定尚需过程。当然，回到战略互惠关系的原点是中日双方的期望，③ 但未来几年两国关系将朝着“政凉经温”的方向发展，④ 有必要继续采取措施消除认知差距（Perception Gap），⑤ 由易入难推进低度政治领域（Low Political Issue-areas）的深入合作，以双边

① 富士通总研经济研究所资深研究员金坚敏，2015年7月8日。

② 佳能全球战略研究所研究总监濑口清之，2015年7月9日。

③ 日本外务省亚太局中蒙课第一课长植野笃志，2015年7月13日。

④ 佳能全球战略研究所研究主任濑口清之，2015年7月9日。

⑤ 东京大学法学部教授高原明生，2015年7月2日。

关系的稳定为首要目标，引导两国采取务实理性的政策，逐步恢复正常国家间关系。①

四、如何进一步稳定和发展中日关系

中国正处于从全球性大国迈向全球性强国的征程之中，国家战略利益在迅速向全球拓展，其战略力量正以和平方式向国际体系投放和辐射，某些大国和周边国家对中国崛起的不适应再度兴起，担心、疑虑乃至恐惧正在以各种方式表现出来。伴随着中国的强势崛起，日本不仅患上了“战略焦虑综合症”，而且也在积极利用这一态势，试图借机实现修宪、加强军备、摆脱战后体制等目标。基于此，中日战略性碰撞和角力的时代刚刚开始，双边关系将继续经历复杂的调整。

中日关系仍存在着较强的坚韧性，②“几无可能变成两个敌对国家或发生大规模战争”，③ 但双边关系现状之严峻也令人难以乐观。两国深切地意识到，中日关系和则两利、斗则两伤，如何从战略层面思考和稳定中日关系，将是一段时间内摆在中日双方面前的一个重大议题。日本众议员小渊优子指出，“日中关系面临着严峻的现状，应该冷静、谦虚地对待。但面向未来，我们不需要悲观，我们碰到过许多问题，但我们付出不断的努力和积累，不断地取得成功”。④ 这一积极而务实的态度值得肯定。总体而言，中日关系正在经历一个历史性重构的漫长过程，⑤ 如何牢记历史、面向未来，考验着两国的政治领导能力和战略智慧。面对日本变局与战略趋向，中国须善加应对。其基本战略取向应为：

第一，全面强大自己，中国持续和平发展是应对日本变局、发展中日关系的基础。中国面临着进一步发展的重大机遇。经过30多年的快速发展，中国在各领域的发展都取得了显著成就，经济总量位居世界第二，综合国力大幅提升，人民生活不断改善。中国确定了“两个一百年”的宏伟目标，为未来发展规划了方向。当前，全球经济治理的变革为中国参与国际规则的制定提供了难得的机遇，中国迎来与世界共同发展的新契机。另一方面，新常态的中国经济如何实现可持续发展，是当前中国发展面临的核心难题。与此同时，中国面临的国际战略环境更加复杂。“中国威胁论”和“中国责任论”相互交织，中国承担国际责任的意愿、能力与国际社会的期望存在着落差，国

① 中央党校研究室巡视员曾业松，2015年6月25日，东京康莱德酒店（Conrad Tokyo Hotel）。

② 东京大学法学部教授高原明生在中央党校的演讲，2014年11月24日。

③ 张蕴岭：《中国周边地区局势和中日关系》，载《日本学刊》2014年第5期，第1-14页。

④ 日本众议院议员小渊优子（Yuko Obuchi），2015年7月18日。

⑤ 日本外务省亚太局中蒙课第一课长植野笃志，2015年7月13日。

际社会对中国崛起的疑虑增加，中国周边环境趋于复杂化。有鉴于此，中国必须坚持和平发展道路，一心一意谋发展，积极承担国际责任，才能成长为国际社会认可、尊重的世界大国。中国不仅要借鉴日本在发展过程中的经验，① 更要认真吸取日本强大起来忘乎所以、霸道行事的惨重教训，② 实现可持续的均衡发展，全面强大自己。所谓全面强大自己，也包括牢记“好战必亡，忘战必危”的历史箴言，针对钓鱼岛冲突可能性的存在，必须加强军事威慑力量，扎扎实实做好军事方面的准备。③ 另一方面，要切实提高中国的软实力及其传播模式，构建建设性、开放包容的国家形象，其基础在于中国调整和放弃“百年屈辱”的心态，以成熟的大国心态应对国际风云变幻。成熟大国心态的基本标志是：清晰界定国家利益边界，维护核心利益坚定不移；冷静对待批评，对所涉问题能够展开坦率的讨论；关注其他国家对核心利益的关切，从长远角度看待国家利益。上述成熟大国心态是检验中国是否全面强大自己的重要标尺。

第二，加强战略管理意识，致力于建立和完善双边危机管理机制。鉴于中日两国战略竞争态势已然形成，如何妥善处理分歧、加强危机管控、防止某方面的风险蔓延至整体关系变得至关重要。双方应坚持并积极推进海洋事务高级磋商和中日防务部门海空联络机制磋商，争取早日把双方在钓鱼岛海域及整个东海海域的一定自我克制转变为更可靠的双边危机管理机制和内容充实、具有约束力的行为准则，从而切实加强对两国间多种海上争端的风险与危机管控。尤其是针对可能的钓鱼岛冲突，双方应尽快推进危机管理机制的建设，对重大分歧进行战略管控，避免出现事故性的军事冲突，避免双方军机和舰船擦枪走火，防止冲突调门升级导致不可收拾的局面出现。同时，防止历史摩擦再次成为两国关系继续改善的严重障碍，加强对历史问题的共同研究，尤其是从敌对大国实现历史性和解的经验教训中寻求启示，探寻中日和解的途径，防止历史问题再次成为中日关系长期恶化的导火索。

第三，深入研究日本，给予日本全面而辩证性的评价，促使两国正常化力量的增长。孙子曰：“知己知彼，百战不殆。”对影响中国如此之大的日本，我们必须深入了解和研究。作为一个未来的世界大国，中国需要博大的胸怀、包容的精神、深邃的目光、长远的战略设计。日本佳能全球战略研究所高级研究员栗原润引用《道德经》“天下之交，大者宜为下”的箴言，呼吁强大起来的中国对日本采取宽容态度，推进中日

① 京都大学经济学教授矢野刚，2015 年 9 月 14 日。

② 日本防卫研究所高级教官饭田将史，2015 年 7 月 22 日；日本国际问题研究所研究顾问高木诚一郎，2015 年 7 月 30 日。

③ 时殷弘：《日本政治右倾化和中日关系的思维方式及战略策略问题》，载《日本学刊》2014 年第 2 期，第 1-14 页。

关系发展。① 笔者认为，对日本曾经给中国带来的深重灾难，中国永远要牢记在心，但过去不能成为未来的枷锁，我们不能因此而彻底否定日本二战以来所走上的和平发展道路，也不必否认改革开放以来日本给予中国的支持和帮助，应给予日本全面而辩证性的客观评价，② 促使日本继续在谢罪问题上做出承诺和真诚努力，同时也不要仅仅因日本还不够努力而阻挡问题的解决。③ 我们还要认识到，日本在和平宪法下走了 70 年的道路，日本人对战争有着非常沉重的反省，日本政府采取的暧昧态度不仅受到相关国家的反对，也受到许多日本人的反对；④ 对日本人而言，右翼分子的存在是“像黑社会一样”的威胁，日本有识之士呼吁日本应该回到原点，考虑世界和平趋势以及日本如何做出贡献；⑤ 日本某些政客否认或美化侵略战争历史，但日本使用有问题教科书的人数只占 0.039%，日本民众对此并非没有认识，⑥ 这些政客希望通过忘却或修改历史摆脱战败国地位、恢复民族自尊心的做法并未得到日本民众的广泛支持。我们应寄希望于日本民众，相信通过积极交流能够促进日本积极力量的增长，为两国关系正常化打下更为坚实的民众基础。

第四，积极发展中日经济合作，择机推动非传统安全领域合作。共同利益是国家间关系稳定发展的重要基础。中日两国应在有较多共同利益的领域（尤其是经济、非传统安全、技术等低度政治领域），努力恢复并推进一切可能开展的合作，积极扩大两国关系的积极面，打破政冷经凉的困局。中日在打击海上犯罪及根据有关国际法加强在搜救、科技及环境等领域的海洋合作达成共识，有必要尽快予以落实，并以此为蓝本积极推动其他非传统安全领域的合作。中日经济相互依赖、互为发展条件，构成双边关系的重要物质基础。随着中国与世界经济的融合加深、规模扩大，中国对日本经济的依赖度在减轻，而日本经济对中国市场的依赖则更深、更广，中日经济的依存关系发生结构性变化，呈现不对称性依赖倾向。⑦ 这种状况深刻影响了中日经济合作。因此，我们必须打破思维困境，积极深化中日经济合作的互补性，大力开展节能环保、绿色低碳、高新科技、财政金融、智能城市建设等领域的合作，实现经济领域的互利

① 佳能全球战略研究所高级研究员栗原润（Jun Kurihara），2015 年 10 月 1 日。

② 美国学者傅高义指出，中国应使民众更多地了解日本自 1978 年以来对中国经济发展提供的援助，宣传日本自 1945 年以来做出的和平承诺。参见傅高义：《从历史记忆和相互认知出发：避免中日冲突》，载《日本学刊》2014 年第 1 期，第 16-20 页。

③ 神谷万丈：《从 2014 年在澳大利亚国会演说中看安倍首相的历史认识》，载《日本外交政策论坛》2015 年冬季版，第 3-5 页。

④ 早稻田大学现代中国研究所所长天儿慧教授（Amako Satoshi），2015 年 7 月 18 日。

⑤ 佳能全球战略研究所研究主任濑口清之，2015 年 7 月 9 日。

⑥ 韩国前驻日本大使崔相龙（Choi Sang YongAmako），2015 年 7 月 18 日。

⑦ 刘军红：《中日关系的经济学分析》，载《现代国际关系》2014 年第 10 期，第 56-59 页。

共赢。只要中日经济相互依赖度不断加深，双边关系的大局就有可能实现稳定。值得注意的是，经过两三年的变动，转向东南亚、印度、非洲等投资的日本企业深刻认识到，中国具有较完整的产业链、较完备的基础设施和素质较高的技术队伍，① 是更为理想的合作对象，中日产业合作的春天可能来临。对此，我们要倍加关注，争取借机与日本财经界、产业界发展良好关系，培植对华友好的土壤。②

第五，开展更有效的对日公共外交。中日之间交流不够深入，相互误解甚深。日本前驻华大使宫本雄二认为，“现在日本认为中国恐怖，中国不好，但那可能只是自己头脑中臆想的东西”，“在日中两国之间的问题和对立中，70%都是来自误解和无知。换言之，日中两国间70%的问题是可以不产生争吵的。所以我希望两国普通民众能够尽快成为国家间交流的主力军。加强这些群体间的交流，将有望建立一个更加均衡、互相认识和了解对方的社会”。③ 检视中国对日公共外交，我们看到，中国对日民间工作成效不良，“不了解日本国内政治、舆论倾向，很多工作做得适得其反”；④ 中国的媒体对日本采取了简单化的处理模式，⑤ 往往从少数反华言论去判断日本的整体走向；中国电影、书刊和电视节目中充斥着招致对日敌视情绪的文化表演，⑥ 在中日激烈冲突的过程中刻意阻遏人文交流。在这种激烈对冲的过程中，排他性民族主义成为两国交往最大的敌人，为克服之而进行知识建构的努力不可或缺。⑦ 有鉴于此，我们建议，要大力开展公共外交，积极促进人文交流，更多地着眼于绝大多数日本人民的心理开展工作，化解中日民间积怨，为中日关系走向稳定打下较为坚实的社会基础。这包括：由外交部、中联部、商务部等涉外部门设立专项基金，积极支持学术界开辟有影响力的第二轨道，围绕阻碍中日关系稳定发展的重大问题开展深入的研究；疏通中日交流的渠道，邀请日本年轻政治家到中国访问交流，为他们了解中国广开渠道；共同开展日本发展经验教训的研究，加深对日本的了解，促进中日之间相互的积极认知；大力推进教育、文化、科技、地方、媒体等各领域的交流合作，培育两国人民的相互了解和友好感情。

---

① 冯昭奎：《中日关系的辩证解析》，载《日本学刊》2015年第1期，第1-23页。

② 野村资本市场研究所资深研究员关志雄，2015年7月8日。

③ 宫本雄二：《努力维护和发展日中战略互惠关系》，载《国际关系学院学报》2012年第5期，第20-25页。

④ 早稻田大学教授青山瑠妙（Rumi Aoyama），2015年9月30日。

⑤ 日本国际问题研究所研究顾问高木诚一郎，2015年7月30日。

⑥ 傅高义：《从历史记忆和相互认知出发：避免中日冲突》，载《日本学刊》2014年第1期，第16-20页。

⑦ 毛里合子：《重建日中关系》，载《日本学刊》2013年第4期，第18-31页。

中韩自贸区建设的影响：预测与验证*

王丽琴

中韩自贸区建设前后，国内外学术圈的研究纷纷预测中韩自贸区能够推动中韩双边贸易增长、改善中韩双边贸易结构、促进双方产业升级，并为两国 GDP 的增长做出贡献。联合国 COMTrade 数据库关于 2010—2016 年中韩双边贸易的数据表明，2015 年《中韩自由贸易协定》签署后，中韩双边的贸易总量并没有增长，反而呈现下降趋势。中韩双边贸易的结构也基本未变，S1-7 类机械和运输商品在进出口贸易中都占有绝对优势，且中国一直处于逆差地位；S1-6 类商品在进口中中国占有优势，处于顺差地位，长期来看中国的这种顺差地位可能发生逆转；S1-5 类商品在出口中中国处于逆差地位，这种逆差地位短期内不容易改变；S1-0 类商品是中韩自贸区协定签署生效后贸易量呈现增长趋势的唯一一类商品，这是中韩自贸区建设带来的有利影响。《中韩自由贸易协定》内包含的关税壁垒和“贸易救济”等非关税壁垒两方面的经济因素和“萨德”入韩的政治因素阻碍了中韩自贸区建设发挥积极作用。

中韩自贸区的建设经历了较为漫长、曲折的道路。2005 年中韩开始展开双边自贸区可能性的民间研究，2006 年 1 月 1 日双方开始展开官产学联合研究，2012 年 5 月 2 日双方正式启动自贸区谈判，到 2015 年 6 月 1 日双方签署《中韩自由贸易协定》，终于修成正果。中韩两国人民甚至东亚各国人民都对经历了十年始建成的中韩自贸区抱有极大期望，国内外学术圈的研究纷纷预测中韩自贸区建设必将促使双方贸易总量增加，促进双方贸易结构优化，推动双方产业结构升级，为两国 GDP 增长做出贡献；并推动整个东亚/亚太经济一体化进程。

从《中韩自由贸易协定》签订至今已经过了两年多，但几乎未见中韩贸易结构有任何变化，双边贸易总量也是不升反降，更不要提促进双方产业结构升级和为两国 GDP 增长做出贡献了。本文依据 2010—2016 年以来中国和韩国双边的贸易数据，考察 2015 年《中韩自由贸易协定》签署后中韩双边贸易的趋势，并跟之前中韩双边贸易作

---

* 本文刊发于《韩国研究论丛》2018 年第 1 辑，第 255-271 页。

对比，验证国内外学术圈中关于中韩自贸区建设中韩双边贸易影响的预测；并从关税和非关税壁垒两方面的经济因素和其他政治因素等深入探析造成中韩自贸区建设后中韩双边贸易下降的原因。之所以选择2010年，是因为这一年双方宣布结束官产学联合研究，准备启动中韩自贸区谈判，这可以视作是双方正式开始建设中韩自贸区的开端；选择2016年，是因为这是本文主要数据来源——联合国商品贸易统计（COMTrade）数据库截至目前为止的最新数据。

本文的数据来源不仅包括COMTrade数据库的数据，还包括中国国家统计局在2010—2016年期间编著的《中国统计年鉴》。经过对比这两个数据来源关于2010—2016年间中韩双边贸易的数据，我们发现这两个数据来源的数据基本一致，有时候有少许出入；COMTrade的数据以美元为单位，《中国统计年鉴》的数据以万美元为单位。相比而言，COMTrade的数据更加精确。因此本文主要选用COMTrade数据库内的数据为研究数据来源，并在必要时以《中国统计年鉴》作为参考。

本文在讨论中韩双边贸易结构是否变化时，以国际贸易标准分类（SITC）为分类标准，并根据双边贸易中各类商品所占份额，选择总计份额达90%以上的S1-7机械和运输类设备产品、S1-6材料类制成品和S1-5化学品为案例，研究双边贸易结构的变化。同时，考虑到S1-0食品和活动物类商品在中韩双边贸易的特殊性，也将S1-0类商品作为案例，进行考察。

一、学界关于中韩自贸区建设影响的预测

自2012年中韩启动双边自贸区谈判开始，国内外学术圈对中韩自贸区的研究形成一个浪潮。到2015年《中韩自由贸易区协定》完成谈判时，国内外学术圈已经形成了一波关于中韩自贸区研究的高潮。纵览这一时段的研究主题，可以发现中英文文献对于中韩自贸区的意义和影响都有所涉猎，并形成了丰富的研究成果。

关于中韩自贸区的意义和影响，国内外学术圈主要关注以下几点：第一，研究预测中韩自贸区达成的关税减让短期来看有利于提高中韩两国贸易的数量和质量，① 长期来看必然推动中韩双边贸易增长；② 中韩自贸区会成为促进中韩贸易长远增长的关键因

① 江振龙、张晓静：《中韩自贸区建立对两国经济贸易的影响》，载《中国市场》2015年第17期，第19页。

② 刘斌、庞超然：《中韩自贸区的经济效应研究与对策分析》，载《经济评论》2016年第5期，第137页。

素，[①] 并为两国经济增长提供新增长点，[②] 为两国 GDP 增长做出贡献。第二，因中国的吉林、辽宁和山东三省跟韩国地缘毗邻，相关研究侧重探讨中韩自贸区建设对这三个省份及部分下辖地市贸易的影响。这些研究肯定了中韩自贸区对山东经济发展的积极作用，[③] 同时认识到韩国在山东的投资主体大都是中小企业，且投资广泛集中于劳动密集型的产业，对山东省整体产业升级来说没有太大积极作用；[④] 中韩自贸区为吉林提供了一个增加对外贸易和投资的机会，[⑤] 给吉林省的农产品深加工等传统产业和汽车等代表性产业带来发展机遇；[⑥] 但吉林对韩贸易规模小、顺差大，还需采取措施大力推动双方贸易和投资的发展。[⑦] 第三，相关研究分析了中韩自贸区对中国金融、汽车、养殖业、钢铁、机电等行业和产业的影响。[⑧] 由于农业的特殊地位和敏感性，国内外学术圈着重分析了中韩自贸区对中国农业的影响。大多数学者认为中韩自贸区能够促进中国农产品扩大市场，推进中国农业贸易结构优化；[⑨] 但也有学者认为虽然中韩自贸区协定已经签署，但是韩国在农业贸易方面设置重重障碍，这会降低中国农产品在出口方面的优势，使中韩自贸区期待的经济效益难以显现。[⑩] 第四，国内外学术圈慎重讨论了中韩自贸区建立对中日韩自贸区、东亚/亚太经济一体化进程的影响。部分学者认为中韩自贸区的建立能够促使日本回到中日韩自贸区的框架中来，[⑪] 促使日本更积极地参与中日韩自贸区建设，[⑫] 并推动东亚/亚太经济一体化进程；[⑬] 也有学者认为中日韩自贸区建设会使日本“怀疑自己被排除在外”，[⑭] 从而对东亚经济一体化进程产生离心力，并

① 孙亚君：《基于引力模型的中韩自贸区贸易潜力的实证研究》，载《对外经贸》2016 年第 11 期，第 17 页。

② 韩爱勇：《中韩自贸区建设的多重意义》，载《理论视野》2015 年第 7 期，第 71 页。

③ Gao Xin, “China-South Korea FTA: New Opportunity for Shandong”, *China Today*, June 2015, p. 46.

④ 张哲：《浅析中韩自贸区对山东省经济发展的影响》，载《企业导报》2015 年第 18 期，第 121 页。

⑤ 丁伟、Allieu Badara Kabia：《中韩自贸区建设对辽宁的影响及对策》，载《现代经济信息》2016 年第 4 期，第 132 页。

⑥ 李彩霞等：《中韩自贸区的建立对吉韩贸易的影响及对策》，载《创新科技》2017 年第 5 期，第 17 页。

⑦ 刘建达、陈英姿：《中韩自贸协定下吉林省与韩国经贸合作前景展望》，载《经济纵横》2016 年第 7 期，第 124 页。

⑧ 参见耿丽平：《中韩自贸区的建立对汽车产业的影响》，载《中国市场》2015 年第 38 期，第 98-100 页；常秋筝、汤婉君：《中韩 FTA 视角下我国机电产业贸易自由化的适度性分析》，载《中国市场》2015 年第 42 期，第 100-103 页；李志香等：《中韩自贸区对威海水产养殖业的影响及对策研究》，载《中国农业信息》2016 年第 12 期，第 39-85 页。

⑨ 金美兰：《中韩自贸区的设立对我国农产品贸易的机遇与挑战》，载《吉林农业》2017 年第 21 期，第 112 页。

⑩ 董鸿飞：《中韩自贸区建立的挑战研究》，载《现代经济信息》2015 年第 9 期，第 178 页。

⑪ 韩爱勇：《中韩自贸区建设的多重意义》，载《理论视野》2015 年第 7 期，第 72 页。

⑫ 沈铭辉：《中日韩自由贸易区的经济学分析》，载《国际经济合作》2011 年第 3 期，第 38 页。

⑬ 王厚双、齐朝顺：《中韩 FTA 的经济政治影响分析》，载《东北亚研究论丛》2015 年第 1 期，第 52 页。

⑭ Hidetaka Yoshimatsu, “Diplomatic Objectives in Trade Politics: The Development of the China-Japan-Korea FTA”, *Asia-Pacific Review*, Vol. 22, No. 1, 2015, p. 115.

影响亚太经济一体化进程。

简而言之，既有研究对中韩自贸区产生的政治和经济影响达成了某些共识，但也还存在部分分歧。相关研究多是在中韩自贸区生效前通过静态模型对自贸协议的经济贸易影响进行预测，非常乐观。本文将通过中韩双边贸易特别是货物贸易的动态数据对自贸区协定的影响进行验证，并跟先期研究预测进行比对，从国际政治经济学视角寻找中韩自贸区建设未能如期发挥积极作用的原因，从而充实既有研究。

二、对中韩自贸区建设影响的验证

根据 COMTrade 数据库内有关 2010—2016 年中韩两国间货物贸易的数据，可以发现中韩双边贸易的几大趋势：第一，在中韩自贸协定签署生效后，中韩双边贸易并没有如人们所期待的那样大幅度增加；相反，双边贸易下降的趋势异常明显。中国在其中处于逆差地位，但与韩国的贸易差额逐渐缩小。第二，双方的贸易结构在中韩自贸协定签署生效前后几乎没有变化。第三，双方农产品交易在双边贸易的地位有所上升，但非常缓慢。第四，中韩自贸区的建设未能促使日本重返中日韩自贸区的合作框架里来，反而将之更加推向了 TPP。中国也缓解了之前支持以东盟 10+3 成员国为框架的东亚自贸区的强势立场，① 倾向支持亚太自贸区建设。

中韩双边贸易额下降；中国对韩贸易逆差逐渐趋向平衡。梳理 2010 年到 2016 年中国和韩国的双边贸易，可以有两方面的发现。一方面，2010 年以来中韩双边贸易总额呈现先上升后下降的趋势。下文图 1 给出了 2010—2016 年间中韩双边贸易额趋势图。从该图我们可以判断，自 2010 年中韩宣布结束官产学联合研究并准备开始自贸区谈判始，双边贸易额呈现稳定上涨态势，并在 2014 年形成一个高峰，达到 2904 亿美元。2015 年中韩自贸区协定签署生效并没有使双边贸易延续上扬的态势；相反，中韩双边贸易呈明显下跌态势，跌幅达 5%。2016 年延续 2015 年颓势，中韩双边贸易额继续下跌到 2527 亿美元，跌幅达 8%，为 2010 年以来最大跌幅。

另一方面，中韩贸易中中国始终处于逆差地位，但是中韩贸易的差额在 2014 年之后逐年缩小。从图 1 我们可以发现 2014 年既是中韩贸易的最高峰年份，也是中国对韩贸易逆差最大的年份，双方的贸易差额高达 900 亿美元。之后随着中韩自贸区建设，双方开始实施降税减税计划，到 2016 年中国对韩贸易逆差降至 600 亿美元，较 2014 年

① Mie Oba, "TPP, RCEP, and FTAAP: Multilayered Regional Economic Integration and International Relations", *Asia-Pacific Review*, 2016, Vol. 23, No. 1, p. 104.

缩减 1/3，这意味着中韩双边贸易趋向更加平衡。

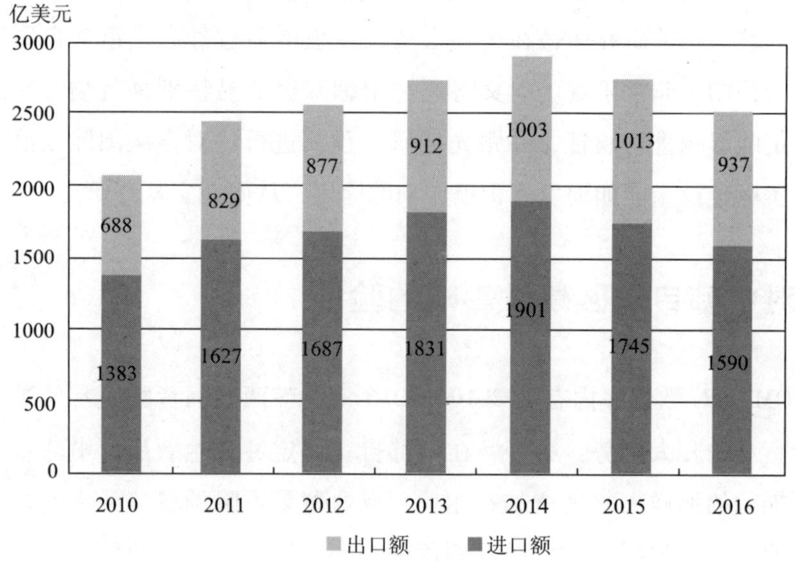

图 1　中韩双边贸易额（2010—2016）

中韩双边贸易结构基本未变。关于中韩自贸区协定签署生效后的中韩双方贸易结构，绝大多数研究认为中韩自贸区建设会推动中韩双方的贸易结构升级和优化。实际上，考察 2010 年以来各种分类产品在中韩贸易中的地位，我们可以发现 2010 年以来中韩双方的贸易结构基本上没有发生大的变化。下文表 1 根据 SITC 分类标准将中韩双边贸易商品分为 10 类，然后根据这 10 类商品在中韩双边贸易中的份额本文将之进行排序。从表 1 我们可以有两点发现：

第一，中国对韩国出口的商品种类基本没有发生变化。根据各类商品在中韩贸易中所占的份额，本文将中国对韩国出口的商品种类按其份额大小进行先后排序，前七位依次是 S1-7 机械和运输设备产品，S1-6 材料类制成品，S1-8 杂项制品，S1-5 化学品，S1-0 食品和活动物，S1-3 矿物燃料、润滑剂和相关材料产品和 S1-2 燃料以外的非食用粗材料产品。从 2010 年到 2016 年这七类商品的排序从未发生变化，其出口贸易额达到中国对韩出口贸易总额的 90% 以上，出口的顺序没有发生变化，这意味着中国对韩出口的贸易结构基本未变。

第二，中国从韩国进口的商品种类和结构没有发生大的变化，排序前六位的商品类别依次是 S1-7、S1-8、S1-5、S1-6、S1-3 和 S1-2。这六类产品的贸易额总计能达到中国从韩国进口商品总额的 90%，其排序并没有发生变化，这意味着中国从韩国进口的商品种类和结构基本没有变化。值得一提的是从 2012 年开始，S1-5 的进口贸易额超越了 S1-8。这意味着 2012 年中韩自贸区开始谈判以后，在中国从韩国进口的商品中，S1-5 的重要性开始上升。

表 1　中韩进出口贸易分类产品排序表（2011—2016）

	出口							进口						
	2016	2015	2014	2013	2012	2011	2010	2016	2015	2014	2013	2012	2011	2010
1	S1-7	S1-7	S1-7	S1-7	S1-7	S1-7	S1-7	S1-7	S1-7	S1-7	S1-7	S1-7	S1-7	S1-7
2	S1-6	S1-6	S1-6	S1-6	S1-6	S1-6	S1-6	S1-5	S1-5	S1-5	S1-5	S1-5	S1-8	S1-8
3	S1-8	S1-8	S1-8	S1-8	S1-8	S1-8	S1-8	S1-8	S1-8	S1-8	S1-8	S1-8	S1-5	S1-5
4	S1-5	S1-5	S1-5	S1-5	S1-5	S1-5	S1-5	S1-6	S1-6	S1-6	S1-6	S1-6	S1-6	S1-6
5	S1-0	S1-0	S1-0	S1-0	S1-0	S1-0	S1-0	S1-3	S1-3	S1-3	S1-3	S1-3	S1-3	S1-3
6	S1-3	S1-3	S1-3	S1-3	S1-3	S1-3	S1-3	S1-2	S1-2	S1-2	S1-2	S1-9	S1-2	S1-2
7	S1-2	S1-2	S1-2	S1-2	S1-2	S1-2	S1-2	S1-0	S1-0	S1-0	S1-0	S1-2	S1-9	S1-9
8	S1-1	S1-1	S1-1	S1-1	S1-9	S1-4	S1-4	S1-9	S1-1	S1-9	S1-9	S1-0	S1-0	S1-0
9	S1-9	S1-4	S1-4	S1-9	S1-1	S1-9	S1-1	S1-1	S1-4	S1-1	S1-1	S1-1	S1-1	S1-1
10	S1-4	S1-9	S1-9	S1-4	S1-4	S1-1	S1-9	S1-4	S1-9	S1-4	S1-4	S1-4	S1-4	S1-4

来源：UN COMtrade 数据库（作者整理计算）

以 S1-7、S1-6 和 S1-5 为例，分析这三类产品在中韩贸易中的金额和份额，可以更细致地窥探中韩双边贸易的结构。下文图 2 分别考察 S1-7、S1-6 和 S1-5 在中韩进出口贸易中的地位。

图 2　中韩贸易中 S1-7 的进出口金额（2011—2016）

来源：UN COMtrade 数据库（作者整理计算）

从图 2 中，我们可以发现，2011 年中国对韩国 S1-7 的进出口额分别达到 755 亿美元和 353 亿美元，合计共 1108 亿美元，大约占当年中韩总贸易额 3908 亿美元的

28. 35%。之后 S1-7 的进出口贸易额继续增加，2015 年升至最高峰，然后 2016 年双双回落。这与图 1 内中韩双边贸易的大致趋势相对吻合。计算图 1 和图 2，可以发现 2016 年在中韩双边整体贸易和 S1-7 贸易额双双下滑的时候，S1-7 在中韩双边贸易中份额仍然高达 55%，这说明 S1-7 在中韩双边贸易中的地位举足轻重，且极为巩固。

另外，图 2 中我们还可以发现，中国 S1-7 产品的进口金额远远大于出口。如 2014 年中国 S1-7 的逆差超过 500 亿美元，占当年中国对韩贸易整体逆差的 50%以上；2016 年 S1-7 逆差也接近 500 亿美元，占当年中国对韩贸易整体逆差的 70%以上。这表明 S1-7 贸易构成中国对韩贸易逆差的主要来源；而 S1-7 的逆差额占整体逆差比例不断扩大，也意味着中韩自贸区的建设会对中国国内的 S1-7 产业造成极大威胁。

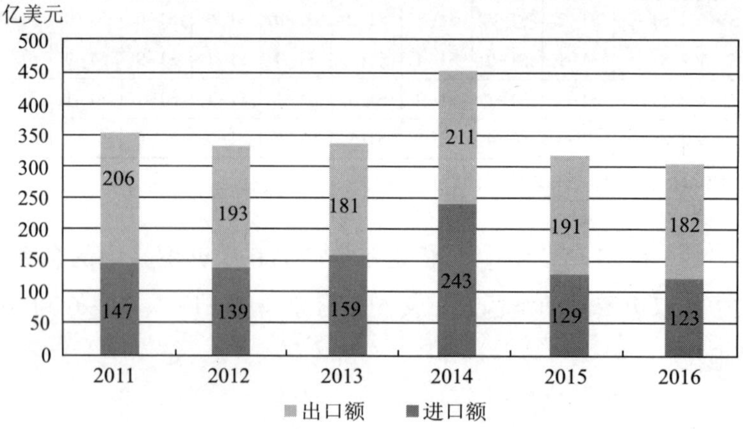

图 3　中韩贸易中 S1-6 的进出口金额（2011—2016）

来源：UN COMtrade 数据库（作者整理计算）

图 3 给出了 2011—2016 年中韩贸易中 S1-6 的进出口金额。就此期间中国 S1-6 商品的进出口趋势来讲，S1-6 的趋势与图 1 中韩整体贸易的趋势基本一致。2011 年以来中国对韩国进出口的 S1-6 商品的贸易额震荡上升，到 2014 年达到顶峰，然后下降。就 S1-6 在中韩双边贸易当中的地位来讲，计算图 3 和图 1 可以得知，S1-6 的贸易额在中韩整体贸易额的 12%上下震荡，振幅不大。值得注意的一点是，2011—2013 年中国对韩国 S1-6 的贸易处于顺差地位，这个状态到 2014 年发生改变，中国变为逆差地位，逆差额约达 30 亿美元。之后 2015 和 2016 年，中国再度恢复对韩 S1-6 商品贸易的顺差地位，顺差额也恢复到 2011 年的 60 亿美元左右。这表明，中韩自贸区建设过程中，短期来看韩国可以向中国出口更多的 S1-6 商品，甚至改变中国对韩的顺差地位；但长期来看，考虑到中国制造业大国的地位，改变中国对韩 S1-6 商品贸易的顺差地位并不容易。

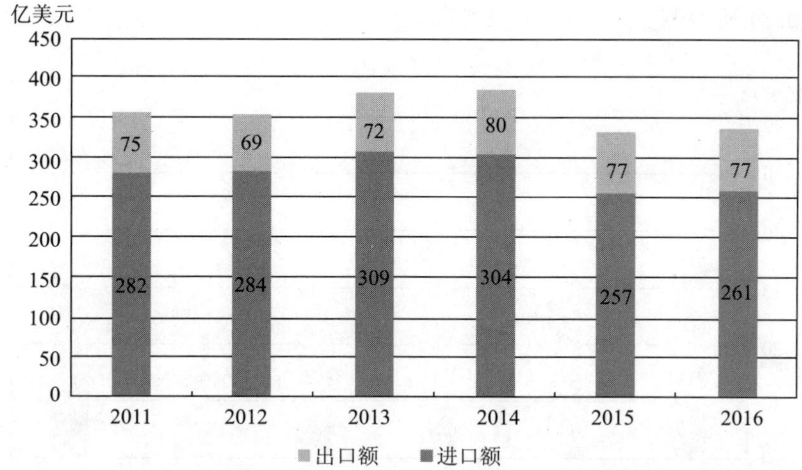

图 4　中韩贸易中 S1-5 的进出口金额（2011—2016）

来源：UN COMtrade 数据库（作者整理计算）

图 4 给出了 2011—2016 年中韩 S1-5 的进出口贸易额。我们可以看出，S1-5 的贸易趋势跟图表 1 给出的中韩双边贸易的变化趋势基本一致。2011 年之后中韩双边S1-5的贸易额震荡增长，直到 2014 年达到最高值，约 384 亿美元，后下降。从中国在 S-5 的贸易地位上来讲，中国一直处于逆差地位，逆差额最高值发生在 2013 年，约合 237 亿美元。自从中韩自贸区谈判以来，中国在 S1-5 的贸易逆差地位并未改变，但逆差额有所减小，2016 年逆差额从 2013 年的 237 亿美元降为 184 亿美元。

农产品贸易地位缓慢上升，并保持稳定。表 1 中还有另外一点值得注意的是，2010—2012 年中国从韩国进口的 S1-0 排序第八，2013 年后排序第七，之后一直保持稳定。S1-0 恰恰是农产品的重要组成部分，① 这意味着随着中韩自贸区的建设，中国可以从韩国进口更多的食品和活动物等农产品。图 5 给出了 2011—2016 年中韩贸易中 S1-0 的进出口金额。可以看出，2016 年是中韩 S1-0 贸易的最高峰年份。跟之前中韩整体贸易和 S1-7、S-16、S1-5 的贸易趋势相比，中韩 S1-0 贸易的趋势最特别。可以说 S-10 是唯一在中韩自贸区协定签署生效后双方贸易增加的一个类别。中韩整体贸易和其他类别的贸易总量最高峰大都发生在 2014 年，在 2015 年中韩自贸区协定签署后基本都呈现下降的趋势。只有 S1-0 的贸易在 2016 年达到历年的最高峰。还可以看到，中韩 S1-0 的贸易中中国处于顺差地位，且这种顺差有悄悄扩大的趋势。这是中韩自贸

① 根据联合国粮食及农业组织（粮农组织）在《粮农组织统计年鉴 2004》中对“农产品”的定义，农产品指食品和活动物（SITC 第 00-09 章）、饮料和烟草（第 11 和 12 章）、非食品材料（第 21、22、23EX 和第 29 章除燃料外）以及矿物燃料、润滑剂和相关材料（第 41-43 章）。考虑到 S1-0 食品和活动物在其中占据最重要份额，因此本文选取 S1-0 为例，探讨中韩农产品贸易的趋势和中韩自贸区对其的影响。

区协定带来的有利影响。

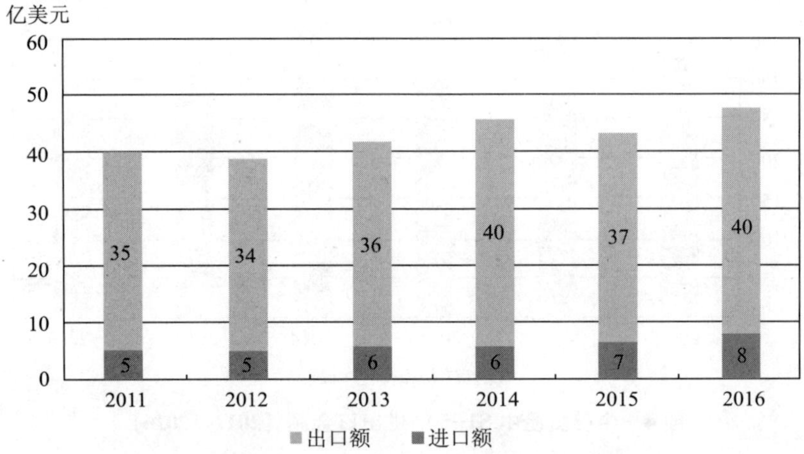

图 5　中韩贸易中 S1-0 的进出口金额（2011—2016）

来源：UN COMtrade 数据库（作者整理计算）

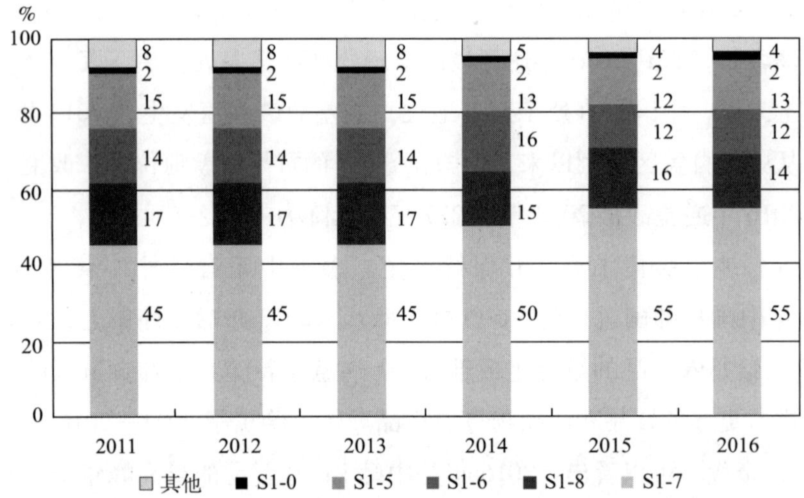

图 6　中韩双边贸易结构图（2011—2016）

来源：UN COMtrade 数据库（作者整理计算）

为了进一步考察中韩双边贸易的趋势和结构，我们在图 1、表 1、图 2、图 3 和图 4 的基础上补充 S1-8 的数据后再次计算，得到图 6。综合前面几个图表和图 6，我们可以做出以下基本判断。第一，中韩自贸区谈判以来，中韩双边贸易额逐年增加，直到 2014 年达到迄今为止的最高峰。但 2015 年中韩自贸区协定的签署和生效，并未使中韩双边贸易继续增加，反而有所下降。第二，中韩自贸区协议签订前后，中韩双边的贸易结构基本没有发生变化。中国处于逆差地位的，集中于 S1-7 和 S1-5 两类商品。S1-

7在双边贸易中的份额约占50%左右，且逐渐升高。这意味着S1-7在中韩双边贸易中占据绝对优势地位，且优势越来越突出；同时，S1-7也是中国对韩贸易逆差的主要来源，且逆差额在中国对韩整体逆差额中的份额不断扩大，极易对中国国内所属产业造成巨大挑战。S1-5约占中韩双边贸易总额的15%，在中国从韩国进口商品中占有优势地位，中国处于逆差地位，不过这种逆差地位短期内不容易改变。中国处于顺差地位的，集中于S1-6和S1-0两类商品。S1-6类份额约为中韩双边贸易总额的15%左右，处于较大优势地位，中国处于顺差地位，不过长期来看中国的这种顺差地位有可能发生逆转。S1-0类商品，如上文所述，是中韩自贸区协定签署生效后贸易量唯一增长的一类商品，中国顺差趋势稳定上升。

三、中韩自贸区成效微薄的原因分析

如前所述，2015年中韩自贸区协定签署生效后，中韩贸易并没如人们所设想的那样迅速增加，中韩贸易结构也几乎没有发生变化。这是中韩两国间一些经济和政治因素共同导致的。就经济因素而言，在中韩自贸区协定里包含的关税壁垒和非关税壁垒依然存在；就政治因素而言，2016年美国宣布在韩国部署“萨德”系统，遭到中国民意的强烈反对，中国国内民族主义情绪上升，韩国商品在中国遭到民间多方抵制。更确切地说，中韩自贸区建设原本应该发挥的经济效应难以抵消“萨德”对双边贸易带来的负面效应，这也恰巧验证了国际政治经济学中政治因素对国际贸易的重要反制作用。

经济方面的因素。经济方面的因素可分为关税壁垒和非关税壁垒两类，从《中韩自由贸易协定》可以有所了解。根据2015年6月1日中韩双方签订的《中韩自由贸易协定》可以发现，双方协商降税的节奏非常缓慢，税目分类多，例外商品类目多，保持基准税率的商品类目多，降税所需时间长，这是导致中韩自贸区协定未发挥预期作用的因素之一。我们以《韩方关税减让表》为例来探讨这个问题。《韩方关税减让表》一共包含双方协商降税各类税目共12232类，其中减让表降税分类为“0”① 的税目有6108项，大概占总税目数的50%，剩下的50%税目分别为“5”②（1433项）、“10”③

① 根据《中韩自由贸易协定》附件2-A（一）缔约方减让表中降税分类为“0”的税目所规定的原产货物关税应完全取消，该类货物应在协定生效之日起免除关税。

② 根据《中韩自由贸易协定》附件2-A（一）缔约方减让表中降税分类为“5”的税目所规定的原产货物关税应自协定生效之日起5年内等比减让，该类货物应自第5年1月1日起免除关税。

③ 根据《中韩自由贸易协定》附件2-A（一）缔约方减让表中降税分类为“10”的税目所规定的原产货物关税应自协定生效之日起10年内等比减让，该类货物应自第10年1月1日起免除关税。

（2147 项）、“15”① （1107 项）、“20”② （475 项）等，另有“E”（维持基准税率不变，835 项）、“PR-”③ 类别（87 项）和排除在外的 16 项以及属于新增国别关税配额一类的 22 项。如此看来人们期待的中韩双边贸易降税计划覆盖“产品税目 90%以上、贸易额 85%以上”④ 的美好愿望最少需要 20 年才能实现。此类关税方面的壁垒阻碍了中韩自贸区如期发挥促进双边贸易的作用。

另一方面，《中韩自由贸易协定》内规定的“贸易救济”措施作为非关税壁垒也妨碍了中韩自贸区发挥积极作用。《中韩自由贸易协定》第七章《贸易救济》第 7.1 条规定：“如果由于按照本协定规定削减或取消关税，而导致原产于另一缔约方产品进口至缔约一方领土内的数量绝对增加或与国内生产相比相对增加，且对进口缔约方生产同类产品或直接竞争产品的国内产业造成严重损害或严重损害威胁，缔约方可以：（一）中止按本协定的规定进一步削减此产品关税；（二）提高此产品的关税税率……”。也就是说，如果缔约一方对某类产品实行降税计划后发现本国内该产品进口（相对或绝对）增加，以至于威胁本国国内同类产品的生产，那么该国可以要求恢复较高关税。此类规定意味着即使在按计划实行降税后，中韩两国也可以再重新恢复较高税率。此类非关税壁垒的措施也妨碍了中韩自贸区建设发挥促进中韩双边贸易的作用。

《中韩自由贸易协定》还有部分内容形式先进但内容过于保守也妨碍了其积极作用的发挥。比如《中韩自由贸易协定》虽然包含了“金融服务”“电信”“电子商务”“知识产权”和“环境与贸易”等所谓“21 世纪条款”，但实际上各部分内容如蜻蜓点水点到即止，并未详细具体规定双方之间合作的具体措施等内容。如第十三章《电子商务》仅仅规定了双方对电子传输不征收关税⑤、互认电子证书和电子签名⑥、在电子商务中保护个人信息⑦等，对于促进双方电子商务的具体措施，仅有五条内容，如下：

“一、缔约双方同意就电子商务相关问题交流信息和经验，包括法律与法规、规则

① 根据《中韩自由贸易协定》附件 2-A（一）缔约方减让表中降税分类为“15”的税目所规定的原产货物的关税应自协定生效之日起 15 年内等比削减，该类货物应自第 15 年 1 月 1 日起免除关税。

② 根据《中韩自由贸易协定》附件 2-A（一）缔约方减让表中降税分类为“20”的税目所规定的原产货物的关税应自协定生效之日起 20 年内等比削减，该类货物应自第 20 年 1 月 1 日起免除关税。

③ 根据《中韩自由贸易协定》附件 2-A（一）缔约方减让表中降税分类为“PR-10”中的税目所规定的原产货物关税应自协定生效之日起 5 年内等比削减基准税率的 10%，该类货物应自第 5 年 1 月 1 日起保持基准税率的 90%；减让表中降税分类为“PR-20”中的税目所规定的原产货物关税应自协定生效之日起 5 年内等比削减基准税率的 20%，该类货物应自第 5 年 1 月 1 日起保持基准税率的 80%。

④ 周曙东、肖宵、杨军：《中韩自贸区建立对两国主要产业的经济影响分析》，载《国际贸易问题》2016 年第 5 期，第 117 页。

⑤ 参见《中韩自由贸易协定》第十三章《电子商务》第 13.3 条。

⑥ 参见《中韩自由贸易协定》第十三章《电子商务》第 13.4 条。

⑦ 参见《中韩自由贸易协定》第十三章《电子商务》第 13.5 条。

与标准，及最佳实践等。

二、缔约双方应鼓励在研究和培训方面的合作，促进电子商务发展。

三、缔约双方应鼓励企业间的交流、合作活动和联合电子商务项目。

四、缔约双方应以合作的方式积极参与地区及多边论坛，以促进电子商务发展。”

相较于中国之前与其他国家签订的自由贸易协定，《中韩自由贸易协定》包含了这些“21世纪条款”已经堪称进步，但是相对于中国国内电子商务如火如荼的发展形势而言，这些笼统的约定显然难以适应实际需求。这些形式上先进、内容上保守的条款也成为中韩自贸区积极作用发挥的阻碍因素之一。

政治方面的因素。2016年“萨德”入韩事件发酵以来，在中国国内“导致强烈愤怒”①，中国国内激起了一股民族主义浪潮。中国民众自发地抵制韩国商品、抵制韩国电视节目、抵制赴韩旅游。一些韩国企业受到较大的影响，如乐天集团。2017年2月27日该集团决定把星州高尔夫球场地皮转让给韩国国防部用于部署“萨德”反导系统，激起了中国消费者的强烈抗议。乐天集团因本身运营模式、资金链等根本性问题在中国的经营早已难以为继，顺势以中国国民抵制为借口关闭在大陆90%的门店，一定程度上影响了中韩贸易区建设的良好效应。另有研究与统计分析，“萨德事件”发酵以来，中国大陆赴韩旅游人数大为减少；② 中国一些青少年也改变了他们的“哈韩”态度。③ 简而言之，中韩贸易区因“萨德”等特殊政治事件的冲击，中韩关系特别是经贸关系“出现了前所未有的下滑之势”，④“影响了东北亚地区的经济发展与繁荣”。⑤

四、结论

中韩自贸区建设前后，国内外学术圈预测中韩自贸区建设将进一步推动中韩双边贸易增长、促进中韩贸易结构改善、推动中韩产业升级，并为两国GDP增长做出贡献。本文根据COMTrade数据库内关于2010—2016年间中韩双边贸易的数据，检验了这些预测。发现这些实际数据并不完全支撑既有研究的预测，有的甚至相反。

本文考察了2010—2016年中韩双边贸易的数据，发现自中韩自贸区谈判以来，中

① 时殷弘：《中国的东北亚难题：中日、中韩和中朝关系的战略安全形势》，载《国际安全研究》2018年第1期，第19页。

② 刘立群：《韩国部署“萨德”反导系统的政治经济学分析》，载《当代韩国》2017年第4期，第22页。

③ 贾媛茹：《探究萨德事件后我国高中生对韩态度的变化》，载《现代商业》2017年第36期，第162页。

④ 毕颖达：《萨德阴影下的中韩关系》，载《当代韩国》2017年第4期，第37页。

⑤ 樊高月：《“萨德”入韩对东北亚安全和经济发展的影响》，载《东北亚经济研究》2017年第4期，第76页。

韩双边贸易呈现增加趋势，到 2014 年达到最高峰，后即下降。2015 年《中韩自由贸易协定》的签署生效并未能有力阻挡这种下降趋势。在中韩双边贸易结构中，S1-7 类商品在进出口两方面都占有绝对优势；就出口方面而言，S1-6 商品也有优势，且中国处于顺差地位，不过长期来看中国的这种顺差地位有可能发生逆转；就进口方面而言，S1-5 商品也有优势，且中国处于逆差地位，不过这种逆差地位短期内不容易改变；S1-0类商品是中韩自贸区协定签署生效后唯一给中国带来有利影响的商品。

为了探究中韩双边贸易下降的原因，本文从经济因素和政治因素两方面做了考察。经济因素包括关税壁垒和非关税壁垒。本文认为《中韩自由贸易协定》降税幅度过小、速度过慢是造成中韩自贸区建设未发挥如期作用的关税壁垒；除此以外，《中韩自由贸易协定》中关于“贸易救济”等保守措施作为非关税壁垒也成了阻碍因素。就政治因素而言，“萨德”入韩激起了中国国内民族主义情绪，中国消费者自发抵制韩国商品，导致中韩双边贸易下降。

值得一提的是，虽然有数据表明中韩自贸区建设并未引起中韩双边贸易的增加，也未能改善中韩双边贸易的结构，更不要提促进双方产业升级和为两国 GDP 增长做出贡献了，但是《中韩自由贸易协定》签订不过两年多的时间，就此完全否定中韩自贸区建设的积极作用尚为时过早。而且，前有中国—东盟自贸区协议重新谈判升级的案例，时机成熟的话，中韩自贸区协定升级的可能性同样存在。所以我们在进行反思的同时，仍需对中韩自贸区建设充满期待。

国际秩序演变中的中印战略关系与南亚安全*

仇华飞

1996 年 11 月底中国国家主席江泽民对印度的访问是中印建交以来，中国国家元首首次访印。中印两国领导人重申，在和平共处五项原则基础上建立面向 21 世纪的建设性合作伙伴关系，加强在国际领域的相互支持和合作。进入 21 世纪后，印度日益重视发展对华关系，2003 年瓦杰帕伊总理访问中国，双方共同签署了《中印关系原则和全面合作的宣言》，确认发展长期建设性合作伙伴关系，标志着两国关系进入全面发展的新阶段。① 宣言成为指导中印关系发展的纲领性文件。中印关系进入新的阶段。印度政府在这份宣言中正式承认西藏是中国领土。印度国内各界对发展对华关系持积极态度，认为这是印度的基本利益所在。印度军方智囊人物斯里·康特认为，印度不会为了实现美国的战略利益而损害同中国的友好关系，更不会为了获得美国的所谓支持而牺牲自己的独立自主外交政策。②

一、国际秩序转变中的中印关系

中国和印度都是正在崛起的新兴大国，中印崛起推动着国际秩序的转变。2005 年 4 月《中印联合声明》宣布双方致力于建设“和平和繁荣的中印战略合作伙伴关系”。这种战略伙伴关系的一个重点是代表发展中国家的利益，反对不公正、不合理、不平等的现存国际经济秩序。③ 中印解决边界问题的原则协议确立了双方在“政治指导原则”基础上达成解决边界问题的框架协议。④ 2006 年 11 月的中印《联合宣言》，不仅提出发展中印关系的十点战略，而且还彻底驳斥了中国崛起对印度构成威胁的说法。

---

* 本文刊发于《社会科学》2016 年第 9 期，第 3-13 页。

① 《中华人民共和国和印度共和国关系原则和全面合作的宣言》，载《中国外交》2003 年第 10 期。

② 任彦、文车：《美欲联手印度防范中国 频繁暗示挺印入常》，载《环球时报》2005 年 7 月 5 日，转引自马加力：《印美关系走向》，载《现代国际关系》2005 年第 8 期，第 19 页。

③ 《中华人民共和国与印度共和国联合声明》，载《人民日报》2005 年 4 月 12 日。

④ 张贵洪等著：《中美印三边关系研究》，北京：时事出版社 2013 年版，第 164-165 页。

提出“双方欢迎并积极看待对方的发展，认为对方的发展是对亚洲和世界和平、稳定和繁荣的积极贡献”。①

中印战略合作伙伴关系建立后，两国经贸关系发展迅速，2000 年中印双边贸易额为 29. 14 亿美元。2008 年增加到 518 亿美元，八年增长 16 倍，年均增幅达 43%。2013 年，中印双边贸易额达到 650 亿美元，中国成为印度最大贸易伙伴。②近年来，两国在基础设施建设方面的合作发展迅速。2006 年以来。中方在印建成工程项目金额累计达 111 亿美元。双方投资稳步发展，印度对华直接投资累计超过 3 亿美元，中国对印度投资达 2. 5 亿美元。③

李克强总理访问印度后，双方再次一致强调互为伙伴而非对手，视对方发展为机遇而不是挑战。双方都认为两国经济合作具有高度互补性和巨大发展潜力。双方都愿共同致力于推动国际关系民主化和世界多极化。两国领导人共同倡导构建孟中印缅经济走廊的共识受到各界关注。“这一构想的推进将中国的向西开放与印度的东向战略结合起来，把东亚和南亚这两个世界重要的经济增长极连接在一起，必将释放出巨大的增长能量，为亚洲经济一体化以及全球增长提供新的动力。”④

影响中印关系发展里程碑式的标志是习近平主席 2014 年 9 月对印度的访问。习近平主席建议，中印“要发挥两国领导人的战略引领作用”。这里的“战略引领说”，体现的就是一种“政治意志”。这就需要中印两国领导人在展现政治意志的同时，也要有相当的政治智慧和耐心。中国把对印外交提升到地区乃至全球层面，某种程度上说有规避至少是减缓双边互动中“冲突性”的考虑。习近平在印度世界事务委员会演讲时从三个方面强调发展中印关系的重要性：一，中印两国要做更加紧密的发展伙伴，共同实现民族复兴。发展是中印两国最大的共同战略目标。两国应该聚焦发展、分享经验，深化互利合作，努力实现两国和平发展、合作发展、包容发展。二，中印两国要做引领增长的合作伙伴，携手推进亚洲繁荣振兴。双方要努力凝聚地区合作共识，与相关国家一道推进区域经济一体化和互联互通进程，加快孟中印缅经济走廊建设，早日完成区域全面经济伙伴关系谈判；要做地区和平的稳定双锚，共同致力于在亚太地区建立开放、透明、平等、包容的安全与合作架构，实现共同、综合、合作、可持续安全。三，中印两国要做战略协作的全球伙伴，推动国际秩序朝着更加公正合理的方

① 《中国和印度发表〈联合宣言〉》，载《人民日报》2006 年 11 月 22 日。

② 《研究显示，中国成为印度最大贸易伙伴》，载印度《金融时报》2014 年 3 月 2 日。

③ 郑瑞祥：《中印关系的发展历程及其前景展望》，载《国际问题研究》2010 年第 4 期。

④ 《王毅谈李克强访问印度：聚战略共识、构建战略互信》，外交部网站，2013 年 5 月 23 日，http：//cpc. people. com. cn/n/2013/0523/c117005-21582102. html.

向发展。[①]面对当代国际关系中依然存在的不公平、不合理现象，以及地区和全球性挑战，中印两国应共同承担维护世界和平、促进共同发展的重任，推动全球化、多极化、国际关系民主化进程向纵深发展。

今天中印关系发展已经在许多领域展开，首先是全球领域，在联合国和20国集团框架下，两国在维护发展中国家的权益方面有着广泛的合作空间；在应对经济发展与环境保护等方面，两国有着共同的利益，共同推动世界贸易组织多哈回合谈判，积极应对气候变化、反恐、粮食和能源安全等全球性问题，维护两国和发展中国家的共同利益。中印两国的政治经济合作从双边向多边推进，对世界贸易组织制订的劳工和环境的标准，中印两国也有相似的立场。由于中印两国正处在工业化过程中，两国都在抵制发达国家制订的不合理的二氧化碳废气排放标准，未来中印两国不仅面临全球问题的挑战，而且还面对两国国内问题的挑战。

其次是经贸领域，两国挖掘经贸合作潜力，拓展各领域务实合作，推动贸易、投资并进，实现平衡发展，早日启动两国区域贸易安排谈判，加强产业园区建设和铁路等基础设施合作。

第三是安全领域，双方已开始就地区热点问题进行沟通与协调。美国从阿富汗撤军计划实施在即，2014年以后，阿富汗将面临新一轮政治势力的博弈。美国在准备撤军之际抛出“新丝绸之路”计划，希望相关地区国家在阿富汗问题上承担更大的责任，中印有必要加强合作、共同应对可能的危局。[②] 此外，中印两国还应妥善管控处理分歧，保持中印边界问题特别代表会晤势头，通过谈判协商寻求双方都能接受的解决方案，共同维护边境地区的和平与安宁。2013年4月，中印举行反恐双边对话，重点在于2014年后阿富汗问题的发展及深化双方在该地区的合作。[③]

机制化合作是促进中国与南亚国家关系发展的重要保障。中印两国借助20国集团峰会、金砖国家领导人峰会、中印俄峰会和上海合作组织等多边舞台，在推动双边关系进一步深化、推进国际体系改革、捍卫发展中国家权益等方面取得了一定的成果。中印从共同推动孟中印缅经济走廊建设，到探讨丝绸之路经济带和21世纪海上丝绸之路倡议，两国合作在推进区域经济一体化和互联互通进程、实现亚洲经济可持续增长等方面发挥着关键的作用。在安全领域，作为地区和平的稳定双锚，中印双方应共同

① 《携手追寻民族复兴之梦——中华人民共和国主席习近平在印度世界事务委员会上的演讲》，载《人民日报》2014年9月20日。

② 楼春豪：《对深化中印地区合作的几点思考》，发表于“中印合作：新机遇与新理念”学术研讨会，2013年4月18日。

③ 许利平：《中印战略合作伙伴框架的现实分析》，载《人民论坛》2013年6月版。

致力于在亚太地区建立开放、透明、平等、包容的安全与合作架构，实现共同、综合、合作、可持续安全。

中印关系经常处于一种微妙的平衡中。印度对华友好姿态无法掩饰其对中国日益崛起的忧虑，印度试图在深化中印经济接触与印度战略必要性二者间寻求平衡。① 在印度看来，莫迪政府最大的对外政策挑战之一是更积极主动地与中国、日本和美国接触，同时平衡它与三国的关系。作为人口仅次于中国的地区性大国，印度是唯一有实力在南亚地区与中国开展多方竞争的国家行为体，得到美国支持的印度把中国作为自己取得地区性主导地位的主要对手，加之中国与巴基斯坦的深厚关系，更加深了其对中国的对抗意识。巴基斯坦在地区竞争中很难撼动印度的地位，其国内局势更让其难以对印度采取进攻性的战略，正因为如此，印度时刻都在防范着中国支持巴基斯坦与其对抗的可能。② 今天，随着中国综合国力不断增强、经济改革成效显著，加上中印关系发展过程还存在不少障碍，如印中边界问题、核扩散问题等。少数印度政要又以所谓“中国威胁论”来挑起民族情绪，印度政府也在不断加强军备以抗衡中国。

二、中印关系与南亚安全

改善和发展中印关系是中国周边外交战略的重要部分，中印都实行“大周边外交战略”，力求创造一个和平发展的国际安全环境。中印各自的“大周边外交”范围出现许多重叠区域，而且也是多种力量交汇区。习近平主席关于 21 世纪海上丝绸之路的最新倡议提升了中国与印度洋岛国加强合作的意义，海上丝绸之路将把中国的海岸线与东南亚、南亚次大陆、地中海以及非洲东海岸连接起来。中国邀请印度加入海上丝绸之路及连接中国西南部与南亚次大陆东部的陆路贸易走廊，得到印方的积极回应。尤其是莫迪担任印度总理后，印度推行“开明的国家利益”政策，强调“印度的外交政策建立在与所有国家发展和平友好关系的原则基础之上。印度将在开明的国家利益基础上进行本国的国际接触，把印度的价值观力量与务实主义结合起来，奉行一种互惠关系的理念”。③

中国的南亚政策基于中印巴战略三角关系，这种三角关系始于 20 世纪 60—70 年

① ［美］布拉马·切拉尼：《印度谋求平衡中国在亚洲的力量》，《赫芬顿邮报》2014 年 9 月 8 日，《印度斯坦报》2014 年 8 月 29 日，载《参考资料》2014 年 9 月 17 日，第 8、9 页。

② 高越：《论印巴关系的现状及其中的中国角色》，载《改革与开放》2011 年 3 月刊，第 22 页。

③ ［印］苏哈西尼·海德尔：《开明的国家利益是莫迪外交政策准则的核心》，《印度教徒报》2014 年 6 月 15 日，载《参考资料》2014 年 6 月 27 日，第 11 页。

代。当时中印爆发边界冲突，印巴为争夺克什米尔归属继续诉诸战争；中巴关系发生历史性转变，巴基斯坦成为对华友好国家。在美苏冷战、中苏对立、中美逐步缓和及印苏结盟等大国关系分化组合的推动下，以中巴友好、印巴敌视、中印对抗为特征的中印巴三角关系形成。①冷战时期的中印巴关系，就其本质来说是一种两极对抗关系，并非严格意义上的三角关系，因为中巴关系具有结盟性质，形成了中印巴“三国两极”的对立结构。② 20 世纪 80 年代，中印关系逐步实现正常化，但因印度奉行“平行政策”以及两国低水平的安全信任，中印关系徘徊不前；与此同时，印巴持续冲突，中印巴基于传统安全关切的对峙秩序并没有改变。

中印巴三角战略关系，中国处于三角的顶点，印巴处于三角基座的两个端点。中印这条边是竞争性的；中巴这条边是合作性的。一条边的事态发展影响着另外两条边的事态。③ 冷战结束以来，中印巴三角关系的结构和性质正开始逐步进行良性的调整变化。“9·11”事件后，由于国际形势的迅速变化和南亚区域内外大国力量的推动，中印巴三角关系更是进入了深层次的调整轨道，三边良性互动增多，和解合作成为了主流。

在中印巴三角关系中，中印关系的调整和定位最为重要，直接决定了印巴关系的发展状况。中印既是合作伙伴又是竞争对手，但合作多与竞争。④ 中印在全球气候变化问题上保持密切合作，两国在基础设施建设和扩大内需过程中经济上日益相互依赖。共同的全球视野能够克服制定全球秩序时的不足，正如印度学者穆库尔·森沃尔指出的，“崛起中的两个大国试图保证领土完整、确认其国家身份和在国际事务中的正确位置；改善两国关系要求双方利用在全球治理改革中的共同利益发展密切合作，培养信任，这会促使双方确立边界，而不是由殖民后遗症主导两国关系”。⑤ 作为正在崛起的新兴大国，中印两国均是提议成立亚洲基础设施投资银行的创始成员国，两国在世界贸易组织中“频频发现对方与自己身处同一个阵营。对于发展中世界的许多国家而言，不论其政治倾向，中国和印度在世界舞台上代表着较贫穷的、新兴经济体的经济权利”。⑥

---

① 李昕：《调整中的中印巴三角关系》，载《南亚研究季刊》2007 年第 2 期，第 44 页。

② 薛勇：《中印巴三角关系与中国的南亚政策》，载《南亚研究季刊》2007 年第 1 期，第 37 页。

③ Toby Dalton, *Strategic Triangle*, Carnegie Endowment for International Peace, August 15, 2013, http://carnegieendowment.org/2013/08/05/strategic-triangle/ghgt.

④ 李昕：《调整中的中印巴三角关系》，载《南亚研究季刊》2007 年第 2 期，第 49 页。

⑤ ［印］穆库尔·森沃尔：《解决与中国的分歧》，印度《国防分析研究》网站 2014 年 5 月 7 日，载《参考资料》2014 年 6 月 3 日，第 8-9 页。

⑥ ［印］默罕默德·齐尚：《印中能否成为朋友?》，日本《外交学者》网站 2015 年 4 月 9 日，载《参考资料》2015 年 5 月 5 日，第 3 页。

如何继续推动中印关系调整以及由此带动中印巴三角关系良性发展乃至南亚地区的和谐稳定，成为中印两国包括巴基斯坦在内都要重视与思考的问题。[①] 对中国来说，巴基斯坦在其周边外交中具有着重要地位。对于由于某些大国战略已经身处周边诸多国家“包围”态势的中国而言，有一个坚定不移的盟友是十分重要的，长期友好的合作必须建立在地区安全与稳定的基础上，中国由巴基斯坦而与整个南亚地区利益相关。

中巴作为全天候战略伙伴，两国在政治、经济、安全等方面一直保持良好的合作态势，对巴基斯坦来说，中国是其外交的强大支柱，是其外交政策的基石。在巴基斯坦看来，中国的经济实力和政治影响不断增强，但中巴双边关系仍然是互有优势的均衡发展，对中国而言，巴基斯坦地缘位置独一无二，地处南亚、中亚、西亚和海湾地区的交叉地带，为中国的制造业和商业发展提供了战略通道。巴基斯坦也为中国扩大与中东地区的接触提供了门户。[②] 2006 年 2 月穆沙拉夫总统成功访华，中巴进一步明确合作领域。首先，在战略层面，双方将加强两国高层交往，就共同关心的问题保持密切沟通、磋商与协调，对国际形势和重大国际事件深入交换意见并达成共识，进一步巩固和发展双方良好的政治关系。其次，双方加强在安全领域的交流与合作，共同打击“三股恶势力”。两国继续加强在传统安全与非传统安全领域和国际反恐方面的合作，以营造更好的发展环境。第三，双方联手打击边境走私和贩毒活动，对受地震灾害影响严重的中巴喀喇昆仑公路进行改造升级，并加强管理。[③] 巴方提出使巴基斯坦成为中国的“贸易走廊”“能源走廊”和“交通走廊”的设想将极大地改善中巴的战略安全环境，为两国的战略合作打下更加坚实的基础。

但印度发展核武器问题将继续影响南亚和平的进程。印巴在克什米尔问题上的僵局不可能在短期内有所突破，印巴关系改善与否是影响中印关系的重要因素。由于冷战思维存在，印度倾向于夸大中国对巴政策中牵制印度的负面因素。这既有印度的国内政治需要，也有印度争取南亚主导地位遇到障碍时转移视线的因素。[④] 值得注意的是，印度与美国等西方大国建立战略伙伴关系，一方面有利于促进世界朝多极化方向发展，维持世界与地区的稳定，另一方面也不能排除印度利用发展与大国关系实现牵制中国的战略目的。尤其是印度与大国进行的军事安全合作，对中国的安全带来双重

① 夏立平：《巴基斯坦核政策与巴印核战略比较研究》，载《当代亚太》2008 年第 3 期，第 65 页。

② 高越：《论印巴关系的现状及其中的中国角色》，载《改革与开放》2011 年 3 月刊，第 22 页。

③ 《中华人民共和国和巴基斯坦伊斯兰共和国关于双边关系发展方向的联合宣言》，载《人民日报》2006 年 2 月 27 日。

④ 赵干城：《稳定中印关系与创造战略机遇刍议》，载《南亚研究》2003 年第 2 期，第 19 页。

影响。①因此，中国进一步发展与巴基斯坦的友好合作关系对维护南亚地区局势的稳定与改善具有十分重要的意义。

当今的印度洋已被描述为“世界最重要的能源和国际贸易航道。世界90%的货物贸易和65%的石油通过海洋进行运输。其中，印度洋是物流中枢，承担着50%的集装箱货物及70%的石油产品的运输”。② 这表明该地区对于全球海上贸易非常重要。经印度洋运输的石油对中国、印度、日本以及韩国都至关重要。而中国在2013年已超过美国成为世界最大的石油净进口国。③ 中国通过与印巴能源合作计划，确保印度洋运输航道的安全。从长远战略利益考量，中印巴能源合作，不仅能为三国提供稳定可靠的油气运输通道，而且可以实现三国利益的紧密相互依存，彼此成为“利益攸关者”。近年来，随着三国经济的日益发展，对能源的需求激增。三国都需要多元化的油气进口来源和安全可靠的运输通道。巴基斯坦处于世界两大油气产地的十字路口，能源战略地位十分重要，巴基斯坦充分利用其地理优势，加强“管线外交”，努力把自己打造成本地区的能源运输走廊，并与中印两国开展各种能源领域的合作。“相互依赖意味着不同社会之间存在多种多样的沟通渠道，关于国际事务的等级结构已不复存在，而强制力大体上已经失去作用，改变了国家推进利益的手段”。④ 中印巴三方开始启动的能源合作规划，使三国利益相互依存，彼此成为“利益攸关者”，推动中印巴外交战略的调整，形成良性互动和平衡稳定的三角关系。

理论上讲，经贸关系受政治因素的影响，但经贸关系的加强会对政治关系产生积极的正面效应。在全球化时代，经济上的相互依存对国家间政治关系的促进作用非常明显。中巴自由贸易协议的签订得益于双方的政治互信；同样，中印经贸关系的发展，同两国领导人的频繁互访密切相关。中国是印度的最大贸易伙伴，双边贸易额为650亿美元，到2015年中印贸易额将达到1000亿美元，中国还做出今后5年对印度各种基础设施项目投资至少1000亿美元的承诺，即为日本所承诺投资的三倍。⑤ 未来，中印两国完全可以通过提高经济合作水平和相互依赖程度实现政治互信。

① 赵兴刚：《当前印度的对外战略与中国的安全环境》，载中国人民大学书报资料中心《中国外交》，2004年第10期，第51页。印度与美国、以色列、俄罗斯等国开展的军事合作，极大增强了印度的军事实力，打破了亚洲地区的军事力量平衡，对中国周边的安全环境带来压力。

② Robert D. Kaplan, “Center Stage for the 21st Century: Rivalry in the Indian Ocean”, *Foreign Affairs*, March/April, Issue 16, 2009.

③ Nilanthi Samaranayake, “The Indian Ocean: A Great-Power Danger Zone”, *The National Interests*, May 2014.

④ Richard Rosecrance, *The Rise of the Trading State: Commerce and Conquest in the Modern World*, New York: Basic Books, 1986, p. 62.

⑤ ［美］阿莉莎·艾尔斯：《中国向印度发出的混杂信息》，《福布斯》2014年9月17日，载《参考资料》2014年9月25日，第6页。

印度的大国梦触及中印巴三国的核心利益争端。印度追求全球大国地位，成为相邻大国同步崛起的结构性矛盾。印度海军2008年创办印度洋海军研讨会（IONS），旨在促进该地区国家海军领导人之间的对话。虽然重点放在经济合作上，但“环印度洋地区合作联盟”最近在印度的主持下，有了更广泛的安全色彩。2013年，印度通过与斯里兰卡和马尔代夫签订三边海上安全协定，进一步巩固了其与周边国家的安全关系。未来这个协定将会把毛里求斯和塞舌尔包括在内，成为一个五国集团。①因此，印度正试图让自己成为潜在的重要全球性大国，其国家安全战略目标主要以军事手段为主，在许多方面涉及中巴核心国家利益，造成中印、印巴难以化解的结构性矛盾。另外，印巴之间长期紧张对峙导致双方互不信任，双方在克什米尔等一系列问题上存在严重分歧，两国要实行真正的接近而建立友好合作关系，依然艰难而漫长。解决这个问题的关键在于印度减轻克什米尔反对派势力给印巴双边谈判造成的不和谐影响，同时，保持积极主动的姿态，与克什米尔反对派展开积极对话。② 这样有利于化解印巴历史恩怨。

南亚在中国周边外交中的地位也不断上升，双方在许多领域开展富有成效的合作和交流。建设21世纪海上丝绸之路倡议的提出为中国与南亚合作增添新的动力。印度既处于丝绸之路经济带辐射区，又是海上丝绸之路的重要节点，中印合作对于一带一路战略构想的成功具有举足轻重的意义。马尔代夫和斯里兰卡地处印度洋中部地带，扼守印度洋重要国际航道，自然是海上丝绸之路的重要组成部分。斯里兰卡还是第一个以政府声明的形式表达对21世纪海上丝绸之路倡议支持的国家。斯里兰卡还利用中国政府的贷款投资高速公路、公共福利设施以及港口等基础设施，从而能够促进其他服务业的发展。统计显示，中国对斯里兰卡的投资是印度对该国投资的14倍多。③ 不久前习近平主席对斯里兰卡等三国的访问，凸显中国构建丝绸之路经济带的战略理念。④

近年来中国与孟加拉国关系发展很快，尤其是机制化架构下两国日益增长的经贸关系。2014年6月孟加拉国总理谢赫·哈西娜应李克强总理的邀请，对中国进行正式访问。两国签署深化更加紧密的全面合作伙伴关系的联合声明，强调，经贸合作是中

---

① Nilanthi Samaranayake, “The Indian Ocean: A Great-Power Danger Zone”, *The National Interests*, May 2014.

② ［印］阿班蒂·巴塔查里亚：《莫迪在巴基斯坦问题上修正方向》，载《参考资料》2014年9月29日，第7页。

③ ［印］卡比尔·塔内贾：《对中国和印度来说，斯里兰卡是游戏规则改变者?》，日本《外交学者》网站，2015年1月25日，载《参考资料》2015年2月3日，第13-15页。2009年以来，中国向斯里兰卡投资接近50亿美元，而印度只有3.5亿美元。

④ 《专家：习近平“两亚行”拓展中国战略空间》，载《人民日报》海外版2014年9月10日。

孟更加紧密的全面合作伙伴关系的重要组成部分。双方同意，在平等互利的基础上，进一步加强两国贸易、投资、金融、农业、科技创新、卫生、教育、交通、基础设施建设等领域的合作。同意进一步采取具体措施扩大双边贸易，加强经济合作，增加投资，以减少日益扩大的双边贸易不平衡。中孟双方同意继续加强在区域合作中的沟通与协调，推动南亚区域合作联盟框架内的合作。双方认为，孟中印缅经济走廊与本地区其他互联互通倡议形成重要互补，为中孟深化互利合作和实现可持续发展提供了重要平台。各方应通过孟中印缅经济走廊释放本地区全面发展的潜力，实现地区和平、稳定和公平及可持续发展。双方同意，就推进孟中印缅经济走廊建设同其他国家保持积极接触，希望四国实现互利、注重实效的合作。① 中国与南亚国家的机制性合作关系有利于维护南亚地区的持久和平与稳定。

在当代国际秩序转变的环境下，印度与美国等西方大国建立战略伙伴关系，虽然有利于促进世界朝多极化方向发展，维持世界与地区的稳定；但美印建立战略伙伴关系不排除美国利用印度实现牵制中国的战略目的。“尤其是印度与大国进行的军事安全合作，对中国的安全带来双重影响”。②因此，中国进一步发展与巴基斯坦的友好合作关系对维护南亚地区局势的稳定与改善具有十分重要的意义。

三、中印关系中的美国因素

美国是南亚大国关系互动中的首要因素。③ 上世纪50至60年代，美国与印度关系密切。1971年印度与苏联签订和平友好合作条约并发动肢解巴基斯坦的第三次印巴战争后，印美关系严重受挫。80年代后期双边关系有所恢复。1998年，印美关系因印进行核试跌入低谷。“9·11”事件后，印度支持美国打击恐怖主义，美国宣布取消因1998年印巴核试验对印巴实行的制裁。2000年3月，克林顿总统访印，两国同意建立持久的，政治上有建设性、经济上有成果的新型伙伴关系。这次访问被认为是美国调整对印政策的“里程碑”。此后的小布什政府不仅继续美印关系升温的势头，而且加快了与印度建立战略合作关系的步伐。

“9.11”事件后美国也很快提升与巴基斯坦的战略关系，印度试图阻止美巴合作的

① 《中华人民共和国与孟加拉人民共和国关于深化更加紧密的全面合作伙伴关系的联合声明》，载《人民日报》2014年6月11日。

② 赵兴刚：《当前印度的对外战略与中国的安全环境》，载《西安电子科技大学学报（社科版）》2004年6月第14卷第2期，第92页；中国人民大学书报资料中心《中国外交》，2004年第10期，第51页。

③ 李昕：《调整中的中印巴三角关系》，载《南亚研究季刊》2007年第2期，第46页。

意图受到挫折。印度对美国表示了不满，抱怨美国在反恐问题上采取双重标准，不理解印度对克什米尔恐怖活动和印度安全的严重关切。瓦杰帕依总理在美国宣布对印巴解除制裁后对国内记者说："印度因克什米尔发生的恐怖活动而受到了巨大损害，但是华盛顿并没有关注这一点"。[①] 由于印度的战略重要性以及美印两国在打击恐怖主义、遏制伊斯兰原教旨主义方面的共同利益，美国没有因为与巴基斯坦的合作而忽视或疏远印度。为了不影响美印关系的发展，也为了避免印巴之间爆发战争干扰美国在阿富汗的反恐战争，美国极力安抚印度，称两国在反恐问题上是天然的盟友，保证美国发展对巴关系不会损害印度的利益。美国在解除了对巴基斯坦核制裁的同时也解除了对印度的制裁。[②]

美国全球反恐战略的要求使其的安全利益与南亚局势产生关联，从而导致与印度、巴基斯坦的关系互动。在克什米尔问题上，尽管美国表示不当"调解者"，而是印巴关系和解的"促进者"[③]，但事实证明它无法避免介入印巴的克什米尔冲突。美国既看重美巴反恐合作，又强调美印战略伙伴关系的南亚平衡政策从根本上影响了印巴两国的战略选择，也使美国能在印巴关系从战争危机转向和解的过程中始终扮演重要的角色。尽管 2001 年 12 月 13 日印度议会大厦袭击事件直接引发了 2002 年的印巴军事对抗，"边缘政策"一度使南亚爆发全面战争的风险骤增，但在美国反恐战略和印巴"核因素"的双重制约下，这场危机最后成为双方解决争端、实现和平的难得机会。美国通过国际反恐战略将印巴两国的利益绑到一起，对两国恩威并重，既提供大量援助，承诺深化与双方的战略合作，又积极影响两国的政策，促使印度和巴基斯坦在反恐和核领域增强信任建设，从而促成印巴两国的对话与和解。这些事件与过程之间的联系表明，"9·11"事件及其后续发展是推动印度、巴基斯坦关系正常化的重要催化剂。印巴对话与和平进程由此展开。尽管对话与和平进程的最终效果尚无法确认，但双方的意图日趋明确，就是要实现双边关系的和解，消除滋生恐怖主义的温床，在保障自身国家利益的同时谋求共同安全与发展。这应该是"9·11"事件及其后续发展对南亚地区安全秩序带来的最深远影响。[④]

奥巴马政府上台以后，在南亚战略上，奥巴马更看重对反恐具有重要战略地位的

---

① 张蕴岭、孙士海主编：《2002 年亚太发展报告》，北京：社会科学文献出版社 2003 年版。

② 2009 年 9 月至 2010 年 2 月，笔者在约翰·霍普金斯大学高级研究院访学期间，多次参加美国著名智库卡耐基国际和平基金会学术研讨会，在讨论美国和印巴关系时，罗伯特·卡根等人坚持认为美国是印度和巴基斯坦的天然盟友，曾引起学者们的争议。

③ T. V. Parasurarn, " US facilitator, not mediator, says Powell ", http: //www. rediff. com/ news/2002/jun/14war. htrn.

④ 张力：《9·11 事件后美国反恐战略对南亚安全格局的影响》，载《四川大学学报》2006 年第 6 期，第 28 页。

巴基斯坦。“阿巴新战略”的出台加深了美巴之间的合作关系。但是，虽然美国明白只有通过巴基斯坦才能解决阿富汗问题，但巴基斯坦问题的解决则有赖于印巴克什米尔问题的消减，这需要印度以更加积极的姿态缓和与巴基斯坦的关系。特别是在反恐后期以及将来美国军队撤离阿富汗之后，亟须扶植一个“代理人”确保南亚局势的稳定。而作为南亚唯一大国的印度无疑成了美国的首选。在反恐问题上需要印度的支持，使美国主动向印度靠拢。① 而印度的崛起正在改变全球地缘政治版图，这对美国自身的全球利益具有重大影响，加强美印战略伙伴关系变得迫切而必要。② 并且与印度开展经贸合作，能让美国减少对中国市场的依赖，推动美国经济复苏和就业，同时也可以推动印度经济持续增长。按照奥巴马的说法，他将美印关系称为“21 世纪起决定性作用且不可或缺的伙伴关系”，“美国将亚洲特别是印度看作今后一个市场”。③

冷战结束后，印度失去了苏联这一盟友，于是开始寻求新的盟友，发展印美关系自然成为印度对外战略的重心。但 1998 年印度进行的核试验震惊世界，使得印美关系未能如印方期望的那样取得进展。“9·11”事件后，印度和美国建立战略伙伴关系。但印度基于英国殖民时代的经验，对超级大国怀有不信任情绪。这种不信任移植到了美国身上，也难以消除。④

美国国际问题研究专家马丁·塞亚夫（Martin Sieff）的新著《转变中的超级大国：美国、中国和印度之间新兴的关系》对中美印三边关系的历史、现实和未来进行了全景式的论述。塞亚夫认为，中印之间的战略利益关系始终是相互作用的，在过去几十年内，利益和冲突聚合伴随在一起。⑤ 1962 年中国和印度爆发的边界冲突对印度的影响极其深远，但对中国的影响却很小，因为三年后中国便陷入“文革”的动乱中。塞亚夫称，中印战争受当时国际环境的影响。当美国得知苏联将导弹部署到古巴时，美苏冲突一触即发。尽管中国和苏联在古巴导弹部署和中印边境冲突等问题上不存在任何协调，当时中苏关系处于低潮，但中国利用了导弹危机，使中国处在完全有利的地位。古巴导弹危机发生后，美国优先考虑的是全球可能爆发的热核武器战争，肯尼迪无暇顾及印度问题，这是印度人完全没有想到的，因为他们边境上的军队没有像中国

---

① 陈利君、许娟：《奥巴马访印对中印美三角关系的影响》，载《南亚研究》2011 年第 1 期，第 16 页。

② Venkatesan Vembu，“Over here，Mr. Obama，you can still win”，*Daily News & Analysis*，November 6，2010，http：//www. dnaindia. com.

③ “Remarks by President Obama and Prime Minister Singh in Joint Press Conference in New Delhi，India”，The White House，November 8，2010，http//www. whitehouse. gov.

④ ［日］土屈本武功：《如何看待进展中的印美关系》，日本《世界》月刊 2004 年 12 月号，载《参考资料》2004 年 12 月 10 日，第 24 页。

⑤ Martin Sieff，*Shifting Superpower*：*The New and Emerging Relationship between the United States*，*China and India*，Washington，D. C. Cato Institute 2009，p. 75.

军队一样配置重型武器，肯尼迪迟到的“空运”对印度来说完全于事无补。①

印美关系在后冷战时期以前所未有的速度发展，但在一系列涉及全球和地区热点问题上美印两国立场相距甚远，两国关系中还存在着难以克服的障碍，如：核不扩散问题、克什米尔问题、印度洋战略地位问题、与其他大国关系问题，还有印度国内普遍的反美情绪、美国对印度人权及知识产权保护方面的指责等问题，因此，印美两国的关系是既合作又有冲突的模式。一方面，印度积极向美国靠拢，从美国进口大量的先进军事装备和技术并频繁开展与美军方高层对话，举行美印两军军事演习。印度这样做的主要目标是借助美国获得与中国交往的比较优势，加大制衡中国的砝码。美国在同中国交往时打“印度牌”，印度也会借美国牵制中国。另一方面，印度借重美国称雄南亚，势必降低巴基斯坦在南亚地区的影响，从而使南亚地区的战略均势失衡，引发南亚地区新的军备竞赛，从而影响南亚地区稳定，这是美国所不能接受的。

不过，印度国内不少人对发展印美关系持慎重态度。印度学者型外交官巴德拉库马尔称：“印度支持美国遏制中国的报道是狭隘的”，他认为“印中两国都是多极化世界中的重要中心。美国害怕它们真正和解会削弱西方霸主地位。莫迪希望的是同所有大国保持伙伴关系，而显然支持美国‘亚太再平衡’战略不符合印度的利益”。②美国前驻印大使特雷西塔·谢弗（Teresita Schaffer）撰文指出：“印度不喜欢一个两极世界，也不喜欢一个单极世界，它喜欢一个多极世界”，③ 这同美国的全球战略形成不可调和的矛盾。实际上，在国际政治中奉行自主路线，是印度大战略的根本。

美国发展与印度关系的战略意图是拉印制华。但是，印度是否按照美国的节拍跳舞，按照印度传统的外交政策则很难说“是”，说“不”的可能性更大。印度前总理曼莫汗·辛格在人民院表示，印度加强同美国的关系，并不是要以牺牲与中国的关系为代价。他强调：“我们要同伟大的邻居中国打交道，我们要和中国建立更多的经济联系。”④ 事实上，当今中印关系的发展势头良好。塞亚夫认为，中印两国的共同利益在于，中国和印度都在崛起，民族自信心决定两国都要维护国家的主权。两国都有被外

---

① Martin Sieff, *Shifting Superpower: The New and Emerging Relationship between the United States, China and India*, pp. 81–82.

② ［印］巴德拉库马尔：《莫迪能在没有美国相助的情况下处理好对华关系》，香港《亚洲时报》2015 年 2 月 1 日，载《参考资料》2015 年 2 月 17 日，第 3 页。

③ ［美］达维·梅赫塔、特雷西塔·谢弗：《印度和美国：安全利益》，载《南亚箴言》2003 年 6 月，转引自马加力：《印美关系与中国视角》，载《亚非纵横》2004 年第 1 期。

④ 甘爱东：《后冷战时代制约印美关系发展的因素》，载《西南民族大学学报》，2007 年 2 月第 186 期，第 191~194 页。

国殖民主义统治的历史经历；两国都反对美国利用人权、非政府组织干涉各自内政。①

为了打击恐怖主义、遏制伊斯兰原教旨主义，保持印度和巴基斯坦两个有核国家的关系稳定将是美国在南亚的主要战略任务，美国将会长期对南亚地区保持影响力。未来印巴关系的发展将在很大程度上受到美国反恐战略的制约。南亚历史上第一次出现了美国与印巴两国同时建立了合作关系的局面，印巴出于各自的战略利益都将继续与美国发展关系，防止出现美国的南亚政策明显向对方倾斜的局面。在大国关系调整中，围绕印度出现了中美印、中印巴、中印俄和中印日等多组三角关系，其中美国因素最为重要。② 美国依据其全球战略的需要，在其南亚战略中先后有过“印巴并重”（上世纪50年代）、“扶巴压印”（上世纪60—80年代）、“重印轻巴”（冷战结束后）和“重印拉巴，各有倚重”（“9·11”事件后）等多种定位，都对印巴关系，乃至中印巴三角关系产生了重要影响。③ 美国的新南亚政策已经并且会继续成为塑造中印巴三角关系的重要因素。

与此同时，在中美印三国的关系中，如何处理好与美印两国的关系，塑造有利于中国发展的周边环境，成为中国外交的关键。由此，第一，中国在处理中美印三边关系时，应该避免传统的零和博弈思想，理性看待印美两国的合作。第二，不谋求地区制衡，而以地区共同利益发展与美国和印度的关系。第三，以灵活、务实的外交方式，前瞻性的战略布局发展同美国、印度的关系。第四，积极参与南亚事务，发展同南亚诸国的友好合作关系。第五，注重经济战略布局。从总体上看，中美印三角关系的结构特征是三国都在有限范围内调整外交政策，整体秩序是相对稳定的。④

四、结语

在国际秩序变化和经济秩序调整的今天，新兴大国在国际事务中发挥着非常重要的作用，金砖国家已成为推动世界多极化的重要力量。金砖国家机制具有协调机制内各国在重大国际问题上立场的功能，为新兴国家经济体争得话语权和规则制定权。金砖国家机制为机制内各国提供了领导人定期会晤的平台，通过该平台各国可以交流发展经验，解决双边政治关系中的一些问题，从而促进共同崛起。金砖国家机制在中印

① Martin Sieff, *Shifting Superpower: The New and Emerging Relationship between the United States, China and India*, pp. 100-101.

② 李昕：《调整中的中印巴三角关系》，载《南亚研究季刊》2007年第2期，第46页。

③ 薛勇：《中印巴三角关系与中国的南亚政策》，载《南亚研究季刊》2007年第1期，第36页。

④ 陈利君、许娟：《奥巴马访印对中印美三角关系的影响》，载《南亚研究》2011年第1期，第24、25页。

关系的发展过程中扮演了类似角色，中印两国通过金砖国家峰会解决两国之间存在的经贸、政治、安全等问题。尤其是解决两国贸易不平衡问题；利用金砖峰会机制消除两国的不信任感。中印两国同为亚洲文明古国，历史上一直保持友好关系。近代以来两国都遭遇了西方列强的入侵和欺凌，20 世纪中叶两国才最终获得独立和解放。中国驻印度大使张炎就曾经表示：“中印关系非常脆弱，极易遭到破坏，同时又很难得到修复，因此在信息化时代中印关系需要特别的呵护。”① 通过金砖国家合作机制，印度更能深刻感受到中国对于和平发展的渴望，可以更放心地与中国开展政治、经济往来。② 作为金砖峰会中的主要成员，中国、印度和俄罗斯之间的良好关系可以弱化中印关系之间的一些负面因素。在金砖国家合作机制框架内，印度与中国之外的其他三个成员都保持着密切的合作关系。

南亚是大国战略博弈的重要地区。美国要确保在南亚的主导地位，并借反恐和安全合作，将南亚纳入其全球战略框架，目的主要是针对中国的崛起。俄罗斯与印度的战略伙伴关系主要体现在两国领导人的定期会晤。各种势力也看好南亚的市场潜力，想要搭上南亚加速发展的快车。因此，南亚成为各种国际角色角逐的舞台，为中印巴三角关系添加了诸多参数。③ 中国积极开放的南亚政策，利用有利的地缘政治优势，全面扩大与南亚各国的合作与交流；创造条件解决存在的争端和问题；为南亚区域合作发挥更大的作用。这不仅促进中印巴三角的良性互动，而且为稳定南亚局势、扩大与该地区合作奠定基础。中国要着眼于国际斗争和稳定周边的大局，积极运筹好印巴这对矛盾关系，维护和拓展中国的战略利益。

为了适应南亚国家发展经济合作的需求，中国应积极开展经济外交，促进中印巴三角经济依存度的增大，这有利于中国平衡外交的实施。同时，中国应把准在印巴关系中的角色定位——作为合作者而不是调停人。中国应避免介入印巴纷争。只有采取中立立场，说服双方通过和平协商方式解决争端，才能使中国更为主动。另外，中国要把握好同印巴发展关系的平衡点，既要积极地同印度发展关系，又要继续巩固和推进中巴传统友好关系。其次，要认清其他外部战略力量在南亚的影响，应对好三角关系中出现的日益复杂的局面。

中国的和平友好、多边合作和稳定周边的外交战略在南亚取得了令人瞩目的成就。中印关系有了实质性改善和全面发展，中巴关系继续稳固和深入推进；印巴关系在中

---

① Sui -Lee Wee and Henry Foy, “China, India meet to focus on trade despite mistrust”, *Reuters*, Dec. 14, 2010, http: //reuters. com.

② ［印］辛仁杰、孙先朴：《金砖国家合作机制与中印关系》，载《南亚研究》2011 年第 3 期。

③ 薛勇：《中印巴三角关系与中国的南亚政策》，载《南亚研究季刊》2007 年第 1 期，第 40-41 页。

国的积极促进下出现了乐观的转机；2005 年南亚地区合作联盟组织接纳中国为观察员国，为中国更多参与南亚事务提供了新的合作平台。中印关系的发展将使世界 40%的人将走向繁荣，“如果两国能走到一起，整个地区可能出现一种新的世界秩序，这将使亚洲所有人受益”。①

① ［美］鲁可蒂：《印度象能抗衡中国龙吗？“今后 20 年不能”》，美国有线电视网站 2015 年 4 月 23 日，载《参考资料》2015 年 5 月 5 日，第 5 页。

区域与国别卷

Studies on Regions and Countries

欧洲研究

欧盟逆全球化思潮涌动的原因与表现*

郑春荣

2016 年 6 月 23 日，英国脱欧公投以脱欧派出人意料的险胜（支持率为 51.9%）而结束，有学者认为，从全球角度看，“英国退欧可以定义为反全球化第一波，表明席卷全世界特别是发达国家的民粹力量上升”。① 无独有偶，11 月 8 日美国大选，共和党总统候选人唐纳德·特朗普（Donald Trump）也逆袭成功，有专家分析指出，“特朗普现象是对 20 世纪 80 年代以来资本主导的全球化所造成经济社会后果的一种政治反映。概括地说就是两种表现，即对内的民粹主义和对外的民族主义，而这两种主义的背后又是大众的愤怒和恐惧”。②

由此可见，英美两个版本的“黑天鹅事件”的相继爆发，都与全球化进程所带来的影响有关，是“逆全球化”思潮的产物。但必须指出的是，这两个相互关联的事件，并不意味着全球化的终结，因为世界正处在新旧全球化转换阶段，与其说全球化在全面退潮，不如说新一轮全球化正在兴起。其中，以中国为引领的新兴经济体成为了新一轮全球化的重要推动力。当然，美国以及部分西方发达国家在全球化上的回缩，会给新一轮全球化带来诸多复杂的挑战。对此，非常重要的是观察欧美的“逆全球化”思潮将会如何进一步发展。与此相应，本文旨在分析欧盟“逆全球化”思潮涌动的原因及其具体表现，并结合特朗普当选，简要分析欧盟“逆全球化”思潮的未来走向。

一、关于“逆全球化”的理论思考

在本轮始于 20 世纪 80 年代，由美国主导以及西方发达国家引领的全球化进程中，

---

* 本文刊发于《国际展望》2017 年第 1 期，第 34-51 页。

① 何亚非：《英国退欧：去全球化浪潮第一波》，“中美聚焦”网站，2016-06-29，参见 http：//cn. chinausfocus. com/m/6320. html。

② 郑永年、莫道明：《如何避免“特朗普现象”在中国蔓延扩散》，凤凰国际智库，2016 年 11 月 26 日，参见 http：//pit. ifeng. com/a/20161126/50320854_ 0. shtml.

全球化已经成为全球经济增长的强大动力，但在2008年金融危机爆发之后，国际贸易萎靡不振，国际投资下滑，贸易保护主义开始抬头，“逆全球化”的趋势日益显著。

“逆全球化”，又称“去全球化”，与以资本、生产和市场在全球层面加速一体化的全球化进程背道而驰，是指重新赋权给地方和国家层面。① 之所以出现这种向地方和国家层面“返回”的过程，原因之一在于世界贸易的扩散加剧了不同国家和地区之间及其内部的不平等状况；② 换言之，此轮全球化进程导致西方一种新的结构性分歧的形成，即全球化赢家与输家之间的对立。③ 如果认为全球化时代的中心分歧点是世界主义（Cosmopolitanism）与社群主义（Communitarianism），④ 那么“逆全球化”的主导思想无疑又回归到了社群主义。

一般认为，“现代化输家”（Modernization Losers）论点可用于解释反复出现的社会变迁所造成的扭曲与断裂。从历史发展来看，由于历史情势的不同，现代化在各个时期的表现也会有所不同，因而会冲击到不同人群并触发相应的政党崛起和壮大。鉴于全球化也被普遍认为是一种现代化进程——现代化是指一个社会从一种旧的状态发展进入一种新的状态，它也会造成赢家和输家，因此可以认为，“现代化输家”论点也能用于解释当前的全球化造成的影响，包括“逆全球化”思潮及其现象发生的原因。

“现代化输家”论点虽在20世纪90年代才被广为运用，但其基本要素的形成要早得多。“现代化输家”是指收入低、受教育程度差的群体，不能适应现代化进程，并为此在态度上与行为上与其他居民群体相区别。⑤“现代化输家”论点的主要内容是，西方工业社会处在持续的经济、社会、文化与政治变迁之中，这一变迁要求社会成员不断做出调整。在这个过程中，客观的或至少是主观感知到的经济边缘化、面临的身份地位与声誉损失以及社会排斥对个体产生影响，导致他们产生行动上的不安全感以及无能与孤立的体验，并最终使他们形成右倾的态度模式。自己的“低人一等”的感觉在心理上需要通过面对少数人群（“外部人”）的优越感和激进的民族主义来求得补

---

① See Walden Bello, *Deglobalization: Ideas for a New World Economy*, New Updated Edition, Dhaka: University Press Ltd., 2004.

② Martin Khor, *Rethinking Globalization: Critical Issues and Policy Choices*, London: Zed Books, 2001.

③ Hanspeter Kriesi, et al., “Globalization and the Transformation of the National Political Space: Six European Countries Compared”, *European Journal of Political Research*, Vol. 45, 2006, pp. 921-956.

④ Michael Zürn and Pieter de Wilde, “Debating Globalization: Cosmopolitanism and Communitarianism as Political Ideologies”, *Journal of Political Ideologies*, Vol. 21, No. 3, 2016, pp. 281-301.

⑤ 例如参见 Nobert Götz, “Modernisierungsverlierer oder Gegner der Reflexiven Moderne?”, *Zeitschrift für Soziologie*, Vol. 26, No. 6, 1997, pp. 393-413. 作者在文章中把“现代化输家”的客观标准和主观认知结合在一起。一种更为细化的“现代化输家”与“现代化赢家”的分类尝试（输家与赢家都分为绝对的与臆想的两类），参见：Markus Hadler, “Modernisierungsverlierer und-gewinner. Ihre Anteile, Wahrnehmungen und Einstellungen in einem 30 Staaten umfassenden Vergleich”, *SWS-Rundschau*, Vol. 44, No. 1, 2004, pp. 7-32.

偿，由此产生了对相应政策供给的需求，而右翼民粹政党很好地迎合了这种需求，如果其他的政治机会结构有利的话，这些政党就有望在各层级的选举中获胜。①

汉斯彼得·克里希（Hanspeter Kriesi）指出了现代化进程带来的各种结构变迁及其影响，并由此阐释了右翼民粹政党的崛起与“现代化输家”之间的关系。他把全球竞争的加剧与个体适应能力所受压力的增强联系在一起，并指出，这种适应能力尤其取决于文化资本即教育的可能性。在他看来，日益加剧的国际竞争尤其迫使高度发达的工业国家专门从事高度知识密集型商品与服务的生产和提供。其带来的结果是劳动力市场的差异化与分割化，而与此直接相关的是社会状况的日益分化、生活机遇的异质化、个人生活状况以及社会群体之间相对地位的不稳定化。由此从中产生了两个冲突：第一个是现代化进程的赢家（来自新的受教育背景好的中产阶层）和一个异质的输家阶层之间的冲突；第二个是现代化赢家阶层内部不同群体之间的冲突。② 从这个视角出发，右翼民粹政党的成功主要可以解释为“现代化输家”的反抗，一方面是反对在日益加速的全球化进程中不断扩大的收入差别、不断增加的大量失业以及相对的边缘化趋势，二是反对主流政党和精英没有能力和意愿有效应对这些过程。③ 贝茨（Hans-Georg Betz）认为，右翼民粹思想的显著特征在于特别强调“差异”和“捍卫文化（自有）特征”这两个概念，他们运用这两个概念，赋予同他们看来最大的两个威胁的斗争以合法性，即全球化与伊斯兰主义。④

总体上可以认为，全球化进程带来的后果与右翼民粹政党的崛起之间有着紧密的关联性。⑤ 右翼民粹政党的成功是全球化的阴暗面之一，⑥ 全球化所带来的后果是右翼民粹分子的“力量之源”。尤尔根·哈贝马斯（Jürgen Habermas）也认为，全球化的经济后果包括“受沉沦威胁的阶层对身份地位的恐惧以及自我捍卫的反思”，这为“右翼

① Tim Spier, *Modernisierungsverlierer? Die Wählerschaft rechtspopulistischer Parteien in Westeuropa*, Wiesbaden: VS Verlag für Sozialwissenschaften, 2010, p. 17.

② Hanspeter Kriesi, “Movements of the Left, Movements of the Right: Putting the Mobilization of Two New Types of Social Movements into Political Context”, in Herbert Kitschelt et al., eds., *Continuity and Change in Contemporary Capitalism*, Cambridge: Cambridge University Press, pp. 403-404.

③ Frank Decker, *Parteien unter Druck. Der neue Rechtspopulismus in den westlichen Demokratien*, Opladen: VS Verlag für Sozialwissenschaften, 2000.

④ Hans-Georg Betz, “Rechtspopulismus in Westeuropa: Aktuelle Entwicklungen und politische Bedeutung”, *Österreichische Zeitschrift für Politikwissenschaft*, Vol. 31, No. 3, 2002, p. 262.

⑤ See Tim Spier, “Populismus und Modernisierung”, in Frank Decker, ed., *Populismus in Europa. Gefahr für die Demokratie oder nützliches Korrektiv?*, Bonn: Bundeszentrale für politische Bildung, 2006, pp. 33-58.

⑥ Wilhelm Heitmeyer and Dietmar Loch, eds., *Schattenseiten der Globalisierung*, Frankfurt a. M.: Suhrkamp, 2001, pp. 497-534.

民粹的情绪氛围"的产生提供了基础。①

本文以下主要分析三个在欧盟内可以观察到的"逆全球化"现象，即右翼民粹政党的普遍崛起、英国公投脱欧以及欧盟贸易保护主义势力的抬头。在笔者看来，这些现象某种程度上都可以运用"现代化输家"论点加以解释。为了呈现"现代化输家"的形成，本文下一节将重点阐述2008年全球金融危机爆发以来欧盟内不平等状况的加剧。

但正如有学者所指出的，"现代化输家"论点在解释西欧各国右翼民粹政党崛起方面存在说服力不足的问题，② 因此对于这里的三个案例，除了前面提到的需求侧的原因（"现代化输家"及其反移民和反建制派情绪）以外，还有供给侧的因素（即右翼民粹政党的组织与策略）以及各国不同的制度性原因（如选举体制、政党体制、媒体）等。③

二、全球金融危机以来欧盟内不平等状况的加剧

如上所述，"现代化输家"论点是基于本轮全球化在各国之间和各国内部造成了赢家和输家。尤其自2008年金融危机爆发以来，全球深陷低速增长、跨境贸易低迷以及量化宽松货币政策失灵的泥潭，世界经济短中期内并无摆脱阴霾的征兆。欧盟经济由于欧盟内一系列危机如欧债危机、乌克兰危机、难民危机、暴恐危机、英国脱欧危机的叠加而雪上加霜，而欧盟内的社会两极化和不平等状况也日益严重。

根据欧盟统计局的数据，欧盟28国和欧元区19国经济在2009年降至20多年来的最低点，平均跌幅为4.37%和4.52%。在2010年反弹后，2012年增长率再次分别下跌至-0.5%和-0.9%。在这之后，经济才缓慢回升，但增长依然比较脆弱，有些国家的增长还很乏力。例如，2015年年底希腊、芬兰和意大利的增长率分别为-0.2%、0.2%和0.8%。相较于经济增长率，欧盟和欧元区的失业率激增后并无明显好转。2009年欧盟和欧元区的失业率激增至9.0%和9.6%，2013年达到10.9%和12%。直到2015年年底，欧盟和欧元区的失业率依然维持在9.4%和10.9%的高水平。此外，欧盟内依然存

---

① Quoted in Tim Spier, *Modernisierungsverlierer? Die Wählerschaft Rechtspopulistischer Parteien in Westeuropa*, Wiesbaden: VS Verlag für Sozialwissenschaften, 2010, p. 18.

② See Hans-Georg Betz, "Rechtspopulismus in Westeuropa: Aktuelle Entwicklungen und politische Bedeutung", pp. 258-260. 该作者在另一篇文章中认为，各国右翼民粹势力的发展受到该国福利体制结构的影响，参见 Duane Swan and Hans-Georg Betz, "Globalization, the welfare state and right-wing populism in Western Europe", *Socio-Economic Review*, No. 1, 2003, pp. 215-245.

③ 这些因素的分类受到了英国基尔大学比较政治学教授卢瑟（Kurt Richard Luther）的启发，在此表示感谢。

在着青年失业率高企的结构性问题，直到 2015 年年底，青年失业率仍然超过 20%，远高于金融危机爆发前 16%以下的水平。

金融危机爆发以来，不仅欧盟各国之间的收入与财富差距不断扩大，而且欧盟各国内部的收入差距和社会不平等状况也在加剧。根据欧盟统计局的数据，欧盟各国平均基尼系数（社会转移后数值）在 2012 年后一直缓慢上升，2015 年甚至从 3 年前的 30.4%上升到 31%；欧元区的基尼系数在 2012 年也为 30.4%，2015 年上涨到 30.8%，其中 2014 年甚至达到 31%。① 而且，欧盟范围受贫困或社会排斥威胁的人员比例期间虽略有改善，但仍处于令人非常担忧的状态：目前有近四分之一（23.7%）的欧盟公民被视作是受贫困或社会排斥威胁的。另外一个相关的忧患在于，越来越多从事全日制工作的人受到贫困的威胁。在整个欧盟范围，这一比例从 2009 年的 7.0%增长到 2015 年的 7.8%。尽管德国总体上就业率上升、失业率下降，但这一比值在 2015 年仍然达到了 7.1%，比 2009 年时增加了两个百分点。

另外，欧盟内北欧与南欧国家之间的社会鸿沟依然巨大。这尤其体现在希腊和西班牙庞大的贫困人口数量上。在这两个国家，受贫困或社会排斥冲击的人的比重分别达到 28.6%和 35.7%；儿童和青少年群体的比例更高。事实上，自金融危机爆发以来，在绝大多数欧盟成员国，儿童和青少年的发展机遇恶化了，有的国家甚至是显著恶化。在欧盟范围，年轻人的参与机遇都要差于危机爆发前的 2008 年。与此相应，同样令人瞩目的是危机爆发以来，代际收入差距也扩大了：由于危机期间老年人养老金的缩水幅度没有年轻人的收入那么大，受贫困或社会排斥威胁的老年人的比例从 2008 年的 23.3%下降到了 2015 年的 17.4%。②

由此可见，自 2008 年金融危机爆发以来，社会不平等状况恶化，迄今为止恢复有限；同时，欧盟内部在收入不平等方面还存在着南北落差和代际落差。换言之，尽管以年轻人为主的下层和中下层人群参与机遇恶化，但受危机冲击的群体远不仅于此；事实上，金融危机及之后的经济危机与欧债危机也加剧了对欧盟内中产阶层（收入介于中位收入的 60%和 200%之间）的侵蚀。国际劳工组织（International Labor Organization）和欧盟委员会合作编制的一份调查报告表明，自金融危机以来日益增加的不平等状况导致欧盟大多数国家中产阶层的瘦身。中产阶层的萎缩进一步导致各国国内总体需求的下降，长期经济增长趋势放缓，并造成社会和政治不稳定，继而煽动“现代化

① 以上数据均来自欧盟统计局网站，参见 http：//ec.europa.eu/eurostat/.

② Daniel Schraad-Tischler and Christof Schiller, *Soziale Gerechtigkeit in der EU - Index Report* 2016：*Social Inclusion Monitor Europe*，Gütersloh：Bertelsmann Stiftung，2016.

输家”的反抗和右翼民粹政党的崛起。[①] 很大程度上，由全球经济危机而来的中产阶级人口明显下降，极富和极穷人口明显增加，导致所谓“M 型社会”的形成并产生全球性政治、经济和社会影响，这在欧盟内部体现得尤为明显。

三、欧盟“逆全球化”思潮的具体表现

如前所述，本文以下聚焦右翼民粹政党的崛起、英国公投脱欧和欧盟贸易保护主义抬头等三个现象。应该指出的是，这三个现象是相互关联的，有时还发挥着相互助推的作用。

（一）欧盟内右翼民粹主义政党的普遍崛起

无论是民粹主义还是右翼民粹主义或左翼民粹主义，学界都没有非常准确的定义。但民粹主义的一个重要且很大程度上普遍的特征是，它们呼吁的是臆想中均质的“人民”或“小人物”，并为后者树立起两个维度的敌对形象：一是纵向维度，针对的是主流精英或曰建制派，由此民粹主义政党把自己视为“人民”的唯一的真实的代言人；二是横向维度，针对的是在民粹分子看来不属于“人民”的边缘化人群，即“我们”与“他们”之间的对立。通常，纵向的敌对形象被与横向敌对形象联系在一起，例如民粹分子声称，社会精英以“人民”为代价，有意扶持“外部人”。此外，民粹主义依赖于魅力型领袖人物且具有运动型组织特征。至于右翼民粹主义，它虽因各国特殊因素的不同（例如历史、政治体制与文化）而呈现出不同的形式，但它们也有类似性。总体而言，对于右翼民粹主义而言，重要的特征则是民族主义、仇外和威权主义，[②] 它们眼里的“外部人”主要是移民，他们被认为受到了（腐败的）精英阶层的欢迎。而且，所谓“政治正确”的东西以及主导的话语都被右翼民粹分子宣布为其最大的敌人。[③]

最近 20 多年以来，右翼民粹政党[④]几乎在西欧和北欧的所有国家、而且也日益在

---

① ILO, *Trends in the World of Work: What Effects on Inequalities and Middle-Income Groups*, Brussels, 2016; see also Daniel Vaughan-Whitehead, ed., *Europe's Disappering Middle Class? Evidence from the World of Work*, Cheltenham: Edward Elgar, 2016.

② Tim Spier, *Modernisierungsverlierer? Die Wählerschaft Rechtspopulistischer Parteien in Westeuropa*, Wiesbaden: VS Verlag für Sozialwissenschaften, 2010, pp. 18-24.

③ Thomas Greven, *The Rise of Right-wing Populism in Europe and the United States: A Comparative Perspective*, Friedrich-Ebert-Stiftung, May 2016.

④ 在南欧的希腊，则是左翼民粹政党“激进左翼联盟”掌权。

东欧取得成功。[①] 尤其是2008年以来的“大衰退”加速了（右翼）民粹政党的壮大，[②] 全球金融危机和欧债危机使得欧洲经济持续低迷，失业率居高不下，激起了一些民众的排外情绪，欧洲难民危机的爆发更是助长了民众的不满和仇恨，右翼民粹势力借此得以扩张，一些欧洲国家的政局呈现右转趋势。具体而言，在法国和意大利，右翼民粹政党国民阵线和五星运动已经有望挑战执政地位，而德国另类选择党崛起的势头也令人瞩目，英国独立党在英国公投脱欧过程中也发挥了重要的摇旗呐喊的作用。波兰的法律与正义党、匈牙利青年民主主义者联盟甚至已经上台执政。这些右翼民粹政党尤其在2014年5月的欧洲议会选举中成为了最大赢家。可以说，欧洲正经历着一个“民粹主义时刻”。[③] 下文选择德国另类选择党和法国国民阵线这两个右翼民粹政党，通过具体分析其纲领（供给侧因素）和选民结构（需求侧因素），寻找其崛起与“现代化输家”之间的关联。

由于历史教训，德国长期以来存在着“反民粹主义共识”。[④] 因此，右翼民粹政党一直以来难以立足。但随着德国另类选择党的崛起，情况似乎发生了改变。作为以反欧元的抗议运动起家的德国另类选择党，虽然在2013年的联邦议院选举中最终未能越过进入议会所需的5%的门槛，但在其后的各次州议会选举中都进入了州议会，在目前联邦议院选举的民调中得票率达到了两位数（12%至15%之间），有望在2017年的选举后作为首个右翼民粹政党进入德国联邦议院。[⑤] 德国另类选择党吸引了反建制、反自由化、反欧洲和反对一切可被视为标准的事物的选民。考察德国另类选择党的纲领可以发现，它要求一个“自主的”德国，主张欧洲不能成为中央集权的联邦制国家，并威胁说，如果他们的基本改革方案不能在欧盟现有体系中实现，就会致力于让德国退出欧盟或欧盟的解体。此外，它要求有序结束欧元区，如果联邦议院不赞同这一要求，它建议就德国是否留在欧元区举行全民公投。而且，它主张实施德国的主导文化，并认为多元文化主义思想是对德国社会和平以及德意志民族作为文化统一体存续的严重

---

① Frank Decker, ed., *Populismus in Europa: Gefahr für die Demokratie oder Nützliches Korrektiv?* Bonn: Bundeszentrale für politische Bildung, 2006; Ernst Hillebrand, ed., *Rechtspopulismus in Europa: Gefahr für die Demokratie?* Bonn: Dietz, 2015.

② Hanspeter Kriesi and Takis S. Pappas, eds., *European Populism in the Shadow of the Great Recession*, Colchester: ECPR, 2015.

③ Lawrence Goodwyn, *The Populist Moment*, Oxford: Oxford University Press, 1978.

④ Nikolaus Werz, “Erscheinungsformen und Debatten um den Populismus in Deutschland”, in Alexander Gallus, Thomas Schubert and Tom Thieme, eds., *Deutsche Kontroversen. Festschrift für Eckhard Jesse*, Baden-Baden: Nomos, 2013, p. 421.

⑤ 从政治机会结构和话语机会结构两方面分析德国另类选择党的崛起，参见 Christian Nestler and Jan Rohgalf, “Eine deutsche Angst - Erfolgreiche Parteien rechts von der Union. Zur AfD und den gegenwärtigen Gelegenheitsstrukturen des Parteienwettbewerbs”, *Zeitschrift für Politikwissenschaft*, Vol. 61, No. 4, 2014, pp. 389-413。

威胁；为此，它特别强调，伊斯兰主义不是德国的组成部分。在移民方面，它要求彻底关闭欧盟外部边境，在所有德国边境引入严苛的人员检查。其理由是欧洲的自由迁徙权导致欧盟内大量移民从较贫穷的国家来到较富裕的国家，尤其到德国来。为此，必须阻止以直接移入到德国社会福利体制为目的的移民。① 由此可见，德国另类选择党将一个新的分岐线，即支持关闭边境者与支持开放边境者之间的分歧政治化了。② 如前所述，德国另类选择党迄今已经进入了德国16个州中的10个州的州议会。从其选民结构来看，虽然没有集中分布在某个固定的社会阶层，但德国另类选择党的支持者更多是对政治和社会现实存在不满和失望情绪的民众，在德国东部，这种不满情绪更甚。他们中有不少属于典型的中产阶层，之所以选择支持德国另类选择党，是因为该党关于欧债危机和难民危机给德国经济社会造成消极影响的论调切中了其对于现有政治的悲观认识，或者唤起了其警醒态度。③

1972年建立的法国国民阵线，一直到20世纪80年代中期将议题局限在狭隘的极右范畴，如今它已经发展成为法国的第三大政治力量。现国民阵线主席玛丽娜·勒庞（Marine Le Pen）在2012年的法国总统初选中获得了17.9%的选票；而在当年的法国议会选举中，该党得票率增加了9%以上，达到13.6%。身份认同是国民阵线思想中的核心内容，与此相关，选民支持国民阵线，也是因为他们赞成国民阵线提出的拒绝外来移民和对安全的要求。选民选择国民阵线还由于他们面临社会解体的危险、经济上的不确定性以及（实际或象征性的）身份地位丧失。从选民结构来看，主要是下层人群支持国民阵线。2012年的总统选举表明，勒庞的选民很大一部分是未受过培训的工人、一般技术工人以及普通职员。④ 从政策主张上看，国民阵线除反移民、反穆斯林以外，近年来也日益表现出反欧洲一体化和反全球化的特征，国民阵线期间提出了"法国人优先"的口号，称欧盟将像苏联一样"瓦解"，主张法国脱离欧元区和北约，要求恢复边境控制，并执行彻底的经济保护政策以确保法国实现再工业化。⑤ 进入2015年夏天以来，随着欧洲难民危机的持续发酵，国民阵线鼓吹的反移民排外思想的影响力进一步扩大。在2015年11月巴黎遭遇了史无前例的血腥恐袭事件以后，袭击者利用难

① Alternative für Deutschland, *Grundsätze für Deutschland. Programm der Alternative für Deutschland*, beschlossen auf dem AfD-Bundesparteitag in Stuttgart am 30, April und 1, Mai 2016.

② 法伊特·赛尔克著、魏琪译、王程乐校：《右翼民粹主义政党德国另类选择党的思想基础与政治意义》，载《德国研究》2016年第3期，第4-21页。

③ 伍慧萍、姜域：《德国选择党——疑欧势力的崛起与前景》，载《国际论坛》2015年第2期，第70-71页。

④ Jean-Yves Camus, "Frankreichs Front National auf dem Weg an die Macht?", in Ernst Hillebrand, ed., *Rechtspopulismus in Europa: Gefahr für die Demokratie?* Bonn: Dietz, 2015, pp. 24-30.

⑤ 张健：《当前欧洲极右势力抬头述评》，载《现代国际关系》2011年第10期，第23-29页。

民身份抵达欧洲并实施恐怖主义袭击的调查结论，更让其主张的“外来移民是法国恐怖主义根源”的论调获得了更多法国民众的认可。为此，在 2015 年 12 月举行的法国大区选举的首轮投票中，国民阵线再次取得历史性成就，在 13 个选区中的 6 个取得领先，虽然选民在第二轮投票中复归理性，不再为了抗议主流政党而投票给国民阵线，导致国民阵线最终遭遇惨败，但是，国民阵线的发展势头绝不可小视。① 目前，国民阵线主席勒庞有望在 2017 年的法国总统选举中进入第二轮，虽然最终胜选的机会在观察家看来并不大，但勒庞本人充满了信心。

以上分析表明，在德国和法国，尤其是那些自认为“现代化输家”的下层人群是右翼民粹政党的主要支持者。在这些人看来，全球化是某种外来的“恶的”东西，给他们带来了移民，并由此带来了工作岗位的不稳定性、生活状况的恶化和身份地位的威胁。这些失去方向的、社会上被边缘化的人在右翼民粹政党那里找到了归属感。而且，这些“小人物”的需求也得到了满足：一方面，通过把负面的现代化后果或至少未能采取有效措施缓解后果的责任归因于“腐败的”精英，满足了“小人物”对政治精英的不满；另一方面，通过与精英和外来移民划清界限，增强了他们在“小人物”共同体中的归属感，由此支持了他们的身份认同的形成过程。

（二）英国公投脱欧

对于英国脱欧到底是“逆全球化”还是全球化发展的新动力，国内学界有不同的观点。一般认为，区域一体化是达到全球化的必经之路，而欧洲一体化恰恰是最深入和广泛的区域一体化形式。从这个视角出发，英国脱欧无疑是参与全球化进程的逆转。但另一种观点则认为，区域一体化在某种情况下会退化为“紧身衣”，从这个视角来看，无疑脱掉欧盟这件“紧身衣”的英国重新拥有了拥抱全球化的机遇。② 笔者并不赞同后一种观点，因为在导致英国退欧的诸多因素中，最根本的原因是全球化程度的加深以及与之相关联的经济、政治和社会不平等的加剧。③ 本文以下有关英国脱欧的原因分析表明，英国脱欧的主要原因之一也在于英国想要控制移民人数，尤其是来自欧盟内部的移民，反对这类人员适用欧盟的人员迁徙自由政策。

英国统计局 2016 年 5 月发布的数据显示，2015 年进入英国的净移民人数达到 33.3 万人。其中，有 18.4 万人来自欧盟成员国（主要是中东欧国家），创历史最高纪录。

---

① 宋全成：《欧洲难民危机政治影响的双重分析》，载《欧洲研究》2006 年第 1 期，第 128-142 页，这里是第 133 页。

② 原松华：《英国“脱欧”：逆全球化还是全球化发展的新动力?》，载《中国发展观察》2016 年第 14 期，第 14-16 页。

③ 罗伯特·盖耶尔、沈伟：《英国退欧的原因、过程及其对英国—欧盟—中国关系的影响》，载《欧洲研究》2016 年第 4 期，第 56-64 页，这里是第 56 页。

英国时任首相卡梅伦（David Cameron）曾承诺将进入英国的净移民人数控制在每年10万人之内，他未能兑现承诺给英国脱欧埋下了伏笔。有统计显示，在从2011年至2015年的5年中，进入英国的净移民人数增加一倍；相比2004年欧盟东扩之际，进入英国的净移民人数增加了近10倍。① 这些欧盟内的移民被指责大量耗费了英国的社会福利资源，同时抢占了英国人的就业岗位等。

2016年6月23日英国公投选择脱欧的因素是多方面的。首先可以从英国时任首相卡梅伦在公投前与欧盟谈判达成的妥协中，看出英国的关切。根据该协议，英国彻底告别建立一个“日益紧密联盟”的一体化目标；引入针对社会福利倾销的“紧急刹车”。据此，当英国的福利体制承受特别压力的时候，英国政府可以在未来7年里削减来自欧盟其他成员国劳动力（主要是来自东欧的工作移民）的社会给付。② 由此可见，英国关切的议题主要是主权和限制移民。

有学者分析认为，在英国公投中选择脱欧的是那些感觉被排斥在现代高度联网的经济与社会生活之外的人。主张留欧和主张脱欧的人的根本分歧在于他们之间出现了根本性鸿沟，前者是能够在一个联网的世界里想像自己可见未来的人，而后者则无法做到。对于后者而言，公投就成为了他们的最后一条防线，来保证民族国家政治的优先性和地方的认同。英国公投结果也表明了这一点。平均受教育水平不同的地区选民投票差异明显，在选民平均受教育水平低的地区，投票选择脱欧的比例最高；相反，英国全部20个选民平均受教育水平最高的地区都选择了留欧；受过高等教育者中主张留欧、脱欧之比为68：32，而在只受过普通中等教育及以下人群中则为30：70。③ 职业背景方面也呈现出类似特征：从事专业性职业者比例高的地区显示留欧投票比例高，④ 小时工资中位数更高的地区，也更多地选择留欧。⑤ 另外，从选民人群的年龄来看也呈现明显分歧。49岁以上的人多数支持脱欧，且年龄越大，支持脱欧的人数比例就越高；而49岁以下的人多数支持留欧，且年龄越小支持留欧的比例就越大。其中，18~24岁年龄段留欧支持率最高，达到71%。这种随年龄高低呈现出的明显的规律性

① 《英国脱欧公投结果难以预测 移民问题或成决定因素》，国际在线，2016年6月17日，参见http：//news. cri. cn/20160617/fdf281ee-2e21-fbed-1a86-4ee3fed619a7. html.

② European Council，European Council meeting（18 and 19 February 2016）-Conclusions，EUCO 1/16，Brussels，19 February 2016，Annex 1. 在英国公投选择脱欧后，这些规定相应失效。

③ 丁纯：《英国退欧和欧洲的前途》，载《欧洲研究》2016年第4期，第17-25页。

④ Matthew Goodwin and Oliver Heath，“The 2016 Referendum，Brexit and the Left Behind：An Aggregate-Level Analysis of the Result”，*Political Quarterly*，Vol. 87，No. 3，2016，pp. 323-332.

⑤ Stephen Clarke and Matthew Whittaker，“The Importance of Place：Explaining the Characteristics Underpinning the Brexit Vote Across Different Parts of the UK”，Resolution Foundation，July，2016，http：//www. resolutionfoundation. org/publications/the-important-of-place-explaining-the-char acteristics-underpinning-the-brexit-vote-across-different-parts-of-the-uk/ .

选择，恰恰反映了不同年龄段的英国民众的理性选择，这是因为投票选择留欧符合全球化、一体化和互联网背景下成长起来的年轻一代的生活理念和个性追求；相对而言，49 岁以上的中老年人则对未来有限的人生时光的风险和不确定性充满厌恶，而对昔日大英帝国、英联邦以及英镑充满美好回忆。①

公投前的调查明确显示，移民问题将很可能是影响公投结果的选题，虽然英国现有移民多的地区更多地选择留欧。② 但公投结果的分析显示，脱欧投票与欧盟移民的变化比例密切相关，那些来自欧洲的移民迅速增加的地区，明显地选择脱欧。③ 还有调查表明，那些接受多元文化主义、女性主义、环境主义和全球化的人选择留欧，反之，对这一切有负面感知的人则选择脱欧。对于投退欧票的人而言，他们的决定是基于主权考虑，即他们赞同英国应能自己做出决定，这一思考的背后是这些人想要减少移民，担心欧洲一体化失控。④

综上所述，在英国脱欧公投中，也主要是那些感到受全球化，尤其是欧洲一体化负面影响的“现代化输家”选择了脱欧，这些输家更多的是受教育程度低、经济状况不稳定的“小人物”，他们在传统的政治精英以及来自中东欧的移民身上找到了发泄不满的对象，这些人也是英国右翼民粹政党英国独立党的选民群体。殊不知，英国独立党也正是打着反欧盟、反移民的旗号，在过去几年获得了越来越多的、感到自己被主流政党和全球化抛弃的“输家”的支持，得票率有了大幅的提升。

目前，英国首相特蕾莎·梅（Theresa May）也明确指出，她未来在与欧盟展开脱欧谈判时，必须回应选民在公投中表达的限制来自欧盟的移民的诉求。但是，欧盟方面无法接受英国方面的“挑肥拣瘦”，即一方面想要继续享受欧盟内部市场的好处，另一方面又不想接受欧盟内部的人员迁徙自由，因为欧盟 27 国担心这会在欧盟内部引发多米诺骨牌效应。因此可以预见，欧盟 27 国与英国之间的脱欧谈判将会非常艰难。

（三）欧盟贸易保护主义的抬头

“现代化输家”与贸易保护主义之间的关联在于，全球化进程的输家会要求本国政府通过采取贸易保护措施以及通过强调国家边界与独立性来寻求自卫。他们的立场与

---

① 丁纯：《英国退欧和欧洲的前途》，载《欧洲研究》2016 年第 4 期，第 17-25 页。

② Matthew Goodwin and Oliver Heath，“The 2016 Referendum，Brexit and the Left Behind：An Aggregate-Level Analysis of the Result”，pp. 323-332.

③ Stephen Clarke and Matthew Whittaker，“The Importance of Place：Explaining the Characteristics Underpinning the Brexit Vote Across Different Parts of the UK”.

④ Anand Menon and John-Paul Salter，“Brexit：Initial Reflections”，*International Affairs*，Vol. 92，No. 6，2016，pp. 1297-1318.

那些支持开放边境和增强国际一体化的全球化赢家截然相反。①

有学者分析了2008年金融危机爆发以来欧盟贸易政策的发展情况。他们认为，与20世纪30年代大萧条时的反应不同，欧盟及各国政治家并未诉诸贸易保护手段来控制衰退。相反，人们看到的是：一方面欧盟启动了与美国、加拿大和日本的自贸谈判，从而在双边贸易自由化道路上向前迈进了一大步；另一方面，在中欧光伏争端背景下，欧盟内要求升级贸易防护体系、从而给予欧盟面对新兴经济体时更多“杠杆作用”的建议最终被阻止了。由此，作者们得出的结论是，危机后的欧盟贸易政策呈现出不对称的延续性，这是指自由化趋势恢复得更为激进，而与之相伴的旨在缓解自由化潜在负面影响的贸易防护性改革陷入了停滞状态。②

但也有学者指出，虽然欧盟没有显著增加传统的贸易保护主义措施（指关税壁垒以及单纯的非关税壁垒），但也有迹象表明，规制型贸易保护主义（尤其在产品水准上）有所抬头。换言之，“爬行贸易保护主义”（Creeping Protectionism）在增加，国内的“危机干预”，尤其是对资本与产品市场的干预，以及“大政府”（即政府干预的加强）的回归，会溢出到对外政策，结果是更具防御性的贸易政策的出台。③

可以看到，虽然金融危机以来欧盟启动了与美国、加拿大和日本的自贸谈判，但其进程并非一帆风顺。其中不仅有美方和加方的原因，仔细观察可以发现，也和欧盟一些国家和地区的民众在全球化背景下寻求保护相关。例如，比利时瓦隆大区一度阻挠欧盟与加拿大之间的全面经济贸易协定（CETA），认为该协定将会对该区的劳工、环境和消费者权益产生不利影响。事实上，该区与英国脱欧公投中选择脱欧的地区一样，在全球化冲击下承受着结构改组和收入降低的危险。④ 而跨大西洋贸易和投资伙伴关系协定（TTIP）在欧洲各国遭到强烈抵制，也是因为欧洲民众担心，欧洲在医疗、食品、劳动力市场和环境保护等方面的监管标准可能因此降低，从而令消费者和工人的权益受到损害。在这两个案例中，争端解决机制也是民众反对的原因之一，因为担心国家可能因此丧失监管能力而陷入不安全。

欧盟方面的“爬行贸易保护主义”更为明显地反映在对华贸易防护措施的拟定中。

---

① Hanspeter Kriesi, et al.,“Globalization and the Transformation of the National Political Space: Six European Countries Compared”, p. 922.

② Yelter Bollen, Ferdi De Ville, and Jan Orbie,“EU Trade Policy: Persistent Liberation, Contentious Protectionism”, *Journal of European Integration*, Vol. 38, No. 3, 2016, pp. 279-294.

③ Fredrik Erixon and Razeen Sally,“Trade, Globalisation and Emerging Protectionism since the Crisis”, *ECIPE Working Paper*, No. 2, 2010.

④ Patrick Bernau,“Protest gegen Ceta. Es ist nicht nur Wallonien”, *Frankfurter Allgemeine*, October 22, 2016, http://www.faz.net/aktuell/wirtschaft/ttip-und-freihandel/protest-gegen-ceta-es-ist-nicht-nur-wallonien-14493195.html.

自金融危机以来，欧盟内部有关来自中国的竞争削弱了欧盟各国国际竞争力、造成欧盟经济持续低迷的论调比以往更为喧闹。例如，对于英国脱欧，就有学者认为其真正原因在于来自中国的竞争使英国人丢失了工作岗位；作为佐证，他们指出，过去30年里受中国进口激增影响的地区与脱欧投票之间存在着统计学上的强关联。① 为此，欧盟内贸易保护主义暗流涌动。例如，根据2001年欧盟与中国签署的《中国加入世贸组织议定书》第15条的规定，到2016年12月11日中国加入世贸组织的15年过渡期结束后，欧盟将在对中国出口产品进行反倾销时终止目前所采用的“替代国”做法。但事实上，欧盟想方设法规避承认中国的市场经济地位，并借机提升其贸易防护体系。在欧盟委员会2016年11月提出的立法倡议中，欧方提出了贸易防护的新手段，其核心是对特定行业在特定情况下出现的“倾销”行为，采取精确的重点打击手段。例如，如果欧方“认定”中国的钢铁行业出现产能过剩或是产品价格中包含国家补贴的成分，将征收高达数倍的反倾销税率，以“阻挡”中国产品对欧洲市场的冲击。② 与此同时，欧盟内对中资企业例如在德国的投资并购行为也频踩刹车，如于2016年10月叫停中国福建宏芯基金收购陷入亏损的德国半导体设备供应商爱思强。德国联邦经济部长加布里尔（Sigmar Gabriel）甚至扬言，要在德国以及欧盟层面引入新的投资规定，以防范来自中国的国有企业或有国家补贴的企业在德的“蓄意”收购行为。这些论调和行动的背后也隐含着施压中国，要求更大程度地开放市场。③ 同样，2016年6月22日欧盟委员会发布的最新对华政策文件《欧盟对华新战略要素》一方面表达了与中国加强合作尤其是经济合作的强烈意愿，另一方面也异常高调地强调双方相互合作的所谓“对等性”和“公平性”，还将对等原则列为欧盟与中国发展关系时需要遵循的首要原则。④

种种迹象表明，在欧盟经济振兴乏力的背景下，那些感到自己在全球投资与贸易中遭受不利的欧盟国家和地区，正在出现滑向贸易保护主义的倾向，这些国家和地区的政治精英希望通过这种高筑壁垒、自我孤立的方法，来回应民众对生活状况和政府政策的不满。

---

① Italo Colantone and Piero Stanig, “The Real Reason the UK Voted for Brexit? Jobs Lost to Chinese Competition”, *Washington Post*, July 7, 2016.

② 崔洪建：《别让保护主义“扭曲”中欧经贸合作》，载《光明日报》2016年11月24日。

③ 郑春荣：《德国经济部叫停收购爱思强，这是德方所希望的“互惠”吗?》，澎湃新闻网，2016年10月29日，参见 http://www.thepaper.cn/www/v3/jsp/newsDetail_forward_1551358_1.

④ 冯仲平：《英国退欧对欧盟及中欧关系的影响》，载《欧洲研究》2016年第4期，第3-8页。

四、特朗普当选助长欧盟“逆全球化”思潮

特朗普当选美国总统，给整个欧洲造成巨大冲击。欧洲的政治精英们担心，在“特朗普效应”的助推下，欧洲右翼民粹势力将进一步获得动能，他们在摩拳擦掌，希望自己在接下来的选举中也能胜选，2017 年在法国、荷兰和德国都将举行大选。这些国家的右翼民粹政党领导人对选举充满期待，这是因为那些原本不去投票的选民，在“特朗普现象”的鼓舞下，可能感觉到自己的选票会起作用，从而争相去投票并参与到政治活动中。

至于英国脱欧，特朗普在竞选中表示出对英国脱欧的理解与支持，并认为，默克尔的难民政策毁灭了欧盟。因此，特朗普的当选，会给已经面临内部离心力的欧盟增添一股强大的外部离心力。2016 年 12 月 4 日，意大利总理伦齐所推动的宪法改革公投失败，人们已经在担心，意大利的右翼民粹政党“五星运动”会因此得势，后者已经提出要举行“脱欧公投”；在法国，国民阵线领导人勒庞同样表示，若她当选法国总统，也将推动法国就是否留欧举行全民公投。

另外，特朗普领导下的美国很有可能会采取与全球化相悖的回缩行动。在经济方面，由于特朗普总体上认为此类自贸协定让美国吃亏了，因此 TTIP 的谈判很可能会被“冻结”。与此同时，如果美国单方面征收高额关税，新兴经济体有陷入衰退的危险，欧洲的就业岗位也会因此受到威胁。受美国贸易保护主义的驱动，欧盟内部要求加强贸易防护措施的呼声也会进一步增强。

由此可见，在特朗普上台后，欧盟内的“逆全球化”思潮很可能进一步强化，尤其是右翼民粹政党会进一步扩大地盘，由此迫使主流政党也采取某种右倾立场，以迎合民众的不满情绪。但也必须辩证地看到，欧盟内部依然存在着主张延续全球化进程的力量，例如德国总理默克尔在启动德国的 2017 年二十国集团（G20）主席国任期的发言中表示，G20 有责任共同通过深化国际合作，而不是通过设隔离墙或回归民族主义来应对全球化世界的紧迫挑战，只有这样，G20 才能使全球化普惠所有的人。[①] 在“逆全球化”暗流涌动的欧盟，默克尔的表态无疑是一个亮点，因为历史经验表明，退回到民族主义，并不能有效应对全球化带来的挑战，只会适得其反。

---

① “Regierungspressekonferenz vom 30. November”, November 30, 2016, https://www.bun desregierung.de/Content/DE/Mitschrift/Pressekonferenzen/2016/11/2016-11-30-regpk.html.

欧盟“东部伙伴关系”计划：意图、推进与问题*

宋黎磊

欧盟“东部伙伴关系”计划（Eastern Partnership，EaP）是2009年5月起欧盟与乌克兰、摩尔多瓦、白俄罗斯、亚美尼亚、阿塞拜疆和格鲁吉亚6个东部邻国在现有合作工具“欧洲睦邻政策”基础上的“深化和加强版”。欧盟试图在其东部边界之外，建立一个稳定、繁荣的地区，更大程度地促进经济一体化和人员流动性，在维护地区安全与解决冲突时拥有更多渠道并能开展多边合作。双方签署的《东部伙伴关系宣言》以“民主”“经济”“安全”为关键词。① 该计划实施五年以来，已在欧盟原睦邻政策的基础上构筑了欧盟与东部邻国双边和多边合作的完整框架，② 但乌克兰危机及欧俄之争给该计划的前景蒙上阴影，③ 欧洲政坛和学界也掀起对该计划的新一轮反思和讨论。④ 本文将以欧盟周边治理的视角，评析“东部伙伴关系”计划推进的情况和存在的问题。

---

* 本文刊发于《国际问题研究》2015年第2期，第85-102页。

① “Joint Declaration of the Prague Eastern Partnership Summit”, European Commission, May 7, 2009, http://europa.eu/rapid/press-release_ PRES-09-78_ en.htm.

② “东部伙伴关系”政策推出时国内学者发表过一些评论性文章，参见朱晓中：《从欧洲邻国政策到东方伙伴关系——欧盟东方政策的新视线》，载《俄罗斯中亚东欧研究》2009年第5期，第63-69页；赵怀普：《欧盟对独联体政策的演变》，载《外交评论》2009年第6期，第74-86页；黄登学：《欧盟“东方伙伴关系”计划：动因与前景——基于俄罗斯视角的分析》，载《欧洲研究》2010年第4期，第71-82页；徐刚：《欧盟东部伙伴关系计划评析》，载《国际论坛》2010年第5期，第26-31页。欧美学者在该政策推出五年间的研究更加细化，相关著作参见Elena Korosteleva ed., *Eastern Partnership: A New Opportunity for the Neighbours?* London: Routledge, 2012; Elena Korosteleva, Michal Natorski, and Licinia Simão eds., *EU Policies in the Eastern Neighbourhood: The Practices Perspective*, London: Routledge, 2014.

③ Neil MacFarlane and Anand Menon, “The EU and Ukraine”, *Survival: Global Politics and Strategy*, Vol. 56, No. 3, 2014, pp. 95-96.

④ 2014年4月捷克国际事务协会（AMO）与欧盟委员会代表召开了国际会议“东部伙伴关系五年：新战略时刻”，参见Vít Borc'any, *Eastern Partnership Five Years On: Time for a New Strategy?* Association for International Affairs, May 2014, http://www.amo.cz/editor/image/produkty1_ soubory/easte rn-partnership-five-years-on-time-for-a-new-strategy_ conference-report.pdf.

一、“东部伙伴关系”计划的实施

作为一个强有力的地区性行为体和一种规范性力量，欧盟从成立之初起就怀有推广其成功经验，使其规范和价值观超越地区边界，与欧盟周边国家建立深层次的政治与经济关系，进而达到外部区域“欧洲化”（Europeanization）的使命感。欧盟价值观输出的使命感体现在其周边治理中就是对半内部国家（Semi-Insiders）的扩大政策以及对半外部国家（Semi-Outsiders）的睦邻政策。① 扩大政策一直是欧盟用以扩展其安全与民主空间最有效、最主要的工具，促进了欧洲的和平与繁荣，也是欧盟运用软实力的典型范例。欧盟依靠自身强大的经济实力和价值观与制度引力，用严格的条件性（Conditionality）约束和塑造了周边的候选国，强制或诱导这些国家心甘情愿地顺从和适应自己的价值观和制度设计。但鉴于内部整合和行动能力的诸多困境，以及东扩后复杂的安全环境，欧盟于2004年推出了“欧洲睦邻政策”，将其对半外部国家的治理作为周边治理的重点，即以欧盟条件性为前提，通过推广价值观与规范来影响和塑造周边国家，实现从“扩大式欧洲化”到“睦邻式欧洲化”的重心转移。

在理论上，欧盟的周边治理不是要在扩张（Wider）与深化（Deeper）之间做出单一选择，而是要努力找出一条可行的路径，使没有入盟前景的周边国家成为“内部政策的外部扩展”。② 在实践中，自2007年罗马尼亚和保加利亚入盟后，边界的进一步向东和东南方向延伸使欧盟意识到了与独联体伙伴国建立更紧密关系的重要性。2008年8月的俄格冲突和2009年年初的俄乌天然气之争更加强了欧盟巩固周边安全的决心。

① Kristi Raik, “The EU as a Regional Power: Extended Governance and Historical Responsibility”, in Hartmut Mayer and Henri Vogt, *A Responsible Europe? Ethical Foundations of EU External Affairs*, London: Palgrave Macmillan, 2006, pp. 69-70.

② 融超国家治理和政府间治理于一体的周边治理模式作为欧盟独特的政治实践，在20世纪90年代欧盟东扩开始后得到广泛关注，随着治理理论的发展成熟，欧美学界已有部分学术论著对此进行专门阐发，参见 Lykke Friis and Anna Murphy, “The European Union and Central and Eastern Europe: Governance and Boundaries”, *Journal of Common Market Studies*, Vol. 37, No. 2, 1999, pp. 211-232; Mette Sicard Filtenborg, Stefan Gänzle, and Elisabeth Johansson, “An Alternative Theoretical Approach to EU Foreign Policy: ‘Network Governance’ and the Case of the Northern Dimension Initiative”, *Cooperation and Conflict*, Vol. 37, No. 4, 2002, pp. 387-407; Anne Myrjord, “Governance beyond the Union: EU Boundaries in the Barents Euro-Arctic Region”, *European Foreign Affairs Review*, Vol. 8, No. 2, 2003, pp. 239-257; Sandra Lavenex, “EU External Governance in ‘Wider Europe’”, *Journal of European Public Policy*, Vol. 11, No. 4, 2004, pp. 680-700; Michael W. Bauer, Christoph Knill, and Diana Pitschel, “Differential Europeanization in Eastern Europe: The Impact of Diverse EU Regulatory Governance Patterns”, *Journal of European Integration*, Vol. 29, No. 4, 2007, pp. 405-423; Sandra Lavenex, “A Governance Perspective on the European Neighbourhood Policy: Integration beyond Conditionality?”, *Journal of European Public Policy*, Vol. 15, No. 6, 2008, pp. 938-955; Sandra Lavenex, “EU Rules beyond EU Borders: Theorizing External Governance in European Politics”, *Journal of European Public Policy*, Vol. 16, No. 6, 2009, pp. 791-812.

乌克兰、格鲁吉亚等东部邻国在政治和经济上都存在严重危机，欧盟希望帮助这些国家应对内部挑战，在经济和政治上进一步向欧盟靠拢。波兰和瑞典两国在2008年5月的欧盟总务与外交会议上提出，“欧洲睦邻政策”现有的合作框架在某些方面已经不能适应新形势，欧盟需要大幅度提高与东部邻国的政治接触级别。这一倡议在当年6月的欧盟峰会上通过。2009年5月7日，欧盟27国代表同东部6国的政府首脑或代表在布拉格就建立“东部伙伴关系”计划达成一致，签署了《东部伙伴关系宣言》。至此，欧盟的“东部伙伴关系”计划正式启动。

“东部伙伴关系”计划是“欧洲睦邻政策”的延伸，伙伴国、欧盟及成员国层面的共同参与是这个计划的核心，推进政治联合与经济一体化是其主要动力。2004年欧盟将东部邻国纳入欧洲睦邻政策合作（ENP）框架内，2009年推出的“东部伙伴关系”在“欧洲睦邻政策”中的“行动计划”（Action Agreements）基础上，力图进一步加强双边和多边领域的合作。在欧盟层面，“东部伙伴关系”计划强调共同利益和共同价值观，没有明确赋予目标国家最终的入盟前景，伙伴国与欧盟签署联系国协定是其中的重要一环。在双边层面签署联系协定（Association Agreements）以取代1994年签署的“伙伴关系与合作协定（PCA，the agreement on partnership and cooperation）”，作为规范双边关系的新的基础性文件。联系协定中最有价值的经济部分，即深入全面的自由贸易协定（DCFTA）：其目标是减少关税壁垒，按照欧盟标准和欧盟既有法规（Acquits Communautaire）与伙伴国就贸易有关的法律取得一致，建立双边自由贸易区以期建立一个深入和广泛的经济共同体。欧盟以自由贸易为诱饵，采取逐步趋同方式，使欧盟的单一市场法律成为联系国自身法律。此外，“双边轨道”合作还强调“多对多原则”（“More for More”Principle），如2011年设立的“东部伙伴一体化与合作项目”通过评估东部伙伴国在政治改革方面的进展给予各国额外奖励。①“东部伙伴关系”计划中的多边合作体制框架则由每两年一次的东部伙伴关系峰会②、年度部长级会议、欧盟—东部邻居年度会议（EURONEST）、地方性和区域性领导人会议（CORLEAP）、公

① EU Neighborhood Info Center，“‘More for More’ Principle in Action-EU Rewards Moldova，Georgia and Armenia with 87 Million to Boost Reforms”，http：//www.enpi-info.eu/eastportal/news/ latest/35569/‘More-for-more’-principle-in-action-EU-rewards-Moldova-Georgia-and-Armenia-with-87-million-to-boost-reforms.

② 第一次东部伙伴关系峰会2009年于布拉格召开，参见“Joint Declaration of the Prague Eastern Partnership Summit”，European Commission，May 7，2009，http：//europa.eu/rapid/press-release_ PRES- 09-78_ en.htm；第二次峰会2011年于华沙召开，参见“Joint Declaration of Warsaw Eastern Partnership Summit Declaration”，European Council / Council of the European Union，September 30，2011，https：//www.consilium.europa.eu/uedocs/cms_ Data/docs/pressdata/en/ec/124843.pdf；第三次峰会2013年于维尔纽斯召开，参见“Joint Declaration of the Eastern Partnership Summit，Vilnius，28-29 November 2013”，Lithuanian Presidency of the Council of the European Union 2013，December 2，2013，http：//www.eu2013.lt/en/news/statements/-joint-declaration-of-the-eastern-partnership-summit-vilnius-28-29-november-2013.

民社会论坛（Civil Society Forum）等组成。在公民社会层面，每年围绕“务实与核心目标”进行至少两次讨论，根据“实际情况原则”（Case-by-Case Basis）和政府部门、议会、公民社会组织、国际组织、国际金融机构、私人部门等不同领域的相关方进行交流与合作。①

“东部伙伴关系”计划是欧盟期望中的从政治、经济、社会等领域逐一对六个东部邻国进行“欧洲化改造”的漫长进程。在政策层面上，欧盟将与这些国家建立自由贸易区，让东部邻国进入欧盟单一市场。该计划可以为东部国家公民进入欧盟提供签证便利，加强能源合作，提高财政援助，推动欧盟与东部邻国就安全与防务问题进行磋商，鼓励这些邻国相互开展合作，拉近欧盟同其东部邻国的政治关系并以此带动后者内外政策的变化。在战略层面上，“东部伙伴关系”计划是一项重要的地缘政治举措，标志着欧盟对独联体政策的新发展。欧盟意在确保东部边界的稳定、安全与繁荣，同时加强能源供应安全，扩大在独联体地区的影响力，促使独联体伙伴国从中立的立场转向疏俄亲欧，进而实现挤压俄罗斯利益空间的目的。在制度层面上，“东部伙伴关系”计划基于欧盟与东部邻国的双边和多边合作机制，结合规范的文明化和物质上的不对称关系，坚持内部治理模式的普遍适用性，体现了欧盟周边治理的规范性力量维度。必须承认的是，欧盟的周边战略虽然强调经济实力，通过经济一体化吸引前独联体国家，但仍难逃与俄罗斯对抗的传统地缘政治与安全困境。

二、“东部伙伴关系”计划的推进

欧盟“东部伙伴关系”计划推进的五年中，无论是治理的层级、手段和进展，都秉持欧盟周边治理的传统，既有欧盟经济力量的支持，又融入了欧盟制度性与规范性议程。

就治理层级而言，欧盟实现周边治理目标主要依靠欧盟层面各个机构、相关成员国和市民社会的参与。“各伙伴国可根据自身能力和时限决定如何发展与欧盟的关系”，选择不同层次和层级加强合作与交流，同时“发展伙伴国之间的关系”。②

对乌克兰，欧盟委员会在2011—2013年度的国家指示性方案（National Indicative

① Eastern Partnership Civil Society Forum, “Concept paper for the EaP Civil Society Forum presented for discussion in Poznan”, November 2011, http://eap-csf.eu/en/news-events/news/concept-paper-for-the-eap-civil-society-forum-presented-for-discussion-in-poznan.

② Laure Delcour, “The institutional Functioning of the Eastern Partnership: An Early Assessment”, *Eastern Partnership Review*, No. 1, 2011, pp. 7-8.

Program）中提出支持民主发展和善治、促进联系国协定和深入全面的自贸协定生效、可持续发展等三个优先领域。[①] 对三个南高加索国家，欧盟的治理侧重经济和社会层面：对亚美尼亚，双边援助的重点领域是加强民主结构和善治、规章制度改革和管理能力建设、提高公共服务水平；与阿塞拜疆合作的主要焦点是善治、社会经济改革和能源；对格鲁吉亚，合作集中于就业与教育发展、贫困的减少以及社会改革和冲突的解决。[②] 简言之，欧盟希望挖掘现有伙伴关系与合作协定的全部潜力，将更紧密的经济一体化作为有效实施改革的回报。

就治理手段而言，欧盟虽然不想对东部邻国施加优先权或限制性条款，但作为一个在经济和政治上都更为强大的联合体，欧盟无论怎样强调平等的伙伴关系，事实上这种关系天生就不平等。为了参与并充分受益于欧盟委员会制定的双边具体方案，也为了获得“内部市场份额”，东部伙伴国要在欧盟帮助下满足至少 80%的欧盟既有法规，履行某些特别部门的兼容改革，以便更好地被欧盟内部市场接纳，例如必须与欧盟部分标识规则与食品安全标准协调，采用欧盟海关程序。[③] 由于没有入盟的终极承诺，欧盟不能如同扩大政策那样，对东部国家施加对入盟目标国那样的、积极和消极条件性并存的强制改革压力，但“东部伙伴关系”计划同扩大政策遵循同样的积极条件性，周边国家在改革方面取得的进展越大，就将获得更大的奖励和回馈。[④]

经济力量始终是欧盟周边治理的基础性工具。随着“欧洲睦邻和伙伴关系工具”（ENPI）在 2007 年生效，欧盟对 6 个东部邻国的援助总额从 2008 年的 4.5 亿欧元逐步增至 2013 年的 7.85 亿欧元。2009 年 12 月 17 日，欧盟委员会出台了“东部伙伴关系”框架下的融资计划，对实施计划的资金筹措和安排作出了部署，并建议对这些国家的援助增加 1 倍，使总额在 2020 年达到 15 亿欧元。2010—2013 年间，欧盟共拨款 25 亿欧元用于“东部伙伴关系”计划中的双边和多边合作（参见表 1、表 2）。[⑤] 此外，东部伙伴国从 2014 年开始也可以参与欧盟新的研究与创新框架计划——“展望 2020”（Horizon 2020）。

---

① European External Action Service, “Ukraine: National Indicative Programme (2011—2013)”, p.8, http://eeas.europa.eu/enp/pdf/pdf/country/2011_enpi_nip_ukraine_en.pdf.

② European Commission, “Eastern Partnership Roadmap 2012-13: The Bilateral Dimension”, Joint Staff Working Document, May 15, 2012, http://eap-csf.eu/assets/files/Documents/e_pship_bilateral_en.pdf, pp.7-8.

③ Veronika Movchan and Volodymyr Shportyuk, “EU-Ukraine DCFTA: the Model for Eastern Partnership Regional Trade Cooperation”, *CASE Network Studies and Analyses*, No.445, 2012, pp.12-13, http://www.case-research.eu/sites/default/files/publications/CNSA_2012_445.pdf.

④ Dimitry Kochenov, “New Developments in the European Neighbourhood Policy: Ignoring the Problems”, *Comparative European Politics*, Vol.9, No.4-5, 2011, pp.581-595.

⑤ European Commission, “Vademecum on Financing in the Frame of the Eastern Partnership 2010”, http://www.eeas.europa.eu/eastern/docs/eap_vademecum_en.pdf, p.3.

表1　欧盟在“东部伙伴关系”计划多边合作框架下的政策工具

	综合机制建设（CIB）	试点地区发展计划（PRDPs）	东部邻国公民社会设施（2011年推出）	“东部伙伴关系”文化计划	“东部伙伴关系”一体化和合作项目（EaPIC，2012年推出）
目标	加强选定的核心机制以推进联系国协定	减少地区间社会和经济发展差距	加强公民社会参与地区政策的对话能力，支持与睦邻政策和“东部伙伴关系”计划一致、由东部国家公民社会提出的项目	加强欧盟与“东部伙伴关系”计划区域内文化联系和对话网络	评估东部伙伴国在政治改革方面的进展并给予各国额外奖励的“多对多”策略
参与国	除白俄罗斯的5个东部伙伴国	除白俄罗斯的5个东部伙伴国	6个东部伙伴国	6个东部伙伴国	首轮拨款覆盖亚美尼亚、格鲁吉亚、阿塞拜疆

表2　欧盟2011—2013年间对“东部伙伴关系”计划双边合作层面的拨款

国家	亚美尼亚	阿塞拜疆	白俄罗斯	格鲁吉亚	摩尔多瓦	乌克兰
拨款额（百万欧元）	182	75.5	41.5	208	308	389

在治理成效方面，“东部伙伴关系”计划在过去五年的推进情况如下：第一，东部伙伴国与欧盟的双边合作关系获得提升。欧盟与摩尔多瓦、格鲁吉亚和乌克兰签订联系国协定，与格鲁吉亚和摩尔多瓦签署了深入全面的自由贸易协定；① 与乌克兰、格鲁吉亚、亚美尼亚和阿塞拜疆的签证自由化问题已取得进展；摩尔多瓦获得短期赴欧盟免签证待遇；② 与白俄罗斯就签证便利化和重新接纳协议的谈判正在进行中。第二，在多边合作层面，涉及28个成员国、欧盟和6个伙伴国的网络性治理架构已经建立。第三，双方在能源、环境、交通和教育领域的合作得到加强，欧盟除了政策指导外，还提供金融和技术支持。第四，欧盟与东部伙伴国加强了公民社会层面的联系。包括公民社会论坛、欧盟—东部邻居年度会议、地方性和区域性领导人会议、东部企业和青年论坛在内的次国家层面治理平台已经搭建。

2014年9月，乌克兰最终与欧盟签署联系国协定是“东部伙伴关系”计划推进的重要标志。但围绕这一乌克兰向欧盟靠拢的协议引发的欧俄博弈说明，“东部伙伴关系”计划没有深入考虑俄罗斯对该地区的影响力，欧盟东进目标的实现离不开与俄罗

① European External Action Service, “Eastern Partnership Achievements 2009 - 2013”, February 17, 2014, http://eeas.europa.eu/delegations/georgia/documents/eap_aa/eapachievments_2013_en.pdf.

② European Commission Migration and Home Affairs, “Mobility Partnerships, Visa Facilitation and Readmission Agreements”, http://ec.europa.eu/dgs/home-affairs/what-we-do/policies/international-affairs/eastern-partnership/mobility-partnerships-visa-facilitation-and-readmission-agreements/index_en.htm.

斯的合作，为了不再进一步触怒俄罗斯，部分推迟履行乌欧联系国协定至2016年。同时，乌克兰的动荡局势也使欧洲认识到，签署联系国协定虽然满足了乌克兰亲欧人士的意愿，但可能给未来的乌俄、欧俄关系带来深远的冲击。因此坚持“东部伙伴关系”计划、发展东部邻国与欧盟的关系至关重要。欧盟扩大与睦邻政策委员（European Commissioner for Enlargement and European Neighbourhood Policy）菲莱（Štefan Füle）呼吁在推行“东部伙伴关系”计划上展示更大决心和力量，赋予乌克兰、格鲁吉亚和摩尔多瓦入盟前景。[①] 欧盟国家的学者也持类似观点。捷克国际事务协会在与欧盟委员会代表召开的名为“东部伙伴关系五年：新战略时刻”的国际会议中提出三点：（1）新组建的欧盟委员会应拿出新的合作框架并切实考虑东部邻国的需求，赋予6个东部邻国入盟的可能性。欧盟的扩员仍是促进这些国家转型最有效的工具，欧洲一体化可以有效抵御来自俄罗斯的影响。（2）欧盟应该让俄罗斯参与“东部伙伴关系”计划，在欧盟—俄罗斯峰会上讨论该计划。欧盟—俄罗斯边界的讨论不是简单的势力范围划分。（3）欧盟应协助东部邻国面对“深入全面的自由贸易协定”实施后带来的潜在经济冲击。未来欧盟对东部伙伴国的援助应更重质而非量。

三、“东部伙伴关系”计划的问题

虽然“东部伙伴关系”计划执行五年以来取得了欧盟预期的一些推进，但该计划如果不提供入盟前景，终究难以摆脱欧盟周边治理的困境。由于入盟前景一直未包含在计划中，欧盟对东部邻国的义务感和财政资源的投入也比其对入盟目标国少得多。欧盟希望能够将其规范和秩序施加于邻国，又不愿为这些国家提供明确的入盟前景或其他强大的激励措施，因而不能取得欧盟所预想的治理成效。目前的批评意见主要围绕欧盟对东部邻国治理的三大问题。

（一）欧盟实施计划的意志和能力

欧盟实施该计划的政治意志一直随着内部“东进”与“南下”外交偏好的变换而摇摆不定。例如在东部伙伴关系首次峰会开始前，法国、意大利、西班牙等国坚决反对公报草案中有关6个伙伴国为“欧洲国家”的称谓，坚持将其更名为“欧盟的邻国”，并在公报中加入了签证便利化“是一个长期目标”的限定语，以免伙伴国“误

① “EU Commissioner Supports Ukraine’s Accession”, http://www.dw.de/eu-commissioner-supports-ukraines-accession/a-17673773.

解”。这些看似文字表述上的变动实际代表了欧盟东进与南下派的长期分歧。① 相较西欧国家，中东欧国家是东部伙伴国回归欧洲的重要支持者，德国总理默克尔是唯一亲自参加2009年峰会的欧盟大国首脑。波兰积极推动乌克兰和摩尔多瓦加入欧盟，并得到捷克、匈牙利等国支持，与欧盟此前确立的暂不考虑东部伙伴国入盟的政策相矛盾。波兰认为，参加“欧盟—地中海伙伴关系”计划（Euro-Mediterranean Partnership，EU-ROMED）② 的许多地中海沿岸国家仅仅是“欧盟的邻国”，而“东部伙伴关系”计划要支持的国家却是“属于欧洲的东部邻国”，并试图在欧盟框架内为构建一个以波兰为核心的地区合作体系创造条件。③

在乌克兰危机中，随着美欧与俄罗斯双方制裁与反制裁不断升温，与俄罗斯保持密切经济来往的中东欧国家正放缓经济复苏的步伐，但基于历史记忆和地缘因素，波兰、捷克等中东欧国家的立场仍然格外强硬，甚至表示俄罗斯对战乌克兰就是对战整个欧盟。④ 相比之下，德、法等大国在对俄罗斯维持强硬态度的同时，更注意与俄接触、对话，尽量争取与俄合作，寻求解决危机的途径，再度显现对欧洲全局的顾及和主导欧洲事务的意图。因此，欧盟中东欧新成员国不得不在欧盟内同对该政策兴趣一般的成员国博弈，争取它们的支持。欧盟内部的讨价还价增加了该政策的运营成本。

其次，“东部伙伴关系”计划所提供的援助不足以消除东部国家内部对实施欧盟规则的阻力，东部邻国心有不满。第一，比起地中海区域，欧盟对这一区域投入的资金整体过低。2013年，欧盟投入“欧盟—地中海伙伴关系”的资金是15.35亿欧元，而投入“东部伙伴关系”计划的资金仅为7.85亿欧元。此外，2012年“阿拉伯之春”后，欧盟委员会出台“支持合作、改革和包容性增长”（SPRING）计划，以“多对多原则”支持南部邻国的转型进程，仅在2011—2013年间就对南部地区额外资助5.4亿欧元。⑤ 第二，在资金分配方面，现有的激励机制不能调动伙伴国的改革热情。“东部

① Kristi Raik, “Eastern Partnership as Differentiated Integration: The Challenges of EaP Association Agreements”, paper presented at the Panel “Russia, EU's Eastern Partnership and Vilnus Summit” of the 13th Annual Aleksanteri Conference “Russia and the World”, Aleksanteri Institute of the University of Helsinki, October 23-25, 2013, Helsinki, Finland, http://eceap.eu/wp-content/uploads/2014/06/Review_ No15.pdf.

② “欧盟—地中海伙伴关系”是欧盟推动的促进欧盟南部北非和中东地区16个邻国之间经济一体化和民主化改革进程的一项长期政策，2008年以“地中海联盟”（Union for the Mediterranean）名义重启。

③ Agnieszka Nimark and Anna Zielin'ska-Rakowicz, “Poland: First Division Player in the EU?”, *Notes Internacionals*, CIDOB, 45, January, 2012, pp. 2-3.

④ Nathaniel Copsey, Karolina Pomorska, “The Influence of Newer Member States in the European Union: The Case of Poland and the Eastern Partnership”, *European-Asia studies*, Vol. 66, No. 3, 2014, pp. 431-432.

⑤ European Commission, “Implementation of the European Neighbourhood Policy in 2013 Regional Report: A Partnership for Democracy and Shared Prosperity with the Southern Mediterranean Partners”, March 27, 2014, p. 22, http://eeas.europa.eu/enp/pdf/2014/regional/pdsp_ en.pdf.

伙伴关系”计划的双边合作层面强调对象国改革与欧盟资金分配的正向关系。但在实际操作中，只有10%的资金是按照“多对多”原则分配，其他资金都是按照与合作伙伴事先约定的方式分配。① 第三，资金投入的成效有限。虽然该计划得到了额外的援助，包括欧洲投资银行的15亿欧元和欧洲投资工具（European Investment Facility）的7亿欧元，以及来自维谢格拉德集团（Visegrad Group）的注资，② 但由于欧盟内部冗长的审批程序及公共资金透明化管理条件等原因，大部分援助计划中途流产，即使已发放的援助资金也因对援助国别及重点领域存在误判收效甚微。③ 此外，自2008年经济危机以来，欧盟的视线更多转向内部，欧盟成员国本身的财政负担使一些已达成的合作计划被迫中断，如纳布科天然气管道项目中匈牙利、罗马尼亚等国的天然气公司都先后撤资，该计划从地缘经济角度不敌俄罗斯主导的“南溪”项目。④ 有智库评论，“东部伙伴关系”计划更像是一个官僚色彩浓重的经济项目，没有做好充分的政治准备以应对某些突发事件。⑤

再次，必须承认，“东部伙伴关系”计划建立在共同价值观基础上，但每一个行动计划中的诸多目标都为不同的解释和不连贯的执行留有空间。这种对规则适用的不一致削弱了欧盟规则的合法性。

更重要的是，欧盟试图通过“东部伙伴关系”计划这一与周边国家更深层次的政治关系和经济一体化框架安抚不能入盟的国家，但这些政策措施实际上很难满足它们想加入欧盟、获得成员国身份的要求。对乌克兰、格鲁吉亚等想摆脱俄罗斯的欧洲国家，加入欧盟是它们的首要目标。⑥ 五年以来，东部伙伴国在深化与欧盟关系的程度与步伐上并不一致，将它们共同置于一个总的政策框架下可能会影响计划的整体效应。乌克兰在入盟意愿和要求上明显快于其他5国，将它与白俄罗斯等国置于同一规格的

① Kristi Raik, “From Attraction to Europeanisation – Moldova's Slow Movement towards the EU”, *Eastern Partnership Review*, No. 2, November 2011, Estonian Center of Eastern Partnership, http://eceap.eu/wp-content/uploads/2014/05/Review_ No21. pdf.

② 维谢格拉德集团，或称维谢格拉德集团4国，是由匈牙利、波兰、捷克和斯洛伐克4国组成的一个跨国组织，基于地缘因素的考虑，4国通过维谢格拉德基金对“东部伙伴关系计划”持续注资。参见“Visegrad 4 Eastern Partnership Program”, http://visegradfund.org/v4eap.

③ Hrant Kostanyan, “The Civil Society Forum of the Eastern Partnership Four Years On – Progress, Challenges and Prospects”, *CEPS Special Report*, January 2014, pp. 11-14, http://eap-csf.eu/assets/files/HK-EaP-Civil-Society-Forum-（2）（1）. pdf.

④ European Commission, “EU Launches Negotiations on Association Agreements with Armenia, Azerbaijan and Georgia”, July 15, 2010, http://europa.eu/rapid/press ReleasesAction.do? Re ference=IP/10/955.

⑤ Jeanne Park, “The European Union's Eastern Partnership”, March 14, 2014, http://www.cfr.org /europe/european-unions-eastern-partnership/p32577.

⑥ Elena Korosteleva, “The Eastern Partnership Initiative: A New Opportunity for the Neighbours?”, *Journal of Communist Studies and Transition Studies*, Vol. 27, No. 1, 2011, p. 7.

政策框架中难以使这个欧盟最重要东部邻国的要求和利益最大化。① 这一入盟前景问题在乌克兰危机中充分显露。

（二）东部伙伴国的改革意愿和力度

就东部伙伴国改革力度的大小而言，欧盟条件性的效果取决于对象国政府以及其他拥有否决权的行为体之偏好。② 实施政治条件性的核心部分如民主、人权规则会威胁到东部国家政府的自主权，改变政治行为体之间的力量结构，而力量结构的改变会威胁到现任政府及其他既得力量的利益。因此在事实上，“只要遵守欧盟规则可能导致改变现有政权，或对现有政府力量构成威胁，目标政府就不会遵守这些规则”。③ 民主程度愈低的国家，其欧洲化的国内成本愈高，政府及其他国内行为体进行应对的意愿和能力亦愈弱。欧盟能够通过提供额外资源和激励影响此类国家推行改革的意愿与能力，但多数东部国家实施政治条件性的环境还不成熟。东部国家加入该计划是借欧盟平衡俄罗斯的影响力，它们在口头上支持向民主和自由市场迈进的同时，往往以不变应万变。2013 年 9 月，亚美尼亚总统萨尔基相（Serzh Sargsyan）宣布，亚美尼亚将加入俄罗斯主导的关税联盟，这无疑是对欧盟希望在该区域推动的深入全面的自贸协定的极大嘲讽。有学者评论说，该地区的民主和稳定状况并没有什么改善，除了欧盟—东部邻居年度会议和若干声明，再没有出现任何有意义的、实实在在的成果。④

（三）俄罗斯的态度和措施

“东部伙伴关系”计划使欧盟东进的触角拓展到了俄罗斯的“势力范围”甚至是边界。俄罗斯将该计划视为一个严格的反俄倡议，认为这是北约东扩的替代品，⑤ 通过三个渠道对计划施加压力。⑥ 第一，通过与欧盟的对话渠道，以直接或间接的声明抗议欧盟机构来影响“东部伙伴关系”计划的进展。第二，利用与欧盟国家的双边关系来制衡计划实施。一些欧洲国家不希望以更大的政治、经济及外交成本影响彼此关系的

---

① Kataryna Wolczuk, “Ukraine and the EU: Turning the Association Agreement into a Success Story”, *European Policy Centre Policy Brief*, April 23, 2014, http://papers.ssrn.com/sol3/pap ers.cfm? abstract_ id=2430226.

② Kristi Raik, “The EU and Mass Protests in the Neighbourhood: Models of Normative (In) action”, *European Foreign Affairs Review*, Vol. 17, No. 4, 2012, pp. 553-554.

③ Arif Yunusov, “The Impact of Arab Revolts on Azerbaijan's Political Scene”, April 27, 2011, http://www.easternpartnership.org/publication/politics/2011-04-27/impact-arab-revolts-azerbaijan-s-political-scene.

④ Hrant Kostanyan, “The Civil Society Forum of the Eastern Partnership Four Years On - Progress, Challenges and Prospects”, p. 3.

⑤ Jeanne Park, “The European Union's Eastern Partnership”.

⑥ Andras Racz, “Russian Approaches to the ‘Common Neighbourhood’: Change or Preservation of the Status Quo?”, *SPES Policy Papers*, November 2010, http://iep-berlin.de/wp-content/uploa ds/2014/08/ SPES_ Policy_ Papers_ 2010_ Andras_ Racz.pdf.

发展。例如，保加利亚支持俄罗斯主导的“南溪”计划。基于与俄罗斯更紧密的经济联系，德国也很难把东部伙伴国的利益置于与俄罗斯的关系之上。“东部伙伴关系”的主要推动国波兰也不愿因为竭力推动这一计划而与俄罗斯交恶，担心这样做将大大影响其在欧盟的话语权。① 第三，基于文化和历史因素，俄罗斯对大多数东部伙伴国仍然有相当的影响力。俄罗斯宣称，这些国家很难推行西方的政治机制，支持白俄罗斯推行“主权民主或有管理的民主”（Sovereign Democracy or Managed Democracy）。② 此外，俄罗斯近年来大力推动“欧亚一体化”。俄总统普京认为，实现原苏联空间的一体化是俄罗斯的历史机遇和战略目标，是实现俄复兴的唯一和关键路径，关键看其发展模式是否有吸引力，能否为其他成员国提供资金、技术、市场、发展空间等公共产品。③ 2011 年第四季度到 2012 年上半年，俄罗斯对供给白俄罗斯的天然气给出了 40%的折扣，从 263 美元/立方千米降至 166 美元/立方千米。④ 替代经济一体化的“关税同盟”（CU）和推进中的“欧亚联盟”（EuAsU）是“东部伙伴关系”计划的有力竞争者。白俄罗斯已经加入处于俄罗斯领导下的关税同盟，并在 2014 年 5 月签署了《欧亚经济联盟条约》；亚美尼亚也计划加入关税同盟。⑤

另一方面，乌克兰危机效应外溢并持续发酵也是俄罗斯决心展示硬实力的体现。尤其在克里米亚和塞瓦斯托波尔“公投”宣布加入俄罗斯后，乌俄关系进一步雪上加霜。基于此，乌克兰、摩尔多瓦、格鲁吉亚三国于 2014 年 6 月正式与欧盟签署了联系国协定。此外，欧盟与东部伙伴国继续在共同安全与防务政策（CSDP）领域加强合作。⑥ 在争取乌克兰的全面和平进程中，欧盟强调在调解乌克兰危机三方联络小组（乌克兰—俄罗斯—欧安组织）明斯克会议框架下共同解决乌克兰危机，不承认克里米亚事件后在 9 月 14 日举行的乌克兰东部地方选举。⑦ 当和平调解乌克兰东部局势的拥护

---

① Paweł Dariusz Wiśniewski，“Poland's Strategy for Dealing with Russia's Human Rights Record”，Carnegie Moscow Center，March 1，2013，http：//carnegie. ru/2013/03/01/poland-s - strat egy-for-dealing-with-russia-s-human-rights-record/fn0t.

② Michael McFaul and Regine A. Spector，“External Sources and Consequences of Russia's 'Sovereign Democracy' ”，in Peter Burnell and Richard Youngs，*New Challenges to Democratization*，New York：Routledge，2010，pp. 126-128.

③ 冯玉军：《乌克兰危机：多维视野下的深层透视》，载《国际问题研究》2014 年第 3 期，第 48 页。

④ Agata Wierzbowska-Miazga，*Support as a Means of Subordination. Russia's policy on Belarus*，Warsaw：Centre for Eastern Studies，2013，http：//www. osw. waw. pl/sites/default/files/pw_ 34_ bialorus_ ang_ net. pdf.

⑤ Olga Shumylo-Tapiola，“The Eurasian Customs Union：Friend or Foe of the EU?”，*Carnegie Europe*，October 3，2012，http：//carnegieeurope. eu/publications/? fa=49548；Anders Åslund，“How Putin Lost Ukraine”，*Moscow Times*，August 21，2013，http：//www. themoscowtimes. com/ opinion/article/how-putin-lost-ukraine/484823. html.

⑥ European Union External Action，“EU and Eastern Partners Enhance Cooperation on CSDP”，October 3，2014，http：//eeas. europa. eu/csdp/news/20141003_ en. htm.

⑦ Council of the European Union，“Council conclusions on Ukraine”，Foreign Affairs Council meeting，Luxembourg，October 20，2014，http：//consilium. europa. eu/uedocs/cms_ data/docs/press data/EN/foraff/145211. pdf.

者在10月26日乌克兰议会选举中获得多数选票、提供重新履行明斯克协议的机会后，欧盟再次敦促俄罗斯协助乌克兰东部两州按照乌克兰法律进行地方选举。① 2015年2月乌克兰、俄罗斯、德国和法国领导人签署了基于明斯克协议基础上的新版乌克兰和平协议，但这一协议是否能被严格执行前景并不明朗。俄主导的欧亚联盟与欧盟东扩战略围绕乌克兰的地缘争夺在未来相当长的时间内还将持续。俄欧关系的恶化会影响俄罗斯在一些急迫的非传统安全问题上与欧盟的合作。此外，受到西方制裁的俄罗斯采取了针对性的反制裁措施，俄欧之间密切的贸易关系受损，俄罗斯重新寻找替代性的贸易和投资伙伴，长远看势必会对美欧主导的全球经济秩序造成冲击。

四、结论

如何通过建立深层次的政治关系和经济一体化框架来吸引和安抚周边不能入盟的国家，是欧盟作为一个规范性区域强权所面临的最大挑战。欧盟在“东部伙伴关系”计划实施进程中基于强大的经济实力和制度性引力，扮演着引领者、指示者的角色，分层次、有重点地推进与各伙伴国之间双边行动计划的最初设想。但是欧盟的力量更多来自规范性的“软实力”。2014年，欧盟落实与乌克兰的双边合作，给予其入盟前景是“东部伙伴关系”计划的重要进展，但同时也触发了该区域的动荡。从目前的进展来看，欧盟既不可能使其内部协调达到完全一致以保障政策的连贯，也难以如自身期望维持欧俄关系的总体稳定。在“东部伙伴关系”计划的调整中，是与俄罗斯进行激烈的地缘政治争夺，还是作出更平衡、更全面的冷静安排，将是欧盟面临的重大选择。

无论如何，欧盟的“睦邻式欧洲化”之路还将继续。欧盟对没有入盟前景的周边国家遵循“内部政策的外部扩展”治理原则，但对欧盟周边治理的困境，目前没有解决办法。欧盟清楚，没有入盟前景的许诺而让东部伙伴国服从欧盟价值观和标准是不切实际的。欧盟周边治理的现有规制只适用于那些接受欧盟价值观念并且想融入欧盟体系的国家，如乌克兰、摩尔多瓦和格鲁吉亚。欧盟对其基本价值观念外部化不会采取折中的态度，同时也认识到不能将这些价值观完全强加于他国。例如在处理与白俄罗斯关系的问题上，欧盟会淡化价值观色彩。欧盟需要更为创新和灵活的手段，来鼓励目前被排除在欧盟价值共同体之外的东部国家融入合作。

---

① European Union External Action, “Statement by the Spokesperson on Early Local Elections in Eastern Ukraine”, October 29, 2014, http://eeas.europa.eu/statements/docs/2014/141029_ 02_ en.pdf.

就“东部伙伴关系”计划的未来而言，欧盟仍将聚焦三个方面：一是落实已经签署的联系国协定和深入全面的自贸协定，向伙伴国提供坚定的政治支持和技术及经济援助，应对地区局势的发展。二是恪守“差异化”原则，推进与伙伴国的关系。在与签署联系国协定的伙伴国加强合作的同时，欧盟仍会在“东部伙伴关系”计划框架中与亚美尼亚、阿塞拜疆和白俄罗斯推进双边关系。三是与俄罗斯进行对话，向俄罗斯表明欧盟与伙伴国提升关系并不以牺牲俄利益为代价，寻找双方利益的共同点。① 欧盟清楚，6个东部邻国的安全、稳定和繁荣与欧盟密不可分。作为东扩后对东部邻国推出的最大项目，蕴含欧盟治理理念的“东部伙伴关系”计划主要满足欧盟对周边的期待，而不考虑对俄罗斯造成的战略压力，因而“东部伙伴关系”计划并没有给欧洲带来安全和稳定。一方面欧盟高度依赖俄罗斯的能源，一方面欧盟推动的又不是真正包容俄罗斯的周边外交战略。欧盟应与俄罗斯基本达成协议，并将俄罗斯视为这一政策的重要合作方。但这又是一个悖论，“东部伙伴关系”计划中蕴含着欧盟的规范性原则，促进这些东部邻国走向欧盟期望的欧洲经济一体化轨道是这一政策工具的重要目标，乌克兰朝着这个方向努力势必动摇俄罗斯对其的影响力。欧盟迫使乌克兰在自己与俄罗斯之间做出选择，乌克兰已经签署联系协定，把加入欧盟作为长期目标。因而，欧盟与俄罗斯关系的前景是黯淡的，这些行动者之间的合作将是困难的。尽管如此，欧盟没有其他更好的政策选择。在推进欧盟机制建设和克服成员国分歧的愿景下，欧盟仍将“东部伙伴关系”计划作为稳定其东部边界的一个重要环节而持续推进。

---

① European Commission, “Opening Remarks by Commissioner Füle at the Plenary Session of the Foreign Affairs Council on Eastern Partnership”, July 22, 2014, http://europa.eu/rapid/press-release_STATEMENT-14-236_en.htm.

全球公域战略与北约安全新理念*

韩雪晴

一、引言

“全球公域”（Global Commons）是发端于西方经济学的一个学术概念。1968年，英国经济学家加勒特·哈丁（Garrett Hardin）在《科学》（Science）杂志上发表《公地的悲剧》（The Tragedy of the Commons）一文。哈丁设想古老英国村庄存在一片向所有牧民开放的“公地”，每个牧民都可以在其中自由放牧，但过度放牧会超越牧草的承受能力，最终导致牧场收益下降。“所谓悲剧就在这里，每个人都被锁定在有限的空间内无节制地放牧，牧场的毁坏将是所有人的结局。公地的自由使用为所有人带来了毁灭性的灾难”。① 哈丁的“公地理论”被应用到全球资源、环境问题的分析中，由此拉开了“全球公地”研究的序幕。

“全球公域”系指主权国家管辖之外的人类共有资源、区域与领域。最早引发对“公域”概念安全内涵关注的是美国著名地缘战略学家、海权论之父阿尔弗雷德·赛耶·马汉（Alfred Thayer Mahan）。他在论及霸权国控制海洋时所产生的战时商业利益时谈到，“海洋在政治和社会方面所能提供的第一个和最明显的重要性是一个广阔的公域，由此人们驶向四面八方”。② 此后，两次世界大战及冷战中，国际海洋、国际空域等人类公共空间一直被许多国家视作“安全堡垒”与“战略高边疆”。2003年，美国学者巴里·波森（Barry Posen）在《国际安全》（International Security）杂志上发表《主导公域：美国霸权的军事基础》一文，文章明确使用“全球公域”概念，并指出“对全球公域的主导是确保美国全球霸权地位的关键军事动力。它允许美国更加充分地动员其他资源，包括其本身与盟国的经济、军事资源”，“对全球公域的主导使得美国能

* 本文刊发于《国际安全研究》2014年第4期，第53-79页。

① Garrett Hardin, “The Tragedy of the Commons”, *Science*, Vol. 162, No. 3859, 1968, pp. 1243-1258.

② Alfred Thayer Mahan, *The Influence of Sea Power upon History* (1660-1783), New York: Dover Publications, 1987, p. 25.

够在短期内进行作战，即便是在美国没有永久驻军的地方”。[①] 由此，掀起西方世界全球公域安全研究的高潮。此后，美国学者斯科特·贾斯珀（Scott Jasper）、亚伯拉罕·M. 登马克（Abraham M. Denmark）等继续从安全视域出发，为西方国家的全球战略寻求新增长点，为应对新兴国家及其他方面的挑战谋求对策。[②]

面对美国“全球公域”安全议题的话语塑造与顶层设计，目前世界上实力最强、组织化程度最高的国际政治军事联盟——北大西洋公约组织（简称“北约”，NATO）亦表现出支持与重视，将“全球公域”的通畅与安全视作全球经济与世界繁荣的关键“促进者”（Enablers）。虽然由于美国国务院及部分欧洲成员国的反对，“全球公域”目前未能作为核心概念明确出现在里斯本峰会所确立的新版战略概念文件中，但相关战略思想却已在北约落地生根。“全球公域”战略思维已事实上成为北约“后新战略理念”，为其今后发展指出重要方向。

从国际关系史的角度看，北约系美苏冷战、西欧联合以及美欧联合的产物。[③] 成立之初，北约首任秘书长伊斯梅勋爵（Lord Ismay）指出，“北约的目的是挡住俄国人，留住美国人，摁住德国人”。[④] 如今，65 年过去，可以说，北约较为成功地实现了上述三个目标。然而，冷战后，传统安全威胁的消失使得北约治理的传统地缘政治理论失灵。面对全球化、多元化安全威胁、自身有限的能力带来的“无边界的集体防御”，北约的安全战略思想亦面临结构性转变。北约将“全球公域”的思路纳入到自身战略体系中，体现了其战略背后安全指导思想的调整与革新。

目前，国内外学界缺乏对北约全球公域战略及其新安全理念的系统探讨和详细解析。有鉴于此，本文在对北约全球公域战略缘起与内容进行追溯与考察的基础上，探讨主导其战略生成的安全理念，并以北约的国际反海盗行动佐以论证。最后，阐释北约全球公域战略与中国新安全理念的关系，意在探讨其对中国构成的机遇与挑战，以

① Barry R. Posen, “Command of the Commons: The Military Foundation of U. S. Hegemony”, *International Security*, Vol. 28, No. 1, 2003, pp. 5-46.

② Scott Jasper ed., *Securing Freedom in the Global Commons*, Stanford University Press, March 2010; Scott Jasper ed., *Conflict and Cooperation in the Global Commons: A Comprehensive Approach for International Security*, Georgetown University Press, March 2010; Abraham M. Denmark & James Mulvenon eds., “*Contested Commons: The Future of American Power in a Multi-polar World*”, Center for a New American Security, January 2010; Mark Reeden and Michael Hugues, “Defense Planning Paradigms and the Global Commons”, *Joint Force Quarterly*, Iss. 60. 1st, 2011; Abraham M. Denmark, “Managing the Global Commons”, *The Washington Quarterly*, July 2010, pp167-180; Gabriel M. Scheinmann and Raphael S. Cohen, “The Myth of Securing the Commons”, *Washington Quarterly*, Winter 2012, pp115-128; Shawn Brimley, “Promoting Security in Common Domains”, *Washington Quarterly*, July 2010, pp. 119-132; etc.

③ 许海云：《北约简史》，北京：中国人民大学出版社 2005 年版，第 30-46 页。

④ ［美］布莱恩·J. 科林斯著，唐永胜、李志君译：《北约概览》，北京：世界知识出版社 2013 年版，第 11 页。

期为当下北约研究与全球公域研究，以及中国与北约的战略对话提供借鉴与启示。

二、北约全球公域战略的缘起及主要内容

北约全球公域战略在新时期、新背景下兴起，没有进入战略新概念文件，却成为决策层的“默认共识”，其缘起脉络颇耐寻味。

（一）北约全球公域战略的缘起

从本质上讲，北约全球公域战略的兴起源于其对后冷战时期安全形势的基本判断。首先，全球化的深入发展强化了全球公域的开放性与联动性，许多隐藏在政治、经济、环境领域的非传统安全隐患纷纷凸显，并呈一触即发之势。其次，人类生产力的迅猛发展以及军事科技的飞速进步，为主权国家升级传统军备竞赛，在全球公域进行高水平、集约化和协同化的战略部署提供了可能。再次，核武器与大规模杀伤性武器短时间内扩散，增加了全球公域和平开发利用的难度，留下了冲突爆发的安全隐患。最后，国际恐怖主义兴起，加剧了全球公域安全的脆弱性。① 总之，后冷战时代的全球安全形势愈来愈向立体性、多维度、复合型方向发展。

在此背景下，西方智库相继启动北约全球公域战略项目，出台相关研究报告，评估北约在全球公域中的政策与行动，为北约扮演更加积极、能动的角色出谋划策。2010年5月，北约盟军转型司令部（ACT）投入大量时间与资源，启动了为期一年的“全球公域”课题研究。9月，美国与欧洲两大智库——“大西洋理事会”（the Atlantic Council of the United States）和“安全与防务议程”（Security & Defense Agenda）集聚众多专家，召开专题研讨会，详细探讨北约在全球公域中所面临的机遇与挑战。10月，芝加哥全球事务理事会（Chicago Council on Global Affairs）亦展开相关研究。2011年5月，北约盟军转型司令部（ACT）启动“全球公域”第二期研究项目——“多国实验7（MNE-7）”，力图通过两年跨国、跨部门的多边努力确保增强自身自由进入全球公域的行动能力。② 关于北约在全球公域战略中目标与角色的界定将进一步清晰。

事实上，“全球公域”作为一个概念，虽然未能明确、正式出现在北约的官方文件中，但相关理念已开始逐渐进入北约决策层的视野。2010年11月，里斯本峰会出台北约新战略概念——《积极接触，现代防务》（Active Engagement，Modern Defence）。其

① Abraham M. Denmark："Managing the Global Commons", *The Washington Quarterly*, July 2010, pp. 167-180.

② MNE 7: Access to the Global Commons, May 16, 2011, http://www.act.nato.int/mne-7-access-to-the-global-commons.

中明确指出，“网络攻击正变得更为频繁、更有组织性并更具有危害性……这些攻击已经开始威胁到国家以及欧洲—大西洋关系的繁荣、安全与稳定”。“所有国家正日益依赖至关重要的通讯、交通及运输线，而这些正是国际贸易、能源安全与繁荣的所系；这些设施需要国际社会付出更大的努力以确保其能够经受住打击与破坏”。“一些重要技术及相关趋势（包括激光武器、电子战以及阻止进入外太空的技术的发展）已引起广泛的全球影响，并将影响北约的军事计划与行动”。① 可见，“网络安全”“贸易通道安全”以及“外太空技术”等全球公域议题已经成为北约安全战略的重要关注。“全球公域”之所以引起北约学界的高度关注并成为决策层的“默认共识”主要基于以下考量：

首先，推动实现战略转型，巩固合法性基础。后冷战时代的全球安全综合性、联动性、非对称性以及难归因性显著增强。在复杂的安全环境中，北约的积极“无边界的集体防御”的全球干预思想合法性饱受质疑。② 在如今深陷阿富汗战争泥潭、欧洲支持率下降和债务危机的重重困境下，北约将网络攻击、贸易安全、气候变化等一系列非传统安全问题列为重要安全威胁，将战略目光投向国际海洋、国际空域、外太空和网络空间等未来战争的“战略支点”和“高边疆”，倡导有选择地将有限的力量部署在主权管辖之外。

其次，鼓励欧洲防务参与，重振跨大西洋联盟。已故法国总统戴高乐说过，北约是为美国设计而不是为欧洲设计的。③ 的确，冷战后，美国一直在北约保持着无可争辩的主导优势并对欧盟自主防务建设保持高度关注和警觉。《里斯本条约》生效后，面对新的复杂安全形势，美国态度发生转变，提出“巧防御”（Smart Dfence）概念，试图赋予欧洲盟友以“结构性角色”，鼓励其以更为积极的姿态参与到北约的防务行动中来。然而，事实上，欧洲对于“花费金钱与军力来冒招致战争危险”的军事行动并不

---

① *Active Engagement*, *Modern Defence*, *Strategic Concept for the Defence and Security of the Members of the North Atlantic Treaty Organization*, adopted by Heads of States and Government at the NATO Summit in Lisbon 19–20 November 2010, p. 11–12.

② “直接而普遍接受”的战略威胁的缺失将《北大西洋公约》第四条“自愿联盟”的情形合法化，然而这一过程却加剧了成员国的脆弱性并招致更多的安全威胁。上述情况又将“在何种确切条件下盟约第五条适用”的问题提上议程，尽管“重新解释”第二条和第四条能够为联盟应对新安全威胁提供政治基础与法理依据。James Sperling, “NATO and Global Commons: A Perspective on emerging Challenges” in NATO Supreme Allied Command Transformation, *Managing Change NATO's Partnerships and Deterrence in a Globalised World*, Villa Guastavillani, Bologna, Italy, 21–22 June 2011, pⅲ–5.

③ 赵俊杰、高华主编：《北狼动地来？——北约战略调整与欧盟共同防务及其对中国安全环境的影响》，北京：中国社会科学出版社 2011 年版，第 25 页。

热衷。① 在军事介入全球事务的形式与深度问题上，美欧分歧日渐明显。② "全球公域"这一美、欧都看好与借重的新兴全球治理域的引入将有助于唤起欧洲成员国的防务热情，重振跨大西洋联盟。

再次，遏制潜在对手，整合其他力量。北约的存在既需要制造"新威胁"，也需要国际合作。冷战后，世界走向多极，北约曾试图将非盟国以及前社会主义阵营国家整合到美欧为主导的全球政治经济体系中，使之成为既有秩序中"负责任的利益攸关方"。③ 北约认为，以"金砖国家"（BRICS）为代表的新兴力量不断挑战美、欧等北约主要成员国在全球公域中的"既有优势"，进而对其主导的自由主义国际秩序构成严重威胁。为有效遏制潜在对手，北约拟采取"离间分化、重点制衡"的战略，即在全球公域治理中"接近巴西、印度与南非，防止中俄接近，维持中印竞争"。④

最后，争夺战略"高边疆"，立足未来"新型战争"。后冷战的全球化时代的安全形势向立体性、多维度、复合型方向转化，这意味着国际海洋、国际空域、外太空和网络空间等未来战争的"战略支点"和"高边疆"将交织互融，最终形成"你中有我，我中有你"的战略化网络。北约一方面着手缩减常规力量规模，部署战略导弹防御系统，以达到远距离、高标准的未来全球公域可能发生的新型信息作战要求；另一方面，尽可能掌握包括法律、科技与外交手段在内的"多元战略武器"，以应对各式各类的全球公域威胁。

（二）北约全球公域战略的主要内容

目前，北约全球公域战略主要确认并作用于国际海洋、国际空域、外太空与网络空间四大领域：

一是国际海洋。海洋全球公域主要包括公海以及国际海底"区域"，是人类开发利用历史最为悠久的传统全球公共领域。2011 年，《北约海洋战略》指出，"全球贸易高度依赖安全而低成本的海洋运输和易遭破坏的配送网络，即便短期中断也会严重危害国际贸易和北约经济……维持海洋航行自由、海上贸易通道、重要基础设施、能源流

---

① 数据显示，2009 年，在美国的北约伙伴中，只有比利时、法国、英国、希腊和土耳其的国防支出超过了其 GDP 的 2%。International Institute for Strategic Studies，*The Military Balance*，London：Routledge，2010.

② 美国前国务卿马德琳·奥尔布莱特（Madeleine K. Albright）曾在高级多边会议高调警告欧洲盟友，"不愿投入足够的防务预算将最终阻碍北约转型成为 21 世纪有影响力的军事联盟"。参见 Madeleine K. Albright，"NATO 2020：Assured Security，Dynamic Engagement"，May 17，2010，http：// www. nato. int/ cps/en/natolive/official_ texts_ 63654. htm? selectedLocale=en.

③ Thomas Wright and Richard Weitz，"The Transatlantic Alliance in a Multipolar World"，The Chicago Council on Global Affairs，*Transatlantic Papers Series*，November 2010，p. 8.

④ Felix F. Seidler，"NATO Needs Global Partners for the Global Commons"，http：//archive. atlantic-community. org/-index/Open_ Think_ Tank_ Article/NATO_ Needs_ Global_ Partners_ for_ the_ Global_ Commons.

动，保护海洋资源和生态安全皆关乎北约的安全利益”。① 换言之，任何违背“海洋自由”精神的行为都将不可避免地妨碍北约遏制对手或在北约以外地区“缔造、维持和平”的能力。② 作为具有海洋强军史的政治军事联盟，北约在反水雷行动、反潜艇战争等方面具有技术优势，现仍致力于海上导弹防御系统、超视距雷达等先进装备的研发。目前，北约将其海上威胁主要界定为两个方面：其一，国际安全战略引发的“高级政治”问题：“金砖国家”海军力量崛起、“海洋领土”争端升级以及伊朗等国所从事的“反介入”行动等等；其二，全球治理进程中出现的“低级政治”问题：海盗行动、海上恐怖主义、海上拦截、大规模杀伤性武器及高端海军科技的扩散等。事实上，近年来，北约已经展开许多海上行动并取得积极进展，如“海洋盾牌行动”（Operation Ocean Shield）反海盗行动、地中海“积极努力行动”（Operation Active Endeavor）海上反恐行动等等。

二是国际空域。国际空域主要指位于领空与外层空间之间的空中区域，是国际贸易与人员流动较为频繁的全球公共领域。自冷战结束以来，北约一直高度重视其空中能力建设并力图保持其在国际空域中的战略优势。1991 年，北约在其冷战后首份战略概念文件中，将“空中力量”列为防务建设的重要环节。③ 2005 年，北约组建“联合空中力量能力中心”（Joint Air Power Competence Center），加快了其国际空域、外太空力量建设的机制化进程。在国际实践中，北约许多军事打击行动，如 1999 年科索沃战争、近年对利比亚的武装干预很大程度上都是通过空中打击的方式完成的。北约认为，其空中力量中短期内所面临的挑战集中于三个方面：其一，长距离“地对空”（Surface-to-Air）和第四代“空对空”（Air-to-Air）等高级导弹技术的持续扩散；其二，空间与网络攻击对航行“命令与控制”（C2）系统造成的持续骚扰；其三，无人驾驶空中系统的致命性与可购性凸显。上述趋势正逐渐改变空中军事行动的本质，进而淡化北约的空中优势。④ 冷战后，北约已开始通过改进通讯、数据、追踪与识别技术等方式增强空中搜索、侦察与打击能力。“无人机”（UAV）是国际空域的新增长点。北约可以此为“突破口”，通过改进技术，采用“操作无人机系统战略构想”，执行北约空中标准

① Alliance Maritime Strategy, 18 Mar, 2011, http: //www. nato. int/cps/en/natolive/official _ texts _ 75615. htm.

② Chris Rohman, *The Global Maritime Partnership Initiative*: *Implications for the Royal Australian Navy*, Canberra, 2008: Sea Power Centre, Department of Defence.

③ 《北约战略概念（1991）》，载王义桅等编译：《北约是什么——北约重要历史文献选编之一》，北京：世界知识出版社 2014 年版，第 195 页。

④ Mark Barrett, Dick Bedford, Elizabeth Skinner, Eva Vergles, *Assured Access to the Global Commons*, Supreme Allied Command Transformation, North Atlantic Treaty Organization, April 3, 2011, p. 17.

化协定等方式加强合作。

三是外太空。外太空被称作人类活动的“终极前沿”，是目前非军事化程度最高、人类所面临威胁最小的全球公共领域。冷战后，北约日益重视外太空能力建设，并将其视作北约防务能力建设的“重心”。在北约28个成员国中，有23国发展了外太空项目。2009年，北约联合空中力量能力中心（Joint Air Power Competence Center）发表《外太空作战评估报告》，提出23条建议，推动实现外太空力量与其他力量在军事行动中的有效整合。同年底，北约颁布了空天作战的行为准则。① 2010年，北约发布新版战略概念，其中明确提及“阻止进入外太空技术”的全球影响及其对北约构成的挑战。② 另外，北约内部文件《外太空行动双边战略指挥职能计划指南》还将北约及其盟国在外太空领域的合作落实到作战层面，为“作战计划中的外太空能力整合提供了指南”。③ 目前，北约虽然认识到外太空对于北约的重要战略意义，但并未制定、出台任何指导外太空行动或整合外太空力量的统一政策或准则；其直接后果是，北约领导的驻阿富汗国际安全援助部队（ISAF）的行动面临严峻挑战。④ 因此，政策层面上，北约外太空政策的当务之急是制定标准化的政策框架并成立高水平专家组提供智力支持；战略层面上，北约须建立专门的“外太空办公室”（Space Office）来处理北约的外太空事务，代表北约与欧洲航天局（ESA）、联合国及其他国家的外太空组织进行对话与合作。⑤

四是网络空间。网络空间作为超越国界的全球信息共享空间，是新兴的虚拟全球公共领域。⑥ 早在新世纪之初，北约就认识到网络空间的潜在价值，并将其提上防务议事日程。2002年，北约布拉格峰会通过“网络防御计划”，用于预防、检查和处置网络故障；2007年，北约“网络防御概念”草案出台，确定了“纵深防御”理念和“查

① Allied Joint Publication（AJP）3.3，Air and Space Operations，November 2009.

② *Active Engagement*，*Modern Defence*，*Strategic Concept for the Defence and Security of the Members of the North Atlantic Treaty Organization*，adopted by Heads of States and Government at the NATO Summit in Lisbon 19-20 November 2010，p. 11.

③ 唐笑虹：《试析奥巴马政府的军事外太空战略》，载《外交评论》2013年第2期，第57页。

④ 阿富汗国际安全援助部队追求的作战模式是整合一切可用资源，在陆地、海洋、天空和外太空开展多国联盟作战和多军种联合作战。由于外太空方面整合度尚低，盟国无法依据统一的外太空数据管理系统实现情报与信息分享。托马斯·G. 辛格尔：《新地平线：联盟外太空作战》，载《空天力量杂志（中文版）》2010年秋季刊第4卷第3期，第56页。

⑤ ACT Workshop Report-NATO in the Space Commons，Joint Air Power Competence Centre，Kalkar，Germany，p. 7，http：//www. act. nato. int/global-commons-space-workshop.

⑥ 信息化时代，网络在人类社会发展与进步过程中所发挥的重要价值不言而喻：一方面，网络空间是全球繁荣与增长的“重要引擎”，几乎所有的政策文件、军事机密和商业信息都依赖网络空间进行下载、交流与存储；另一方面，网络空间是全球公域中的“狂野西部”，其自发、即时和匿名特性为恐怖组织与黑客集体提供了“廉价武器”，因此隐藏了大量安全隐患。

明—回应—恢复—反馈”的阶段式防御法;① 2008年，受成员国爱沙尼亚遭受大规模网络袭击事件影响，北约在爱沙尼亚首都塔林成立卓越合作网络防御中心（CCD COE），专门为北约增强网络防御能力提供技术培训与智力支持；2010年，里斯本峰会通过的北约战略新概念出台，其中首次将“网络攻击”列为重要安全威胁；2011年，北约“网络防御概念”正式拟定并获得通过，其中对北约网络防御的重点、目标、原则与行动步骤等问题做出了系统规定。② 2012年，北约启动了5800万欧元的网络防御项目，并在比利时蒙斯设立技术中心，为北约的网络系统提供安全支持。③ 目前，从来源上看，北约将其网络空间所面临的主要安全威胁界定为两方面：其一，俄罗斯等主权国家及非国家行为体支持的“黑客”行为；其二，利益团体、组织及个人出于窃取商业机密等目的的“恶意软件”入侵事件。有效的网络防御包括三个相互依存的方面：合作、政策与准备。因此，中短期内，北约将通过拓展伙伴关系，制定明确、成员国可接受的政策框架以及明确优先事项等方式进一步强化自身网络防御能力。④

国际海洋、国际空域、外太空和网络空间是北约全球公域战略的四大支柱领域，每一部分都具有其各自不同的战略定位，面临着不同的威胁来源，具有不同的关注点。但它们也并非孤立存在，而是相互支持、相互配合和相互渗透的。

（三）北约全球公域战略的影响

“全球公域”不仅为北约全球安全战略指出了“新领域”“新方向”，同时也反映了其在新安全形势下对于自身防御能力做出的全盘考量与重新规划。这一战略对于全球安全形势与国际关系产生的影响是广泛而深远的。

从全球层面看，首先，北约增加在全球公域的战略投入必将加剧国际社会争夺全球公域的紧张态势。北约盟军转型司令部（ACT）出台的研究报告反复指出，“北约成员国属网络化、一体化程度最高的国家，其安全、稳定与繁荣高度依赖于海、空贸易通道的自由通畅和外太空、网络信息平台的无障碍运行”。⑤ 北约提出的这种“争夺战略地带的战略性资源，从而保持其战略优势”的战略思路间接鼓励了世界各国对于全

① Draft NATO Cyber Defence Concept, Annex A to SH/J6/COI/07-203139TT-3/TT-1162/Ser. NU, 4 October, 2007.

② Defending the networks The NATO Policy on Cyber Defence, http://www.nato.int/nato_ static/assets/pdf/pdf_2011_ 09/20111004_ 110914-policy-cyberdefence.pdf.

③ 孙天仁：《北约今秋全面运行网络防御体系“集体防御”原则适用于网络空间》，载《人民日报》2013年6月6日，第21版。

④ *ACT Workshop Report—NATO in the Cyber Commons*, October 19, 2010 Cooperative Cyber Defence Centre of Excellence, Tallinn, Estonia, pp. 7-8.

⑤ Mark Barrett, Dick Bedford, Elizabeth Skinner, Eva Vergles, *Assured Access to the Global Commons*, Supreme Allied Command Transformation, North Atlantic Treaty Organization, April 3, 2011, p. 46.

球公域的争夺，极易掀起新一轮的“圈地狂潮”。其次，北约全球公域开发的明显军事意图无疑会使“非军事化”较为成功的外太空等全球公域落入“军事化”境地。专家称，军民两用的外太空卫星是北约防务建设不可或缺的组成部分；丧失外太空侦察、遥感与定位的“灵巧”武器，北约将无法完成自卫计划和预先部署，整个军事防务系统将陷入瘫痪。① 北约是以安全与防务职能为主的国际政治军事联盟，其以军事目的为主的外太空开发为目前“非军事化”程度最高的外太空领域埋下了不安的“种子”。最后，北约争夺全球公域机制规则的制定权，破坏了全球公域合作的法理基础，为实现真正的“全球治理”增加了难度。关照全球公域目前国际法约束力不足、制度规范缺位等现状，北约积极介入并以“领导者”姿态在全球范围内构建全球公域磋商对话平台，其实是欲先行争得全球公域规则的制定权，使全球公域安全治理最终沦为实现自身战略利益的“工具”。

虽然，全球公域资源多为具有竞争性和非排他性的“公共池塘资源”（Common Pool Resources），但由于历史因素和能力差异，世界各国对于全球公域的资源开发、利益分享的实际情况也必然不同。从内部成员构成的角度看，北约成员国多为欧美发达国家。在“自由进入全球公域”的倡议下，北约及其成员国必将凭借其雄厚的经济军事实力和较为成熟的战略规划能力占得“先机”，成为事实上率先进入全球公域的“强者”。例如，在网络空间领域，2013 年 3 月，北约卓越合作网络防御中心（CCD COE）邀请了 20 名法律专家，在国际红十字会和美国网络战司令部的协助下撰写并发行了世界网络战规制——“塔林手册”。北约助理法律顾问艾伯特（Abbott）上校在“塔林手册”发行仪式上说，手册发行是“首次尝试打造一种适用于网络攻击的国际法典”。可见，北约及其成员国利用“塔林手册”抢占全球网络规则制定权的战略意图明显。②

就地区层面而言，全球公域议题无疑是北约跨大西洋联盟的一支有力的“强心剂”，将强化“美国—北约—欧盟”伙伴关系。北约是泛大西洋主义的产物。冷战期间，共同战略目标掩盖了美欧间的差异与分歧；冷战结束以来，失去共同安全威胁的北约难于以共同目标来凝聚成员国，美欧矛盾渐趋凸显。“9·11”事件后，美欧间就“北约在世界所应扮演的角色问题”展开多次讨论，其在应对恐怖主义、核扩散、巴以冲突等问题上曾相持不下；近期在增兵阿富汗、干预利比亚以及导弹防御系统建设等问题中再生龃龉。美欧伙伴关系出现裂痕所导致的直接战略性后果是北约内部凝聚力

① Major Tom “Solo” Single, USAF, “What is NATO's Position on Space?”, *JAPCC Journal* No. 7, 2008, p. 38; Dana Johnson, James Lewis, H. Baker Spring, Tommy Brazie, and David Graham, “A Day Without Space: National Security Implications”, Marshall Institute, 12 February, 2009, http://www.marshall.org/article.php?id=660.

② 《北约推“塔林手册”意图制定网络战“国际法典”》，载《中国青年报》2013 年 5 月 24 日。

严重下降。对此，美国时任国防部长罗伯特·盖茨（Robert Gates）指出，北约正面临着一场“内部危机”。① 美国外交学会会长理查德·哈斯（Richard N. Haass）在《华盛顿邮报》网站撰文直言：“美欧伙伴关系曾在指导并打赢冷战中发挥了核心作用，但在未来的岁月里，它将不可避免地变得越来越无足轻重。从某种程度上讲，美欧伙伴关系甚至到了可有可无的地步”。② 大西洋理事会专家学者从学理角度指出，“如今，北约的许多成员缺乏对于北约核心价值观和自身使命的共同信念，而缺乏了这些北约将不复存活”。③ 从根本上讲，美欧矛盾源于双方在世界秩序构建理念方面的差异；④ 而“全球公域”这一美国、北约和欧盟都看好与借重的新兴治理域的引入为三边关系找到了新“突破口”，起到了中短期内弥合分歧、增进合作的作用。目前，美国、北约和欧盟的全球公域合作全面展开。2008 年 2 月，10 个北约成员国/和平伙伴关系国与两个欧盟国家（瑞典和芬兰）签署战略空运能力谅解备忘录，就采购三架波音 C-17 战略运输机及其相关事宜达成共识；⑤ 2011 年 2 月，美国和欧洲首次启动火箭合作计划，共同开发 90 米长的大型外太空运载火箭“自由号”（Liberty）；2010 年起，在时任美国国防部副部长威廉·林恩（William Lynn）北约组织必须建立“网络盾牌”的倡议下，美国和北约首次举行了“网络大西洋—2011”演习；欧盟国家也接连举行了“网络欧洲—2010”“网络欧洲—2012”网络空间防御演习。在全球公域战略酝酿与形成过程中，北约就有巩固美、欧成员国盟友关系方面的考虑，目前看来，可以说较为成功地达到了这方面的目的。

三、北约全球公域战略的新安全理念

冷战后一段时间内，北约基本完成了对其战略思想和安全理念的“初次改造”；而全球公域战略的新语境下，北约实现了扬弃基础上的丰富与创新，致力于对北约安全理念的“深加工”，以助力北约最终完成全方位的转型。

---

① Robert M. Gates, remarks, NATO Strategic Concept Seminar, National Defense University, Washington, D. C., February 23, 2010, http://www.defense.gov/speeches/speech.aspx? speechid=1423.

② 理查德·哈斯：“欧洲为何不再举足轻重”，《华盛顿邮报》网站文章 2011 年 6 月 18 日。

③ Julian Lindley-French and Yves Boyer, “STRATCON 2010: An Alliance for a Global Century”, April 2010, p. 5.

④ 美国是国家实力与单边主义的奉行者，主张凭借自身的超级经济与军事实力对安全威胁发动“先发制人”的打击；而欧洲则是规范力量与多边主义的倡导者，主张通过制度、对话与协商等非武力手段解决安全问题。参见李海东：《难以弥合的分歧》，载《人民日报》2009 年 9 月 16 日，第 3 版。

⑤ “NATO and EU to Pool Helicopters and A ir Carriers”, EU observer, 10 February, 2008; NATO, EDA Plan to Boost European Lift Capability, *Janes Information Group*, 20 February 2008.

（一）后冷战时期北约全球战略的安全理念

北约是冷战时代背景下建立在传统现实主义和地缘政治理论基础上的攻守同盟。冷战结束后，源自苏联的强大安全威胁消失，北约的存在丧失了现实理由与合法性依据。部分战略理论家曾断言，北约的命运会如昔日以苏联为首的华约组织一般，走向消亡；[①] 但事实上，北约非但没有解体，还不断进行地缘扩展和功能强化，从先前的地区性军事联盟成长为目前世界上实力最强、组织化程度最高的政治安全联盟。在这一过程中，除利益考量与战略调整外，[②] 关键还在于安全理念的重组与革新。概而言之，冷战后，支持北约存续的安全理念有三：

一是进攻性防御。作为一个具有军事职能和安全诉求的联盟，北约自成立之初就确立了“集体防御”理念，并以之作为联盟形成的理论基石。冷战期间，美苏也大抵保持了“核恐怖平衡”基础上的克制状态。20 世纪 90 年代，经过 1991 年、1999 年两次战略调整，北约基本上确定了“巩固一片、控制一线并向亚非延伸”的战略目标，其目的是企图利用其军事优势，在美国的主导下夺取 21 世纪的战略主动权。[③] 由此，北约开始从防御性组织转变为进攻性工具。“9 · 11”事件后，面对史无前例的恐怖主义袭击，时任北约秘书长乔治 · 罗伯逊（George Robertson）宣布，北约将首次启用《北大西洋公约》第 5 条，以“一人为大家，大家为一人”（One-for-All and All-for-One）的原则号召盟国为其提供军事援助，以携手打击恐怖主义的“共同敌人”。[④] 此后，北约先后以“反恐”“防止大规模杀伤性武器扩散”以及“人道主义援助”为由，广泛地参与到地区性战争中，沦为美国“新干涉主义”的工具。至此，北约“集体防御”安全理念的进攻性到达顶峰。

---

① Glenn Snyder, “Alliance Theory: A Neorealism First Cut”, in Robert Rothstein, ed., *The Evolution of Theory in International Relations*, Columbia, SC: University of South Carolina Press, 1991, p. 91; Stephen Walt, “Preface”, in *The Origins of Alliance*, Ithaca, New York: Cornell University Press, 1990; Gunther Hellmann and Reinhard Wolf, “Neorealism, Neoliberal Institutionalism, and the Future of NATO”, *Security Studies*, Vol. 3, No. 1, 1993, pp. 21-25; Kenneth Waltz, “The Emerging Structure of International Politics”, *International Security*, Vol. 18, No. 2, 1993, pp. 75-76.

② 冷战结束后，北约共出台三份战略新概念：1991 年 11 月，北约推出冷战后首份战略新概念——《北约战略新概念》，为适应安全威胁从“单一的苏联威胁”到“来自不同方向的多元威胁”的转变，推出“全方位危机反应战略”，其核心步骤为“威慑”“反应”和“战而胜之”；1999 年 4 月，北约推出冷战后第二份战略新概念——《联盟战略概念》，确立了“通过政治和军事手段保卫其成员的自由和安全”的“新使命”，可被视作“全方位危机反应战略”的完善与扩展；2010 年 11 月，北约推出冷战后第三份战略新概念——《积极参与现代防御》，针对非传统安全威胁加剧的安全形势，强调跨大西洋安全的联动性，号召成员国在“团结、共享目标和公平承担责任”的基础上，共同履行“集体防御”“危机处理”和“安全合作”三大核心任务。

③ 赵俊杰、高华主编：《北狼动地来？——北约战略调整与欧盟共同防务及其对中国安全环境的影响》，北京：中国社会科学出版社 2011 年版，第 37 页。

④ 钱皓：《从“集体安全”到“集体防御”——〈北大西洋公约〉“第 5 条款”的历史解读》，载《国际观察》2002 年第 3 期，第 9 页。

二是全球性防御。“9·11”事件后，为应对国际恐怖主义新威胁，北约决心增强其快速部署和远程投送能力，以支持其跨时间、跨地区的全球反恐行动。一方面，北约及其成员国认为，国际恐怖主义兴起背景下，实现安全唯一有效的方法是在源头处消灭遥远的威胁。① 为此，自2002年起，北约开始组建快速反应部队、“国际安全援助部队”（ISAF）等，开赴阿富汗、伊拉克、苏丹和利比亚等国家和地区执行“人道主义救援”“维和”与“重建”任务。另一方面，在“全球变得不安全”的情况下，北约在对外关系方面开始突破地缘束缚，更多地基于功能性考虑，在更大范围内构建“全球伙伴关系”。2006年里加峰会上，北约成员国一致同意“全面发展北约现存合作项目中的政治与实用性潜力”，“增加与非北约国家关系的行动关联性”。② 通过各种双边条约与多边倡议，北约逐渐与中东欧、地中海、高加索、中亚、亚太等地区部分国家建立起盟友、准盟友关系；当然，这一举动在北约内部也存在质疑，如引起法、德等欧洲成员国关于联盟泛化危险性和自身边缘化命运的忧虑。

三是预防性防御。“预防性防御”内含着“当下比晚好”（Better-Now-than-Later Logic）的战略逻辑：预先阻止那些时空久远、可能对国家安全造成严峻威胁的行动，以防止威胁升级而导致的干预成本提高和灾难性后果。③ 20世纪90年代末，时任美国国防部长威廉·佩里（William Perry）、助理国防部长艾什顿·卡特（Ashton Carter）正式提出“以预防为主的防务战略”构想。他们认为，按照安全威胁的严重程度排序，可将美国所面临的安全威胁划分为三类：甲类指对美国生死存亡具有至关重要影响的“生存威胁”；乙类指波斯湾和朝鲜半岛等对美国安全具有重大影响的“地区威胁”；丙类指发生在科索沃、波黑和索马里等地区对美安全具有一定影响的“间接威胁”。④ 冷战后，苏联解体，威胁美国生存的甲类威胁基本消失，但是乙类和丙类安全威胁依然大量浮现，并存在升级为甲类威胁的可能性。为此，美国应以强大的军队为后盾，有效威慑和及时遏止这种转化的发生。可见，预防性防御本质上是建立在对“他者”的恐惧与疑虑基础之上的“零和安全”。在美国的影响下，北约的安全理念亦被打上浓重的“预防性防御”印记：一方面，“9·11”事件爆发后，北约成员国随即附和美国

① Ivo Daalder and James Goldgeier, “Global NATO”, *Foreign Affairs*, September/October 2006 Issue, http://www.foreignaffairs.com/articles/61922/ivo-daalder-and-james-goldgeier/global-nato.

② 丽贝卡·摩尔：《伙伴关系走向全球——在北约转变中的非成员国以及非欧盟国家所扮演的角色》，载许海云编：《挑战与应战：新世纪的北约——北约战略转型与发展研究文献汇编》，北京：世界知识出版社2013年版，第247页。

③ 罗峰：《美国预防性战争的逻辑——基于伊拉克战争的考察》，载《世界经济与政治》2010年第9期，第56-57页。

④ 艾什顿·卡特、威廉·佩里著，胡利平、杨韵琴译：《预防性防御：一项美国新安全战略》，上海人民出版社2000年版，序言，第11页。

的"预防性防御"理念，采纳其组建快速反应部队的建议，并积极参与到美国发起的伊拉克战争等预防性战争中。另一方面，北约一直罔顾俄罗斯及国际社会的强烈反对，不断酝酿并坚持推行在全欧范围内部署导弹防御系统，以实现基于实力与威慑的防御。

1993年，美国参议院外委会委员理查德·卢格说，"北约要么走出防区，要么关门闭市"（out of Area or out of Business）。① 的确，冷战后，北约自身正位于合法性重构与转型图存的十字路口处。上述安全理念不仅勾勒出后冷战时期北约战略的新貌，同时也为北约日后的彻底转型指明了方向。其指向性主要体现为三个方面：首先，理念的广义化：安全视域从战争等传统安全问题转到反恐、防扩散等非传统安全问题；其次，范围的全球化：安全区域与辐射范围从欧洲拓展到全球；最后，职能的扩大化：安全手段从传统的军事职能为主转而兼具政治决策、外交斡旋以及危机管理等综合职能。总之，冷战后的北约以更为积极的新思路、新视野和新方式投入到全球安全治理事务中来。

（二）全球公域战略语境下的北约安全新理念

冷战后，北约基本上沿袭了"进攻性防御""全球性防御"和"预防性干预"的总体安全思路，但面对空前广阔的全人类共同安全领域，又衍生了若干新理念。概而言之，全球公域战略语境下的北约安全新理念主要体现在三方面：

一是综合安全。所谓"综合安全"，是一种全方位的、多层次的、内容广泛的安全。② 就其涵义指向而言，综合安全是指国际行为主体通过各种方式、整合各种资源而达到的客观上不存在安全威胁、主观上消除安全忧虑的理想状态；就所涵盖领域而言，综合安全主要包含政治、军事、经济、社会和环境等五大传统、非传统安全门类。③ 早在20世纪80年代初，日本的大平内阁最早认识到战争、能源危机、资源危机、自然灾害等多样化全球威胁，以及综合经济、政治、军事、外交等多手段应对威胁的必要性，制定"综合安全保障战略"。④ 1996年，综合安全的理念得到了更多国家的认可，几乎

---

① Richard Lugar, "NATO: out of Area or out of Business, a Call for US Leadership to Revive and Redefine the Alliance", Presentation to the Open Forum of the US Department of State, 2 August, 1993, See Carl Conetta, "America's New Deal With Europe: NATO Primacy and Double Expansion", http://www.comw.org/pda/eurcom.htm.

② 王逸舟：《论综合安全》，载《世界经济与政治》1998年第4期，第5页。

③ Barry Buzan, "New Patterns of Global Security in the Twenty-First Century", *International Affairs*, 67: 3, 1991, pp. 431-451.

④ 唐永胜、程海南：《关于综合安全》，载《欧洲》1997年第3期，第43页。

同时出现于欧安组织、东盟和俄罗斯的政策文件中。[①] 2004 年，丹麦政府率先将“综合安全”概念引入北约“联合计划与行动”（CPA）项目。2006 年，在美国的支持下，“综合安全”被正式列入里加峰会议程。峰会宣言指出，“当今世界所面临的全球性挑战要求国际社会以一种综合方法面对，这种方法涉及广泛的民事与军事手段。”[②] 2008 年，北约布达佩斯峰会进一步指出确保综合性方法奏效的主体与条件，“有效实施‘综合方法’，要求所有参与者的合作与贡献，包括非政府和地方性组织”。[③] 全球公域的战略纵深为北约综合安全理念的发展、综合性方法的继承与改进提供了广阔空间。首先，在全球公域治理中，北约致力于“态势感知”（Situational Awareness）能力的提升，为综合安全理念创建了动态模型。所谓“态势感知”，指在大规模系统环境中，对能够引起系统态势发生变化的安全要素进行综合获取、理解、评估及预测。其中“大规模系统环境”恰恰符合了全球公域的广阔空间。在全球公域建设中，北约专家曾高度强调增强态势感知能力，通过倡导负责任行为、塑造“利益共享”意识、拓展盟国以及加强与非国家民事部门合作等方式应对威胁，巩固自身优势。[④]其次，全球公域要求陆、海、空、天、电、网六维空间中的联合作业，为综合安全理念补充并强化了“协同行动”意识。如北约在执行海上任务过程中，需要外太空与网络技术协助完成搜索、拦截任务；在国际空域进行的客、货运输以及人道主义救援物资运输安全，需要依赖外太空与网络的遥感、通讯与定位；网络空间遭到破坏给海洋、国际空域以及外太空行动造成巨大损失。最后，全球公域战略新语境下的综合安全观不仅鼓励国家、非国家多行为主体间的合作，更支持国际、非国家行为主体与跨部门的合作。因为，目前许多保护全球公域的技术目前北约尚未掌握，需要工业、商业和科技等相关部门提供技术支持；许多全球公域的破坏者（Spoilers）是非国家犯罪集团或恐怖分子，需要听取不具备军事背景的政策顾问和技术专家的意见。

二是相对安全。“相对安全”是与“绝对安全”对称的一种安全理念。顾名思义，

---

① 1996 年，欧安组织首脑会议通过了《建立一个 21 世纪的共同和综合安全模式的里斯本宣言》，倡导建立具有普遍适用性的综合安全观，并对其基本内容做出详细阐述；1997 年，俄罗斯出台《俄罗斯联邦国家安全构想》，认识到在可预见的一段时间内，俄罗斯所面临的主要威胁不具有军事性质，而是集中于内政、经济、社会、生态、信息和精神等综合性领域；1996 年，亚太安全合作理事会在《关于综合和合作安全的第三号备忘录》中指出，要以综合安全作为地区安全安排的“组织观念”。参见杨万明：《论综合安全观》，载《国际问题研究》2005 年第 4 期，第 2-3 页。

② NATO, “Riga Summit Declaration”, issued be heads of state and government in the meeting of the North Atlantic Council on November 29, 2006, paragraph 10, http://www.nato.int/docu/pr/2006/p06-150e.htm.

③ NATO, “Bucharest Summit Declaration”, issued be heads of state and government in the meeting of the North Atlantic Council on April 13, 2008, paragraph 4, http://www.nato.int/cps/en/natolive/official_texts_8443.htm.

④ The Global Commons—Maritime Workshop, USS Enterprise, September 30, 2010, http://www.act.nato.int/maritime.

所谓“绝对安全”，指绝对意义上的安全，目的上追求安全竞争中的绝对获益，手段上推行“压倒一切”的优势政策。而所谓“相对安全”，指相对意义上的安全，目的上追求安全竞争中的相对获益，手段上推行安抚或保全的保守政策。在西方国际关系史上，有三位典型倡导“相对安全”理念的著名外交理论家：梅特涅、卡斯尔雷和基辛格。奥地利外交大臣梅特涅被誉为“均势主义大师”，在法国大革命和拿破仑战争期间使脆弱的哈布斯堡王朝转危为安，并通过战后的会议为欧洲确立了新秩序；英国外交大臣卡斯尔雷在维也纳会议中积极拥护神圣同盟，成功地避免过多卷入欧陆战争，为英国日后崛起为世界霸主营造了良好环境；美国政治家、外交家基辛格是冷战时期“缓和政策”的主要倡导者，他指出迈向一种稳定、可信的世界秩序，关键在于美苏之间形成“共同克制和共处习惯以及到最后的合作习惯”①。国际关系发展经验反复证明，世界安全是不断变化的，追求绝对安全的霸权政策短期内可缔造和平，但也因损害他国安全利益而无法持久；追求相对安全的协调政策虽然往往无法开解结构性矛盾，但很大程度上可起到缓解矛盾的作用。面对当前全球安全议题不断泛化的趋势，欧洲智库“安全与防务议程”（Security & Defense Agenda）在其专题报告中指出，“北约在军事方面具有明显优势与独特能力。然而，目前全球安全情况错综复杂，完全掌控全球公域中的各个领域是不可能的；北约的全球公域战略须基于现实考虑——促进‘公域稳定’而非追求‘绝对安全’”。② 面对广袤无边而充满不确定性的全球公域，北约已经逐步认识到自身能力的局限转而追求次层级安全目标，这相比后冷战时期在手段上放弃绝对性安全举措更进一步。可见，全球公域为北约“相对安全”理念提供了全新的“试验田”，促使北约基本完成从“绝对安全”到“相对安全”的安全理念转型。

三是合作安全。所谓合作安全，即以合作的方式来寻求集体安全。澳大利亚前外长加雷斯·埃文斯（Gereth Evans）认为，“合作安全是一种开放的、建构性的思维习惯。它表明安全的实现方式是磋商而非对抗，确保而非威慑，透明而非秘密，预防而非纠正，相互依存而非单边主义”。合作安全包括三个步骤：维持安全、缔造安全和重建安全。③ 1990年9月，加拿大外长乔·克拉克最早在联合国大会上提出该理念，而后得到埃文斯外长在“亚洲安全与合作会议”倡议中的积极响应与支持。20世纪90年代以来，在恐怖主义、金融危机和跨国疾病流行等非传统安全威胁上升的背景下，合

---

① 基辛格旧金山演讲，1976年2月3日，转引自［美］约翰·加迪斯：《遏制战略：战后美国国家安全政策评析》，北京：世界知识出版社2005年版，第296页。

② Jonathan Dowdall and Beatrice Hasani, *Protecting the global commons*, A Security & Defence Agenda (SDA) Report, September 16, 2010, p.9.

③ Gereth Evans, "Cooperative Security and Intrastate Conflict", *Foreign Policy*, No.96, Fall 1994, pp.1-8.

作安全理念不断被运用于全球和地区性制度安排中，并一度得到国际社会的认可。在新安全形势下，北约亦在延续后冷战时期顺应时代步伐的战略调整思路的基础上进一步弱化其进攻意识，首次正式将“合作安全”理念正式引入其新版战略概念文件中，并将其与“集体防御”和“危机处理”一并列为三项核心任务。全球公域的幅员之广、综合性之强彰显了合作安全的可行性与必要性，因此，它不仅成为合作安全理念的有力诠释，也为其理念注入了新鲜“血液”。首先，全球公域拓展了合作安全的覆盖范围。后冷战时期，北约的集体防御范围完成了由传统安全领域向非传统安全领域的首次拓展，但主要集中于反恐、维和以及防止大规模杀伤性武器扩散等问题；而全球公域新战略语境下，北约完成了向非传统安全领域的深度拓展，将集体防御的适用范围明确推进至国际海洋和网络空间。① 其次，全球公域细化了合作安全的具体途径。后冷战时期，北约通过自身的东扩和“全球伙伴关系计划”完成了全球化的首轮进程，但其目的主要基于政治考虑；而全球公域战略新语境下，北约完成了向功能化合作的进一步提升，其详细的执行规划在很大程度上增强了合作安全的可操作性。如：北约新版海洋战略中专以题为“以伙伴关系、对话和合作为途径的合作安全”一节详尽介绍海洋全球公域安全与合作之于北约的重要意义，以及北约增进与其他国家或组织海上行动协调的可行途径。②

四、案例分析：北约反海盗行动与新安全理念的践行

海洋占陆地面积的71%，是幅员广阔、人类发现及利用历史最为悠久的全球公域。穿越、开发和治理海洋的能力关系到世界各国的安全与繁荣。全球贸易约90%经由海运，2030年海上贸易总量预计将从现今的90亿吨增至190~240亿吨。③ 海洋对于世界生产要素流动以及世界贸易至关重要，人类社会从食物到能源的供给都离不开海洋。④在海洋全球公域所面临的诸多威胁中，海盗行为的危害尤为深远。

---

① Alliance Maritime Strategy, March 18, 2011, http://www.nato.int/cps/en/natolive/official_texts_75615.htm; Kenneth Geers, “Strategic Cyber Security”, NATO Cooperative Cyber Defence Centre of Excellence, CCD COE Publication, Estonia, 2011.

② Alliance Maritime Strategy, March 18, 2011, http://www.nato.int/cps/en/natolive/official_texts_75615.htm.

③ University of Strathclyde & QinetiQ, “Global Marine Trends 2030”, pp. 14-15.

④ Gordan E. Van Hook, “Maritime Security Consortiums”, in Scott Jasper ed., *Conflict and Cooperation in the Global Commons: A Comprehensive Approach for International Security*, Georgetown University Press, Washington, D.C., 2012, p. 173.

海盗作为较为古老的海上犯罪组织，经历了古代、近代与现代的兴起与演变过程。[①] 进入21世纪，全球海盗行为再次猖獗，甚至愈演愈烈。2009年，世界总共发生406起海盗事件，比2008年增加38.5%。联合国统计，海盗活动每年造成全球经济损失达130亿至160亿美元。据国际海事组织报告称，目前，全球海盗活动主要集中于索马里半岛、马六甲海峡以及亚丁湾、孟加拉湾等居民生活贫困、治安不好以及航道狭窄的区域。海盗事件的频发给世界各国，尤其是海外贸易发达和能源高度依赖进口的大国造成严重的安全隐患。[②] 为此，近年来，国际社会多方面力量都广泛地参与到反海盗活动中来。在联合国决议授权下，美国、欧盟、俄罗斯、印度、中国等国维和部队先后开赴索马里、亚丁湾承担起反海盗的维和任务；国际海事组织（IMO）、国际海事局（IMB）等国际组织也广泛参与到海盗行动的监察通报与对策分析活动中。

（一）北约参与的反海盗计划与行动

在国际社会各方共同反海盗的背景下，北约积极地参与到其过程中来。2008年9月25日，在联合国秘书长潘基文的授权下，北约亦正式参与到国际反海盗活动中。

2008年10月9日，在国防部长布达佩斯会议上，考虑到印度洋海域的重要战略价值及其安全稳定的重要意义，北约最终决定承担起首次反海盗护航任务——“盟军护航行动”（Operation Allied Provider）。此次行动的主要任务在于“保护向索马里运送救济物资的世界粮食计划署的船只”；为此，北约派出第2北约快速反应部队（SNMG2）[③]，为世界粮食计划署船只提供护航服务；并在索马里海域巡逻，安排直升机在海域上空护航150小时，配合此次行动。此次行动为期约2个月，成功护送3万吨的人道主义救援物资顺利到达索马里。北约欧洲盟军司令约翰·克拉多克（John Craddock）对此予以高度评价，称“这次护航行动是北约有价值的先例”，“在短时间内成功地完成任务表明我们可以快速、及时地对危机做出反应。我们在不断变化的全球安全环境的需要，没有比这更好的例子来证明北约的价值”。[④] 世界粮食计划署也表示，

---

① 海盗出没的最早记录可追溯到公元前1350年。整个古罗马时期和中世纪，海盗主要集中于地中海和北欧地区。15世纪至16世纪，新大陆的发现和新航道的开辟推动了国际海洋运输业的大发展，也同时激发了海盗掠夺和抢劫的更大欲望。此一时期，资本主义国家对殖民地的掠夺以及贸易竞争的加剧，促使某些国家助纣为虐，公开为海盗颁发“私掠许可证”，将海盗行为合法化。从18世纪末到19世纪初，随着西方科学技术的迅猛发展，各国海上巡逻与危机管理能力极大增强，海盗行为基本上得到了有效抑制。

② 陈志瑞、吴文成：《国际反海盗行动与全球治理合作》，载《国际问题研究》2012年第1期，第116页。

③ 该部队由来自意大利、美国、英国、希腊、土耳其、德国等国家的7艘战舰组成，其中3艘参与了此次任务。

④ NATO：“Facts on Operation Allied Provider”，http：//www. afsouth. nato. int/Organisation/CC_ MAR_ Naples/operations/allied_ Provider/background. html.

"没有这次护航行动，200 万索马里居民将忍受饥饿"。①

2009 年 3 月—8 月，北约根据计划，启动了其第二项反海盗任务——联合保护者行动（Operations Allied Protector）。在任务中，北约成功制止了 37 次中的 16 次攻击，150 多名疑犯被捕，大量海盗设备被没收。②

2009 年 8 月，北约启动了其目前仍在进行的第三项反海盗计划——海洋盾牌行动（Operation Ocean Shield）。总体而言，这次反海盗行动是北约迄今规模最大、历时最久和组织化程度最高的一次反海盗行动。从组织方面看，这次行动组织级别与动员程度空前，由北约最高决策机构大西洋理事会全权领导、欧洲盟军司令负责指挥，几乎所有成员国都直接或间接地参与到行动中。从范围方面看，北约这次"非洲之角"行动区域包括亚丁湾、西印度洋到霍尔木兹海峡，面积达 200 万平方公里，约与整个西欧界域等同。从执行方面看，北约这次行动的任务较之以往的两次都更为复杂，主要是通过情报收集、港口侦察辨别索马里海岸的离岸船只，及时隔离可疑船只，为目的正当的商业船只护航。从权限方面看，北约船只必要时甚至可以使用武力阻止海盗船只或干预劫持，随后再向指定的国家执法机构转移。③ 当然，这一行动不仅在理论上计划周详，在实践中也被证明是收效明显的。2011 年 1 月，发生 29 次袭击事件，有 6 艘船只遭劫持；2012 年 1 月，发生 4 次不成功的袭击事件，80 个疑犯中有 59 个由北约舰只捕获；2013 年，这一区域未发生任何袭击或劫持事件。④鉴于打击、防范海盗和确保非洲之角安宁任务之长期性，大西洋理事会于 2010 年、2012 年先后两次决定将任务延期，目前，拟结束期限为 2014 年底。

在参与国家反海盗行动的过程中，北约主要计划并执行了上述三次任务。其中，第一次主要以护航任务为主，历时 2 个月；第二次增加了对海盗行动的拘捕、打击任务，历时 5 个月；第三次则基本上形成了"侦察—识别—打击/护航—治理—移交"的程序化作业链条，预计历时 5 年。这一变化趋势说明，北约的危机管理能力、力量投送能力以及战略灵活度显著增强，将在海洋全球公域治理领域扮演日益重要的角色。

（二）北约反海盗行动对新安全理念的践行

在组织、参与反海盗行动过程中，北约的新安全理念得到了很好的体现与践行：

---

① "Successful Completion of NATO mission Operation Allied Provider", Press Release, Allied Command Operations, Supreme Allied Powers Europe, 12 December, 2008, http: //www. nato. int/ shape/ news/2008/12/081212a. html.

② Nathan G. D. Garrett and Ryan C. Hendrickson, "NATO's Anti-piracy Operations: Strategic and Political Implications", *Analysis*, Ap: 2009nr8, p. 10.

③ NATO: Operation Ocean Shield, http: //www. mc. nato. int/about/Pages/Operation%20O cean \ %20Shield. aspx.

④ Ibid.

一是综合安全。海盗行为多发生在居民生活贫困、治安不好的国际海域，海盗问题的实质其实是社会和经济问题。因此，应当本着一种发展的思路来对国际海盗问题进行综合治理。在反海盗行动中，北约已基本认识到问题的复杂性，尝试将综合安全理念引入其反海盗行动中。这主要体现在三个方面：首先，北约认识到海盗问题产生的综合性特质。北约方面指出，非洲之角海域的海盗行为，反映出该区域存在着更深层次的政治、发展和安全问题。这意味着，虽然北约的军舰确实有效地瓦解了海盗行为，但这一威胁本身仍然无法根除。为此，北约愿意支持海盗频繁区域相关国家和地区的能力建设，促进其经济繁荣并帮助其发展反海盗的能力。① 其次，北约认识到国际海盗综合动员其他公域资源所产生的复合效应。当今信息时代，海盗综合利用卫星手机、网络定位和高空侦察等各种手段的能力与日俱增，这决定北约也必须有效整合其他全球公域中的有效资源予以应对。② 最后，北约愿意采取综合性方法增强其反海盗的能力。在反海盗的过程中，北约注重与其他社会部门和各类社会团体的交流与合作，如其与海上的商业及军事团体之间的互动已空前加强。

二是对相对安全理念的践行。国际海盗问题属于全球性公害问题，其解决路径是以人的根本安全与福祉为立足点。在以全人类共同利益为基本价值参照的海洋全球公域治理体系中，“你死我活”的霸权政策注定是行不通的，“你活我也活”的共生共赢思路才是问题的解决之道。在反海盗行动中，北约尝试以国际海洋的安全与稳定作为首要关注，在这一基本前提下追求实现自身的有限利益。这主要体现在三个方面：首先，在行动目标方面，北约基本坚持了反海盗活动的公益性追求，将自身利益寓于世界公益。2011 年，北约对其“海洋盾牌行动”进行战略传播，传播的目标被界定为：明确解释行动的范围和限制，以赢得包括合作方和当事国在内的国际社会的理解和积极支持；展示和说明北约在行动中的贡献以及说服联军伙伴和当事国受众配合行动。③ 虽然战略传播带有宣称造势、美化真实战略意图之嫌，对于其表述需分析性理解；但不难看出北约已萌生了将自身私益寓于肃清国际海盗公益行动中的自觉意识。其次，在执行手段方面，北约大改曾经克敌制胜的战略习惯，尝试使用非致命性武器对付国际海盗，某种程度上体现了北约以有限手段达到维和目标的战略理性。

三是对合作安全理念的践行。当代海盗呈现规模较小、组织性强、装备精良以及

---

① 张程远：《北约与国际伙伴共同反海盗战略的全面战略审查》，搜狐军事，参见 http：//mil. sohu. com/20130106/n362582846. shtml.

② Mark Barrett，Dick Bedford，Elizabeth Skinner，Eva Vergles，*Assured Access to the Global Commons*，Supreme Allied Command Transformation，North Atlantic Treaty Organization，April 3，2011，pp. 8-9.

③ 李健：《北约战略传播问题研究》，载《外国军事学术》2013 年 3 月，参见 http：//www. Knowfar. org. cn/article/201304/27/340. htm.

与恐怖主义相结合的新特点，为当下海洋全球公域的治理增添了难度，同时也对世界反海盗行动提出了国际合作的要求。在反海盗行动中，北约也尝试同各类国际行为主体建立合作关系、探索国际海洋危机管理新范式。这主要体现在三个方面：首先，北约与欧盟在独立任务中相互配合。2008 年 12 月，联合国安理会通过第 1851 号决议，吁请有能力的国家、区域组织和国际组织积极参与打击索马里沿岸的海盗和海上武装抢劫行为，部署海军舰只和军用飞机。北约的第一次反海盗行动“盟军护航行动”正是在此背景下酝酿的。在北约执行此任务期间，正值欧盟同样派出部队到同一区域执行“亚塔兰塔行动”，与北约护航舰进行了很好的配合，起到了相得益彰的作用。其次，与多国在联合国成立的反海盗对话机制中的合作。2009 年 1 月，由 60 多个国家和国际组织组成的“索马里海盗问题联络小组”成立，该小组定期交流情报、分享信息并协调行动。北约也加入其中并同其他各方充分合作。其次，与其所谓的潜在对手中国在反海盗领域中的合作。中国被北约认定为西方的潜在对手，但它并不排除在诸如反海盗领域等存在共同利益的特定议题领域与中国展开合作。中国和北约是按照“分享共识、化解冲突”（SHADE）海上安全会议来协调行动的。① 2010 年，北约高级官员赫尔瑟斯在奥斯陆举办的反海盗研讨会上表示，“未来参与反海盗的美国舰队可以由一名中国将领指挥”。②

上述三大理念在北约的反海盗行动中得到了很好的印证与践行，表明北约的海洋全球公域治理是以特征鲜明的安全新理念为思想内核与逻辑主线的。可以预见，在不久的将来，北约的安全新理念或将在国际空域、外太空和网络空间等其他全球公域中继续得到践行、丰富与创新。

五、北约新安全理念与中国新安全观

在北约全球公域战略语境孕育着新安全理念的同时，中国的新安全观也在人类命运共同体的话语背景下酝酿形成。两大新安全理念在新时期、新背景下紧密互动。这一互动是契合与碰撞中的理念整合过程，也是求同存异的双边关系重塑过程。

（一）契合与碰撞：北约新安全理念与中国新安全观

从理念的形成与演变角度看，中国新安全观的形成过程亦可划分为两个阶段：

---

① 高华：《透视新北约——从军事联盟走向安全—政治联盟》，北京：世界知识出版社 2012 年版，第 576 页。

② 环球网：《北约官员：或由中国将领指挥美国舰队打击海盗》，2010 年 3 月 17 日，参见 http：//world. huan qiu. com/roll/2010-03/747179. html.

第一阶段，贯穿冷战后初期的20世纪90年代，是新安全观的提出和酝酿阶段。20世纪90年代以来，面对非传统安全威胁上升、各国安全利益交融的新形势，中国领导人审时度势，结合自身外交政策实践，酝酿并形成了与冷战时期以“战争与和平”为主要逻辑截然不同的新安全观。1997年3月，中国在与菲律宾共同主办的东盟地区论坛信任措施会议上提出“以共同行动保障综合安全，以合作等手段促进地区安全”的主张，此次会议中国首次使用“新安全观”的表述。4月，中国将关于新安全观的基本主张与观念运用到中、俄双边伙伴关系的建设及新型国际秩序的构想中。1999年3月，时任中国国家主席江泽民在日内瓦裁军谈判会议上发表讲话时，第一次明确将中国新安全观的理念核心确定为“互信、互利、平等、合作”。至此，中国的新安全观已现雏形。

第二阶段，自21世纪初至今，是新安全观的形成和确定阶段。2001年7月1日，江泽民在庆祝中国共产党成立八十周年大会上的讲话中指出，国际社会应树立以互信、互利、平等、协作为核心的新安全观，努力营造长期稳定、安全可靠的国际和平环境。2005年9月，在联合国成立六十周年首脑会议上，时任中国国家主席胡锦涛呼吁世界各国“摒弃冷战思维，树立互信、互利、平等、协作的新安全观，建立公平、有效的集体安全机制，共同防止冲突和战争”。① 这是中国领导人第一次在联合国的世界讲坛向世界阐释中国的新安全观理论主张。2011年9月，中国国务院新闻办发表的《中国的和平发展》白皮书中明确指出，中国倡导互信、互利、平等、协作的新安全观，寻求实现综合安全、共同安全、合作安全。2013年起，中国开始将新安全观运用于亚太区域性事务的实践中。2013年10月，中国国务院总理李克强在文莱首都斯里巴加湾市出席第八届东亚峰会时，呼吁在综合安全、共同安全、合作安全为核心内容的新安全观基础上，在东亚地区建立起兼顾地区整体与各国利益的多边安全新架构。2014年5月21日，亚洲相互协作与信任措施会议第四届峰会（简称亚信会议）在上海召开，中国国家主席习近平在峰会上作了题为《积极树立亚洲安全观 共创安全合作新局面》的主旨发言，发言倡导创新安全理念，并对中国新安全观做了全面而系统的阐释。至此，中国新安全观基本成型。根据亚信峰会中的最新表述，中国新安全观主要包括以下几方面内容：

一是共同安全。安全应该是普遍的、平等的、包容的。不能一个国家安全而其他国家不安全，一部分国家安全而另一部分国家不安全，更不能牺牲别国安全谋求自身

① 胡锦涛：《努力建设持久和平、共同繁荣的和谐世界——在联合国成立六十周年首脑会议上的讲话》，载《人民日报》2005年9月16日。

所谓绝对安全。要恪守国际关系基本准则，尊重各国自主选择的社会制度和发展道路，尊重并照顾各方合理安全关切。

二是综合安全。要统筹维护传统领域和非传统领域安全，通盘考虑亚洲安全问题的历史经纬和现实状况，多管齐下、综合施策，协调推进地区安全治理。对恐怖主义、分裂主义、极端主义这“三股势力”，必须采取零容忍态度，加强国际和地区合作，加大打击力度。

三是合作安全。要着眼各国共同安全利益，从低敏感领域入手，积极培育合作应对安全挑战的意识，不断扩大合作领域、创新合作方式，以合作谋和平、以合作促安全。反对为一己之私挑起事端、激化矛盾，反对以邻为壑、损人利己。

四是可持续安全。要发展和安全并重以实现持久安全。要聚焦发展主题，积极改善民生，缩小贫富差距，不断夯实安全根基。要推动共同发展和区域一体化进程，以可持续发展促进可持续安全。①

相较而言，北约安全新理念与中国新安全观在一定程度上存在相同或相似的安全诉求。首先，双方都提出并强调综合安全。北约的安全新理念是在全球公域的战略语境下得到广泛践行并被赋予新内涵的，中国的新安全观是在人类命运共同体理论的基础上形成的。这表明双方对当今多维度、复合性安全形势有着类似的认识，对于多元安全威胁的处理手段的整合性特征已达成基本共识。其次，双方都重视并倡导合作安全。北约一直致力于构建“全球伙伴关系”，并与各类行为主体、各个社会部门尝试建立起立体化、多层次的跨界合作网络；而中国也反复表明自身的友好开放态度，积极推进与周边国家及世界各国、各国际组织的安全合作。这表明双方一致认可合作之于和平解决国际争端的积极意义，并愿意以各种双边、多边行动维护全球安全。中国与北约是存在某些共同安全利益和安全合作理论基础的，对于这一点，连将中国视作“潜在对手”的北约及其成员国也有所察觉。2011 年 9 月 27 日，在德国阿登纳基金会主办、中国社会科学院欧洲研究所协办的“国际安全——欧洲和中国的视角”研讨会上，德国克劳塞维茨协会主席克劳斯·奥尔斯豪森将军在题为“北约及其新战略观念”的主题发言中认为，北约的战略与中国提出的“互信、互利、平等、协作”的安全观是一致的。②

当然，在看到双方安全观念相契合一面的同时，也不应忽略二者间存在的差异。

① 以上对中国国家安全观的引述参见习近平：《积极树立亚洲安全观 共创安全合作新局面——在亚洲相互协作与信任措施会议第四次峰会上的讲话》，上海，2014 年 5 月 21 日。

② 高华：《透视新北约——从军事联盟走向安全—政治联盟》，北京：世界知识出版社 2012 年版，第 579 页。

中国与北约的安全观念及治理思路本质上是有差别的。北约是西方战略联合和安全文化的产物，无论其职能如何拓展、手段如何更新，本质上都是实现西方集体防御和捍卫其所谓民主自由价值观的工具，其对“他者”的不信任感与敌意并没有消除。西方思想家斯宾诺莎曾说，“国家是放大的个人。两个国家的关系就像两个人在自然状态下的相互关系，他们各谋私利，本质上相互反对”。[①] 这种静止、区别和线性的安全思维正是北约安全理念的根本逻辑。相比之下，中国新安全观的思维起点是传统文化中的“和合共生”理念——追求自然与世界的和谐，尊重多元文明的共生共存。不会在缔造安全的同时建构威胁、树立假想敌。这导致中国新安全观与北约战略新理念在两个方面显示出明显差异：一是中国新安全观更重视安全的普遍性，更强调安全状态的持续性；二是中国新安全观与北约战略新理念在主张相同的概念时关注点与指向存在差别。如北约、中国都提倡合作安全，但北约强调的是以敌我划分为前提的合作，更多基于政治与战略考虑；而中国主张的是以共生共赢为主要考量，更多关注合作中的相对收益和正义原则。

（二）机遇与挑战：安全理念异同对双边关系的影响

北约新安全理念与中国的新安全观既存在相似性，也存在差异性。这表明，北约全球公域战略的实施对于中国而言既意味着机遇，也意味着挑战。

一方面，面对全球安全形势的新变化及新领域，中国、北约在全球公域新治理中存在着巨大的合作空间。虽然目前中国和北约的机制化程度仍然较低，中国在北约眼中属于“三不”国家，即“非北约成员国、非北约伙伴关系国、非北约对话伙伴国”。[②] 但是，冷战结束以来，特别是“9·11”事件后，非传统安全议题兴起，中国与北约面临打击国际恐怖主义、保障海上通道安全、应对气候变化以及防止网络攻击等诸多共同任务，这使得中国与北约展开对话与合作成为可能。“全球公域安全治理”议题的提出，凸显全球化过程中世界各国对人类共有领域的战略关注增多、对话沟通意识增强，标志世界治理进入崭新阶段，有其时代合理性基础。作为全球安全领域具有全局性影响的重要行为体，中国与北约应开辟多样化渠道，在维持全球公域开放与通畅、确保其资源的公平开发与合理利用、推动相关领域的交流与合作、促进联合国框架下治理机制与规范的制订等方面进行充分磋商与务实合作，共同致力于全球公域的安全、稳定与繁荣。事实上，对于中国与北约的利益交汇与合作潜力，北约高层已

① 转引自王堂家等：《17世纪形而上学》，北京：人民出版社2005年版，第308页。

② 高华：《透视新北约——从军事联盟走向安全—政治联盟》，北京：世界知识出版社2012年版，第580页。

有一定的认识。北约秘书长拉斯穆森曾多次表示，非常希望中国能与北约加强对话：中国是世界上人口最多的国家，也是全球第二大经济体，在国际舞台上扮演越来越重要的角色；北约需要与作为联合国安理会常任理事国的中国进行对话，这符合北约的利益。① 目前，中国与北约已经在索马里、印度洋反海盗活动中进行尝试性交流，将来不排除在国际空域、外太空以及网络空间等问题领域上进行对话、磋商与合作的可能性。

另一方面，虽然中国与北约在全球公域中面临着诸多共同威胁，存在诸多共同利益，但是，双方在认知、体制与地缘等方面尚存在分歧，“战略互信赤字”始终成为困扰双边全球公域安全合作的结构性障碍。为此，北约在其全球公域战略中将中国列为重要的战略对手与防范对象。近年来，美国、英国等北约主要成员国在报刊、媒体大肆指责中国海洋战略意图不明，鼓吹中国“黑客”威胁。北约盟军转型司令部（ACT）在其为期一年的“全球公域”大型研究项目中特地成立“亚洲小组”，着重讨论北约如何对冲中国崛起为全球公域安全带来的挑战。北约的全球公域战略对于中国具有一定的指向性和进攻性，对中国的和平发展可能造成较大的负面影响。

1999 年，北约曾空袭中国驻南斯拉夫大使馆，严重侵犯了中国的主权与安全。2011 年，北约一方面支持美国重心东移的“重返亚太”战略，配合美国巩固亚太同盟关系、防范中国的战略举措；另一方面积极走出传统防守区域介入亚太安全事务，试图强化其战略辐射力与地区影响力。在南海问题上，北约罔顾中国对南沙群岛拥有主权的事实，配合域内外势力，推动南海问题“国际化”“多边化”。2013 年是北约介入亚太事务的“试水年”；是年，北约秘书长访问日本、韩国，北约军参部主席参加香格里拉酒店对话，探索介入亚太事务的有效途径。

当然，我们必须区分北约一些成员国的行为与北约的行为，不能将两者混为一谈，但同时要警惕北约成员国的行为，尤其是美国的战略行为，可能对北约对华关系造成的影响。一些北约成员国近年开始制造“中国全球公域威胁论”，企图遏制中国的和平发展，尤其值得我们警惕。由于国际安全内容的泛化以及中国海外利益的拓展，中国采取相关举措积极参与全球公域治理有利于世界的和平与稳定。而美欧等北约主要成员国却坚持认为，中国的崛起对于其共有的利益和价值观以及当前的国际秩序构成了严峻挑战。可以预见，北约及其主要成员国仍将陆续打造海洋、外太空和网络等各种版本的“中国公域威胁论”。

---

① 《北约希望与中国加强对话——专访北约秘书长拉斯穆森》，中国中央政府网站，2011 年 9 月 17 日，参见 http：//www. gov. cn/jrzg/2011-09/17/content_ 1949745. htm；《北约称今后将重点发展全球伙伴关系》，新华网，2013 年 9 月 19 日，参见 http：//news. xinhuanet. com/world/2013-09/19/c_ 117432535. htm.

六、结论

从安全层面上看，全球公域指不为任何主权国家所有而与全人类共同利益所系的广阔战略纵深。全球公域战略是北约为顺应国际安全形势所推出的重要举措，也是其为促进自身转型的关键步骤。全球公域战略语境下的北约安全新理念很大程度上体现了北约对于新安全形势的理性判断以及新形势下自身能力局限性的清醒认识，因此在某些方面具备一定的合理性与进步性。

首先，综合安全是一种摆脱了狭隘性的广义安全观，它强调安全环境的复杂性、威胁来源的多元性以及安全治理手段的整合性，可谓把握了世界安全形势发展演变的主要趋势。其次，相对安全主要体现了北约对自身能力局限性的正确估量和把握，这有利于其逐渐远离基于绝对安全逻辑的霸权政策。最后，合作安全观表现了一种多边主义理念主导的对话习惯，是国际社会复合相互依赖的必然逻辑，① 也是国际社会走向民主法治的重要标志。北约重点引入合作安全观，有利于减弱后冷战时期积累起来的进攻性色彩，体现了其自身转型中的一大进步。

当然，全球公域战略语境下的安全新理念也存在其矛盾性与局限性。虽然综合安全、合作安全有助于弱化北约的进攻、单边主义倾向，但作为一个政治安全联盟，北约并没有放弃对异己的打击与排斥。全球公域战略语境下的北约安全新理念内含了某些矛盾性逻辑：首先，政策话语与外交行动的矛盾。以“全球公域安全”为名，行谋求自身战略利益之实；塑造有利于自身发展的安全理念，并试图将其塑造为普世性理念输出。这就是北约全球公域战略中最根本的悖论和最大的障眼法。其次，内部政策与外部政策的矛盾。北约尽管大力倡导合作安全理念，但是基本是对其成员国、伙伴国和其所谓的“友好国家”而言的；北约对外不断重申新兴国家对于美国和其他成员国主导的西方自由主义安全秩序所造成的挑战，并将中国塑造成为潜在对手与假想敌。最后，科技创新与战略能力的矛盾。西方学者指出，科技创新驱动的联盟军事力量转型造成了“能力”与“脆弱性”间的悖论。北约在全球公域中的战略优势日益依赖民事部门实体与网络空间虚拟资源的投入，这必将给北约安全带来新的脆弱性。②更重要

---

① 杜农一：《合作安全——后冷战时代安全思维的理性回归》，载《世界经济与政治论坛》2009 年第 5 期，第 3 页。

② James Sperling, “NATO and Global Commons: A Perspective on emerging Challenges”, in NATO Supreme Allied Command Transformation, *Managing Change NATO' s Partnerships and Deterrence in a Globalised World*, Villa Guastavillani, Bologna, Italy, June 21-22, 2011, pⅲ-5.

的是，从国际法角度讲，目前北约许多以上述理念为思想指南的全球行动并不具有合法性。如北约宣布“集体防御”原则将适用于网络空间，从而为自身的全球网络战略和打击行动寻求合法性依据，但问题是，《北大西洋公约》第5条对于启用“集体防御”行动的前提与具体情形规定模糊。因此，北约完全可能在未得到联合国授权的情况下，在全球公域采取单边行动；这种新版的“保护的责任”显然是违背主权平等、不干涉内政等联合国宪章精神的。

全球公域战略语境下的安全新理念既体现了其紧扣时代步伐的实用理性与合作导向的沟通理性，同时也无法摆脱其名实殊异的逻辑困境与权威性缺失的合法性危机。北约的新安全理念与中国的新安全观存在相契合的一面，也存在相碰撞的一面；这决定了北约在可预见的将来内，将对中国奉行“合作与防范并重”的双轨制政策。对此，中国宜保持清醒、理性的应对。一方面，应充分看到中国与北约在全球公域中存在的利益交汇点以及展开全球公域合作对于中国的战略必要性，更新自身全球安全观与北约职能观，适时展开与北约的直接对话；另一方面，也要认识到北约全球公域战略背后可能的针对、防范与遏制中国的战略图谋，树立防范意识，加快自身能力建设，在依法维护国家利益的前提下与北约对话，探讨共同为全球公域安全治理贡献力量的可能途径与稳妥办法。

欧美关系的裂痕及发展趋势*

周　琪

美国特朗普总统上任之后，随着美国对外政策的调整和对全球化态度的转变，欧美关系出现了许多不确定因素和新裂痕。有人认为，跨大西洋关系的黄金时代已成为过去。① 这些问题促使欧洲人对欧美关系的前景作出分析和推测。由于跨大西洋伙伴关系是当今世界上最持久和最紧密的同盟关系，也是最重要的同盟关系之一，它的未来发展不可避免会对整个国际关系产生深刻影响。

一、冷战结束后欧美关系的演进

为了解当今欧美问题及其根源，有必要对冷战后欧美关系的演进做一番考察。

第二次世界大战结束后，美国作为欧洲的解放者、欧洲战后重建援助的提供者，以及西方在与苏联的冷战中欧洲安全的保护者，对于欧洲国家来说具有特殊地位。美国的马歇尔计划加速了西欧经济复兴，为西欧的经济起飞打下了基础，也为未来的欧洲一体化创造了条件；1949 年北大西洋公约组织的成立，在军事上把美国和欧洲联结到一起。从此，西欧与美国形成了当代最密切的同盟关系，美国也成为跨大西洋伙伴关系中的主导者。

冷战结束后，欧美关系并没有因其共同敌人苏联的消失而减弱。20 世纪 90 年代，当美国成为世界上唯一的超级大国时，北约拥有全球无以匹敌的军事力量，跨大西洋伙伴关系一时成为几乎可以左右世界的政治力量，为美国主导世界提供了强大支撑。

1989 年，欧美之间确定了两个合作主题，它们涉及欧洲和美国对后冷战时代的思考。老布什总统在 1989 年 5 月的一次讲话中第一次表明，他主张将“整体的和自由的

---

* 本文刊发于《欧洲研究》2018 年第 6 期，第 83-105 页。

① Benjamin Haddad, Craig Kennedy, and Hannah Thoburn, *After the West? A Positive Transatlantic Agenda in a Post-Atlantic Age*, Washington, D. C.: Hudson Institute, 2018, p. 3.

欧洲”作为后苏联时代的追求目标。① 这一简单明了的目标为美国人和欧洲人所接受，成为随后 15 年北约和欧盟扩大的动力。②

第二个主题是美国政治学家弗朗西斯·福山（Francis Fukuyama）于 1989 年发表在《国家利益》（The National Interest）杂志上的文章提出的观点。福山认为，自由民主已经在全世界取得了胜利，正在出现一个和平与安全的新时代，今后不再有意识形态和制度冲突，历史因此终结了。③ 耐人寻味的是，虽然福山的“历史的终结”论与萨缪尔·亨廷顿（Samuel Huntingdon）的“文明的冲突”论在理论上形成了鲜明对立，而且两者在美国均招致各种不同的反应，但在欧洲，正是福山的观点开始成为许多西欧人看待世界的方法，他们认为，苏联的垮台开启了欧洲价值观在没有外部威胁的条件下迅速传播的时代。

虽然这两个主题代表了跨大西洋社会对未来新时代的憧憬和筹划，但在如何追求这两个目标方面，欧洲与美国之间、欧洲内部都存在着争论。第一次严重的争论是关于德国的统一，美国与赫尔穆特·科尔（Helmut Kohl）总理领导下的西德结盟，希望尽快实现德国统一，以便使它成为连接中东欧转型国家的桥梁。但是，法国、波兰和英国对此并不热衷，特别是英国首相玛格丽特·撒切尔（Margaret Thatcher）竭力反对，理由是一个统一的德国将在欧洲范围内发挥不成比例的巨大作用。④ 虽然德国的统一在柏林墙倒塌后不到一年就完成了，但许多欧洲领导人对德国由此获得的权力至今仍然耿耿于怀。

第二次争论涉及欧盟的扩大。德国统一问题得到解决之后，美国和欧盟建立了一个非正式的、但明确让中东欧国家融入跨大西洋核心机构的程序。这些国家可以首先加入欧洲理事会，然后加入北约，最后加入欧盟。第一个步骤主要要求这些国家作出一系列价值观和行为承诺，而不需要作出广泛的政策或法律改变。第二个步骤则更为复杂，它涉及改革国家的军事和情报部门，以及解决有关第二次世界大战中的暴行问题。由于美国在北约中的地位，它在决定哪些国家符合资格方面发挥了主要作用。然而，北约的扩张引起俄罗斯的强烈反对，苏联以及后来的俄罗斯领导人声称，作为与

---

① President George H. W. Bush, “A Europe Whole and Free” (speech at Mainz, Germany, May 31, 1989), U. S. Diplomatic Mission to Germany, http: //usa. usembassy. de/etexts/ga6-890531. htm.

② Benjamin Haddad, Craig Kennedy, and Hannah Thoburn, *After the West? A Positive Transatlantic Agenda in a Post-Atlantic Age*, Washington, D. C. : Hudson Institute, 2018, p. 10.

③ Francis Fukuyama, “The End of History”, *The National Interest*, No. 16, 1989.

④ Patrick Salmon, Keith Hamilton, and S. R. Twigge, eds. , *Documents on British Policy Overseas Series III, Vol. VII: German Unification* 1989-1990, NY: Routledge, 2010, p. xv-xvi, in Benjamin Haddad, Craig Kennedy, and Hannah Thoburn, *After the West? A Positive Transatlantic Agenda in a Post-Atlantic Age*, Washington, D. C. : Hudson Institute, 2018, p. 10.

1990 年就德国统一问题谈判的一部分，老布什总统曾承诺不会扩大北约。①

加入欧盟的进程则更为复杂，因为 1992 年签订的《马斯特里赫特条约》提高了加入欧盟的门槛。1993 年的《哥本哈根协议》详细规定了成为欧盟正式成员国必须承担的国家改革义务。② 在这一过程中，美国与中东欧国家之间建立了不同寻常的关系。

首先，美国被中东欧国家视为进入北约的门票和加入欧盟的主要支持者。这些国家在发展与美国主要决策者的个人关系方面做了大量工作，结果是，美国与这一地区的国家建立了广泛的个人和机构联系网络。苏联解体后，为了促进美国在中东欧国家的战略目标，美国许多大基金会都将中东欧地区市民社会的发展作为一项重要的优先任务，花费了数百万美元来帮助扶植几乎所有部门的非营利组织，同时成千上万的美国青年前往东欧为各种美国非政府组织工作。

其次，北约和欧盟的扩大使美国和欧洲的许多人发自内心地相信人类处于"历史终结"的时期。随着苏联威胁的减退，许多人感到欧洲是一个不存在敌人和威胁的大陆。考虑到欧盟扩大的成本，欧洲国家减少国防开支成为一个自然趋势，美国仍然履行保护欧洲的责任，也使得国防预算大幅度削减显得合理。不过，1991—2001 年在巴尔干地区发生的一系列战争，延缓了欧洲对军事力量的缩减。欧盟东南边界的战争已经显示，历史并未"终结"，德国、法国和其他主要欧洲大国感到仍需要维持对欧洲有直接影响的冲突进行干预的能力。此外，美国最初不愿参与任何干预的态度提醒欧洲人，美国所提供的安全保障是有限的。在关于德国统一的谈判中，老布什政府也明确表示，制止在南斯拉夫的冲突是欧洲的责任，而不是美国的责任。只是在波斯尼亚局势不断恶化之后，美国才决定与其他北约盟国联手制止冲突，而且只参与建立禁飞区，并没有派出地面部队。

再次，德国在这个过程中崛起，逐渐成为欧洲的强大政治力量，不仅成为欧洲大陆东西部之间的桥梁，也成为欧洲与美国之间的桥梁。由于新统一的德国的一半原属于东欧，德国比其他西欧国家更深入地介入了东欧国家的政治和经济转型，这也使得德国领导层在推动这一进展方面带有极大的紧迫感。德国的各种政治基金会花费了数

---

① 1990 年 2 月，老布什政府的国务卿詹姆斯·贝克（James Baker）同苏联领导人戈尔巴乔夫讨论过未来北约在统一德国中的作用。贝克告诉戈尔巴乔夫："北约对北约部队的管辖权不会向东方扩大一英寸"，并赞同戈尔巴乔夫的声明："任何对北约地区的扩张都是不可接受的"。James Goldgeier，"Promises Made，Promises Broken? What Yeltsin Was Told about NATO in 1993 and Why It Matters"，*War on the Rocks*，July 12，2016，p. 2，http：//warontherocks. com/2016/07/promises-made-promises-broken - what-yeltsin-was-told-about-nato-in-1993-and-why-it-matters/pdf.

② "哥本哈根标准"（The Copenhagen Criteria）包括稳定的民主体制、运行良好的市场经济，以及实施欧盟法律的能力，并执行欧盟的政治、经济和货币目标。见"Accession Criteria（Copenhagen Criteria）"，EUR-Lex，http：//eur-lex. europa. eu/summary/glossary/accession_ criteria_ copenhague. html.

百万美元来培训前东欧国家的年轻政治家，德国外交部也成为欧盟机构的政治指导者。从德国统一开始，德国总理科尔与美国总统老布什以及随后的总统克林顿的密切关系就是东欧国家融入西方机构的特殊途径。德国之所以乐于发挥这种作用，一方面是由于它赞赏美国在德国统一中所起的作用，另一方面也由于科尔怀有特殊的目标：使德国成为一个“正常”国家，在美国的关照下在欧洲担任领导。

在60年的冷战里，欧美国家团结对抗苏联及其领导的东方阵营。冷战结束之后，尽管美国与欧洲在如何巩固和扩大“不战而胜”的成果方面观点不尽相同，但欧美在欧洲有一个共同的目标，即在中东欧地区培育新的政治制度和市场经济，扩大欧盟和北约。在整个20世纪90年代，欧美之间的合作从某种意义上达到了高潮。然而，在失去了苏联这个冷战时期的共同敌人之后，跨大西洋关系继续演化，“9·11”事件是其从合作高潮跌落的转折点。

二、“9·11”事件后欧美关系出现转折

“9·11”事件后，美国发动的伊拉克战争，使欧美之间在如何处理国际问题上的分歧公开化，冷战时期和冷战结束后初期紧密的跨大西洋关系从此出现了裂痕。

2001年发生的“9·11”事件最初促成了欧美之间的空前团结。美国因遭受恐怖主义袭击而博得欧洲的极大同情和声援。2001年9月12日，《南德意志报》（Süddeutsche Zeitung）在头版刊登了一幅德国领导人为美国受害者举行公祭活动的照片，同时刊登了德国总理哈罗德·施罗德（Gerhard Schröder）和外交部长约什卡·费舍尔（Joschka Fischer）支持美国的讲话。法国《世界报》（Le Monde）则发表了一篇题为《我们都是美国人》的著名署名文章，对美国表示同情和支持，文章说：“我们怎能不感受到与那些人民、那个国家——美国的深刻团结，我们与它如此亲密，由于它我们获得了自由，因而我们团结一致。”① 欧洲其他国家也表达了类似看法。这种情绪凸显了欧洲对美国的同情和欧美之间的紧密关系。在这次袭击之后，北约组织第一次援引《北大西洋公约》第五条款，即：“对于欧洲或北美之一个或数个缔约国的武装攻击，应视为对缔约国全体之攻击”，要求跨大西洋联盟中的每个国家都必须承担北约的使命，打击为基地组织提供避难所的阿富汗塔利班政府。此后，北约在阿富汗部署的

① Jean-Marie Colombani, “Nous sommes tous Américains”, *Le Monde*, September 13, 2001, http://www.lemonde.fr/idees/article/2007/05/23/nous-sommes-tous-americains_913706_3232.html, in Leia Achampong, ed., “Relations between Europe and North America”, http://testpolitics.pbworks.com/w/page/24737381/Relations%20Between%20Europe%20and%20North%20AmericaEU'srelationshipwithAmerica.

军队数量最多时超过13万人，来自50个北约盟国和伙伴国。① 中东欧国家中有许多是新近加入北约的，它们特别愿意作出贡献。然而，北约的团结好景不长，小布什政府随后领导的对伊拉克的入侵使北大西洋国家之间的分裂达到了冷战时期难以想象的程度。

法国和德国强烈反对美国领导的对伊拉克的入侵行动。法国在联合国安理会中做了最大的努力阻止美国对伊拉克发动战争，它明确表示会不惜使用其在安理会的否决权来阻止任何可能为战争铺平道路的决议，以至于美国与法国在联合国中的关系几乎濒于破裂。而英国则坚定地追随美国的外交政策，英国首相托尼·布莱尔（Tony Blair）甚至专程飞到美国发表支持其的演讲，意大利和西班牙等欧洲国家也愿意与美国积极合作。这样一来，在美国一时出现了“新欧洲”和“老欧洲”之说：法国和德国等被贬称为“老欧洲”，因为在美国看来，它们拘泥于传统、守旧的国际秩序和规则，已经落伍了；而英国、意大利和西班牙以及支持美国的中东欧国家则被视为“新欧洲”。

以法、德等为代表的欧洲传统大国与美国的分歧表现在，前者主张欧洲应有独立的防务和外交，不应盲目追随美国，坚持通过联合国这样的多边国际组织来解决国际争端，这与小布什政府的单边主义、先发制人和政权变更等一套做法形成了鲜明对比，因而受到美国的蔑视和嘲讽。相比之下，“新欧洲”国家中的很多中东欧国家更加认同美国的理念和方法，积极支持美国用武力推翻萨达姆政权，并且希望通过表示对美国的支持，获得美国对其加入北约的赞同，从而迅速融入美国主导的集体安全体制。“9·11”事件不仅分裂了欧美关系，也分裂了欧洲内部关系。

在关于美国行为的辩论中，出现了罗伯特·卡根（Robert Kagan）有影响的文章《权力与弱点》（Power and Weakness），该文对美欧之间的差异和分歧进行了分析。作为美国新保守主义者的一员，卡根支持美国发动伊拉克战争。他认为，美国人和欧洲人对世界的看法和应对世界挑战的能力之间存在着根本差异，他甚至提出，“在当今重大的战略和国际问题上，美国人来自火星，欧洲人来自金星：他们的相互赞同和理解越来越少”，并认为“这些跨大西洋分裂的原因是深刻的、长期发展起来的、可能是持久的”。在他眼中，美国人的特点是，以善恶和敌友来划分世界；倾向于采用强制而不是劝说，强调惩罚性制裁而不是诱导，强调大棒而不是胡萝卜；倾向于国际事务中的单边主义，较不愿通过联合国这样的国际机构来行动，较少与其他国家合作追求共同的目标。而欧洲人的特点是：用更细微、复杂的方法解决问题；通过微妙和间接的方

① North Atlantic Treaty Organization，“NATO and Afghanistan”，http：//www.nato.int/cps/en/ natohq/topics_8189.htm.

式施加影响；更容忍失败，更有解决问题的耐心；一般喜欢对问题作出和平反应，更愿意采取谈判、外交和劝说，而不是强制；更尊重国际法、国际公约和国际舆论；试图使用商业和经济纽带将各国联系在一起；更看重过程而不是结果。①

伊拉克战争是冷战后欧美深刻分歧暴露的起点。此后，入侵伊拉克和阿富汗的高昂代价、无休止的误判，以及小布什政府的单边主义、先发制人、政权变更等方法，逐渐消磨了欧洲对美国政治智慧和维护安全方法的信任，关塔那摩监狱的虐囚事件以及美国的网络监视等问题，更破坏了美国在欧洲人心目中的形象。② 特别是在小布什总统任职期间，欧洲公众普遍反对美国的政策，尤其是在德国、法国和比利时。甚至连与美国关系最密切的中东欧国家也变得不愿接受美国决策者和专家的观点。不仅如此，21 世纪初还出现了一些论著，它们强调欧洲模式是更为优越的治理、创造福利和处理国际事务的方法。欧洲对外关系委员会主任马克·伦纳德（Mark Leonard）2005 年发表的著作《为什么欧洲将主导 21 世纪》（Why Europe Will Run the 21st Century）是其中最引人注目的。就在这一年，欧盟完成历史上最大规模的扩张，接纳了 10 个新成员。伦纳德在书中提出，欧洲的软实力、强调国际合作、摈弃民族主义，使其成为一种具有普遍吸引力的模式，在未来的几年内可以在世界其他地区被效仿。③ 该书作者认为，欧洲会引导一场全球政治革命，欧盟会成为组织典范，国际关系的规则会被欧洲所改写。这一时期，欧洲的一些主要国家，如西班牙、意大利、德国和英国的经济稳定发展，也促使“欧洲具有优势”的观点在 2004—2008 年期间得到许多欧洲人的认同。欧洲决策者也关注气候变化和中国崛起等全球性议题，但是他们并不认为后者会对欧洲的和平与繁荣构成威胁。

欧洲人总的来说非常欢迎奥巴马当选为美国总统，因为他们已经对美国共和党的外交政策完全失望了，而且认为奥巴马的外交政策理念与他们的相一致。但是，中东欧人对奥巴马的俄罗斯政策持怀疑态度，因为奥巴马政府对俄罗斯采取了明显的善意姿态。2009 年 1 月，尚未举行就职仪式的当选总统奥巴马，通过电话和信函向俄罗斯总统梅德韦杰夫表达了“重启”美俄关系的愿望，并得到后者的积极回应。在 2008 年 8 月格鲁吉亚—俄罗斯战争发生后仅 7 个月，国务卿希拉里·克林顿就向俄罗斯外交部长发出了开启美俄关系新时代的信号。2009 年 4 月的 G20 伦敦峰会期间，美俄首脑举行会晤，在共同削减核武器方面达成了共识，同时为双边关系设定了新议程，这标志

① Robert Kagan, “Power and Weakness”, *Policy Review*, Hoover Institution, No. 113, 2002, pp. 3-4.

② Liam Stack, “Charlottesville Violence and Trump’s Reaction Draw Criticism Abroad”, *The New York Times*, August 17, 2017, https://www.nytimes.com/2017/08/17/world/charlottesville-trump-world-reaction.html.

③ Mark Leonard, *Why Europe Will Run the 21st Century*, NY: Fourth Estate, 2005.

着美俄关系的"重启"正式开始。①

随后，奥巴马于2009年7月访问了莫斯科，紧接着在9月决定停止在波兰和捷克共和国部署导弹防御系统。与此同时，许多中东欧国家开始感到俄罗斯在这些地区变得越来越活跃，它们指责俄罗斯煽动种族冲突、散布虚假信息、资助新贵政党、大肆扩大其间谍活动。2009年7月，一群中欧知识分子和前政府官员签署了一封致奥巴马总统的公开信，他们自称为"北约和欧盟内部的大西洋主义声音"，因曾受益于美国的支持，一直是美国最强大的支持者中的一部分。他们质疑奥巴马政府没有努力阻止俄罗斯在欧洲东部的侵略，并批评说："冷战结束20年之后，我们看到中东欧国家不再是美国外交政策的中心。随着新的奥巴马政府确定其外交政策的优先事项，我们的地区在很大程度上成为美国不再担心的世界的一部分。"②

在西欧，对奥巴马政府政策的担忧始于2010年美国宣布将其战略重点转向亚太地区。欧洲人感到，这意味着美国将转向远离其欧洲的传统盟友，而专注于其在亚洲的朋友和敌人，这样一来，美欧传统上的密切伙伴关系将处于危险之中。欧洲人开始怀疑奥巴马总统是否把欧洲受到的挑战视为对美国具有直接战略利益的挑战。他们看到，奥巴马总统并未将乌克兰的主权视为与美国的战略利益直接相关，因而没有因克里米亚事件而进行武力惩罚，而只是宣布了对俄罗斯的经济制裁，但制裁所带来的损失大部分是由与俄罗斯经济更加交织在一起的欧洲经济体所承担的。

"9·11"事件之后，尽管欧美之间在政治上产生了很大的相互怀疑，但在经贸方面，欧美始终保持着密切关系，双方是彼此最重要的贸易伙伴。2015年欧盟与美国之间的商品和服务贸易额为1.1万亿美元，与欧洲的贸易额占美国贸易总额的18.9%，2016年与美国的贸易占欧盟贸易总额的17.7%。③

三、欧美之间政策分歧的案例

"9·11"事件之后，欧盟之间的政策分歧不断产生。从实例来看，战略利益、经济利益、历史联系等是造成欧美一系列分歧的主要因素。本节仅举出2013年以来发生的几个案例。

---

① 美俄关系的重启过程可参见张建、周琪：《奥巴马第二任期美俄关系论析》，载《世界经济与政治》2016年第11期，第84-105页。

② Adamkus, Valdas, Martin Butora, et al., "An Open Letter to the Obama Administration from Central and Eastern Europe", *Gazeta Wyborcza*, July 17, 2009, pp. 1-2, http://www.icdt.hu/documents/projects/OpenLetter.

③ European Commission Directorate General for Trade, "European Union, Trade in Goods with USA", May 3, 2017, http://trade.ec.europa.eu/doclib/docs/2006/september/tradoc_113465.pdf.

（一）对俄罗斯的经济制裁

在以美国为首的西方国家看来，2014 年 3 月俄罗斯对乌克兰的干预，标志着冷战结束以来在欧洲地区第一次跨边界使用武力，而且是第二次世界大战结束以来第一次用武力夺取领土，对于美国来说是不可接受的。美国和欧盟国家认为，对克里米亚的兼并，破坏了建立在领土不受侵犯、不使用武力解决国家间领土争端的原则基础上的欧洲冷战后秩序。从欧洲的角度看，北约未来的发展和欧洲的向心力也受到乌克兰危机的影响。乌克兰危机发生之后，美国的欧洲盟友中产生了要美国把更多注意力放在欧洲的要求，并要求通过轮转把更多的美国和北约部队部署在波兰和波罗的海国家这样的东方前线国家。为此，北约在 2014 年威尔士峰会上作出决定，把北约的注意力重新集中在确保欧洲成员国安全的能力上。①

但同时，乌克兰危机也对美国同俄罗斯在处理全球共同安全问题上的合作构成了挑战，包括在伊拉克和叙利亚极端组织、伊斯兰国的兴起、伊朗核问题，以及维持阿富汗的战后稳定。正因为需要在这些问题上同俄罗斯合作，美国才一直避免在乌克兰危机中同俄罗斯发生直接冲突。美国也特别担心，西方的制裁会导致俄罗斯与中国加强关系，它不想把俄罗斯推向中国一边。特别是，如果美国同俄罗斯进行直接军事对抗，就会对冷战后的世界秩序造成毁灭性打击，无论是美国还是北约都没有做好这样的准备。而且，美国国内并不存在强烈的支持乌克兰的民意，民调显示，美国民众反对美国充当世界警察和在国际冲突中担当领导角色。这导致奥巴马政府不愿也无力介入与俄罗斯的正面冲突。

另一方面，美国必须作出不能放任俄罗斯的强硬姿态。乌克兰虽然不是北约成员国，也不是美国的盟国，但是 1994 年作为对乌克兰放弃《布达佩斯备忘录》规定的从苏联继承核武器的补偿，美国、英国和俄罗斯共同承诺向乌克兰提供安全保障。美国意识到自己对乌克兰的安全负有一定的责任。为此，奥巴马政府实施了对俄罗斯的经济制裁。2014 年 3 月 6 日、17 日、20 日，奥巴马总统颁布了三项总统令，对相关俄罗斯官员以及亲俄的乌克兰官员进行制裁，冻结他们在美国的不动产，并对俄罗斯 14 家国防公司、6 家主要银行和 2 家石油公司实行制裁，同时中止美国向俄罗斯的出口信贷以及对俄罗斯经济发展项目的资助。② 4 月 3 日，美国国会通过了《支持乌克兰主权、

① Jeffrey Mankoff and Andrew Kuchins，"Russia，Ukraine and U. S. Policy Option：A Briefing Memo"，Central for Strategic and International Studies，Jan. 2015，https：//csis - prod. s3. amazonaws. com/s3fs - public/legacy_ files/files/publication/150129_ Mankoff_ RussiaUkraineUSOptions_ Web. pdf.

② "Russia and Ukraine Sanctions"，Department of the Treasury，https：//www. treasury. gov/ resource - center/sanctions/Programs/Pages/ukraine. aspx.

领土完整、民主和经济稳定》的法案。①

美国在处理乌克兰危机时的表现影响了它在盟国中的信誉，受到来自乌克兰和欧洲盟国的质疑和抨击，它们指责美国没有能力维持冷战后的欧洲秩序，认为美国在履行承诺方面显得太软弱。

在对俄罗斯实施经济制裁的问题上，美欧之间也存在分歧。对俄罗斯的第一轮经济制裁主要是由美国推动的，时任美国副总统约瑟夫·拜登（Joseph Biden）之后承认，虽然美国和欧盟对俄罗斯采取了统一的立场，但在商定制裁计划时，双方意见不一致。② 2016年在讨论是否延长制裁时，欧洲国家之间也存在争议，希腊、匈牙利和意大利等国家要求放宽制裁，而英国、波兰和波罗的海国家则要求延长制裁。虽然波兰和波罗的海国家由于制裁而遭受了与其经济总量相比更大的经济损失，③ 但由于担心俄罗斯，它们支持更严厉的制裁。

德国与俄罗斯保持着重要的经济关系，特别体现在北溪2号天然气管道项目上。尽管其他一些欧盟成员国对此提出批评，但德国声称它并没有违反禁令，因为管道穿越国际水域，不属于欧盟的管辖范围。对俄罗斯的能源依赖是影响欧盟国家对制裁态度的一个因素。德国通常从俄罗斯得到其30%以上的石油和天然气供应，而奥地利则获得其70%的天然气供应，意大利也是俄罗斯能源的重要进口国。在前苏联国家中，拉脱维亚、立陶宛和爱沙尼亚特别依赖从俄罗斯进口的天然气，④ 但它们对俄罗斯对其领土完整和政治影响的担忧超过了对俄罗斯能源依赖的担忧。而同时，美国不断提高的能源自给能力使其越来越不易受到能源供应波动的影响，而且美国与俄罗斯的贸易额较小。

历史背景也在美欧对俄罗斯的态度上起了一定的作用。美国人的反俄（以及苏联）情绪比法国、德国和英国都强烈，这意味着制裁在美国引起的争议较小；而在欧洲内部，波兰和波罗的海国家由于历史原因，对俄罗斯带有强烈的警觉，其他一些国家，包括奥地利、塞浦路斯和意大利，由于各种历史原因与俄罗斯较为接近。值得注意的是，欧盟成员国对匈牙利正在仿效俄罗斯的政治体制非常担忧，捷克和斯洛伐克的一

---

① “Support for the Sovereignty，Integrity，Democracy，and Economic Stability of Ukraine Act of 2014”，https：//www. congress. gov/113/plaws/publ95/PLAW-113publ95. pdf.

② Joseph Biden，“Remarks by the Vice President at the John F. Kennedy Forum”，speech delivered on October 3，2014，at Harvard Kennedy School，Boston，MA，https：//obamawhitehouse. archives. gov/the-press-office/2014/10/03/remarks-vice¬ president-john-f-kennedy-forum.

③ Susanne Kraatz，“The Russian Embargo：Impact on the Economic and Employment Situation in the EU”，October 2014，http：//www. europarl. europa. eu/RegData/etudes/BRIE/2014/536291/ IPOL_ BRI（2014）536291_ EN. pdf.

④ Christian Oliver and Henry Foy，“Poland and Baltic States Set to Sign Deal to Build Gas Pipeline”，*Financial Times*，October 12，2015，https：//www. ft. com/content/b15b1a96-70d6-11e5-9b9e- 690fdae72044.

些政治家的亲俄情绪也有所增长。

商业利益也在欧盟国家对待制裁的态度上发挥了作用。2014 年，欧盟与俄罗斯的货物贸易额大约是美国的 10 倍。俄罗斯是欧盟的第三大贸易伙伴，而在美国贸易代表办公室公布的数据中，俄罗斯仅是美国的第 23 大货物贸易伙伴。2013—2015 年间，美国对俄罗斯的出口下降了 0.24%，而欧盟对俄罗斯的平均出口下降了 2.8%，这些国家的损失介于 0.6%（英国）到 12.7%（爱沙尼亚）之间。① 因此，虽然美国金融和能源公司由于制裁遭受了一定的损失，但是欧盟各国遭受的损失却远大于美国。此外，德国和法国的重大项目受阻，法国不得不取消向俄罗斯出口价值 12 亿美元的“西北风”级两栖攻击舰协议。匈牙利和希腊反对制裁很大程度上是由于它们希望通过维持或加强与俄罗斯的商业关系来支撑其经济。②

（二）对亚洲基础设施投资银行的态度

2013 年 10 月，中国国家主席习近平在印度尼西亚进行国事访问时正式提出，为促进本地区互联互通建设和经济一体化进程，中方倡议筹建亚洲基础设施投资银行（简称亚投行）。③ 虽然国际上普遍认识到促进亚洲基础设施发展的必要性，但美国及其许多盟国，包括日本、澳大利亚和英国，都对这一倡议抱有怀疑。从美国决策者的角度看，拟议中的亚投行是对西方金融主导地位的直接挑战。许多欧洲政府和特殊利益集团则怀疑亚投行的规则标准，并担心其缺乏环境保障，且难以防止腐败。④

美国采取了双管齐下的方法应对拟议中的亚投行，政府官员公开抨击亚投行未来的贷款标准，私下敦促美国的欧洲和亚洲盟友拒绝加入亚投行。欧洲国家最初支持美国的立场，但随着亚投行成员数量的增加，这些国家开始关注它们是否会丧失其在新银行形成期间发挥影响力的机会。到 2014 年春天，对美国的不满已经在欧洲各国和包括亚洲开发银行及世界银行在内的主要国际组织中蔓延。最终，除俄罗斯之外，有 17

① Erica Moret, Francesco Giumelli, Dawid Bastiat-Jarosz, “Sanctions on Russia: Impacts and Economic Costs on the US”, Graduate Institute Geneva, March 20, 2017, p. 4.

② Joseph Schatz, “The Transatlantic Cost of Russia Sanctions”, *Politico*, December 11, 2015, https: //www. politico. eu/article/transatlantic-unity-russia-sanctions-united-states-europe-ukraine/.

③ 《习近平：倡议建亚洲基础设施投资银行》，中国网，2013 年 10 月 3 日，参见 http: //finance. china. com. cn/news/gnjj/20131003/1851031. shtml.

④ Nicholas Watt, Paul Lewis, and Tania Branigan, “US Anger at Britain Joining Chinese-led Investment Bank AIIB”, *Guardian*, March 13, 2015, https: //www. theguardian. com/us-news/2015/mar/13/ white-house-pointedly-asks-uk-to-use-its-voice-as-part-of-chinese-led-bank.

个欧洲国家加入了亚投行。① 截至 2015 年 3 月底，亚投行已经拥有了 57 个创始成员国。②

当英国决定加入亚投行之后，时任英国财政大臣乔治·奥斯本（George Osborne）称：“这是英国和亚洲共同投资和共同成长的无与伦比的机会。”③ 欧洲国家加入亚投行反映了它们认识到加强与中国贸易和金融关系的必要性。2015 年，中国与欧洲的商品贸易占中国总商品贸易的 15%，从欧洲的进口占中国进口总额的 20%。④ 此外，中国 8%的对外直接投资流向欧洲，2015 年中国在欧洲的私人投资总额达到创纪录的 230 亿美元。据估计，2010 年至 2020 年期间，亚洲需要 8 万亿美元的基础设施建设项目，其中 68%将用于新增产能，其中有 51%用于电力，29%用于道路，13%用于电信。⑤ 到 2020 年，欧盟的基础设施建设项目将超过 2 万亿美元。⑥ 此外，对于欧洲的主要金融服务中心来说，签约亚投行从而获得竞争优势，成为进入中国的大门，显然是动机之一。英国态度的改变鼓励了其他国家的申请，卢森堡宣布加入亚投行，也触发了欧洲内部的竞争。

美国在中国也有很强的贸易和金融利益，根据美国贸易代表办公室的统计，2015 年中国对美国商品的进口约占美国商品出口的 16%，美国对中国商品的进口约占美国商品进口总额的 21%。2016 年，美国对中国服务贸易顺差为 374 亿美元，比 2015 年上升了 10.5%，自 2006 年以来增长幅度超过 400%。⑦ 特别是，中国持有 1.09 万亿美元的美国国债，为美国经济的发展提供了推动力。⑧ 然而，尽管有这样的利益，美国的首

① 在得到英国将加入亚投行的消息后，其他欧洲国家马上竞相效仿。卢森堡抢在英国之前一天，于 3 月 11 日向中国提交了书面申请，但要求中方在两周内对此保密，以免申请失败。随后提出申请的欧洲国家（除俄罗斯外）依序是：英国、法国、德国、意大利、瑞士、奥地利、西班牙、丹麦、荷兰、芬兰、瑞典、挪威、冰岛、葡萄牙、匈牙利、波兰。Gideon Rachman，“China's Money Magnet Pulls in US Allies”，*Financial Times*，March 16，2015，https：//www.ft.com/content/cd466ddc-cbc7-11e4-aeb5-00144 feab7de.

② “AIIB Welcomes New Prospective Members”，Asian Infrastructure Investment Bank Official Cite，March 23，2017，https：//www.aiib.org/en/news-events/news/2017/20170323_ 001.html.

③ Geoff Dyer and George Parker，“US Attacks UK Constant Accommodation with China”，*Financial Times*，March 12，2015，https：//www.ft.com/content/31c4880a-c8d2-11e4-bc64-00144fea b7de.

④ “EU's Top Trading Partners in 2015：The United States for Exports，China for Imports”，*Eurostat*，March 31，2016，http：//ec.europa.eu/eurostat/documents/2995521/7224419/6-310320 16-BP-EN.pdf.

⑤ “The Infrastructure Gap”，*The Economist*，March 19，2015，http：//www.economist.com/news/asia/21646740-development-finance-helps-china-win-friends-and-influence-american-allies-infrastructure-gap.

⑥ “Europe's Economic Foundations：Investing in Infrastructure”，November 2016，https：// www.investeurope.eu/media/533105/Briefing- Note _ Europe% E2% 80% 99s - economic - foundations _ Investing - in - Infrastructure - 28112016.pdf.

⑦ Office of the United States Trade Representative（undated），“The People's Republic of China：U.S.-China Trade Facts”，https：//ustr.gov/countries-regions/china-mongolia-taiwan/peoples -republic - china#.

⑧ US Department of the Treasury，“Major Foreign Holders of Treasury Securities”，June 15，2017，http：//ticdata.treasury.gov/Publish/mfh.txt.

要考虑是战略性的，它需要保持在主要国际金融机构中的主导地位，包括亚洲开发银行、世界银行和国际货币基金组织。美国的战略目标一直是主导对全球贸易规则的制定，同时维持防御性条约，以管理亚洲的力量平衡，使之有利于美国。基于此，亚投行以及中国支持创建的国际银行项目，包括金砖国家新开发银行、上海浦东发展银行和金砖国家应急储备安排（The BRICS Contingent Reserve Arrangement），都被美国视为西方主导的国际金融机构的竞争对手。① 此外，美国担心中国会使用其在亚投行中拥有的 26.6%投票权，仅批准那些与中国利益关系密切的国家的贷款申请。

美国官员对英国和其他盟国决定签署亚投行协议非常不满，一位美国资深官员批评英国说，它在决定加入之前实际上没有与美国商议，“我们对一个不断适应中国的趋势保持警惕，这不是与一个正在崛起的国家交往的最好方式”。② 但是，英国接受亚投行反映了其对现实的承认，欧亚大陆基础设施发展的迫切需要得到了大多数多边机构和国家的认可，证明了亚投行存在的合理性。特别是，由于美国一直阻止中国在国际金融机构中拥有与其在全球经济中影响力相当的发言权，反对建立一个新的金融机构以支持基础设施建设投资的理由很难成立，自 2016 年起国际货币基金组织进行了配额和管理改革，从而相当大地增加了金砖国家的影响力。这样，美国最终被迫承认创建亚投行是一个合理的倡议。在此背景下，美国官员希望欧洲国家的加入有助于增加亚投行的透明度，推动亚投行设定更高的监管和贷款标准，同时能够抑制中国将亚投行作为推动其亚洲影响力的手段。

亚投行的案例表明，在制定一些重要政策时，欧洲更关注的是自身的经济利益，而美国则把战略利益放在首位，当欧洲首先顾及自己的经济利益时，它与美国政策的一致性就会被打破。

（三）“棱镜门”事件

2013 年 6 月 5 日和 6 日，英国《卫报》和美国《华盛顿邮报》分别刊登了大量前国家安全局（NSA）雇员爱德华·斯诺登（Edward Snowden）提供的秘密文件。这些文件揭示出，2007 年美国国家安全局和联邦调查局启动了一个代号为“棱镜”的秘密监控项目，通过进入微软、谷歌、苹果、脸谱、雅虎等九大网络公司的服务器，跟踪用户的电子邮件、聊天记录、视频及照片等网络信息，以此全面监督用户的行动。

“棱镜门”事件令美国政府十分难堪，从总统奥巴马到众议院情报委员会主席、白

---

① 《亚投行开始了中美新博弈周期》，FT 中文网，参见 http：//www.ftchinese.com/story/001058803? arc hive#adchannelID = 5000.

② Geoff Dyer and George Parker，“US Attacks UK Constant Accommodation with China”，*Financial Times*，March 12，2015，https：//www.ft.com/content/31c4880a-c8d2-11e4-bc64-00144 feab7de.

宫发言人，以及美国国家安全局局长兼美军网络司令部司令，都先后在各种公开场合为政府辩护，但政府的辩解并没有令美国民众信服，它再次引起美国国内关于维护国家安全和公民权利关系的争论。批评者认为，即使是为了反恐和得到了国会授权，这种做法都侵犯了公民的基本权利。

美国的行动也惹恼了自己的欧洲盟友，因为棱镜门事件暴露出美国不仅对敌对国家和竞争对手实施大规模的网络监视和入侵活动，而且对自己的盟国也采取了同样的做法，监听了布鲁塞尔欧盟总部和包括德国总理默克尔在内的欧洲领导人的电话。美国监听电话的范围包括35位世界领导人，以及法国、意大利、希腊、日本、韩国、中国和印度等国家的38个大使馆和驻外使团。美国的行为引起欧洲各国的普遍愤怒，遭到它们的强烈抗议。欧盟司法委员维维亚娜·雷丁（Viviane Reding）于6月10日致信美国司法部长埃里克·霍尔德（Eric Holder），信中说：“‘棱镜’这类项目及其所依据的法律可能给欧盟公民的基本权利带来严重的负面后果”，“尊重基本权利和法治是欧美关系的基础”。雷丁强烈批评美国的做法破坏了双方的信任，要求除非是在被明确界定、例外和可以得到司法审查的情况下，否则美国执法机关无权直接获取欧洲公民使用美国服务器时产生的数据，并警告说，鉴于事态的严重性以及公众舆论对此表示的严重关切，即将召开的欧洲议会可能根据美方的答复来评估整个跨大西洋关系。① 随后于6月11日举行的欧洲议会全会上，“棱镜”项目成为辩论的主题和议员抨击的对象。

“棱镜门”事件极大地冲击了美国长期以来在全球互联网安全领域所拥有的主导权和话语权，颠覆了美国在这个领域里主张的道德基础，从而引发了欧洲民众和政治领导人对美国以国家安全为由侵犯公民基本权利行为的质疑，损害了欧美之间的相互信任。

上述例子说明，在特朗普总统上任之前，跨大西洋联盟已经出现了诸多明显的裂痕和紧张状态。

四、特朗普的欧洲政策使欧美矛盾愈加凸显

2016年特朗普当选美国总统给欧美关系增添了一些新的因素，加重了双方之间已经积累起来的矛盾。

特朗普在竞选期间就针对欧洲作出了许多负面评论，例如质疑北约的价值，抨击

---

① http：//www. statewatch. org/news/2013/jun/eu-usa-reding-ag. letter. pdf.

北约对美国纳税人来说是个骗局，欧盟国家进行了不公平的对美贸易等。[①] 后来被解职的白宫首席战略官斯蒂芬·班农（Stephen Bannon）用赞同的语气谈论欧洲的民粹主义运动，并把它描绘成那些“不相信这种泛欧盟”的人对民族主义的渴望。他在与德国驻美大使彼得·维蒂希（Peter Wittig）会晤时显示出更关注美国与欧盟各国的双边关系。[②] 但是，欧盟国家在特朗普执政的第一年中普遍感到宽慰，因为他在这一年里似乎并没有兑现他在竞选中所说的将对欧洲采取的措施。[③] 于是，欧洲国家存在一个幻想：那些在特朗普政府中较理性的官员对欧美关系的看法，会对特朗普有所约束。这些官员都在不同场合表示过，美国将一如既往地重视跨大西洋联盟。例如副总统迈克·彭斯（Mike Pence）于 2017 年 2 月在布鲁塞尔宣称，特朗普总统和我“期待着与欧盟一起努力，深化我们的政治和经济伙伴关系”，[④] 美国国务院负责欧洲事务的助理国务卿韦斯·米切尔（Wess Mitchell）也曾发表演讲，重申美国要保卫东欧和南欧。在这种情况下，欧盟主要国家希望，不是特朗普在做决策，而是他的顾问、国会、法院和美国市民社会在左右决策。它们以为，特朗普内阁中头脑正常、理性的官员以及国会能够绕开特朗普来制定政策。然而，它们的失望比中国来得更快。那些较理性的负责外交事务的官员，如蒂勒森、麦克马斯特等都相继被解职，继任官员的立场普遍更加强硬，与特朗普的理念更加保持一致。在这一过程中，有三个事件对欧美关系产生了重大打击。

1. 2017 年 6 月 1 日，美国特朗普总统宣布美国退出《巴黎气候协定》。在与气候变化做斗争方面，欧洲曾在国际上发挥了引领作用，而小布什总统拒绝承认气候变化是一个真实的全球性问题，因而美国不愿参与国际合作，也不加入《京都议定书》。但这一立场在奥巴马政府时期被改变，奥巴马总统一上任就表示，在他的领导下，美国将成为全球与气候变化做斗争的领导者。[⑤] 这一领域此后也成为中美战略与经济对话取得最多成果的领域。但是特朗普的反对立场使全球的共同努力化为泡影，也促使一些欧

① Keith Jonson, Dan De Luce and Emily Tamkin, “Can the U. S. -Europe Alliance Survive Trump?”, *Foreign Policy*, May 18, 2018, https: //foreignpolicy. com/2018/05/18/can-the-u-s-europe -alliance-survive-trump/ .

② Noah Barkin, “Exclusive: White House Delivered EU-skeptic Message before Pence Visit”, *Reuters*, February 21, 2017, http: //www. reuters. com/article/us-europe-trump-idUSKBN1601DS.

③ Keith Jonson, Dan De Luce and Emily Tamkin, “Can the U. S. -Europe Alliance Survive Trump?”, *Foreign Policy*, May 18, 2018, https: //foreignpolicy. com/2018/05/18/can-the-u-s-europe -alliance- survive- trump/.

④ Ibid.

⑤ John M. Broder, “Obama Affirms Climate Change Goals”, *The New York Times*, November 19, 2008, http: //www. nytimes. com/2008/11/19/us/politics/19climate. html? ref=us; Jeff Mason, “Obama Vows Climate Action despite Financial Crisis”, *Reuters*, November 18, 2008, http: //www. reuters. com/article/vcCandidateFeed2/idUSN18276285; “Obama's Revolution on Climate Change”, http: //www. buzzle. com/articles/242092. html.

盟国家期待中国成为新的引领者。

2. 特朗普政府在 2018 年 3 月底决定，以国家安全为由，对进口钢、铝分别加征 25%和 10%的关税，但欧盟、加拿大、韩国等盟友国可以获得临时豁免权，豁免期在 2018 年 5 月 1 日结束。然而，6 月 1 日美国拒绝了欧盟钢铝永久豁免关税的请求，美国商务部长威尔伯·罗斯（Wilbur Ross）在巴黎宣布，6 月 1 日起对欧洲钢铝产品征收进口关税，并表示欧盟应当效仿中国与美国谈判。当天，七国集团（G7）成员国财长和央行行长在加拿大惠勒斯开会，美国财政部长史蒂芬·姆努钦（Steven Mnuchin）成为众矢之的，六国财长集体向他发难，指责美国征收钢铝税的理由根本不能成立，质问美国怎能把自己的盟友视为国家安全的威胁。而且，特朗普政府还向德国施加压力，警告它如果希望获得钢铝关税的永久豁免，就必须撤回对德俄之间的北溪 2 号天然气管道项目的支持，甚至威胁要对参与这一项目的欧洲企业进行制裁。[①] 奥地利、荷兰、法国和德国在这一项目中都持有大量股份，美国的做法有可能迫使欧洲终止这一项目。

3. 最大的打击来自 2018 年 5 月 8 日，特朗普总统宣布美国退出《联合全面行动计划》（Joint Comprehensive Plan of Action，JCPOA，亦称伊核协议）。随着蒂勒森和麦克马斯特的离任，特朗普政府的伊核政策变得更加激进，而国际上公认伊朗无可争议地遵守了 2015 年的协议条款。特朗普在宣布美国退出该协议时表示，美国将取消在伊核协议下对伊朗制裁的豁免。他说：“我们将制定最高水平的经济制裁。任何帮助伊朗获得核武器的国家都可能受到美国的强力制裁。”特朗普此举引发了一场“跨大西洋关系危机”，欧洲主要国家立即对美国的行为作出了回应，它们发表了一份联合声明，表达了对特朗普政策的关注。欧盟认为，特朗普的举动降低了美国未来作为解决伊核问题的欧盟伙伴的可信度。英国首相特雷莎·梅（Theresa May）表示，特朗普总统决定退出伊朗核协议的行为令人感到遗憾，她强调欧洲将继续恪守现存的伊朗核协议，呼吁所有各方本着负责任的精神，致力于全面实施伊朗核协议，并呼吁美国避免采取那些会妨碍其他方面全面实施伊朗核协议的行为。欧盟委员会主席让-克洛德·容克（Jean-Claude Juncker）声明，欧盟将于 5 月 18 日开始启动所谓的阻止法规（Blocking Statutes），以保护欧洲公司在与伊朗做生意时不受美国经济制裁的影响。容克还表示，欧盟投资银行将继续为欧洲在伊朗的投资提供融资。虽然欧洲在尽力挽救伊核协议，保护自己的公司免受美国对伊朗制裁的影响，但是为了避免制裁，安联、标致和道达等

① Keith Jonson, Dan De Luce and Emily Tamkin, “Can the U. S. -Europe Alliance Survive Trump?”, *Foreign Policy*, May 18, 2018, https: //foreignpolicy. com/2018/05/18/can-the-u-s-europe -alliance-survive-trump/.

欧洲公司在压力下已经宣布从伊朗撤出。①

伊朗总统哈桑·鲁哈尼（Hassan Rouhani）的回应是，对伊朗来说，特朗普关于美国退出伊朗核协议的决定是一个历史性事件。目前关于伊朗核协议只存在于伊朗与五个国家之间。他表示，在与欧盟若干成员国讨论协议之后，伊朗已做好了恢复核活动的准备；伊朗将启动与欧盟国家、中国和俄罗斯之间的磋商，并已经采取了汇率管制措施和准备实施改革，以应对特朗普针对伊朗核协议的决定。②

欧盟之所以看重伊核协议，不仅因为它是伊朗与美国、英国、法国、俄罗斯、中国和德国六国长达9年谈判的结果，更重要的是，放弃协议会使解决与伊朗的分歧变得更加困难。欧盟担心进一步孤立伊朗会助长伊朗政治中的强硬派，加剧地区不稳定。越来越多的欧洲国家政府确信，与伊朗的外交对话最终可以减少中东的暴力和不稳定局面。还有建议说，欧盟应当进一步寻求外交途径，与伊朗就波斯湾航行自由等非核问题进行对话，减少目前也门和叙利亚冲突中的暴力行为，并缓解伊拉克库尔德地区的紧张局势。③

美国宣布退出伊朗核协议后，前国家安全委员会负责欧洲事务的官员查尔斯·库普钱（Charles Kupchan）说：对于欧美关系而言，美国退出伊朗核协议“是压垮骆驼脊梁骨的最后一根稻草”。④

欧洲国家在特朗普上任之后就感到了特朗普不愿与欧洲合作的倾向。在一次采访中，特朗普称赞英国退出欧盟，还预期有更多国家将会离开，宣称他对欧盟的命运漠不关心。特朗普当选之初在接受一家欧洲报纸采访时，就指责德国把欧盟变成德国的经济平台。新任美国国家贸易委员会主席彼得·纳瓦罗（Peter Navarro）指责在德国政府的操纵下，欧元价值被严重低估，以获得德国对其他欧洲伙伴甚至对美国更大的贸易优势。⑤ 美国对德国的贸易逆差（约合640亿美元），被看作是德国操纵欧元促进其

---

① Keith Jonson, Dan De Luce and Emily Tamkin, “Can the U. S. -Europe Alliance Survive Trump?”, *Foreign Policy*, May 18, 2018, https://foreignpolicy.com/2018/05/18/can-the-u-s-europe- alliance-survive-trump/.

② 《特朗普宣布美国将退出伊核协议重启对伊制裁》，新华网，2018年5月10日，参见http://www.xinhuanet.com/world/2018-05/10/c_ 129868406.htm.

③ Eubulletin, “The Coming EU - US Clash: Iran as a Transatlantic Divide”, December 4, 2017, https://www.eubulletin.com/7889-the-coming-eu-us-clash-iran-as-a-transatlantic-divide.html.

④ Keith Jonson, Dan De Luce and Emily Tamkin, “Can the U. S. -Europe Alliance Survive Trump?”, *Foreign Policy*, May 18, 2018, https://foreignpolicy.com/2018/05/18/can-the- u-s- europe -alliance-survive-trump/.

⑤ Shawn Donnan, “Trump's Top Trade Adviser Accuses Germany of Currency Exploitation in Washington”, *Financial Times*, January 31, 2017, https://www.ft.com/content/57f104d2 -e742-11e6-893c-082c54a7f539.

出口的证据。[①] 美国人认为，德国这样一个富裕的国家没有对欧洲防务尽应有的义务，其国防开支仅占 GDP 的 1.24%，因而要求它把这一比例提高到超过 2%的水平。特朗普指责说，欧盟在贸易方面“比中国更糟糕”，仅是德国从美国获得不公平交易的工具。欧洲感到，除要求欧盟在贸易方面让步外，目前特朗普对欧盟的关注很少。[②]

为了说服美国改变退出伊核协议的政策，德国总理默克尔两度访问美国，均一无所获。特朗普在白宫椭圆形办公室拒绝同默克尔握手，使两国紧张关系公开化。美国驻德国大使理查德·格雷内尔（Richard Grenell）在 2018 年 5 月初上任后的几个小时内，就发布了一则要求欧洲人从伊朗撤资的声明：“就像特朗普说的，美国将对伊朗实施制裁，德国在伊朗有业务的企业应当立即撤离。”不久，他接受了一家在欧洲和美国运营的右翼网站 Breitbart 的采访，宣布他打算“授权”欧洲内部的保守党派。从默克尔政府的角度看，格雷内尔发出的信息很明确：美国新任驻德大使打算支持其国内的政治对手。由于其傲慢无礼，这位新大使在欧盟国家普遍受到反感和冷落。[③]

正因为特朗普对欧盟的这种态度，他在欧洲不受欢迎。2017 年 9 月的民意测验显示，特朗普在欧洲的受欢迎程度低于俄罗斯总统普京。[④] 欧洲理事会主席唐纳德·图斯克（Donald Tusk）甚至表态说：“看看特朗普最近做的决定，让人不免会想：有这样的朋友，谁还要敌人？但坦率讲，欧盟应当心怀感激，因为特朗普让我们丢掉了幻想。我们明白了一个道理，如果你需要一个帮手，最终会发现，它就长在自己的手臂上。”[⑤]

虽然特朗普政府的政策加重了欧洲的内部困难，但无论其战略意图如何，美国都在欧洲国家内部具有重要的政治影响。作为欧洲安全的提供者和大多数欧洲国家的关键地缘政治盟友，美国对欧洲的影响力不可低估。

前白宫首席战略官班农似乎曾帮助欧洲的反建制派政治家在欧洲建立分店。在特朗普执政的第一年，欧洲民粹主义领导人，如匈牙利总理欧尔班·维克托（Viktor Orban），把特朗普看作是同欧盟斗争的武器，并且对他没有给予支持感到失望。在整个

---

① Hans-Werner Sinn，“Trump is Wrong to Criticise Germany over Trade - He Should Look Closer to Home”，*The Guardian*，March 28，2017，https：//www.theguardian.com/business/2017/mar/28/trump-germany-trade-surplus-euro-wall-street；US Census Bureau，https：//www.census.gov/foreign-trade/balance/c4280.html.

② Jeremy Shapiro，“What ‘America First’ Will Cost Europe”，*Foreign Affairs*，June 22，2018，https：//fbkfinanzwirtschaft.wordpress.com/2018/06/14/what-america-first-will-cost-europe/pdf.

③ Ibid.

④ Jremy Shapiro，“Trump is a Mere Symptom of the Rot in the Transatlantic Community”，September 25，2017，https：//warontherocks.com/2017/09/trump-is-a-mere-symptom-of-the-rot-in-the-trans atlantic-community/.

⑤ Keith Jonson，Dan De Luce and Emily Tamkin，“Can the U.S.-Europe Alliance Survive Trump?”，*Foreign Policy*，May 18，2018，https：//foreignpolicy.com/2018/05/18/can-the-u-s-europe- alliance-survive-trump/；《欧洲理事会主席吐槽特朗普：有这种朋友谁还要敌人》，环球网，2018 年 5 月 16 日，参见 http：//world.huanqiu.com/exclusive/2018-05/12042403.html.

欧洲，民粹主义者正在获得政治力量，他们认为欧盟应对自己国内的经济问题负责：南欧的选民认为欧盟货币政策导致了国家的经济衰退、货币紧缩和贫困增长；中东欧选民指责欧洲的移民政策威胁到了他们的身份和独立；英国的大多数公民则投票支持退出欧盟，以此表达欧盟应对英国经济问题负责的态度。目前，至少有五个欧盟国家的政府（希腊、匈牙利、意大利、波兰和英国）公开反对欧盟，所有这些都可能使欧盟变得更难控制。有人担心，如果2019年欧洲议会选出的多数议员希望看到欧洲议会被废除，情况将会变得更加糟糕。①

2018年7月14日举行的七国集团会议，再次引发了欧洲的担忧，欧洲认为特朗普政府试图引发正在动摇欧洲政治的民粹主义浪潮。欧洲政治家们担心，美国对民粹主义反对派的支持会使后者在欧盟内部获得更大的力量，虽然其产生的根源是在欧洲内部。特朗普对欧洲一体化漠不关心的态度和对欧盟贸易的敌意，至少给整个欧洲的民粹主义者带来了一种希望：即使威胁到欧洲一体化，他们也能得到美国的支持。②

尽管欧洲和美国都不时表示支持跨大西洋团结，但欧洲人对美国的价值观、经济模式以及安全和情报活动的不满日益增长。对于美国的间谍活动和美国使用无人机进行有针对性打击的担忧，以及对美国反对“跨大西洋贸易和投资伙伴关系”（TTIP）的失望，不断催生出欧洲对美国的不满。③ 金融危机和美国对外干预的失败也引发了欧洲对美国在国际舞台上作用的怀疑，同时欧洲内部分歧和欧元危机已经把欧洲人的关注力转向欧洲内部。欧美领导人追求优先事项的不同，使欧美原本之间的矛盾愈加凸显。

五、欧美矛盾加深的主要原因及欧美关系前景

上文已经讲过，欧美矛盾凸显虽然发生在特朗普政府时期，特别因特朗普总统把“美国优先”当作其治国理政的信条，但特朗普的政策并不是仅由其个人特性所决定，而是有着深刻的国内外根源。

1. 从美国国内来说，特朗普当选为总统不是偶然的。欧美关系矛盾加深首先源自美国自身政策的变化。进入21世纪以来，美国GDP增长放缓，贸易逆差加大，就业增长缓慢，制造业就业人数大幅度减少，贫富差别加大，国防开支被迫缩减。美国实力

① Jeremy Shapiro, “What ‘America First’ Will Cost Europe”, *Foreign Affairs*, June 22, 2018, https://fbkfinanzwirtschaft.wordpress.com/2018/06/14/what-america-first-will-cost-europe/pdf.

② Ibid.

③ Benjamin Haddad, Craig Kennedy, and Hannah Thoburn, *After the West? A Positive Transatlantic Agenda in a Post-Atlantic Age*, Washington, D.C.: Hudson Institute, 2018, p. 22.

的相对下降与其在下一个 100 年继续担当世界领导的雄心变得明显不相称。在美国发动反恐战争 10 年之后，美国不得不把有限的资源集中使用，正如“再平衡”战略的始作俑者、奥巴马政府第一任国务卿希拉里·克林顿所说：“在美国资源短缺的情况下，毫无疑问，我们需要明智地把资源投在将产生最大回报的地方，这就是为什么对我们来说亚太地区代表了这样一个 21 世纪的真正机会。”① 这一政策调整带来与欧洲相关的明显政策变化，美国战略的重心继续从中东地区东移，转到亚太地区，与此同时，欧洲相对被忽视。

2. 美国对欧盟的忽视并非始于特朗普任期，而是始于奥巴马执政期间。当奥巴马就任总统时，他就不是一个“坚定的大西洋主义者”，他降低了与英国的关系，并声称自己是美国第一位“太平洋总统”。② 自 2010 年起，美国开始把战略重心转移到亚太地区，把 60%的海军军力部署在西太平洋，这表明，从美国的角度来看，美欧联盟的地缘政治意义已经变得不那么重要了。③ 与此相应的是，欧洲国家认为，如今对美国全球领导地位和地缘政治利益最严重的威胁不在欧洲，也不在中东。如果是在中东，欧洲国家仍能助美国一臂之力，因为它们仍然拥有关于这一地区的政治经验和专业知识，也可以提供有意义的军事支持。但是，美国的战略重心已经转移到亚太和更广泛的印太地区，而在北约的美国盟国中，很少有国家能在这一地区在军事上扮演重要角色，至少是在应对中国的挑战方面。而且，欧洲在全球 GDP 和国防开支中的份额相对于亚洲国家正在缩小。虽然这些并不意味着北约对美国来说已经变得无足轻重，因为北约中的欧洲国家毕竟是美国最可靠的盟友和西方国家伙伴，但这至少意味着美国战略的成功越来越多地取决于美国在欧洲之外的成功，于是欧洲受到相对冷落就是顺理成章的了。

3. 欧美联盟关系的不对称。尽管欧洲国家对美国越来越不满，但是它们并没有明显改变对美国的态度。这是因为，欧洲国家依赖于美国提供的安全保障，而美国并不依赖于欧洲。欧洲仍然担心来自俄罗斯的安全威胁，而且认为，如果没有美国的支持，当俄罗斯与欧洲发生冲突时，欧洲人将无力抵抗。2018 年 7 月在布鲁塞尔举行北约首脑会议之前和期间，北约的欧洲成员国几乎向特朗普提供了他所要求的一切：为美国领导的在阿富汗的行动提供更多的军队；承诺将增加军费开支并作好与俄罗斯可能发生冲突的准备；扩大了北约在伊拉克的反恐训练任务。但这些并没有换来特朗普对北约的好感，它反映了北约的结构性失衡——欧洲与美国在权力、地理和政治文化上的失衡。④

① Hilary Clinton, “America's Pacific Century”, *Foreign Policy*, Vol. 189, Nov. 2011, p. 63.

② George F. Will, “Obama: First Pacific President?”, *Newsweek*, November 20, 2009, https://www.newsweek.com/obama-first-pacific-president-76661.

③ 参见周琪等著：《“再平衡”战略下美国亚太战略的目标与手段》，北京：中国社会科学出版社 2018 年版。

④ Jeremy Shapiro, “Trump is a Mere Symptom of the Rot in the Transatlantic Community”, September 25, 2017, https://warontherocks.com/2017/09/trump-is-a-mere-symptom-of-the-rot-in-the-transatlantic-community/.

所有这些都给欧洲带来了深刻的挑战。欧洲对美国具有强烈的战略和心理依赖，但特朗普领导下的美国对欧洲的传统角色不感兴趣，也不情愿履行其条约责任。正因为如此，即使欧洲人抱怨或抗议特朗普对欧洲的态度，他们也不怀疑欧洲与美国的密切关系。这种单方面的依赖是跨大西洋关系的基本特征。欧洲现在对特朗普的主要批评是，他是反多边主义的，而不是像中国等国家一样，批评他是反全球化或逆全球化的。两者的区别在于，前一种批评主要涉及政策方法，后一种批评涉及了对当今世界的基本看法。

4. 西方在过去70年营造了自由主义秩序，欧洲处于该秩序的核心，美国从背后提供了安全保障，美国一直是为维护此秩序贡献资金和人力最多的国家。然而，如今美国人觉得必须顾及自己了，他们不愿欧洲在安全方面再搭美国的便车。对于赞同特朗普“美国优先”理念的美国民众来说，他们很难接受让美国继续保护远在欧洲的这些相对稳定、富裕的国家，而美国的外交机构及其欧洲盟友也很难找到有力的反驳论据。美国政府在这方面的实际政策表现为：让欧洲人承担自己的安全责任，督促欧洲国家增加国防开支。

5. 从欧盟方面来看，自冷战结束以来，欧洲精英和政策制定者们认为，欧洲的政治经济一体化模式代表了国际政治的未来。欧盟的前身欧洲共同体建立在第二次世界大战的废墟之上，并以这一理想为前提。冷战结束之后，相互依赖、合作和一体化将带来政治制度趋同的看法更加被欧洲人所接受。然而，从当今的国际政治来看，这一预想并不现实，欧洲一体化遇到了前所未有的挑战。而且，有越来越多的人注意到，正如英国评论家贾南·加内什（Janan Ganesh）最近所提出的，对于世界来说，欧洲正在成为一个例外，而不是常态。① 即使连2005年曾充满乐观地为“欧洲将主导21世纪”欢呼的马克·伦纳德，在英国脱欧公投之后也无奈地承认，“欧洲人的基本心态发生了变化。他们不再把欧盟视为一个可以改变其他人的普遍模式，而是开始将欧盟视为一个需要保护的、例外的模式”。② 随着欧盟接二连三地遭受金融危机、大量中东移民涌入以及要求脱离欧盟的民粹主义势力的打击，欧盟自身的凝聚力和影响力在下降，欧美关系的平衡变得越来越不利于欧洲。

6. 美国与欧洲有共同的价值观和本质相同的西方政治制度，这本应该是跨大西洋关系的坚实基础和牢固纽带，但是现在欧洲遇到的偏偏是一个没有强烈意识形态观念和地缘政治概念的美国总统，而且这位总统还一味追求“美国优先”，其行为表明，他领导下的美国不会对自己的盟友和伙伴另眼看待，在为交易而讨价还价时手下留情。由于特朗

① Benjamin Haddad and Alina Polyakova, “Europe in the New Era of Great Power Competition”, *Foreign Affairs*, July 17, 2018.

② URI Friedman, “Europe's Counterrevolution Has Begun”, *The Atlantic*, June 24, 2016, https://www.theatlantic.com/international/archive/2016/06/europe-brexit-britain-future/488612/.

普总统的政策重点正在收缩到国内，不愿再承担美国过去承担的许多国际责任，除了欧洲安全和中东地区的冲突之外，美国也没有许多地方需要欧洲的合作，这就导致特朗普政府对一个统一欧洲的发展不感兴趣，而是更多地把视线盯在贸易上，而且在欧洲，其“美国优先”的贸易政策主要针对的是欧盟的实际领导者之一——德国。

当然，上述这些因素尚不能根本改变欧洲与美国的传统关系，特别是从意识形态和政治制度考虑出发的政治联系，也不能期望欧洲与美国的疏远就会带来欧洲与中国的接近。欧洲的许多学者和媒体仍在不断谈论对国际稳定的主要威胁来自一个正在崛起的中国，有时甚至会把中国与俄罗斯相提并论。而且，许多欧洲国家都有一种感觉，即中国“不公平的”贸易行为需要欧洲与美国协调一致作出反应，它们因此抱怨说，特朗普选择对欧洲发动贸易战使这种协调变得不可能。① 这意味着，只要美国有所改变，它们还是愿意与美国重归旧好的。

从上述原因来看，除最后一个因素之外，其他因素都与国际形势的变化和美国的战略调整有关。美国的实力相对下降，因此需要把资源集中使用在对美国最具有战略重要性的地区——亚太地区，这从目前来看是一个发展趋势，未来若干年内不会逆转，亦不以美国总统的更迭为转移。特朗普虽然在形式上抛弃了奥巴马总统的“重返亚洲”或“再平衡”战略，而大谈“印太战略”，但两者仅有方法的区别，并没有本质区别。在这种情况下，美国政治家和美国民众都更不情愿把美国的资源用于欧洲的安全。特朗普的个性不过是使这些因素以更加极端的和个性化的形式表现出来。由于此，未来欧美裂痕加深将可能是一个趋势。

① Jeremy Shapiro, “Trump is a Mere Symptom of the Rot in the Transatlantic Community”, September 25, 2017, https://warontherocks.com/2017/09/trump-is-a-mere-symptom-of-the-rot-in-the-transatlantic-community/.

区域与国别卷

Studies on Regions and Countries

极地研究

论北极地区区域性国际制度的非传统安全特性

——以北极理事会为例*

王传兴

随着全球气候变暖而导致的北极地区冰雪覆盖区范围的快速消退，各种有关北冰洋在整个夏季成为不冻海洋的不同预测估计——有2013年、2040年、2060年等不同观点——纷纷发表。① 与此同时，冷战后一度曾经似乎为人所遗忘的北极地区，又重新开始成为全世界关注的焦点，而2007年8月2日由俄罗斯国家杜马副主席亚瑟·齐林加洛夫（Arthur Chilingarov）率领的俄罗斯远征队乘坐世界上最大的核动力破冰船“北极号”（Arktika）抵达北极，将一面俄罗斯国旗插在北冰洋北极洋底，则是此种关注的一个标志性事件。由此导致了有关各方围绕北极地区的各种利益争端和主张，以及各国为寻求解决此类利益争端的途径和方法进行思考。在全球化时代，当人们已经超越了狭隘的国家利益考虑，进而努力平衡国家利益和人类利益之间矛盾的时候，加强涉及北极地区国际制度的建设和对现有制度进行深入研究就显得特别重要。

一、北极地区的区域性国际制度

通常所说的国际制度（International Institution）主要包括三种类型②：国际组织（International Organization），如北约；国际机制（International Regime），如《蒙特利尔公约》（Convention For The Unification Of Certain Rules For International Carriage By Air）；以及上述两者的结合，如世贸组织形成的相关贸易机制。

按照这样的界定，从地理范围看，涉及北极地区的国际制度包括两种类型。它们

---

* 本文刊发于《中国海洋大学学报（社会科学版）》2011年第3期，第1-6页。

① Linda Jakobson，“China Prepares for an Ice-Free Arctic”，*SIPRI Insights on Peace and Security*，No. 2010/2，March 2010，p1，http：//books. sipri. org/files/insight/SIPRIInsight1002. pdf.

② Robert Jackson Georg Sørensen，*Introduction to International Relations：theories and approaches*，Oxford University Press，2007，p. 108.

分别是具有普遍适用性特点的全球性国际制度和特别适用于北极地区的区域性国际制度。涉及北极地区的全球性国际制度为数众多，难以一一罗列，如联合国安理会（UN Security Council）、《联合国海洋法公约》（United Nations Convention on the Law of the Sea，UNCLOS）、联合国《生物多样性公约》（Convention on Biological Diversity）、国际海事组织（International Maritime Organization）、国际海洋法法庭（International Tribunal for the Law of the Sea，or ITLOS）、联合国大陆架界限委员会（Commission on the Limits of the Continental Shelf，or CLCS）、国际海底管理局（International Seabed Authority，or ISA）等。

特别适用于北极地区的区域性国际制度主要有《斯瓦尔巴德条约》（Svalbard Treaty，or Spitsbergen Treaty，1920）、北冰洋科学委员会（Arctic Ocean Sciences Board，or AOSB，1984）、北极国际科学委员会（International Arctic Science Committee，or IASC，1990）及其下属的泛太平洋北极工作组（Pacific Arctic Group，or PAG，2001）、国际北极社会科学协会（International Arctic Social Sciences Association，or IASSA，1990）、北极理事会（Arctic Council，1996）以及次区域的巴伦支欧洲—北极地区联合理事会（Barents Euro-Arctic Region，or BEAR，1993）① ——其中包括两个层面的合作，即政府间（Intergovernmental）层面（巴伦支欧洲—北极理事会，Barents Euro-Arctic Council，or BEAC，1993）和地区间（Interregional）层面（巴伦支地区理事会，Barents Regional Council，or BRC，1993）的合作等。

对于涉及北极地区的国际制度的特点这一问题，本文集中讨论的是涉及北极地区的区域性国际制度的特点。就北极地区的区域性国际制度特点而言，有学者认为，它们至少具有这样三个明显的特点：② 第一，这些国际制度的建立都是为回应20世纪80年代末因东西方关系改善而出现合作的机会之窗，并且部分是由于希望将俄罗斯纳入到坚实的合作结构体系中，从而通过加强地区安全而使这些国际制度到充实。例如，在冷战时期，巴伦支欧洲—北极地区是一个军事对抗的地方。巴伦支欧洲—北极地区联合理事会的基本前提就是通过紧密的合作来保证长期的政治稳定和其他关系的稳定，

---

① 有关巴伦支欧洲—北极地区联合理事会及其下属的巴伦支欧洲—北极理事会和巴伦支地区理事会的详情，请分别参见 http：//www. arcticgovernance. org/the - barents - euro - arctic - region. 4668610 - 142904. html，http：//www. beac. st/in_ English/Barents_ Euro-Arctic_ Council/Barents_ Euro-Arctic_ Council. iw3，http：//www. barentsinfo. org/? Deptid=25231.

② 这三个特点引自 Olav Schram Stokke 提交给美国国际关系学会第51届年会（the 51st ISA Convention，New Orleans 2010）的“Institutional Niches in Arctic Shipping Governance：Nesting Regional Instruments in a Global Regime”一文，p. 14.

并减少可能的紧张关系。到目前，这一目标已成功实现。①

第二，这些国际制度明显都是以软法为基础的，因而不具有对成员国构成法律约束力的决策能力。例如，按照1996年渥太华《北极理事会成立宣言》（Declaration on the Establishment of the Arctic Council）的规定——将北极理事会建立成一个为促进北极国家之间进行合作、协调和互动的高级别政府间论坛，② 作为北极地区最重要的区域性国际制度北极理事会，却不是一个正式的国际组织，并且其中像美国这样的重要成员国，至今依然认为“它不应转变为正式的国际组织”。③

第三，除了传统的政府间层面参加方的多样性——不同会议中参加国家和官僚机构数量不同——这一特点之外，北极地区的区域性国际制度还体现为跨国层面的特点——即以相对突出的方式将各种各样的市民社会组织纳入其中；除了像环境保护团体这样的市民社会组织外，其中尤其受人关注的是原住民组织——他们在北极理事会中享有永久成员资格的地位。④ 例如，巴伦支地区理事会于1995年即在其中设立了永久性的土著人民工作组（Working Group of Indigenous Peoples，or WGIP）。⑤

二、北极地区区域性国际制度和非传统安全

安全是国际政治中一个恒久关注的主题。在最近的几十年里，尤其是在冷战结束以后，有关安全的讨论呈现出多元论争的态势。这种多元论争的态势不仅表现为所提出的不同安全概念——传统安全与非传统安全，综合安全、共同安全、合作安全与人类安全——在内涵上的差异，而且也存在于对安全研究——安全的指涉对象、安全问题驱动的内/外维度、安全的领域（范围）、安全政治的观点、安全研究的认识论与方法论——理解上的全面分歧之中。⑥ 巴里·布赞指出，“从传统安全研究演进到非传统

① 参见“The Barents Euro－Arctic Region”，http：//www. arcticgovernance. org/the－barents－euro－arctic－region. 4668610－142904. html.

② “Declaration on the Establishment of the Arctic Council”，http：//www. International. gc. ca/ polar－polaire/ottdec－decott. aspx？ lang＝en.

③ 中国极地研究中心极地战略研究室（筹）：《相关国家新北极政策与战略文件汇编·美国国家安全总统令和国土安全总统令》（中文译本），2010年4月，第5页。

④ 六个在北极理事会中享有永久成员资格地位的原住民组织分别是阿留申人国际协会（Aleut International Association）、北极阿萨帕斯卡族委员会（Arctic Athabaskan Council）、Gwich′in国际委员会（Gwich′in Council International）、因努伊特人北极圈会议（Inuit Circumpolar Council）、俄罗斯北方土著人民协会（Russian Association of Indigenous Peoples of the North）、萨米理事会（Saami Council）。见中国极地研究中心：《极地科技动态》2008年第1期，第6页。

⑤ “Indigenous Peoples in the Barents Region”，http：//www. barentsinfo. org/？ Deptid＝25704.

⑥ 关于对安全研究理解上的分歧，参见［英］巴里·布赞：《论非传统安全研究的理论框架》，载《世界经济与政治》2010年第1期，第120－121页。

安全研究标志着安全研究领域的大大拓展，原来以国家为中心的、以军事—政治为核心的安全理解转向了更广泛的相互竞争的安全理解方式”。① 具体而言，非传统安全问题主要包括经济安全、金融安全、生态环境安全、信息安全、资源安全、恐怖主义、武器扩散、疾病蔓延、跨国犯罪、走私贩毒、非法移民、海盗、洗钱等。

如上所述，从地理范围看，涉及北极地区的国际制度包括具有普遍适用性特点的全球性国际制度和特别适用于北极地区的区域性国际制度两种类型。而从传统安全和非传统安全的角度看，涉及北极地区的全球性国际制度，可以划分为三大类，即有关传统安全领域的全球性国际制度、有关非传统安全领域的全球性国际制度，以及有关同时涉及传统安全和非传统安全两个领域的全球性国际制度。

联合国安理会（UN Security Council）是一种涉及传统安全的全球性国际制度，它负有维持国际和平与安全的职责。换言之，就北极地区而言，如果该地区出现国际争端或摩擦的任何情况，联合国安理会应该提出解决这些争端的方式或办法。例如，尽管有的西方学者认为，在加拿大的政策制定者看来，西北航道（Northwest Passage）“由加拿大控制（美国并不接受这种主张，——本文作者注），而不是对像中国和俄罗斯这样的所有来访者开放，是最符合其南面邻国（即美国，——本文作者注）的国防利益的”，② 可一旦在美加之间因此出现严重的国际争端或摩擦，联合国安理会将有责任提出解决相关争端的方式或办法。

1993 年 12 月 29 日正式生效的联合国《生物多样性公约》（Convention on Biological Diversity）是一项有法律约束力的公约，是一种涉及非传统安全的全球性国际制度，旨在保护濒临灭绝的植物和动物，最大限度地保护地球上的多种多样的生物资源，以造福于当代和子孙后代。换言之，按照联合国《生物多样性公约》的宗旨，“在北极地区的海上油气活动过程中保护或避免破坏沿海地貌，包括水鸟（如密集的筑巢区、幼鸟哺乳区、换毛和栖息区）、驯鹿（如繁殖区和无昆虫区）和麝牛的重要活动区域”。③

1994 年 11 月 16 日正式生效的《联合国海洋法公约》（United Nations Convention on the Law of the Sea，or UNCLOS）是一种同时涉及传统安全和非传统安全两个领域的全球性国际制度，其主要内容包括“领海、毗邻区、专属经济区、大陆架、用于国际航行的海峡、群岛国、岛屿制度、闭海或半闭海、内陆国出入海洋的权益和过境自由、国际海底以及海洋科学研究、海洋环境保护与安全、海洋技术的发展和转让等等”。④

---

① 巴里·布赞：《论非传统安全研究的理论框架》，载《世界经济与政治》2010 年第 1 期，第 123 页。

② Charles Emmerson，*The Future History of the Arctic*，Public Affairs，2010，p. 96.

③ 中国极地研究中心：《极地科技动态》2009 年第 2 期，第 8 页。

④ http：//baike. baidu. com/view/91793. htm？ fr=ala0_ 1.

在北极地区，涉及领海和（外）大陆架这样关乎国家主权的传统安全问题的争端，如上面提到的俄罗斯2007年“插旗事件”、加拿大“必须在2013年向联合国大陆架界限委员会提交确定其大陆架外部界限的科学信息（在北冰洋和大西洋，其大陆架均超过200海里）”,[①] 应依据《联合国海洋法公约》的宗旨来解决；与此同时，《联合国海洋法公约》也适用于关乎“环境保护与安全”这样的非传统安全议题。

比较而言，北极地区现有的区域性国际制度，涉及的基本上都是非传统安全领域的议题。以北极地区最重要的区域性国际制度北极理事会（Arctic Council）为例，在1996年渥太华《北极理事会成立宣言》（Declaration on the Establishment of the Arctic Council）中，规定将北极理事会建立成一个为促进北极国家之间进行合作、协调和互动的高级别政府间论坛，并将北极原住民社区和其他北极地区居民包括进来，以应对北极地区的共同问题，尤其是北极地区的可持续发展问题和环境保护问题。[②]

此外，像巴伦支欧洲—北极理事会、巴伦支地区理事会、巴伦支欧洲—北极地区联合理事会、国际北极科学委员会，北冰洋科学委员会、泛太平洋北极工作组、北极国际社会科学学会这样的次区域性国际制度，其涉及的也主要是非传统安全议题。这些北极地区的区域性国际制度对非传统安全的关注，在其各自下属的工作组或委员会，以及各自的主要目标宗旨中得到了充分的体现。例如，巴伦支欧洲—北极理事会下设的6个工作组或委员会，其工作重点是有关像环境、旅游和运输这样的非传统安全议题。它们分别是经济合作工作组（Working Group on Economic Cooperation，or WGEC）、海关合作工作组（Working Group on Customs Cooperation）、环境工作组（Working Group on Environment，or WGE）、青年政策工作组（Working Group on Youth Policy，or WG-YP）、巴伦支欧洲—北极运输区筹划指导委员会（Steering Committee for the Barents Euro-Arctic Transport Area，or BEATA）、营救合作临时联合委员会（Interim Joint Committee on Rescue Cooperation）。巴伦支地区理事会下设的四个工作组——环境工作组（Working Group on Environment）、通讯工作组（Working Group on Communications）、青年问题工作组（Working Group on Youth Issues）、投资和经济合作工作组（Working Group on Investments and Economic Cooperation），以及巴伦支欧洲—北极地区联合理事会下设的五个工作组——健康和与社会问题相关的联合工作组（Joint Working Group on Health and Related Social Issues，JWGHS）、教育和研究联合工作组（Joint Working Group

① 国家海洋局极地考察办公室对外联络处、中国极地研究中心极地信息中心：《国外极地考察信息汇编》2010年，总第18期，第16页。

② “Declaration on the Establishment of the Arctic Council”，http：//www. international. gc. ca/ polar-polaire/ottdec-decott. aspx？ lang=en.

on Education and Research，or，JWGER）、能源联合工作组（Joint Working Group on Energy，or JEWG）、文化联合工作组（Joint Working Group on Culture，or JWGC）、旅游联合工作组（Joint Working Group on Tourism，JWGT），其情形与巴伦支欧洲—北极理事会下设的6个工作小组或委员会相仿，工作重点也都是非传统安全议题。①

国际北极科学委员会的主要宗旨之一，是向北极理事会和其他关注科学问题的组织提供影响北极地区管理的客观而独立的科学建议。② 北冰洋科学委员会的长期使命，是通过支持多国、多学科间的自然科学和工程计划来促进对北冰洋的研究。③ 太平洋北极工作组的主题是气候、污染物、人类方面，以及北极生态系统的结构和功能。④ 北极国际社会科学学会有六个主要目标，其中两个分别是促进社会科学家与北极地区人民之间的相互尊重、相互交流和相互合作；在北极地区从文化上、发展上和语言上促进适当的教育。⑤

三、北极理事会的非传统安全特性

创立北极理事会的第一步是在1991年由八个邻近北极的国家所签署的《北极环境保护策略》（the Arctic Environmental Protection Strategy，or AEPS）。1996年北极理事会正式成立。现在北极理事会的成员国包括加拿大——代表加拿大的西北区（Northwest Territories）、努那伏特区（Nunavut）和育空区（Yukon），丹麦——代表丹麦的保护地格陵兰岛（Greenland）和法罗群岛（Faroe Islands），芬兰、冰岛、挪威、俄罗斯、瑞典和美国——代表美国的阿拉斯加州（Alaska）；正式的观察员国包括法国、德国、荷兰、波兰、西班牙和英国——代表苏格兰——六个国家；临时的观察员国包括中国、日本、韩国、意大利和欧盟；六个在北极理事会中享有永久成员资格地位的原住民组织（见上文）；若干观察员组织，其中包括国际组织——如北极议会（Arctic Parliamentarians）、世界自然保护联盟（World Conservation Union，or IUCN）、国际红十字会（the International Red Cross Federation）、北欧理事会（the Nordic Council）、北方论坛（the Northern Forum）、联合国环境规划署（UNEP）和联合国开发计划署（UNDP）等，以及非政府组织——如世界驯鹿者协会（the Association of World Reindeer

① http：//www.beac.st/in_ English/Barents_ Euro-Arctic_ Council/Working_ Groups.iw3.
② http：//en.wikipedia.org/wiki/International_ Arctic_ Science_ Committee.
③ http：//www.aosb.org/.
④ http：//www.arctic.noaa.gov/aro/pag/index.html.
⑤ http：//iassa.org/about-iassa/objectives.

Herders)、北极大学（the University of the Arctic）和世界自然基金会—北极计划（the WWF-Arctic Programme）等；第一轮担任过和即将担任主席国的轮值国分别是加拿大（1996—1998）、美国（1999—2000）、芬兰（2001—2002）、冰岛（2003—2004）、俄罗斯（2005—2006）、挪威（2007—2008）、丹麦（2009—2010）、瑞典（2011—2012）。

其实际工作在下设的工作组（Working Groups）和项目行动计划（Programs and Action Plans）中进行，它们所涵盖的工作内容充分体现了北极理事会注重非传统安全议题这一特点。工作组包括北极监测评估项目工作组（Arctic Monitoring & Assessment Programme, or AMAP）——它是一个环保组织；北极植物和动物保护工作组（Conservation of Arctic Flora & Fauna, or CAFF）；预防、防备和应对紧急情况工作组（Emergency Prevention, Preparedness & Response, or EPPR）；北极航海环境保护工作组（Protection of the Arctic Marine Environment, or PAME）；可持续发展工作组（Sustainable Development Working Group, or SDWG）；北极污染物行动项目工作组（Arctic Contaminants Action Program, or ACAP）等。项目行动计划包括北极生物多样性评估计划（Arctic Biodiversity Assessment, or ABA）；极地生物多样性监测项目（The Circumpolar Biodiversity Monitoring Program, or CBMP）；北极气候影响评估计划（Arctic Climate Impact Assessment, or ACIA）；北极人类发展报告项目（Arctic Human Development Report, or AHDP）等。此外，北极理事会每半年举行的一次高官会议（Senior Arctic Officials, or SAO, Meeting）——与会者包括八个成员国各自的外交部高级官员、六个在北极理事会中享有永久成员资格地位的原住民组织代表，以及正式观察员国的代表——上讨论的主要内容，也是像气候变化、可持续发展、北极监察和评估、持久性有机污染物（persistent organic pollutants, or POPs）、北极其他污染物，以及上述北极理事会各工作组所进行的工作这样的议题。①

接下来对上述的一个工作组——北极航海环境保护工作组——的主要活动和目标，以及2009年11月12—13日在哥本哈根举行的最近一次北极理事会高官会议内容做一详细介绍和分析，以便使我们更进一步了解北极理事会这一北极地区区域性国际制度所体现出的非传统安全特性。

北极航海环境保护工作组的主要活动是针对北极航海环境的保护而开展的。经济活动的增加和因气候过程带来的重大变化，正导致对北极航海及沿岸环境利用机会和威胁的增加。这些变化要求采用更为综合的方法，来应对业已存在的和正在出现的对

① http://en.wikipedia.org/wiki/Arctic_Council.

北极航海和沿岸环境的挑战。具体而言，2006—2008 年，北极航海环境保护工作组的工作计划有三大目标——加强对北极航海环境知识的掌握，并对正在出现的北极航海环境知识做出反应；决定切实可行的国际/区域承诺，并促进对相关承诺的执行和遵守；促进合作伙伴、项目和技术合作，并支持在北极理事会内外进行交流、汇报。① 为实现这些目标，北极航海环境保护工作组安排了大量的相关活动。②

2009 年 11 月 12—13 日在哥本哈根举行的最近一次北极理事会高官会议主题范围涉及的主要内容包括气候变化，生物多样性，人类发展，海洋（海运评估建议和搜救），污染物，数据、观察和监察，国际极地年遗产，工作组进展报告，北极理事会管理问题/效力和效率，其他事项（如北极大趋势）。③ 以其中的海洋（海运评估建议和搜救）议题中的海运评估为例，其作出的决策是“北极理事会高官会议赞同北极理事会对北极海运评估组织建议的后续跟进，并支持北极航海环境保护工作组为此进行的努力”。④

四、结论

如上所述，北极地区的区域性国际制度虽然体现出非传统安全的特性，但是，“全球化突破了原有民族与国家‘安全场域’的地区性局限……以往被归为‘低政治’领域的安全问题越来越凸显而上升为‘高政治’领域的安全问题，越来越多的国家开始把非传统安全置于国家安全战略的重要地位”。⑤ 换言之，就中国而言，作为发展中的大国，中国对北极地区区域性国际制度的密切关注、主动参与，以及深入研究，既是必要的也是迫切的，因为“国际因素可能影响国内的安全形态，国内安全问题的处理失当也可能带来国际共振”。⑥ 以北极航运为例，正如有的学者所指出的那样，由于中国经济对外贸的依赖（中国国内生产总值的近一半被认为依赖航运），因此，经由北极而导致的航运里程缩短（例如由上海至汉堡相对于经由马六甲海峡和苏伊士运河，其

① “PAME: Protection of the Arctic Marine Environment Working Group”, http: //arctic - council. org/working_group/pame.

② 为此而安排的相关活动，请参见“PAME Work Plan 2009 - 2011”, http: //www. docstoc. com/docs/13135849/PAME-Work-Plan-2009-2011.

③ “Meeting of Senior Arctic Officials FINAL Report 12 - 13 November 2009 Copenhagen”, http: //arctic - council. orgfilearchiveSAO%20Meeting%20nov09-%20FINAL. pdf.

④ “Meeting of Senior Arctic Officials FINAL Report 12 - 13 November 2009 Copenhagen”, p. 6, available at http: //arctic-council. orgfilearchiveSAO%20Meeting%20nov09-%20FINAL. pdf.

⑤ 余潇枫、李佳：《非传统安全：中国的认知与应对（1978—2008 年）》，载《世界经济与政治》2008 年第 11 期，第 89 页。

⑥ 同上，第 96 页。

航运里程缩短了6400公里）对中国的商业活动来说具有相当重要的意义。[①] 当然，从传统安全的角度来说，北极航道的开通也将势必引起一场地缘政治革命。[②]

与此同时，由于北极地区的“这些（区域性）国际制度明显都是以软法为基础的，因而不具有对成员国构成法律约束力的决策能力”，因此，中国在关注、参与、研究北极地区区域性国际制度的过程中，应该注意将以下两点同时结合起来兼顾考虑。

第一，在积极参与北极地区区域性国际制度的同时，努力推动北极地区区域性国际制度朝着具有约束力的方向发展。在这一方面，同为北极理事会临时观察员国的欧盟的一些设想和政策规划值得我们借鉴。例如，在2008年11月20日欧洲委员会致欧洲议会和理事会的信（《欧盟与北极地区》）中就曾这样建议：“鼓励尽可能遵守最高的环境标准。出版具有约束力的国际标准，特别是建立在北极理事会的准则和有关国际公约基础上的标准。”“与欧盟的角色和潜力相应，增加对北极理事会的影响。作为第一步，欧洲委员会将申请北极理事会永久观察员席位。”[③]

第二，考虑到现行北极地区区域性国际制度“不具有对成员国构成法律约束力”的局限性，中国在北极地区国际治理的过程中，应该进一步深入研究现有的涉及北极地区的全球性国际制度在北极地区的作用和意义，以便更好地为国家利益和人类利益服务。作为负责任的发展中大国，正如有的学者所指出的那样，“应以‘顾全本土、优态共存’为安全方略的价值设定……这一安全战略的价值设定既保留了国家中心主义伦理向度在现实中的必要性，又凸显了全球中心主义伦理向度在发展中的重要性”。[④] 中国对北极地区安全关注的起点和归宿，也理应设定这样的双重伦理向度；而仅凭现有的北极地区区域性国际制度，是很难实现这一目标的。

---

① Linda Jakobson, “China Prepares for an Ice-Free Arctic”, SIPRI Insights on Peace and Security, No. 2010/2, March 2010, p5, http://books.sipri.org/files/insight/SIPRIInsight1002.pdf.

② 例如，美国西北大学（华盛顿州）商学院教授 Kevin Cooney 在提交给美国国际关系学会2010年年会（the 51st ISA Convention, New Orleans 2010）的文章“Securitization of the Northwest Passage: ‘The US-Japan Alliances’ role in opening the Arctic to transshipment of commerce and the exploitation of resources”中即指出，由于西北航道对转运和经济（能源）发展的开放，越来越多的来往中国的船舶数量将经过日本海的日本海岸国际水域，因此日本将处于能够潜在控制那些直接影响中国经济繁荣的关键瓶颈通道的地缘战略地位。

③ 中国极地研究中心极地战略研究室（筹）：《相关国家新北极政策与战略文件汇编·欧盟与北极地区》（中文译本）2010年4月，第9页、第15页。

④ 余潇枫、李佳：《非传统安全：中国的认知与应对（1978—2008年）》，载《世界经济与政治》2008年第11期，第96页。

论环境变化对北极原住民经济的影响

——以加拿大因纽特人为例*

潘　敏　夏文佳

近20年来，随着全球变暖的加速、北极海冰的融化、北极航道的可能开通，北极地区越来越成为世人关注的对象，人们迫切需要那里丰富的油汽资源和海运通道。然而很少有人关注祖祖辈辈生活在这一地区的原住民族，很少关注环境变化到底给他们的生活带来哪些影响和困惑。本文以加拿大因纽特民族为例，考察环境变化对他们的经济活动以及社会生活方面的影响。

一、传统经济活动：环境变化与现代化夹缝中适应求存

狩猎活动依然是因纽特生活的重要组成部分①。商业性的狩猎为许多家庭提供了不菲的经济收入；而对于偏远地区的因纽特人而言，生存性的狩猎则是他们的衣食之源。狩猎是因纽特人全年的生活主题：春季捕海豹，捉鱼，收集禽蛋；秋季采摘浆果，捕鲸，猎兔子、驯鹿、候鸟等。

但是，随着极地环境变化，特别是在此背景下原住民现代经济的发展，使得因纽特人狩猎等传统的经济活动也在悄然发生改变。这种改变不仅涉及野生动植物种类、数量、习性等自然环境上的变异，同时也是狩猎工具、方式、人力等各方面的大变革。

一项旨在考察加拿大四个因纽特人大居住区 Nunavik、Nunavut、Inuvialuit Settlement Region（ISR）、Nunatsiavut 环境变化与原住民生活变迁的大型调研报告②显示，在因纽特人生活区域，植被生长状况和种类已发生了明显的变化。一些原有物种

* 本文刊发于《中国海洋大学学报（社会科学版）》2013年第1期，第27-34页。

① T. Williamson, *Our Footprint: Mapping Inuit Environmental Knowledge in the Nain District of Northern Labrador*, Labrador Inuit Association, 1997.

② S. Nickels, C. Furgal, M. Buell, H. Moquin, *Putting the Human Face on Climate Change: Perspectives from Inuit in Canada*, Ottawa: Joint publication of Inuit Tapiriit Kanatami, Nasivvik Centre for Inuit Health and Changing Environments at Université Laval and the Ajunnginiq Centre at the National Aboriginal Health Organization, 2005, p. 65.

逐渐减少，而原来在本地区无法生长的新品种却越来越多地被发现。调查显示，近年来在拉布拉多的 Anaktalâk 湾和附近的内恩（Nain）已经出现了多类新的野生动物物种，包括不知名的昆虫，鸭子、鸽子等鸟类和驼鹿等。① 虽然夏天增多的大量蚊虫十分讨人厌，但新出现的猎物品种（如驼鹿等）对因纽特人而言倒是气候变化不错的副产品，因为他们可以换换口味了。

在一些地区，居民认为植物越长越高，比以前更茂盛。② 植被生长状态的变化对与因纽特人饮食和健康大有关系的浆果（可以提供因纽特人日常饮食中很难获得的植物纤维素和维生素 C）的影响尤为显著。③ 由于气候变化导致的风暴天气使得地表侵蚀严重，减少了浆果生长所需的土壤养分。而且夏季温度升高和降水量的增加，又使浆果一般成熟得更早，但是腐败得更快，给因纽特人的及时采集增加了困难。

对因纽特人生活产生重大影响的植被变化还包括作为驯鹿食物的地衣和苔藓。降水量（包含冰雹、雪）的增加导致地衣、苔藓被覆盖得太深，使驯鹿的进食变困难。④ 这会严重影响到牲口的肉质和健康，进而给因纽特人的食物安全造成威胁。

一方面是环境变化导致北极野生动物在健康、习性、数量和分布上的具体改变；⑤ 另一方面是因纽特人现代化过程中不断更新的器械装备革命：出行快速方便的雪地机车取代了狗拉雪橇，远距离射击的猎枪取代了矛和匕首，GPS 卫星导航代替了经验判断……这种因纽特人传统生活的大变革发生在距离我们千里之外的冰雪世界，对于外部世界而言往往缺少可考的文字资料，⑥ 给研究者考察环境变化对于因纽特人传统经济活动的影响提高了难度。

北拉布拉多地区的内恩（Nain）却是一个例外。在因纽特人应对环境变化影响的

---

① Hilary Davies, *Inuit observations of environmental change and effects of change in Anaktalak Bay*, Labrador , Queen' s University M. E. S, 2007, p. 112.

② S. Nickels, C. Furgal, M. Buell, H. Moquin, *Putting the Human Face on Climate Change: Perspectives from Inuit in Canada*, Ottawa: Joint publication of Inuit Tapiriit Kanatami, Nasivvik Centre for Inuit Health and Changing Environments at Université Laval and the Ajunnginiq Centre at the National Aboriginal Health Organization, 2005, p. 65.

③ S. Nickels, C. Furgal, M. Buell, H. Moquin, *Putting the Human Face on Climate Change: Perspectives from Inuit in Canada*, Ottawa: Joint publication of Inuit Tapiriit Kanatami, Nasivvik Centre for Inuit Health and Changing Environments at Université Laval and the Ajunnginiq Centre at the National Aboriginal Health Organization, 2005, p. 78.

④ S. Nickels, C. Furgal, M. Buell, H. Moquin, *Putting the Human Face on Climate Change: Perspectives from Inuit in Canada*, Ottawa: Joint publication of Inuit Tapiriit Kanatami, Nasivvik Centre for Inuit Health and Changing Environments at Université Laval and the Ajunnginiq Centre at the National Aboriginal Health Organization, 2005, pp. 65-66.

⑤ S. Fox, "These are things that are really happening : Inuit perspectives on the evidence and impacts of climate change in Nunavut", in I. Krupnik and D. Jolly eds. , *The Earth is Faster Now: Indigenous Observations of Arctic Environmental Change*, Fairbanks, Alaska, Arctic Research Consortium of the United States, 2002, pp. 12-53.

⑥ H. P. Huntington, "Using Traditional Ecological Knowledge in Science: Methods and Applications", No. 5, 2000, p. 1270.

过程中，不间断开展的数个田野研究①为以之为契机全面了解环境变化对于因纽特人传统经济活动的影响提供了具体研究对象。

环境变化对于因纽特人传统经济活动（主要就是狩猎）的影响是深刻的。剔除野生动物方面的不确定因素，单就人为要素而言，主要包括对天气状况预测的准确性、传统知识传承的困惑、道路出行的安全性等方面。

第一，气候变化导致依靠传统经验无法准确预测天气状况，而现代科技又未臻尽善尽美，给因纽特人出行、狩猎带来诸多不确定性因素和安全隐忧。

关于天气越来越不可预测的问题在整个因纽特地区都在被广泛地讨论。② 这些年来当地天气预测的困难引起了许多人，特别是那些积累了多年预测天气经验的老年人的挫败感，③ 带来了诸多不便，比如对于狩猎活动的日程安排。预测天气的能力对于因纽特人而言至关重要，因为这能够保证他们在外出狩猎时的安全和顺利。没有那些天气知识，因纽特人在极地生存的危险性将大大增加；同时又会使他们的生产效率大大降低，因为狩猎时遭遇天气不测也就意味着将要额外再花费更多时间去狩猎以满足食物需求。

由于气候变暖，动物在春天的迁移更早了，猎人们就必须每年早早地外出捕猎。然而，冰因为气候暖化而化得更早，使这个时间段的捕猎变得非常危险，有时候甚至根本无法穿越冰原到达传统的捕猎区域。两方面因素的综合作用导致了狩猎时间大大缩减，更糟糕的可能就没有对这些迁徙动物的狩猎季了。④

气候变化同时还导致因纽特人狩猎区域的改变，因为原先传统的猎场可能已经不再那么适合猎物活动了。寻找新猎场又给因纽特人增加了不少困难，在西北地区和育

---

① L. Archibald, M. Crnkovich, " If Gender Mattered: A Case Study of Inuit Women, Land Claims and the Voisey' s Bay Nickel", Project Status of Women Canada, 1999; T. Fenge, "Ecological Change in the Hudson Bay Bioregion: A Traditional Ecological Knowledge Perspective", Northern Perspectives Online, March 29, 2012, http: //www. carc. org/pubs/v25no1/change. htm; C. Furgal, D. Martin, P. Gosselin, J. Rowell, M. Grey, J. Pouliot and P. Marchand, *Identifying, Selecting and Monitoring Indicators of Climate Change in Nunavik and Labrador*, Quebec City: Laval University, 2003; J. D. Ford, B. Smit, J. Wandel and J. MacDonald, "Vulnerability to Climate Change in Igloolik, Nunavut, What We Can Learn from the Past and Present", *Polar Record*, vol. 42, No. 2, 2006, p. 127; Davies, Hilary, *Inuit observations of environmental change and effects of change in Anaktalak Bay, Labrador*, Queen' s University M. E. S. 2007.

② D. Riedlinger, "Responding to Climate Change in Northern Communities: Impacts and Adaptations", *Arctic*, No. 1, 2001, p. 96.

③ S. Fox, "These are things that are really happening: Inuit perspectives on the evidence and impacts of climate change in Nunavut", in I. Krupnik and D. Jolly eds., *The Earth is Faster Now: Indigenous Observations of Arctic Environmental Change*, Fairbanks, Alaska: Arctic Research Consortium of the United States, 2002, p. 12-53.

④ D. Riedlinger, "Responding to Climate Change in Northern Communities: Impacts and Adaptations", *Arctic*, No. 1, 2001, p. 96.

空地区已有报告显示人们因此而出现食物紧张的状况。①

第二，环境变化过于急骤，在长期自然实践（狩猎等传统经济活动）过程中总结得来的因纽特传统知识的可靠性面临挑战，传统文化的传承遭受考验。

现在北极的自然环境与之前相比已经发生很多变化：冰化得更早又结得更晚；冬天下雨天多起来了；风向改变了；风暴天更多了。气候急遽变化导致的传统预测天气的知识的失效也使得老年人不能确定将他们的传统生产知识传授给下一代是否合适，因为他们害怕这些不再那么有效的经验知识可能适得其反，遭致“误人子弟”的后果②。

现代化文明的普及在一定程度上解决了这一问题，使得北极地区的人们能够更为便捷地利用 GPS、电脑等科技设备出行、狩猎。③ 人们在野外不能确认方向时，使用 GPS 就能精确导航，找到通行路线，无论在陆地还是海上都不至于迷路。此外，上网搜索卫星监控图就可以轻松找到驯鹿等动物的迁移路径，准确定位，为打猎提供便利。

但是，虽然这些技术十分有用，却依然不能解决本质问题，反而造成了传统知识维护派与现代技术拥趸之间的隔阂。④ 这种情绪在老年人中表现得尤为明显。他们担忧由于现代技术的广泛应用，人们会忽视学习传统知识与技能的价值。然而，在这片到处充满生存危机的土地上，任何技术都不是万能的，稍有不慎就有可能自食迷信技术的苦果；传统知识在历经千百年的考验后却依然帮助因纽特人顽强地在这极地生活下来。所以，老一代强烈要求保障因纽特传统文化的传承，因为尽管环境变化无常，因纽特文化才是保障原住民在北极生存下去的根本，而不是作为舶来品的西方文明。比如，那些完全靠 GPS 导航外出的人就会发现，有时候这些设备也并不是那么的可靠，时有谬误，甚至存在因此而误入险地导致的死亡事故。⑤

第三，环境变化和现代化进程交互作用下，对传统经济活动的综合性影响，例如出行方式的改变，狩猎技巧的修正等等。

---

① G. Kofinas, "Community of Aklavik, Community of Arctic Village, Community of Old Crow and Community of Fort McPherson, Community Contributions to Ecological Monitoring: Knowledge Co - Production", in I. Krupnik and D. Jolly eds., *The Earth Is Faster Now: Indigenous Observations of Arctic Environmental Change*, Fairbanks, Arctic Research Consortium of the United States, 2002, p. 55.

② Hilary Davies, *Inuit observations of environmental change and effects of change in Anaktalak Bay, Labrador*, Queen's University M. E. S. 2007, p. 112.

③ Hilary Davies, *Inuit observations of environmental change and effects of change in Anaktalak Bay, Labrador*, Queen's University M. E. S. 2007, pp. 113-114.

④ F. Duerden, "Translating Climate Change Impacts at the Community Leve", *Arctic*, No. 2, 2004, p. 57.

⑤ S. Fox, "These are things that are really happening: Inuit perspectives on the evidence and impacts of climate change in Nunavut", in I. Krupnik and D. Jolly eds., *The Earth is Faster Now: Indigenous Observations of Arctic Environmental Change*, Fairbanks, Alaska: Arctic Research Consortium of the United States, 2002, pp. 12-53.

北极环境的变化不仅局限于自然环境的改变，同时也涉及社会经济环境的变迁，并且二者在众多方面都表现出互为因果、互相影响的联系。一方面，自然环境的改变造成原住民生存条件的变化，不得不以现代化的方式来应对其带来的挑战；另一方面，现代化的进程也在不断重塑北极地区的自然环境。在这种循环式紧密契合的因果链条中，环境变化的影响不是单独表现的，它往往与各种人为因素综合在一起，共同影响北极原住民的生活。例如，因为冰层越来越薄，现在因纽特人在上面通行时需要更加谨慎。这种变化一部分是由于气候变化，比如气温升高，越来越多的风暴将尘埃吹到冰面上；一部分也是现代经济活动的结果，比如采矿等经济活动导致冰面上的尘埃增加，轮船行驶时破冰，以及道路、机场建设的破坏等。

冰层变薄使得出行安全性大大降低，因纽特人不得不避开那些冰层较薄的区域，绕远路，改走一些相对可靠的路线。即使这样，出行安全也是不能得到保障的，出行死亡事故仍时有发生。① 这种出行安全的不确定就导致人们外出狩猎时常需要绕行，既花费大量的时间，也会增加新的不确定性。

狩猎活动受环境变化的影响还远不仅限于此。由于气候暖化，冰雪消融，北极地区的矿产资源开发更为容易了。在拉布拉多地区，矿场如雨后春笋般迅速崛起。② Anaktalâ 湾矿产工业的存在迫使人们避免去这片区域活动或者打猎，尽管这一带曾经是因纽特人传统的狩猎场，③ 出产大量诸如海豹和候鸟之类的动物。但因为采矿和运输的噪音，以及夜晚的光污染，使动物更警觉，把它们从这片区域吓跑了。此外，不仅陆地上因为采矿而变得“千山鸟飞绝”，而且大量的运输船也使得海上狩猎活动“万径人踪灭”了。

狩猎活动不仅受到自然环境变化和现代经济活动的双重影响，也遭受着现代化进程中的文化冲击。传统上，因纽特人会为了生存花费大量时间在野外捕猎，青少年就可以在这些劳作的过程中从长辈那儿学习知识和技能。④ 然而，工业化导致大量的因纽特人平时的工作是雇员劳力，而没有像以往那样有足够多的时间去野外打猎⑤（在北极

① S. Nickels, C. Furgal, M. Buell, H. Moquin, *Putting the Human Face on Climate Change: Perspectives from Inuit in Canada*, Ottawa: Joint publication of Inuit Tapiriit Kanatami, Nasivvik Centre for Inuit Health and Changing Environments at Université Laval and the Ajunnginiq Centre at the National Aboriginal Health Organization, 2005, pp. 74-76.

② Davies, Hilary, *Inuit observations of environmental change and effects of change in Anaktalak Bay, Labrador*, Queen's University M. E. S. 2007, p. 22.

③ Davies, Hilary, *Inuit observations of environmental change and effects of change in Anaktalak Bay, Labrador*, Queen's University M. E. S. 2007, p. 115.

④ N. J. Turner, M. B. Ignace and R. Ignace, “Traditional Ecological Knowledge and Wisdom of Aboriginal Peoples in British Columbia”, *Ecological Applications*, No. 5, 2000, p. 1275.

⑤ F. Duerden, “Translating Climate Change Impacts at the Community Level”, *Arctic*, No. 9, 2004, p. 204.

打猎需要在冰原上长途奔波，花费大量时间，甚至数天）。另外，打工赚的钱也使他们有资金购买生活所需，从而间接地减少了传统活动。这种传统交流方式的瓦解导致因纽特文化面临断代的威胁。因为因纽特文化是通过口述传承的，这就使它极易受到快速变化的冲击，特别是当人们发生迁徙或者年轻人认可全新的、与他们祖先截然不同的价值观和生活方式的时候。① 现在的因纽特青少年在接受了现代化教育后，受此影响已经较少从事传统经济行业了。

二、采矿业：民族自决与资源开发的大洪流

北极环境变化对于矿业的影响不是决定性的。因为在目前全世界对自然资源极度渴求的大背景下，即使北极环境不发生改变，这片荒凉的土地下埋藏的丰饶的矿产资源也将不可避免地受觊觎，被开采。但是，环境变化，特别是全球暖化下极地冰雪的融化，给了北极地区矿产开发十分有利的便捷条件。

北极环境变化对矿场开发最主要的影响在三个方面：

第一，气温上升导致冰层变薄，海面无冰期变长，轮船全年的可航行时间大大增加。

过去30年中，北极气温每10年上升0.5度，现在气温已达到了近4个世纪以来的最高水平。② 一些区域的温度在过去50年已经上升了2.5摄氏度，如果二氧化碳的排放量继续以目前的速度增加，到2100年，北极温度预计将上升10摄氏度以上。③ 温度上升加速了北极冰盖及北冰洋海冰的融化。美国国家冰雪数据中心（NSDC）卫星监测数据表明，北极海冰覆盖面积正以每10年3%的速度融化，同时海冰厚度已由20世纪80年代初的4.88米降至现在的2.75米。2007年，北极冰层融化速度加快了10倍，北冰洋海冰面积已减至413万平方公里，比1979—2000年海冰面积平均值低39%，成为观测史上新的最小值。现在，北极夏季冰盖的大小仅有50年前的一半；2008年9月，海冰面积也较前述平均值低34%，仅高于2007年的观测数据；2009年9月，海冰面积同样大幅缩减，也仅高于2007年、2008年的观测数据。2009年9月发布的《海冰展望》认为，当年9月泛北极地区的海冰面积为420万~500万平方千米。这个数值几乎

---

① L. Grenier, “Working with Indigenous Knowledge: A Guide for Researchers”, *International Development Research Centre*, 1998, p. 9.

② Overpeck, J., K. Hughen, D. Hardy, R. Bradley, Arctic environmental change of the last four centuries, *Science*, Vol. 278, 1997, 1251-1256.

③ Randy Boswell, “Melting Arctic Poses Security Risk: A Report for U. S. Congress”, Canwest News Service, March 30, 2012.

都是历史最低值。①

海冰的融化虽然是一场全球自然环境的灾难，却也为北极地区的通航创造了十分有利的条件。原本只有在盛夏有限的时间内才可以通航的轮船货运，现在大大延长了。这就为低成本的大宗矿石运输创造了可能。北极地区的矿产资源再也不是看得见，吃不着的了。

第二，冻土层变薄，冰层软化，方便地下矿石的开采。

根据北极地区常年的数据记录，冰层已经越来越薄了。并且极地原住民的生活感受也佐证了这一点。② 秋天结冰更晚了，而春天化冰却提前了。而且冻土层在夏天通常不像以前坚固了。显然，这种变化对于矿产开发的便利是十分明显的。

第三，冻土融化，地面道路被破坏，运输危险性增加。

过去，在浅水湾（Repulse Bay）、努纳武特（Nunavut）等地区，冰层通常直到六月的第一个星期都是可以安全通行的。③ 而现在，一到春季，冰面的通行就变得不那么可靠了，伤害事故时有发生。所以，虽然冰雪融化更加方便了极地矿物的开采，但另一方面也给建筑在冻土层上的道路带来了破坏，对极地矿物的运输提出了挑战。

总体而言，环境变化导致北极自然条件逐步发生了深刻的变化。传统生活方式显然不足以帮助因纽特人应对当今日益复杂的社会形势。与时俱进，积极融入现代文明已是大势所趋。发展原住民的本土经济是解决当前因纽特人在社会、政治、健康、教育等诸多方面问题的关键。而充分利用大自然赋予原住民的自然资源就成了因纽特人的不二选择。

原住民自决运动的胜利帮助他们重新掌握了支配自己所生活土地的自然资源的权力。《努纳武特土地宣言》是努纳武特地区的原住民与加拿大联邦政府于1993年签署的权利协议。④《宣言》结束了长久以来加拿大联邦对原住民土地的殖民占有，让因纽

① Norwegian Polar Institute, “Outlook of Ice on Sea”, September 9, 2009.

② S. Nickels, C. Furgal, M. Buell, H. Moquin, *Unikkaaqatigiit-Putting the Human Face on Climate Change: Perspectives from Inuit in Canada*, Ottawa: Joint publication of Inuit Tapiriit Kanatami, Nasivvik Centre for Inuit Health and Changing Environments at Université Laval and the Ajunnginiq Centre at the National Aboriginal Health Organization, 2005, p. 63.

③ S. Nickels, C. Furgal, M. Buell, H. Moquin, *Unikkaaqatigiit-Putting the Human Face on Climate Change: Perspectives from Inuit in Canada*, Ottawa: Joint publication of Inuit Tapiriit Kanatami, Nasivvik Centre for Inuit Health and Changing Environments at Université Laval and the Ajunnginiq Centre at the National Aboriginal Health Organization, 2005, pp. 63-64.

④ （匿名）“The process leading to a land claims agreement and its implementation: the case of the Nunavut land claims settlement”, *The Canadian Journal of Native Studies*, 1996, pp. 139-163.

特人重新获得了支配自己土地的权力。这其中对今天的矿场开发最为重要的几项条款是①：

- 赋予明确的土地和土地资源所有权和使用权；赋予因纽特人使用、管理和保存包括海岸在内的土地、水和自然资源的决定权；
- 拨付因纽特人财政补贴，提供参与经济发展的机会；
- 鼓励因纽特人文化和社会的自立……

这样，1999 年成立的原住民自治政府努纳武特就有了所有矿产开发所需要的权限：地表与地下矿物的所有权、使用权；矿产项目的审批和复核权；税收权。这些政治上的准备给了今天因纽特人开发矿产资源的积极性，原住民政府更是将矿业视为一种促进本地区社会经济发展的重要途径，将矿产开发作为其经济工作的重点。② 因此，发展矿产业的议题在努纳武特被广泛地严肃讨论。在一份《努纳武特经济展望》的报告中，加拿大委员会会议将矿产业列为发展努纳武特经济最好的方案；③《努纳武特经济发展战略》（2003）也认真探讨了开发矿产对于努纳武特经济发展的重要性。④ 这些报告同时强调了与经济项目同步开展社会项目的重要性，以便增加社会—经济综合效益。比如，为了配合矿产业发展，旨在提高居民教育、健康水平以及社区/政府行政能力的社会项目也被提上议程，以便能够进一步创造出经济发展的良好契机。

一般而言，北极地区矿业开发的主要优势在于：显著促进 GDP 增长，直接和间接地增加税收，带动就业。深远的影响则包括提高居民劳动素质，推动基础设施建设，促进服务业等第三产业的发展。

目前最易于接受的，并且能够最大化增加效益的矿业方案就是可持续开发。这也正是加拿大联邦政府、原住民政府、各个 NGO 及为数众多的因纽特原住民团体等各方的共识。可持续开发的方案在理论上基本可以满足各方的利益诉求：原住民与加拿大联邦共同获得经济效益，同时又最大可能地保护环境。但不幸的是，在实际实施中却并不能保证每个项目都遵照可持续的原则如约施行。

以采矿为例，从地下开采矿石就是一个完全不可逆的过程，“循环再开采”可谓无

① James Eetoolook, “Mining and the Nunavut Land Claims Agreement”, *Nunavut Mining Symposium*, Nov. 13, 2000, pp. 1-2.

② James. Eetoolook, “Mining and the Nunavut Land Claims Agreement”, *Nunavut Mining Symposium*, Nov. 13, 2000, pp. 3-5.

③ S. Vail and G. Clinton, *Nunavut economic outlook: An examination of the Nunavut economy*, Ottawa: The Conference Board of Canada, 2001.

④ The Sivummut Economic Development Strategy Group, *Nunavut Economic Development Strategy* 2003, Avaliable at http: //www. lookupnunavut. ca/NUNAVUTE. pdf.

稽之谈。所以怎样才能在一项不可持续的经济活动中植入可持续发展的理念？在不可再生资源的开发项目中，遵循可持续发展原则就是要尽可能避免任何的资源浪费，并且这种开发要同时做到社会兼容、环境友好、经济盈利。①

在已有的矿产开发实践案例中，② 矿石开采固然带来了丰厚的社会经济效益，但是在资源耗尽之后，诸多社会问题也随之而来。采矿带来的经济效益主要有：

第一，就业与收入。在矿场工作的收入现在是原住民经济收入的一个重要来源。例如在巴芬岛北极湾地区有 Nanisivik 和 Polaris 两座矿，每年为原住民带来 100 万美元的收入，同时也为原住民社区提供了可观的经济效益③。并且，在矿场打工的收入都是可支配性工资收入，提高了居民的购买力，能够大大改善因纽特人家庭经济状况。经济条件的改善也为因纽特社区商业的繁荣提供了基础，社区内各种商店也逐渐多起来了，比如打猎设备就卖得特别好，尤其是雪地机车。④

第二、航空运输。对于许多极地社区而言，航空运输已经是北极生活不可或缺的一部分了。大部分小社区一般采用小型的涡轮螺旋桨式飞机，而诸如伊魁特（Iqaluit）、兰金海峡（Rankin Inlet）和剑桥湾（Cambridge Bay）等大社区还有大型的喷气飞机服务。⑤ 在北极湾，因为 Nanisivik 矿场的存在，专门建设了一个机场以供大型飞机起降，那些临近的因纽特人小型社区也借光有了便捷的飞机服务。可以说，许多极地因纽特社区的交通网络就是借助矿石运输的需要从而得以发展起来的。

航空网络的建设对于因纽特人的意义绝不仅仅是沟通与外部世界的联系那么简单。由于地处偏远，并且遍地冰雪，北极地区与外部世界的陆地交通十分不畅，而海运则受限于冬季海冰封阻。可以说空运是极地最为便捷的交通方式。这种便捷对于外界进入因纽特地区的意义更为明显，因为更便捷的往来还意味着商贸、旅游等经济活动的活力。航空服务让原住民不仅有更为便宜、快速的货运方式，同时也让他们比其他没

---

① P. Crowson, “Sustainability and the Economics of Mining－What Future?”, *Minerals & Energy*, No. 2, 2002, p. 15－19; J. P. Richards, “The Role of Minerals in Sustainable Human Development: Geological Society, London, Special Publication Sustainable Minerals in the Developing World”, in B. R. Marker, M. G. Petterson, F. McEvoy, and M. H. Stephenson eds., *Sustainable Minerals Operations in the Developing World. Special Publication*, London: Geological Society, 2005, pp. 25－34.

② 例如：纳尼斯维克铅锌矿（Nanisivik lead－zinc mine）和波拉雷斯铅锌矿（Polaris lead－zinc mine），见：Lea－Marie, Bowes－Lyon, *Comparison of the Socio－economic Impacts of the Nanisivik and Polaris Mines: A Sustainable Development Case Study*, University of Alberta, 2006.

③ Brubacher & Associates, The *Nanisivik Legacy in Arctic Bay: A Socio－economic Impact Study*, 2002.

④ Lea－Marie, Bowes－Lyon, *Comparison of the Socio－economic Impacts of the Nanisivik and Polaris Mines: A Sustainable Development Case Study*, University of Alberta, 2006, p. 29－30.

⑤ Lea－Marie, Bowes－Lyon, *Comparison of the Socio－economic Impacts of the Nanisivik and Polaris Mines: A Sustainable Development Case Study*, University of Alberta, 2006, p. 30.

有空运的社区有更为快捷的物流。这种优势不仅仅可以惠及当地的商业活动，同时也能有效吸引大量游客前来本地观光，带来进一步的广泛效益。

第三、商业。矿业对于商业的带动作用主要集中在与采矿相关的服务行业上。在Nanisivik矿开采之前，当地几乎没有商业经济存在，而之后则变得欣欣向荣了，货运、仓储，以及食宿等行业如雨后春笋在当地兴起。例如距北极湾21公里远的Nanisivik机场就促生了出租车（雪地机车）业务，① 方便人货两地往来，为因纽特人带来新的就业渠道。

矿产开发给因纽特人的经济发展注入了动力，可是一旦矿区矿石采尽，那些依靠矿场繁荣起来的原住民社区就将举步维艰——投资转移，打工收入没有了，曾经繁华的旅游业和商业也面临考验。目前一些矿场的关闭所造成的影响还是小范围和局部性的。比如铅锌矿关停之后，北极湾地区航班数量已经大不如前，出于节约数额庞大的维护成本考虑，Nanisivik机场最终也在2005年停开了。② 对于原住民而言，机场的关闭影响是深远的，日常货运的开销无疑会大涨，同时当地商业也会因为物流的不便而萧条。更深远的影响在旅游业上，航空费的大涨使得越来越少的游客会选择前往这些社区游玩。那些当地面向游客的商店将面临沉重打击，机场的礼品商店销售额已经减少了一半。③ 游客的减少还会进一步导致为旅游业服务的原住民失去工作，比如从事旅馆服务员、向导等工作的因纽特人就已经度日维艰了。

航空交通的萎缩只是矿业凋敝衍生的二级副作用。事实上，矿石开采殆尽后，所有以之为中心发展起来的行业都会失去活力，遭受不同程度的冲击。以矿业为中心发展起来的原住民经济无助于因纽特人的可持续发展。

环境变化对北极原住民的生存提出了更高的要求。简单的资源开发虽然能为因纽特人在短期内带来丰厚的经济回报，但是从可持续发展的视角来看，环境变化给经济活动带来的边际效益将随着资源的开发殆尽而对因纽特人造成无法估量的影响：冰雪消融，野生动物资源迁徙，传统经济无以为继；而矿产资源开发殆尽，原住民现代本土经济将走向萧条。或许到了那个局面出现时，北极原住民也早已随着经济生活方式的转换演变为“南方居民”多时了。

---

① Lea-Marie, Bowes-Lyon, *Comparison of the Socio-economic Impacts of the Nanisivik and Polaris Mines: A Sustainable Development Case Study*, University of Alberta, 2006, p. 32.

② Lea-Marie, Bowes-Lyon, *Comparison of the Socio-economic Impacts of the Nanisivik and Polaris Mines: A Sustainable Development Case Study*, University of Alberta, 2006, p19, p23, p24, p30.

③ Lea-Marie, Bowes-Lyon, *Comparison of the Socio-economic Impacts of the Nanisivik and Polaris Mines: A Sustainable Development Case Study*, University of Alberta, 2006, p. 31.

三、旅游业：可持续发展与原住民文化保持的悖论

16、17 和 18 世纪早期的欧洲探险家为他们的后人留下了关于因纽特人地区最初的想象。在那些保存下来的文字、图像文献中，因纽特人生活的极地地区被描述为一片冰天雪地的蛮荒世界，一片令人敬畏的土地，需要有强大的生存能力才能存活下来；同时，这里又生活着一群原始野蛮的、亟待欧洲人为其提供发展机遇的原住民族。① 这些意象被那些前往北极地区的各地游客深深地印入了脑海，形成了刻板印象：白雪皑皑，寒风呼啸，荒无人烟，一群雪域勇士顽强地生存其间——因纽特人。

在当前许多的宣传资料中，因纽特人依旧被描述为和他们的祖先有着类似生活方式的样子。所以许多 21 世纪的现代人在饱受城市的喧嚣后，就十分渴望前往这片世外“桃源”，一睹这种截然不同的蛮荒文明，探寻那些在图文资料和意象中才会出现的场景，满足其猎奇的心理。

大量观光客的涌入刺激了努纳武特等原住民生活地区旅游业的发展，带来了丰厚的经济效益，显著提高了当地因纽特人的收入。但是这种旅游活动也面临着可持续发展的困境。因为单纯的观光会随着神秘感的慢慢消失而逐渐失去新鲜感。为了拓展旅游产品的层次和吸引力，就需要激发原住民的参与热情，为外来游客展现原汁原味、独特的本地民族文化活动，满足游客体验那种其意象中粗犷的因纽特人传统生活的旅游目的，而不仅仅是走马观花。

但是那些可以满足游客猎奇心理的因纽特人传统活动已经随着气候、环境的变化，以及外来文明的冲击而悄然发生了变迁。大多数因纽特人已经不再按照传统的生活方式生活了。环境变化、采矿等经济活动导致了野生动物的数量、活动区域的改变，特别是现代文明的传播大大改进了猎人的装备，因纽特人传统文化最主要的部分打猎已经发生了质的变化。② 从前仅凭借有限的石器、骨器等简陋武器在冰天雪地与野生动物斗智斗勇的打猎方式，在今天已经变得相对简洁直接——驾驶雪地机车搜索猎物，然后用猎枪射杀。所以，今天的游客想要参观那种茹毛饮血的原始文明已是难之又难了。

一方面，经济活动的现代化改变了因纽特人的生活方式；另一方面，为了获得经

① R. Morrison. William，*True North*：*The Yukon and Northwest Territories Don Mills*，Ontario：Oxford University Press Canada，1998.

② S. Nickels，C. Furgal，M. Buell，H. Moquin，*Unikkaaqatigiit-Putting the Human Face on Climate Change*：*Perspectives from Inuit in Canada*，Ottawa：Joint publication of Inuit Tapiriit Kanatami，Nasivvik Centre for Inuit Health and Changing Environments at Université Laval and the Ajunnginiq Centre at the National Aboriginal Health Organization，2005，p. 96.

济效益而发展起来的旅游业却在试图劝说原住民回归传统，为游客展示一出“纯粹”因纽特人生活场景的原生态旅行“表演”。可以说，旅游业的发展也正是当代北极原住民社会发展的一个缩影：充满矛盾与悖论——环境变化既导致了困扰，也带来了机遇；经济发展既改善了生活，也消解了传统。

努纳武特作为因纽特人政治独立的象征，也承载着原住民经济自立的梦想。[①] 以努纳武特旅游业的发展为例，旅游业现在已经是本地区的第二大产业，[②] 被视为本地区有重大发展潜力的经济基础。在旅游行业内工作的本地居民数量增长十分迅速，主要从事餐饮、保卫、向导及其他相关职业，或者借游客纷至的机会做点小生意。在 2001 年努纳武特地区有 500 人受雇于旅游产业，并且在过去的十年内又增加了 250 个左右的岗位。[③]

努纳武特的可持续发展部（Department of Sustainable Development，DSD）是主要负责旅游业开发和监管的部门，它负责管辖本地区观光公园和保护区的设立与养护、旅游许可证的颁发与吊销，同时也监管当地旅游周边产业的发展。可持续发展部（DSD）与另一由三个地区旅游协会联合组成的政府成员组织协作，共同推进努纳武特地区旅游业的发展。事实上，努纳武特游客数量的稳定增长使得旅游业成为了本地区经济活动的最为活跃的中心。[④]

但是旅游业的发展究竟要采取何种形式呢？可持续的旅游业发展是当代人的共同追求，但是很多情况下旅游业也面临经济效益的增加与环境保护“鱼和熊掌不可兼得”的悖论。尽管需要促进地区发展和自立，当地的因纽特人也在竭力寻找一种既不会对本民族文化和本地区环境造成不可修复的损害，同时又尽量满足旺盛的旅游需求的旅游业开展的途径。

可持续发展部（DSD）积极地分析每个解决发展问题的议案，以图确保旅游业走向成功。但是，他们的许多热情也仅仅停留在提议阶段，尚未得到实行。甚至是有着最好本意的旅游业可持续发展政策，在实施中都面临挑战。广义上讲，以普遍原则为出发点的政策可能在个别地区不适用，因为那儿可能有区别于其他地方的各自特殊情况。

---

① 潘敏、夏文佳：《北极原住民自治研究——以加拿大因纽特人为例》，载《中国海洋大学学报（社会科学版）》，2010 年第 6 期，第 9-15 页。

② Louise Hornagold, *Sustainability, authenticity and tourism development in Nunavut*, Trent University (thesis), 2004, p. 8.

③ *Tourism and Parks in Nunavut* 2001，转引自 Louise Hornagold, *Sustainability, authenticity and tourism development in Nunavut*, Trent University (thesis), 2004, p. 8.

④ Louise Hornagold, *Sustainability, authenticity and tourism development in Nunavut*, Trent University (thesis), 2004, p. 8.

有争议的一点是，如果没有普遍性的政策，可持续发展的旅游业就会缺乏一个统一的方向。在努纳武特的案例中，一些政策亟需财政拨款将之付诸实践，以使本地区在全球旅游市场中处于一个有竞争力的地位。当地居民需要意识到，努纳武特的旅游产业是本地潜在的经济支柱。努纳武特在世界旅游市场的定位需要更准确。商业计划和培训项目需要在与当地居民协商合作的前提下实施，以免排挤传统的经济收入和影响社会公正。如果不这么做，旅游业就很可能得不到当地居民的支持，也不可能真正做到可持续发展。①

虽然绝大多数游客表示他们对在努纳武特游览的经历很满意，② 但是这其中又有多少人会回来再度游览？并且，在现在的旅游形式下，旅游市场还能够得到拓展吗？努纳武特的地标就是在现代城市化地区所没有的一望无际的荒野以及独特的原住民文明，这也正是它成为一个有吸引力的旅游目的地的原因所在。作为旅行手册上招徕游客的卖点，因纽特传统文化才是这片土地的价值所在。正是冰原，尤其是冰原上诞生的文明史吸引了世界各地的游客来到这片蛮荒之地。可以说除此而外，“现代化”的因纽特人在旅游市场上没有任何吸引力可言。绝大多数游客只会在观光游艇上待个把钟头，其他时候则主要在冰原、湖泊、公园和因纽特社区周边的广阔区域游览。如果他们来努纳武特旅行的出发点就是体验这些地标性的风光，那么他们的企望已经达到了。但是从旅游业的可持续发展角度出发，为了让努纳武特不仅仅作为游客中途的歇脚之地，因纽特人就必须成为旅游产品的主体和关键。

生活在北极地区的因纽特人试图大力发展旅游业，以促进其民族经济繁荣。然而，考虑到北极环境的独特性（单调、脆弱），以及孕育于这种环境下的因纽特文化（以艰苦求存为最高宗旨），光怪陆离的现代经济繁荣又是否适合因纽特人的传统呢？一方面，因纽特人竭力呼吁保护其独特的传统文化；另一方面，在极地环境变化的现实下，他们又试图获取经济上的实惠。但是两方面的冲突却是无法回避的。这种矛盾的状态至今没能解决，或许也将持续存在下去。

四、结语

环境变化对因纽特人的影响是一个复杂的综合性问题，涉及文化、教育、健康、

① Louise Hornagold, *Sustainability, authenticity and tourism development in Nunavut*, Trent University (thesis), 2004, p. 104.

② Louise Hornagold, *Sustainability, authenticity and tourism development in Nunavut*, Trent University (thesis), 2004, p. 105.

饮食等方方面面，并且每一方面又都相互联系，彼此制约，共同塑造了今日变迁中的因纽特社会。考察环境变化对因纽特人经济的影响，也不可能做到将经济要素从因纽特人社会生活中完全剥离出来。故而，本文旨在以经济要素为贯穿研究的主线，全方位考察因纽特社会生活的大变迁，从而明晰环境变化对因纽特人经济的影响。

传统因纽特人过着饥食渴饮、自给自足的“原生态”生活。在他们的语言中没有所谓经济的概念，没有货币，没有商品。是西方人将这些现代文明的产物逐步带进了因纽特人的社会生活。在当代，环境和气候条件的改变已经在众多方面影响了因纽特人的生活，我们已经很难区分环境变化与因纽特人生活方式的改变究竟孰因孰果。

但必须明确的一点是，对于因纽特人自身而言，他们不是以特殊的变化为焦点来讨论身边环境变化的。相反，他们努力在气候和环境的变化中作出相应的改变，延续本民族的文化。用因纽特人自己的话来说：“这一代因纽特人正在经历社会和经济的重大变革。我们深切感受到了诸如气候变暖、大范围污染物的扩散、生物遗失等全球环境问题造成的影响……许多我们所面对的全球环境问题是由外界的人类活动造成的，那些活动给南方人带来了经济利益却给无辜的我们带来了环境破坏……我们面对这么庞大的全球性问题束手无策。”①

为了应对这种环境变化对因纽特人传统经济造成的压力，努纳武特社会经济发展组织（The Nunavut Community Economic Development Organization，CEGO）领导成立了一个因纽特民族经济发展委员会（National Inuit Economic Development Committee，NIC），与加拿大北方事务委员会（Inuit/Indian and Northern Affairs Canada，INAC）展开合作，共同致力于应对因纽特经济发展的挑战。② 委员会主要关注所有因纽特地区的经济环境和经济需求。

然而，这一切行动都还远远不足以解决因纽特人在环境变化背景下所面临的诸多现实问题。特别是当因纽特人在接触了现代西方文明之后，试图借全球极地关注热潮之机大力发展民族经济时，环境保护的压力与经济发展的愿望二者显得格外矛盾重重。在环境变化的客观现实下，因纽特人的传统经济、现代经济都受到了无法避免的影响。有些变化让因纽特人忧心忡忡，有些则让他们欢欣鼓舞。总体而言，环境变化对因纽特人利弊参半，前途莫测。

① Violet Ford, *Global Environmental Change: An Inuit reality*, Remarks Inuit Circumpolar Conference on October 15, 2003, pp. 2-4.

② Inuit Circumpolar Council (Canada), *Inuit Annual Report* 2008—2009, p. 26.

中国参与北极航运治理的国际法依据研究*

唐　尧　夏立平

过去几十年间北冰洋海冰经历了逐渐消融的过程。政府间气候变化专门委员会（Intergovernmental Panel on Climate Change）报告显示，1979—2012 年间北极年均海冰范围有所缩小，缩小速度很可能是在每十年3. 5%至4. 1%的范围内。① 由全球气温上升带来的变化使得北极航道得以开通，然而海上航行及其可能引发的海洋环境污染和海上遇难等问题也带来了相应的治理需求。② 中国是世界航运大国，参与北极航运治理具有重要意义。依据国际法，中国在北极航运治理中的权利和义务主要涉及航行、航行中的安全保障和环境保护以及航行中的搜寻和救助三个方面的内容。基于此，本文首先梳理中国参与北极航运治理的国际法依据，包括《联合国海洋法公约》（以下简称《公约》）、《斯瓦尔巴德条约》（Svalbard Treaty）（以下简称《斯约》）和《极地水域船舶航行国际准则》（International Code for Ships Operating in Polar Waters）（以下简称《极地规则》）等，同时结合缔约国实践进行实证分析，进而在归纳相关国际法依据特征基础上简要探讨中国的参与路径。

一、中国参与北极航运治理的有关航行的国际法依据

中国参与北极航运治理的有关航行的国际法依据主要有《公约》和《斯约》。《公约》在 1973 年至 1982 年召开的第三次联合国海洋法会议上制定，于 1994 年 11 月 16 日生效。《公约》对缔约国在不同海域的航行权利和义务做出了规定，包括领海的无害通过权，“在本公约的限制下，所有国家，不论为沿海国或内陆国，其船舶均享有无害

* 本文刊发于《太平洋学报》2017 年第 8 期，第 51-61 页。

① 政府间气候变化专门委员会：《气候变化 2014：综合报告》，政府间气候变化专门委员会网站，2014 年 11 月 1 日，参见 http：//www. ipcc. ch/pdf/assessment-report/ar5/syr/SYR_ AR5_ FINAL_ full_ zh. pdf.

② 北极航运治理范围不仅限于北极航道范围，参见：International Maritime Organization，“International Code for Ships Operating in Polar Waters”，May 15，2015，http：//www. imo. org/en/MediaCentre/ HotTopics/polar/Documents/POLAR%20CODE%20TEXT%20AS%20ADOPTED. pdf.

通过领海的权利”；① 国际航行的海峡过境通行权，“在第37条所指的海峡中，所有船舶和飞机均享有过境通行的权利，过境通行不应受阻碍”；② 群岛水域的无害通过权，“在第53条的限制下并在不妨害第50条的情形下，按照第2部分第3节的规定，所有国家的船舶均享有通过群岛水域的无害通过权”；③ 专属经济区的航行自由权，“在专属经济区内，所有国家，不论为沿海国或内陆国，在本公约有关规定的限制下，享有第87条所指的航行和飞越的自由”；④ 公海的航行自由权，“公海自由对沿海国和内陆国而言，除其他外，包括航行自由”。⑤ 作为《公约》缔约国，中国船舶在北极海域航行享有上述权利。

北极航道指穿过北冰洋，连接大西洋和太平洋的航道，包括东北航道、西北航道和穿极航道。东北航道是指西起冰岛，经巴伦支海，沿欧亚大陆北方海域向东，直至白令海峡的航道。东北航道东段地处俄罗斯专属经济区或领海内，俄罗斯称其为“北方海航道”。北方海航道可以理解为东北航道的重要一部分。西北航道是指沿美洲北部海岸，经加拿大北极群岛中的水道，连接大西洋和太平洋的航道。西北航道由不同航线组成，北极理事会（Arctic Council）2009年的《北极海运评估报告》（Arctic Marine Shipping Assessment）对此做出了分类，其中就包括东起兰开斯特海峡，经巴罗海峡和皮尔海峡等，再经阿蒙森湾的航线3A。⑥ 穿极航道是指北方海航道和西北航道以外，穿过北冰洋中部海域的航道。由于北方海航道北部边界与俄罗斯200海里专属经济区的北部边界一致，因此穿极航道位于俄罗斯北方海航道以外的北冰洋公海上。

迄今为止，中国对北极航道的利用限于东北航道和穿极航道。2012年6月中国第五次北极科学考察中，“雪龙”号极地考察船成功穿越了东北航道，去程航线经过了白令海、白令海峡、楚科奇海、东西伯利亚海、拉普捷夫海和喀拉海等海域，返程航线利用了穿极航道，创造了抗冰船独立航行穿极航道的历史。⑦“雪龙”号此次行使的航行权利主要涉及《公约》规定的国际航行的海峡过境通行权、专属经济区的航行自由

---

① 《公约》第17条。《公约》第8条第2款还做出了关于内水的规定：“如果按照第7条所规定的方法确定直线基线的效果使原来并未认为是内水的区域被包围在内成为内水，则在此种水域内应有本公约所规定的无害通过权。”

② 《公约》第38条第1款。

③ 《公约》第52条第1款。《公约》第53条第2款还做出了关于群岛海道通过权的规定：“所有船舶和飞机均享有在这种海道和空中航道内的群岛海道通过权。”

④ 《公约》第58条第1款。

⑤ 《公约》第87条第1款a项。

⑥ 王泽林：《北极航道法律地位研究》，上海交通大学出版社2014年版，第5-7页。北极理事会是一个由北极国家组成的政府间论坛，于1996年9月在加拿大渥太华成立。

⑦ 张侠等：《我国北极航道开拓的战略选择初探》，载《极地研究》2016年第2期，第271页。

权、领海的无害通过权、公海的航行自由权。

中国在行使上述航行权利的同时也应履行相关义务，如行使过境通行权时“应遵守一般接受的关于海上安全的国际规章、程序和惯例，包括《国际海上避碰规则》”;① 行使无害通过权时“应遵守所有这种法律和规章以及关于防止海上碰撞的一般接受的国际规章”;② 行使航行自由权时“须适当顾及其他国家行使公海自由的利益，并适当顾及本公约所规定的同‘区域’内活动有关的权利”。③

然而，中国行使《公约》赋予的航行权利受到了北极航道沿海国国内政策法规的影响。就东北航道（北方海航道）而言，俄罗斯通过扇形原则、历史性权利和直线基线法等依据对北冰洋沿岸水域提出主权及主权权利要求。④ 同时，俄罗斯认为构成北方海航道的维利基茨基海峡、绍卡利斯基海峡、德米特里·拉普捷夫海峡和桑尼科夫海峡不属用于国际航行的海峡，因而不适用《公约》的过境通行制度。美国则认为，北方海航道包括用于国际航行的海峡，过境通行制度适用于经过这些海峡的航道。⑤

在实践中，俄罗斯已通过多项国内法加强其对北方海航道的控制。⑥ 俄罗斯 1991 年颁布的《北方海航道海路航行规章》（Regulations for Navigation on the Seaways of the Northern Sea Route）（以下简称《1991 年规章》）规定：“在维利基茨基海峡、绍卡利斯基海峡、德米特里·拉普捷夫海峡和桑尼科夫海峡，航行条件和冰情复杂，为确保航行安全，规定强制破冰领航。”⑦ 但俄罗斯 2013 年颁布的《北方海航道水域航行规则》（Rules of Navigation in the Water Area of the Northern Sea Route）（以下简称《2013 年规则》）对《1991 年规章》进行了修改,⑧ 去掉了相关内容，使得外国船舶可以不

---

① 《公约》第 39 条第 2 款 a 项。

② 《公约》第 21 条第 4 款。

③ 《公约》第 87 条第 2 款。

④ 郭培清、管清蕾:《探析俄罗斯对北方海航道的控制问题》，载《中国海洋大学学报（社会科学版）》2010 年第 2 期，第 96 页。关于北极航道沿岸国对航道所在水域法律地位的主张和北极航道沿岸国对航道法律地位的主张区别的分析，参见：白佳玉:《我国科考船北极航行的国际法问题研究》，载《政法论坛》2014 年第 5 期，第 95-97 页。本文主要关注北极航道沿岸国对航道法律地位的主张。

⑤ Federation of American Scientists, “National Security Presidential Directive and Homeland Security Presidential Directive”, Jan. 9, 2009, https://fas.org/irp/offdocs/nspd/nspd-66.htm.

⑥ 相关法规包括 1971 年《苏联海运部北方航道管理局法令》、1984 年《保护苏联经济区法》、1993 年《船只在海港及其附近航行和抛锚的一般规则》等。参见刘惠荣、董跃:《海洋法视角下的北极法律问题研究》，北京：中国政法大学出版社 2012 年版，第 141 页。

⑦ CHNL Information Office, “Regulations for Navigation on the Seaways of the Northern Sea Route”, Sept. 14, 1990, http://www.arctic-lio.com/docs/nsr/legislation/Rules_of_navigation_on_the_seaways_of_the_Northern_Sea_Route.pdf.

⑧ CHNL Information Office, “Rules of Navigation of the Water Area of the Northern Sea Route”, Jan 17, 2013, http://www.arctic-lio.com/docs/nsr/legislation/20130425185806en-Rules_unof.pdf.

需要提供破冰船领航服务进行独立航行。①

随着俄罗斯相关国内法规定的调整，中国船舶可以在东北航道独立航行。2016 年中国中远集团有 5 艘船 6 个航次通过东北航道，但为了保障航行安全，都使用了俄方破冰船的领航服务。

就西北航道而言，自 20 世纪 70 年代初，加拿大政府通过一系列声明和报告强调西北航道属于其历史性内水。同时，加拿大也通过国内法加强对西北航道的控制，如 1970 年加拿大《北极水域污染防治法》（Arctic Waters Pollution Prevention Act）和 2010 年《加拿大北方船舶交通服务区规章》（Northern Canada Vessel Traffic Services Zone Regulations）（以下简称《2010 年规章》）。加拿大认为西北航道不适用《公约》的过境通行制度和无害通过制度。1985 年经修改的《北极水域污染防治法》第 23 条规定："当污染防治官员有合理理由怀疑船舶已经违反本法或规章的任何条款……经总督同意，污染防治官员可扣押在北极水域任何地方或加拿大领海、内水或内陆水的该船舶和所载货物。"②《2010 年规章》规定："凡下列情况必须提交航行计划报告：（a）当船舶即将进入加拿大北方船舶交通服务区……"③ 可见，这些规定都表现出了强制性特征。

加拿大通过国内立法加强对西北航道控制的做法并未完全影响他国航行权利的行使。美国和欧盟就对西北航道持有航行自由的立场。1985 年美国政府准备让"极地海"号（Polar Sea）破冰船横穿西北航道，就此向加拿大政府提前联络沟通。加拿大政府要求美国必须提出通航申请，美国政府置之不理，并回应称，"美国政府相信西北航道和东北航道适用相同的航行规则。它们都是国际海峡……"④ 最终"极地海"号在未向加拿大提出通航申请的情况下完成了从格陵兰到波弗特海的航行。就西北航道航行的其他实践来看，俄罗斯、巴哈马、瑞典等国破冰船的穿行均事先得到加拿大政府的批准。⑤

此外，为规制各国在斯瓦尔巴德群岛的经济活动，英国和美国等 18 个国家于 1920 年签署了《斯约》。中国于 1925 年成为《斯约》缔约国，与其他缔约国就该条约区内

① 张侠等：《从破冰船强制领航到许可证制度——俄罗斯北方海航道法律新变化分析》，载《极地研究》2014 年第 2 期，第 272 页。

② Government of Canada, "Arctic Waters Pollution Prevention Act", Apr. 1, 2014, http: // laws-lois. justice. gc. ca/PDF/A-12. pdf.

③ Government of Canada, "Northern Canada Vessel Traffic Services Zone Regulations", Jul. 1, 2010, http: //laws-lois. justice. gc. ca/PDF/SOR-2010-127. pdf.

④ 刘江萍：《西北航道的政治与法律研究》，中国海洋大学硕士论文，2010 年，第 24-25 页。

⑤ 郭培清：《北极航道的国际问题研究》，北京：海洋出版社 2009 年版，第 148 页。

的航行、科考和资源利用等议题展开了国际合作。① 其中，《斯约》第3条规定了缔约国国民享有平等的自由进出条约区内的水域、峡湾和港口的权利，同时还规定：“尽管挪威可能实施任何有关沿海贸易的法规，驶往或驶离第1条所指地域的缔约国船舶在去程或返程中均有权停靠挪威港口，以便运送前往或离开该地区的旅客或货物或者办理其他事宜。”据此，中国享有在该条约区完全的航行自由的权利，以及在相关水域过境的权利。②

可以看出，《公约》是中国船舶在北极海域航行的最重要法律依据。特别是中国对穿极航道的利用几乎不受北极航道沿海国影响，因而可以成为中国利用北极航道的重要方式。就北方海航道和西北航道法律地位而言，如果这两条航道的海峡被定义为用于国际航行的海峡，中国船舶在这些海峡航行将受到海峡沿岸国较小的影响。鉴于俄罗斯相关国内立法的强制性有所减弱，而加拿大相关国内立法显现出了一贯的强制性特征，中国可以在利用东北航道基础上逐步开展在西北航道的航行活动。总之，在运用国际法参与北极航运治理中，坚持北方海航道和西北航道的主要海峡为用于国际航行的海峡符合中国的利益。

二、中国参与北极航运治理关于安全保障和环境保护的国际法依据

中国参与北极航运治理关于安全保障和环境保护的国际法依据主要有《公约》、国际海事组织主持签订的部分国际条约以及相关软法。

在国际条约层面，《公约》第十二部分就海洋环境的保护和保全做出了一般性规定。例如，《公约》第192条规定“各国有保护和保全海洋环境的义务”。作为船旗国，中国应履行义务涉及《公约》第217条的规定，如确保悬挂本国旗帜或在本国国内登记的船只遵守相关的国际规则和标准以及法律和规章。③ 作为港口国，中国应履行义务涉及《公约》第218条的规定，如在有充分证据的情形下，本国可对他国船只相关违法行为提起司法程序。④

---

① The Governor of Svalbard, “Treaty between Norway, The United States of America, Denmark, France, Italy, Japan, the Netherlands, Great Britain and Ireland and the British Overseas Dominions and Sweden concerning Spitsbergen signed in Paris 9th February 1920”, August 2, 2016, http://www.sysselmannen.no/Documents/Sysselmannen_dok/English/Legacy/The_Svalbard_Treaty_9ssFy.pdf.

② 陆俊元、张侠：《中国北极权益与政策研究》，北京：时事出版社2016年版，第231页。

③ 《公约》第217条第1款。

④ 《公约》第218条第1款。

国际海事组织（International Maritime Organization）主持签订的部分国际条约也是中国参与法律依据的组成部分。① 在安全保障方面，1974 年第五次国际海上人命安全会议制定了《国际海上人命安全公约》（International Convention for the Safety of Life at Sea）(以下简称 SOLAS 公约）。SOLAS 公约是为保障海上航行船舶上的人命安全，在船舶结构、设备和性能等方面规定统一标准的国际公约，由 13 条正文、1 个附则和 1 个附录组成。② SOLAS 公约适用于经授权悬挂缔约国政府国旗的船舶。③ SOLAS 公约同时规定了其不适用的船舶，包括军用舰艇和运兵船以及总吨位小于 500 总吨的货船等。中国于 1980 年 1 月 7 日缔结了 SOLAS 公约。中国应履行的船旗国义务体现在了 SOLAS 公约附则中，如各国船舶提供有效的船舶证书，包括客船安全证书、货船构造安全证书和货船设备安全证书等。SOLAS 公约还规定，“持有根据本章第 12 条或第 13 条所发证书的每艘船舶，在其他缔约国港口时，应受该国政府正式授权的官员监督”。④

在环境保护方面，国际海事组织于 1973 年通过了《国际防止船舶造成污染公约》（International Convention for the Prevention of Pollution from Ships）（以下简称 MARPOL73）。MARPOL73 旨在努力制止故意的石油和其他有害物质污染海洋，并减少失事排油，由 20 条正文、2 个议定书和 5 个附则组成。由于 MARPOL73 并没有生效，1978 年国际海事组织修订通过了《经 1978 年议定书修订的 1973 年国际防止船舶造成污染公约》（Protocol of 1978 Relating to the International Convention for the Prevention of Pollution from Ships 1973）（以下简称 MARPOL73/78）。中国于 1983 年 7 月 1 日缔结了 MARPOL73/78。中国应履行的船旗国义务也体现在了 MARPOL73/78 附则中，如“每艘 150 总吨及以上的油船和每艘 400 总吨及以上的非油船应备有主管机关认可的《船上油污应急计划》”。⑤

另外一个与北极海洋环境保护相关的国际条约是 2013 年的《北极海洋油污预防与反应合作协定》（Agreement on Cooperation on Marine Oil Pollution Preparedness and Response in the Arctic）（以下简称《油污协定》）。《油污协定》缔约国为北极国家，但

① 国际海事组织最早于 1959 年 1 月成立，原名称为“政府间海事协商组织”，后于 1975 年 11 月将名称改为国际海事组织。中国从 1973 年 3 月 1 日起正式参加该组织的活动。参见梁西：《梁著国际组织法》，武汉大学出版社 2011 年版，第 303 页。

② “International Convention for the Safety of Life at Sea, 1974”, Jan. 1, 1983, http://www.austlii.edu.au/au/other/dfat/treaties/1983/22.html.

③ SOLAS 公约第 2 条。

④ SOLAS 公约附则第 1 章第 3、12、19 条。

⑤ MARPOL73/78 附则 I 第 4 章第 26 条。

该条约第17条规定了缔约国可以开展与非缔约国的油污预防与反应合作。① 据此，中国也可以参与北极航运治理中的环境保护。

国际海事组织于1978年6月至7月在伦敦召开的外交大会上制定并通过了《海员培训、发证和值班标准国际公约》（International Convention on Standards of Training, Certification and Watchkeeping for Seafarers，以下简称STCW公约）。STCW公约旨在通过提高海员素质在全球范围内确保船舶海上安全和保护海洋环境。中国于1981年6月8日缔结了该条约。STCW公约也是中国参与北极航运治理的法律依据。

2014年11月国际海事组织海上安全委员会（Maritime Safety Committee）第94届会议通过了《极地规则》的安全部分。2015年5月国际海事组织海上环境保护委员会（Marine Environment Protection Committee）第68届会议通过了《极地规则》的环保部分。《极地规则》是针对极地地区的有关船舶和人员安全、环境保护的国际规则，建立在SOLAS公约和MARPOL73/78基础上，并已于2017年1月1日生效。《极地规则》包括安全强制性规定的I-A部分和安全建议性导则的I-B部分，以及环保强制性规定的II-A部分和环保建议性导则的II-B部分。《极地规则》是中国有关船舶在北极海域航行时必须遵守的国际规则。

在软法层面，国际海事组织分别于2002年和2009年通过了《北极冰覆盖水域船舶航行指南》（以下简称《北极航行指南》）（Guidelines for Ships Operating in Arctic Ice-Covered Waters）和《极地水域船舶航行指南》（以下简称《极地航行指南》）（Guidelines for Ships Operating in Polar Waters）。两份指南为船舶在北极海域的航行提供了建议性内容。其中，《极地航行指南》不仅明确了其所适用的北极和南极区域，还明确了极地船级（Polar Class）的适用。这些软法无疑为《极地规则》的形成奠定了基础。②

当前，已有北极国家遵守了《极地规则》（见表1）。《极地规则》规定：“适用本规则的每艘船舶均应于船上携有一份有效的极地船舶证书。”③ 各国船舶遵守《极地规则》这一规定主要涉及以下方面的内容：一是签发极地船舶证书的主体，包括主管机关、主管机关认可的个人或组织。《极地规则》规定：“本条证书应根据SOLAS公约第

① Arctic Council, “Agreement on Cooperation on Marine Oil Pollution Preparedness and Response in the Arctic”, May 15, 2013, https://oaarchive.arctic-council.org/bitstream/handle/11374/529/ EDOCS-2068-v1-ACMMSE08_KIRUNA_2013_agreement_on_oil_pollution_preparedness_and_response_signedAppendices_Original_130510.PDF? sequence=6&isAllowed=y.

② International Maritime Organization, “Guidelines for Ships Operation in Polar Waters”, January 18, 2010, http://www.imo.org/blast/blastDataHelper.asp? data_id=29985&filename=A1024 (26).pdf.

③ 《极地规则》I-A部分1.3.1。

XI-1/1 条由主管机关或其认可的个人或组织签发。无论如何，主管机关对证书负有全部责任。"① 二是船舶获取极地船舶证书。《极地规则》规定："除 1.3.3 所规定外，应在初次或换证检验之后对满足本规则相关要求的船舶签发极地船舶证书。"② 另外，在检查船舶是否持有有效极地船舶证书方面，港口国也会发挥相应的作用。

表 1 《极地规则》的遵守

船舶名称	船旗国	签发机构	签发时间
"北欧海盗"号（Magne Viking）	丹麦	挪威船级社和丹麦海事局	2016 年 2 月 19 日
"极地"号（Stril Polar）	挪威	挪威船级社	2016 年 12 月 5 日
"阿尔巴诺夫"号（Shturman Albanov）	俄罗斯	俄罗斯船级社	2016 年 12 月 28 日

注：表 1 指极地船舶证书（Polar Ship Certificate）的签发机构和签发时间。
资料来源：笔者根据挪威船级社网站等资料整理。

就《极地规则》而言，北极国家的实践为中国的参与提供了启示。首先是船旗国主管机关履约能力的加强。《极地规则》生效后，北极航行船舶的船级检验涵盖了对船舶建造、装备、船员等的特殊要求。丹麦作为发达国家，其主管机关同样存在履约能力不足的问题。例如，丹麦的"北欧海盗"号（Magne Viking）三用工作船成为了《极地规则》生效前第一艘被确认遵守的船舶。2016 年 2 月 19 日挪威船级社代表船旗国主管机关向"北欧海盗"号签发了极地船舶证书，③ 用以证明该船遵守了《极地规则》的相关规定。也就是该船满足了在极地水域航行的必备要求，包括可以在北极及其周边地区运营。"北欧海盗"号的实践表明了船级社和船旗国主管机关合作可用于促进船旗国遵约。当前，挪威船级社和中国船级社等共 9 个船级社已成为丹麦海事局认可的国际合作机构。这些船级社还于 2015 年 5 月 4 日与丹麦海事局签署了一份更新协议，对它们与丹麦海事局合作的内容做出了规定。④ 因此，中国船级社可以向本国船舶签发极地船舶证书，同时可以与北极国家开展海事服务合作。

其次是国际组织的作用。国际船级社协会（International Association of Classification Society）是促进海上安全标准提高，并与有关国际组织、海事组织和世界海运业保持密切合作的非政府组织。2006 年国际船级社协会颁布了《极地船级要求》（Unified Requirements for Polar Class Ships），其中对极地船级做出了规定。据此，《极地规则》要

① 《极地规则》I-A 部分 1.3.4。

② 《极地规则》I-A 部分 1.3.2。

③ Simon David Adams，"DNV GL Approved First Vessel to Comply with IMO Polar Code"，Feb 19，2016，https：//www.dnvgl.com/news/dnv-gl-approves-first-vessel-to-comply-with-imo-polar- code- 58093.

④ Danish Maritime Authority，"Danish RO Agreement 2015"，May 4，2015，http：//www.dma.dk/SynRegistrering/Syn/Klassifikationsselskaber/Documents/DanishROAgreement2015.pdf#search=RO%202015.

求准备进入极地规定海域航行的船舶申请极地船舶证书，其中将船舶分为三类：A类船舶是指专门设计在极地水域航行的，至少可以抵抗中等厚度的当年冰的船舶（PC1至PC5，PC1为最严重冰况，随数字递增冰况依次递减）；B类船舶是指A类之外可以在极地水域航行的，至少可以抵御较薄的当年冰的船舶（PC6至PC7）；C类船舶是指设计用于行驶在无冰水域的或冰厚程度低于B类所规定程度的船舶。“北欧海盗”号即是符合这一标准的A类船舶。此外，船级社提供的服务通常涵盖所有新建造船舶和正在运营的船舶。2016年12月12日，德国MV造船集团（MV Werften）与挪威船级社签约，将依据挪威船级社的新规则对其新建游艇进行船级检验。其中，游艇将按照《极地规则》中B类船舶（PC6）的标准建造，设计用于在北极、南极和热带地区的航行。[①] 中国船级社于1988年加入国际船级社协会，因而可以通过该组织参与相关规则的实施。

最后是强化检查评估。港口国控制指港口所在国家根据有关国际条约规定的标准，对进入其港口的外国籍船舶所实施的一种监督与控制。美国海岸警卫队2016年5月报告显示，“伯爵夫人”号（Monarch Countess，该船船旗国是坦桑尼亚）因其未能提供有效的船舶证书而被美国海岸警卫队扣留。[②] 港口国控制功能的发挥一定程度上依托于区域性组织，如巴黎备忘录、东京备忘录和印度洋备忘录。然而，当前没有专门针对北极地区的港口国控制安排。因此，与港口国控制组织合作成为港口国强化检查评估的重要路径。例如，美国海岸警卫队早在1986年就开展了与巴黎备忘录的合作。美国港口国控制报告显示，1995年美国港口船舶滞留量为541艘，确认抵港船舶量为7846艘，滞留比率为6.90%。2005年的船舶滞留量为127艘，确认抵港船舶量为7850艘，滞留比率为1.61%。2015年的船舶滞留量为202艘，确认抵港船舶量为8925艘，滞留比率为2.26%。[③] 可以看出，较之于1995年，2005年和2015年美国港口船舶滞留比率均有所下降。

中国参与北极航运治理关于安全保障和环境保护的一个重要事例是中国积极参与了《极地规则》的制定。例如，中国主张将“政府拥有或由一个国家使用的，从事政府非商业服务的船舶（公务船）豁免条款”写入规则草案，从而避免许多国家的科学

---

① PortNews IAA, “MV WERFTEN Awards Classification of ‘Endeavor’ Expedition Yachts to DNV GL”, Dec. 13, 2016, http://www.en.portnews.ru/news/231179/.

② United States Coast Guard, “Monthly List of IMO Reportable Detentions”, May 9, 2017, https://www.uscg.mil/hq/cgcvc/cvc2/psc/safety/reportable_ detentions/201605SOLAS01.pdf.

③ United States Coast Guard, “Annual Report (1998-Present)”, May 2, 2017, http://www.dco.uscg.mil/Our-Organization/Assistant-Commandant-for-Prevention-Policy-CG-5P/Inspections-Compliance-CG-5PC-/Commercial-Vessel-Compliance/Foreign-Offshore-Compliance-Division/Port-State-Control/Annual-Reports/.

考察船在极地的科学考察活动受到限制。①

中国今后参与北极航运治理关于安全保障和环境保护的主要路径包括，中国应履行船旗国义务，如通过提供有效的极地船舶证书等确保船舶遵守相关国际法律制度。同时，中国将来可能成为经过北极航线船舶的重要目的港或停靠港，因此中国可以依据这种条件来规范各国船舶在北极海域的航行。②

三、中国参与北极航运治理关于搜寻和救助的国际法依据

中国参与北极航运治理关于搜寻和救助的国际法依据主要是指适用北极的全球性条约，如《国际海上搜寻救助公约》（International Convention on Maritime Search and Rescue）（以下简称 1979 年《救助公约》）。此外还涉及专门针对北极的区域性条约《北极海空搜救合作协定》（Agreement on Cooperation on Aeronautical and Maritime Search and Search in the Arctic）（以下简称《搜救协定》）。

在适用北极的全球性条约层面，国际海事组织在 1979 年国际海上搜寻救助会议上制定了《救助公约》，以促进搜寻、营救海上遇险人员的国际合作。中国于 1985 年 6 月 24 日缔结了该条约。1979 年《救助公约》多项规定涉及国际合作。该条约第 3 章分别对国家之间的合作以及与航空服务的协调做出了规定。③ 在一般性规定方面，“各缔约方须协调其搜救组织，在必要时其搜救工作应与邻近国家相配合”。在要求方面，缔约方的当局希望其救助单位进入或越过另一缔约方领海或领土者，须向该另一缔约方的救助协调中心或经该缔约方指定的其他当局发出请求。④ 在建议方面，各缔约方应与邻近国家就合办设施、建立共同程序、进行联合训练及演习等事项签订搜救方面的协议。⑤

《公约》在公海和“区域”部分的相关规定也适用中国参与北极搜救活动。《公约》第 98 条对缔约国在公海救助的义务做出了规定。一方面，每个国家应救助在海上遇到的任何有生命危险的人。⑥ 另一方面，沿海国应在情况需要时通过相互的区域性安

① 杨剑等：《北极治理新论》，北京：时事出版社 2014 年版，第 343 页。

② 白佳玉、李俊瑶：《北极水域航行中港口国控制的适用与国家实践》，载《中国海洋大学学报（社会科学版）》2016 年第 2 期，第 30 页。

③ “International Convention on Maritime Search and Rescue，1979”，Nov. 21，2001，http：// www. admiraltylawguide. com/ conven/ searchrescue1979. html.

④ 1979 年《救助公约》3. 1. 1 和 3. 1. 3。

⑤ 1979 年《救助公约》3. 1. 8。

⑥ 《公约》第 98 条第 1 款 a 项。

排与邻国合作。[①] 因此，中国在履行北极公海救助义务的同时，也可以开展与沿海国的区域合作。《公约》第 146 条还规定，“关于‘区域’内活动，应采取必要措施，以确保切实保护人命”，为此，管理局应采取相应措施。[②] 中国是管理局的当然成员，[③] 因而有义务向“区域”内作业人员提供搜救服务。

此外，中国于 1993 年 12 月 29 日缔结了《国际救助公约》（International Convention on Salvage）（以下简称 1989 年《救助公约》）。1989 年《救助公约》包括总则、救助作业的实施、救助人的权利、索赔与诉讼、最后条款五章内容。[④] 其中第 2 章分别规定了救助人的义务及所有人和船长的义务、沿海国的权利、提供救助的义务、合作四个方面的内容。就北极航运治理而言，中国应履行救援在海上有丧生危险的任何人员的义务，在对诸如允许遇难船舶进港或向救助人提供便利等有关救助作业的事项做出规定或决定时，应考虑救助人、其他利益方同当局之间合作的需要。[⑤]

可见，这些全球性条约不仅阐明了船旗国的救助义务，还强调了国际合作的重要性。据此，中国参与北极航运治理既可以履行相关搜救义务，也可以与北极国家（特别是邻国俄罗斯）开展在北极海域的联合搜救行动。

在专门针对北极的区域性条约层面，2011 年北极国家签署了《搜救协定》，这也是首个专门针对北极航运治理的有约束力的国际法律制度。[⑥]《搜救协定》正文部分就海空搜救行动的开展、缔约国之间的合作以及争端解决[⑦]等事项做出了规定，缔约国的搜救区域和搜救机构也分别在附则和附录中列出。《搜救协定》第 18 条规定，“必要时，缔约国可以依据现有国际协定，与可能对搜救行动作出贡献的非本协定缔约国发展合作”。因而中国可以与缔约国展开协作，对北极海上遇难船舶实施救助，尤其是对在该区域航行的中国船只的救助。[⑧] 同时，《搜救协定》序言指出了考虑《公约》的相关规定，因此也应包括沿海国与邻国的合作。

《搜救协定》缔约国的实践同样为中国参与北极航运治理提供了启示。一方面中国

---

① 《公约》第 98 条第 2 款。

② 《公约》第 146 条。

③ 《公约》第 156 条第 2 款。

④ “International Convention on Salvage，1989”，Nov. 21，2001，http：//www. admiraltylawguide. com/conven/salvage1989. html.

⑤ 1989 年《救助公约》第 10、11 条。

⑥ Arctic Council，“Agreement on Cooperation on Aeronautical and Maritime Search and Rescue in the Arctic”，May 12，2011，http：//arctic - council. org/eppr/wp - content/uploads/2016/06/SAR - Agreement - signed - text - EN - FR - RU. pdf.

⑦ 《搜救协定》第 7、9、17 条。

⑧ 范厚明等：《中国参与北极事务之海上救助的必要性及路径研究》，载《中国海洋大学学报（社会科学版）》2015 年第 5 期，第 15 页。

可以通过该条约开展与北极国家的区域搜救合作，另一方面中国可以通过北极理事会参与该条约的实施。

2014 年 12 月 1 日韩国渔船“五龙川”号（Oryong 501）在白令海俄罗斯专属经济区捕鱼时遇难。[①] 事发后，位于阿拉斯加朱诺的美国海岸警卫队第 17 海岸巡防区指挥中心收到了该船遇难信息，而后立即与俄罗斯海上救援协调中心取得联系，美国和韩国的搜救力量随后进入了该事发地点。在“五龙川”号联合搜救行动中，俄罗斯和美国遵守了《搜救协定》，非缔约国韩国同样参与了该次搜救行动。[②] 此外，缔约国遵约还体现在北极联合搜救演习的举行，[③] 如 2011 年北极国家在加拿大怀特霍斯（Whitehorse）举行了首次联合搜救演习。[④]

然而，缔约国在遵约过程中面临诸多挑战。首先是在建立透明信息系统方面。为实现良好的遵约水平，条约需要透明的信息系统，而这通常需要秘书处等机构性安排。但《搜救协定》除缔约国会议外并没有设立此类机构（如秘书处、委员会或工作组），也没有关于决策过程的规定。[⑤] 那么，对于“五龙川”号联合搜救行动的评估，是否邀请参与搜救的非缔约国?[⑥] 另外，缔约国搜救部门还表现出了非军用和军用相结合的特征，这也会影响数据收集和分析评估工作的开展。例如，美国海岸警卫队是美国五大武装力量之一，但却隶属于美国国土安全部而非美国国防部。在战时，美国海岸警卫队会划归为美国国防部（美国海军）。《搜救协定》多项规定涉及知识信息共享，所以缔约国在相关部门间能否确保共享知识信息的充分性和准确性是当前存在的主要问题。

其次是在履约能力方面。破冰船是各国开展北极海域搜救行动的设备之一。但目前美国仅有一艘重型破冰船“北极星”号（Polar Star）服役，而该船的使用寿命最多延长至 2023 年。这将限制美国的搜救能力。此外，由于覆盖范围不足且缺少可用的实时气象信息，远程监控和检测技术（如卫星通信）在北极的应用还很有限。《搜救协定》第 12 条第 1 款规定，“如果没有其他规定，由于履行本协定而产生的开支由缔约

---

① Mia Bennett, “The Underbelly of Oryong 501's Sinking”, Dec 9, 2014, https://cryopolitics.com/2014/12/09/the-underbelly-of-oryong-501s-sinking/.

② 遵守涉及的规定包括《搜救协定》第 7 条第 3 款 f 项、第 8 条第 1 款和第 18 条等。

③ 相关规定体现在《搜救协定》第 9 条第 3 款 d 项，“缔约国促进搜寻和救援领域的合作，并且注重联合行动，特别是：（d）开展联合搜救演习和训练”。

④ 联合搜救演习包括桌面推演（Table Top Exercise）。

⑤ Shih-Ming Kao, Nathaniel S. Pearre and Jeremy Firestone, “Adoption of the Arctic Search and Rescue Agreement: A Shift of the Arctic Regime Toward a Hard Law Basis?”, Marine Policy, Vol. 36, No. 3, 2012, p. 836.

⑥ 相关规定体现在《搜救协定》第 11 条，“在完成大型联合搜救行动之后，缔约国搜救部门可以对该协调国家指挥下的行动进行联合分析”。

国承担”。这就表明《搜救协定》没有为缔约国开展资金和技术合作提供依据。

鉴于此，缔约国采取了多项应对措施。在检查评估方面，加拿大和丹麦在北极联合搜救演习后分别向北极理事会突发事件预防反应工作组提交了报告。2014 年 3 月，丹麦在北极理事会高官会议上提交了一份非正式报告，当中提到的三个事项就都涉及《搜救协定》的实施。① 2015 年 4 月，突发事件预防反应工作组已将其职责扩大到了搜救议题，并确认了该工作组在与北极理事会工作相关联的搜救行动中的作用，其中就包括对《搜救协定》工作的跟进。② 值得注意的是，北极理事会虽以保护北极地区的环境为宗旨，但其下设工作组工作也涵盖了航运治理。中国于 2013 年 5 月成为北极理事会正式观察员国，可以参加北极理事会高官会议的有关活动，也可以同突发事件预防反应等工作组建立工作关系。③

在能力建设方面，北极国家已与欧盟开展了合作。通过“北极足迹和政策评估项目”（The EU Arctic Footprint and Policy Assessment Project），欧盟提升了与北极国家分享信息的水平。这些信息包括监测与观察、遥感、科研信息以及北极社会传统知识等方面。④ 此外，挪威和瑞典已拥有了伽利略卫星导航系统的陆上基础设施。伽利略卫星导航系统可以进行覆盖全球的导航和定位，因此可用于北极海域的联合搜救行动。然而，与环境治理中的监测和信息收集不同，时效性是海空搜救行动的优先考虑因素，这就对卫星的功能提出了更高要求。随着中国北斗卫星导航系统的发展和完善，其所具有的导航和定位功能可为中国参与北极搜救做出贡献。

四、结语

通过梳理中国参与北极航运治理的国际法依据可以看出：首先，《公约》是中国参与北极航运治理的核心法律依据。一方面，中国可以依据《公约》在北极海域行使航行权利；另一方面，《公约》就保护和保全海洋环境义务以及救助义务做出的规定也是中国参与相关活动国际法依据的重要组成部分。此外，俄罗斯、加拿大、美国、丹麦

① Arctic Council, “SAR_ discusssion_ paper_ Svalbard”, May 26-28, 2015, http://arctic- council. org/eppr/wp-content/uploads/2015/04/SAR_ discusssion_ paper_ Svalbard. pdf.

② Arctic Council, “ACMMCA09_ Iqaluit_ 2015_ EPPR_ one-pager_ Iqaluit_ Ministerial”, Apr 24-25, 2015, http://arctic-council. org/eppr/wp-content/uploads/2015/04/ACMMCA09_ Iqaluit_ 2015_ EPPR _ one-pager_ Iqaluit_ Ministerial. pdf.

③ 陆俊元、张侠：《中国北极权益与政策研究》，北京：时事出版社 2016 年版，第 226-227 页。

④ 杨剑：《北极航道：欧盟的政策目标和外交实践》，载《太平洋学报》2013 年第 3 期，第 49 页。

和挪威于2008年发表的《伊鲁利萨特宣言》也强调了海洋法在北极地区的适用。① 美国虽然不是《公约》缔约国，但其一直视《公约》多数条款为习惯国际法，为其所适用。其次，国际法的形成显现出了软法向硬法过渡的特征。国际海事组织首先制定了《北极航行指南》和《极地航行指南》两份软法性文件，然后在成员国实践基础上制定了《极地规则》。其中，极地船级等规则的适用经历了不断完善的过程。这表明软法可以作为硬法产生的基础条件。再次，国际法的形成显现出了全球性条约区域化的特征。《搜救协定》可视为1979年《救助公约》的“区域版”，即通过划分北极搜救区域和明确北极国家搜救义务促进各国在北极的合作。最后，国际法律制度的制定、实施和完善受到了国际组织的影响。以《极地规则》为例，在解决极地冰区航行需要足够大的主机功率和保持一定水平的能效设计指数的矛盾中，国际船级社协会提出的最大主机功率要求就得到了广泛支持。② 另外，依据国际船级社协会规则对船舶进行分类也为《极地规则》的实施提供了灵活性。

基于此，我们就中国充分利用相关国际法依据，积极参与北极航运治理做出如下思考：

第一，加强与北极国家合作。俄罗斯和加拿大都将开发北极航道作为北极战略的主要目标。为此，他们需要开展更广泛的国际合作。例如，由于缺乏必要的基础设施，俄罗斯正寻求亚洲国家作为北方海航道的潜在投资者。③ 因此，中国应积极开展双边合作，强调利用北极航道为北极国家带来的实际经济利益。此外，中国可以通过向北极国家提供海事服务以及开展与北极国家的区域合作参与北极航运治理。

第二，加强与国际组织合作。为维护全人类共同根本利益及解决跨国界的各种区域性与世界性难题，各国需要彼此协调。④ 国际海事组织和国际船级社协会是中国参与北极航运治理的重要平台。2016年12月7日，国际船级社协会与国际海事组织签署了共识备忘录，肯定了国际船级社协会在国际海事组织中的技术咨询地位。因而中国可以通过与国际组织合作在相关国际法律制度的制定、实施和完善中发挥更大影响。

第三，提升本国履约能力。从船旗国层面来看，一方面中国应确保履行安全保障的义务，如提供有效的船舶证书；另一方面，中国也应确保履行保护和保全海洋环境的义务，如本国的法律和规章对悬挂本国旗帜的船只所规定的处罚应足够严厉，以防

① “The Ilulissat Declaration”, The Arctic Governance Project, Jan. 15, 2011, http://www. oc eanlaw. org/downloads/arctic/Ilulissat_ Declaration. pdf.

② 杨剑等：《北极治理新论》，北京：时事出版社2014年版，第344页。

③ Camilla T. N. Sørensen and Ekaterina Klimenko, “Emerging Chinese-Russian Cooperation in the Arctic: Possibilities and Constraints”, SIPRI Policy Paper 46, 2017, pp. 16-18.

④ 梁西：《梁著国际组织法》，武汉大学出版社2011年版，第8页。

阻违反行为在任何地方发生。[①] 从港口国层面来看，亚太地区是北极航行船舶出发港和目的港的重要所在地，针对这一区域的专门性指南或指导需要在东京备忘录下建立。[②] 中国是东京备忘录成员国，可以通过该组织提升本国的港口国控制水平。同时，港口国控制的加强涉及制度程序和检查队伍等多个方面，开展双边合作也是完善这一措施的重要路径。此外，中国应进一步加大对破冰船等搜救设备的资金投入，为参与北极搜救提供必要保障。

第四，提供国际公共产品。虽然现阶段中国北斗系统对外合作集中在东南亚和南美的发展中国家，但随着该系统实现全球覆盖，中国可以开展与北极国家的合作。北斗卫星导航系统具有短报文通信的通讯功能，而且在所覆盖的范围内没有通讯盲区。这是北斗系统与美国、俄罗斯、欧洲的卫星导航系统相比所体现的最大优势。[③] 因而该系统可以为各国船舶在北极海域航行提供更有力的支持。

① 《公约》第217条第8款。

② Erik J. Molenaar, “Status and Reform of International Arctic Shipping Law”, in Elizabeth Tedsen, Sandra Cavalieri and R. Andreas Kraemer, Arctic Marine Governance: Opportunities for Transatlantic Cooperation, Springer, 2014, p. 151.

③ 胡键：《“一带一路”的“三缘”政治分析》，载《学习与探索》2016年第4期，第44页。

中国科技外交的北极实践*

苏　平　项仁波

在诸多全球性挑战面前，决策者面临信息不对称和因果关系不确定等问题，高度依赖科学技术作为其对外决策的依据。科学家们也因此从知识领域走向权力舞台。科技外交这一新生事物受到各国的关注和尝试应用，但如何能够真正发挥其独特的作用值得深入探讨。中国科技外交在北极的成功实践，为中国参与北极事务奠定了良好的合作网络与平台，也为科技外交在其他领域的应用提供了可兹借鉴的经验与思考。

一、科技外交：外交的新形式

科技外交的缘起。科学在政治领域的应用始于科学与国内政治研究。贾萨诺夫（Jasanoff）与内索（Nestle）确定了科技在政治中的地位，贾萨诺夫认为科学技术专家组成了继立法、行政、司法与政府监管之后的第五权力部门。① 内索通过分析科学在政策制定过程中的作用，将科学定位为利益集团博弈的有效工具。有学者进一步指出科学发挥其有效性，需要处理好与政治的关系。大卫·古斯顿（D. H. Guston）将科学与政治间的关系定位为委托代理的契约关系。② 小罗杰·皮尔克（Roger A. Pielke，Jr.）认为诚实代理人（Honest Broker）是科学家的最佳角色，即科学家尽量从科学角度给予政策制定者更多的政策选项，但是不参与决策，以保护科学的独立性与在政策中的建设性作用。③ 戴维·雷斯尼克（David Resnik）认为需平衡科学自治与政府监督之间的关系。④

---

* 本文刊发于《国家行政学院学报》2018年第5期，第177-181页。

① Sheila Jasanoff, *The Fifth Branch: Science Advisers as Policymakers*, Cambridge: Harvard University Press, 1990.

② David H. Guston, *Between Politics and Science: Assuring the Integrity and Productivity of Research*, Cambridge: Cambridge University Press, 2000.

③ Roger A. Pielke, *The Honest Broker: Making Sense of Science in Policy and Politics*, Cambridge: Cambridge University Press, 2007.

④ David B. Resnik, *Playing Politics with Science: Balancing Scientific Independence and Government Oversight*, Oxford: Oxford University Press, 2009.

科学对政治的影响从国内政策外溢到国际事务领域，目前的研究主要有两种理论路径：认知共同体与科技外交。彼得·哈斯（Peter M. Haas）将认知共同体界定为由某一特定领域有公认的专长和能力、具有该领域政策上的知识权威的专家所组成的网络，通过政策创新、政策扩散、政策选择和政策坚持四个过程影响国际合作中的国家决策。[①] 但是，认知共同体有其局限性，它更聚焦于某一具体问题，模糊了科学家的身份构成、国别偏好以及科学与政治互动的复杂关系。本文不仅关注知识对公共政策的推动，也关注其实现国家利益的方式，因此，选用科技外交作为研究路径更符合服务于中国外交的初衷。

国内科技外交的研究主要集中在以下几点：第一，科技与外交的手段与目的之争。科学技术有利于增加环境、海洋等新兴领域的话语权，应重视外交中的科技元素；[②] 从传统的"科学技术为外交"转变为"外交服务于科学技术"；[③] 科技外交对国际体系演变、国家形象塑造都有积极影响，是外交领域具有较大弹性的"安全牌"。第二，增进科技外交提升我国科技竞争力的方法。结合科技外交人员的职责、利益相关者和能力分析，构建科技外交人员社会资本评价指标体系，提升科技外交人员业绩和我国科技竞争力。[④] 第三，从科学家团体的知识与制度贡献分析科技对全球治理的影响。[⑤] 从知识层面看，科学家通过学习、国际训练、集体信念培养等，形成新的共同知识和利益观念；从制度层面看，科学家团体推动治理制度变化、议事日程变化、决策机构的建立和决策结构的确立等。[⑥]

科技外交的概念。科技外交的界定在逐步的发展与完善之中。美国科学促进会（American Association for the Advancement of Science，AAAS）考虑到科技外交的复杂性，界定了三种类型的科技外交：为了科技的外交、为了外交的科技以及外交中的科技。尼娜·费德罗夫（Nina V. Fedoroff）认为"科技外交是指国家间为解决全球共同面临的问题，通过科学合作的方式所建立的国际科学伙伴关系"。[⑦] 奥斯丁·爱德华（Austen Edwards）认为"科技外交是运用科技合作、协作与交流作为工具，以求构建具有建设

---

① Emanuel Adler，Peter M. Haas，"Conclusion：Epistemic Communities，World Order and the Creation of Reflective Research Program"，*International Organization*，1992，pp. 367-390.

② 宝胜：《科技因素对国家间外交关系的影响及其应对策略研究》，载《科技管理研究》2014 年第 15 期，第 13-16 页。

③ 马颂德：《对新时期科技外交的思考》，载《外交评论》2006 年第 1 期，第 5 页。

④ 祝学华、霍国庆：《我国科技外交人员社会资本评价指标及模型研究》，载《中国软科学》2012 年第 3 期，第 187-192 页。

⑤ 杨剑：《科学家与全球治理：基于北极事务案例的分析》，北京：时事出版社 2018 年版。

⑥ 于宏源：《知识与制度：科学家团体对北极治理的双重影响分析》，载《欧洲研究》2015 年第 1 期，第 21-34 页。

⑦ Nina V. Fedoroff，"Science Diplomacy in the 21st Century"，*Cell*，Vol. 136，No. 1，2009，pp. 9-11.

性的国际关系”。[①] 中国科学技术发展战略研究院赵刚将其定义为：“以主权国家的国家元首（政府首脑）、外交机构、科技部门、专门机构和企业等为主体，以促进科技进步、经济和社会发展为宗旨，以互惠互利、共同发展为原则而开展的与世界其他国家或地区以及国际组织之间的谈判、访问、参加国际会议、建立研究机构等多边或双边的科技合作与交流。”[②]

基于对科技外交已有文献的研究，在对科技与外交、科技与政治、认知共同体等一系列问题思考的基础之上，本文将科技外交定义为：具有政策影响力的科学家在生产与提供知识的过程中，开辟国际沟通交流渠道的一系列实践。

科技外交的实践。科技外交虽然是新世纪兴起的一种外交形式，但是从冷战时期开始就有借助科技推动外交的丰富案例。1957 年，以美苏两国物理学家为主召开了帕格沃什会议，为后续限定核武器国际条约打下基础。[③] 二战后，美日德等发达国家通过技术援助扩大其全球影响力。2008 年，日本发布《强化科学和技术外交》的报告，明确了全方位推进科技外交的基本方针。同年，美国成立科技外交中心，为科学家的合作提供论坛，同时为政策制定者提供共享信息和探索合作的机会。[④] 2015 年，美国发布《21 世纪的外交政策》，提出考虑到以环境问题为代表的全球发展的事实，科技要在美国外交政策中扮演更为重要的角色。[⑤]

国内相关政府部门从 21 世纪初开始重视科技外交。2006 年，科技部副部长马颂德撰文探讨“新世纪要拓展科技外交战略空间。包括参加多边国际科技合作重大项目、积极参与国际知识产权保护和国际标准制定工作、积极参与各种国际组织”。[⑥] 2018 年 1 月，科技部部长万钢提出：“科技外交成为国家总体外交战略的重要组成，创新开放合作迈出主动布局的历史性步伐。”[⑦]

国内启动了系列科技外交行动，可以分为四种类型。（1）科技外交官服务行动。

---

① Austen Edwards，“Conscience sans Science：Staging Science Diplomacy for the 21st Century”，*The presidency Org*，June 20，2017.

② 赵刚、张兵、袁英梅：《全球科技资源利用中的科技外交战略》，载《中国软科学》2007 年第 8 期，第 18-22 页。

③ Emanuel Adler，“The Emergence of Cooperation：National Epistemic Communities and the International Evolution of the Idea of Nuclear Arms Control”，*International Organization*，Vol. 46，No. 1，1992，pp. 101-145.

④ Tim Flink，Ulrich Schreiterer，“Science Diplomacy at the Intersection of S&T Policies and Foreign Affairs：Toward a Typology of National Approaches”，*Science and Public Policy*，Vol. 37，No. 9，2010，pp. 665-677.

⑤ National Research Council of The National Academies，“Diplomacy for the 21st Century”，2015，https：//www. nap. edu/read/21730/chapter/2.

⑥ 马颂德：《对新时期科技外交的思考》，载《外交评论》2006 年第 1 期，第 5-11 页。

⑦ 《科技外交成为国家总体外交战略的重要组成》，科技部门户网站，2018 年 1 月 10 日，参见 http：//www. most. gov. cn/ztzl/qgkjgzhy/2018/2018mtbd/201801/t20180110_ 137630. htm.

通过项目推荐、地方考察以及推荐专项技术和人才等方式开展科技外交，通过驻外科技外交官链接国际资源为地方科技与经济服务。[①]（2）围绕国家战略展开科技援助或者合作。比如与发展中国家的“科技伙伴关系”；2015年，围绕“一带一路”倡议，中科院帮助斯里兰卡等国制定水土资源利用规划，为政府间深化合作增添动力。[②]（3）建立政府间科技合作机制。与主要创新大国深化科技合作，与158国建立科技合作关系。（4）参与国际大科学计划和大科学工程。比如参与国际热核聚变实验堆、地球观测组织、国际大洋钻探计划等国际大科学计划和工程等。

综上所述，科技在国内政治中的定位与实现路径已有较好的研究基础，而其与国际关系的研究有待深化。目前，科技外交的国内外实践均已走在理论之前，进一步发挥其有效性需要理论的总结与指导。[③] 中国北极科技外交较具特色，在北极国家对“雪龙野心”的质疑面前，中国科学家展开了多层次的合作，推动了中国在北极的实质性参与。因此，本文采用该案例探讨中国科技外交的有效路径。

二、中国科技外交的北极实践：从参与到机制建设

中国北极科技外交建立在科学考察以及科技合作基础之上。从1996年加入国际北极科学委员会，到2013年成为北极最重要的国际组织北极理事会的永久观察员，中国科学家的政策影响力不断加强。不仅如此，中国科学家还发起以知识为基础的北极合作科学机制，进入多层面的议程主导与设置阶段。

参与北极科考，提供科学依据。20世纪50年代初，一批留苏学者充分利用前苏联北极研究的条件，进行了以冰川学和冻土学为代表的极地科学研究工作。20世纪80年代，中国科学家开始进行南极和南大洋科学考察，建立了“长城站”和“中山站”，为北极研究积累了丰富经验。1993年3月，中国地理学会等七家全国性学会发起并成立了“中国北极科学考察筹备组”。1999年7月，中国开始第一次北极科考，至今已经成功完成九次常规考察外加一次中俄北极科考。

历次北极科考中方皆邀请外方科研人员参加，分别与俄罗斯、日本、韩国、美国、冰岛等多国科学家进行过合作。比如第8次北极科考雪龙号试航西北航道期间，3名加

---

① 《科技外交官服务行动简介》，中国国际科技合作网，2010年3月10日，参见 http：//www.cistc.gov.cn/Diplomacies_ Service/info.asp？column=618&id=72849.

② 彭颖：《科技合作在外交中应发挥更重要作用》，载《中国科学报》2015年6月26日。

③ 美国科技外交中心主任 Tom Wang 访谈。

拿大科学家受邀参与，双方按照达成的方案实施海底地形地貌合作调查。① 2016 年中俄首次联合科考外方参与人数最多，达到 20 人。除此之外，中国也派遣科学家参与美国、加拿大、德国等国的北极科考。②

此外，科学家还通过科技项目合作为决策提供知识。极地作为全球四大“新疆域”之一是国家安全的重要组成部分，极地科技信息是具有高价值的战略资源。中国科学家在卫星探测、海洋、生物、气象和冰川等方面参与国际政策协调，为政府评估北冰洋战略、安全、政治与经济价值以及应对战略导弹防御、北极气候变化、新航道、海洋资源开发等挑战提供科技支撑。

参与国际北极机制，发挥政策影响力。在科技考察与国际科技合作的基础之上，中国进一步参与到国际北极机制之中，科学家的政策影响力不断增强。

1996 年，中国加入最重要的北极区域科技组织——国际北极科学委员会，标志着中国科学家开始融入国际北极科技共同体。2004 年，中国在挪威建立北极科学考察站——黄河站。2005 年，中国加入新奥尔松科学管理委员会。2007 年，中国参与第三次国际极地年，标志着中国极地考察进入现代高科技探索新时代。中国极地研究中心主任杨惠根指出，多国科学家共同致力于北极气候环境、海洋物理、海洋化学等各方面的科学研究，为北极治理和全球治理提供坚实的科学基础，为全球的北极科学研究做出贡献。2012 年，杨惠根主任当选国际北极科学委员会副主席，标志着中国科学家通过多年努力从融入国际组织发展到在其中具有重要影响力的阶段。③ 2013 年，中国 7 个研究机构成为北极大学的成员。④ 同年，中国成为北极理事会永久观察员，该理事会是北极地区最重要的政府间机制。

中国通过参与国际北极机制发挥其政策影响力。科技外交是促进新思维模式的一种重要方式，科学家在跨国平台上的信息交换、共享和互动，有助于达成科学性共识。彼得·哈斯指出：“行为体能够通过学习新的思维模式进而认识到新的国家利益所在。”⑤ 建立在严肃的科学研究与实验基础上的科学共识可以为决策者提供政策选项，并像催化剂一样推动政策制定层面的行动的出现，同时会产生全球社会、公众舆论以

① 《“雪龙号”完成第 8 次北极科考回国》，人民网，2017 年 10 月 9 日，参见 http://scitech.peo ple.com.cn/n1/2017/1009/c1007-29577026.html.

② 国家海洋局极地考察办公室陈丹红副巡视员访谈。

③ Huigen Yang, “Development of China's Polar Linkages”, *Canadian Naval Review*, Vol. 8, No. 3, 2012, pp. 30-32.

④ Arctic University, http://www.uarctic.org/member-profiles/non-arctic/8462/chinese-research-academy-of-environmental-sciences, 2016-11-29.

⑤ Peter M. Haas, “Introduction: Epistemic Communities and International Policy Coordination”, *International Organization*, Vol. 46, 1992, p. 2.

及经济的影响。

以北极理事会为例，虽然中国只是观察员，但是也能对北极理事会的决策产生影响。根据北极理事会的规则，政策建议报告由北极理事会下设六个工作组形成，之后提交理事会进行决策。中国科学家可以通过参与工作组在议程设置和政策塑造阶段产生影响力，① 同时还可以通过北极科学委员会、国际气象组织等国际组织为其提供科学咨询，对北极理事会的决策产生影响。

发起科技合作机制，推动议程设置。随着在上述合作机制中发挥主观能动性并取得一定的成就，中国开始自主建设以知识为基础的科学合作机制，提高在议程设置中的主导权。如年度中俄北极论坛、中加北极论坛、中美北极社科论坛、中国北欧北极研究中心等。

现有的北极国际机制的创始国主要是北极国家，更符合创始国的利益，对后参与国设置了较为严格的规则和权力限制。如"努克标准"规定北极理事会永久观察员不能参与理事会的决策，② 国际北极科学委员规定每个国家只能派出两位代表参与每个工作组。不仅如此，北极国家还分别建立了本国主导的机制。作为后参与国，要么被排除在机制之外，要么影响力有限。

中国尝试自主建立以知识为基础的科学合作机制，推动有利于中国的议程设置。一方面，中方参与范围在扩大，中国政府机构、高校及科研机构、企事业单位皆可加入，且规模增加。另一方面，参与有效性在提升，中方作为主要发起参与方，能更便利地掌握话语权，推动议程。比如中国北欧北极研究中心五次会议主题都由中方指定，可以在议程设置中嵌入国家偏好。另外，秘书处设置在上海也有利于中方。

这一阶段是中国北极科技外交稳定发展并逐步机制化的时期。中国发起的科学合作机制日渐成熟，并具备一定的成果。中国在此阶段从国际北极机制的参与者发展为更加积极的建设者与贡献者。

三、中国科技外交未来的发展进路

从北极实践来看，中国科技外交起源于科学家之间最质朴的合作与共享，逐渐扩展到国际机制之中，并开始建设新的机制。科技外交为国家决策提供依据、发挥政策影响力并推动议程设置。随着科学技术在国际关系中的作用日益上升，科技外交未来

---

① Arctic Council, April 5, 2016, http://www.arctic-council.org/index.php/en/.

② 郭培清、孙凯：《北极理事会的"努克标准"和中国的北极参与之路》，载《世界经济与政治》2013 年第 12 期，第 118 页。

具有更大的潜力。借助这一实践，本文试图为中国未来深入开展科技外交提供发展进路。

建立科学家关系网络培养信任。信任在国际体系无政府状态下是稀缺的，也因此经常引发安全困境。格兰诺维特（Granovetter）强调具体的关系以及结构（或称为网络）能产生信任、防止欺诈。① 科技外交的独特功能之一便是科学家之间的关系网络。

首先，科学研究要遵循客观科学规律，符合国际公认的标准与规范。科学家的专业优势以及在公众中的道德形象和可信度，占据着知识与道德两个高地。科学家的工作更透明与开放，科学研究结论鼓励公开发表并接受检验。因此，科学家只要坚持科学的研究方法、严谨的治学态度，培养学术公信力，就能够获得广泛的信任。正如中国极地中心主任杨惠根所说，科学家只要不伪造数据，不用担心任何质疑。②

其次，在科学研究中尽可能多地开展合作、共享资源。由于国家间的利益冲突以及科学家之间的竞争，很多研究设施、数据都不对外开放。然而北极科技外交案例表明，在不影响国家核心利益的前提下，适度共享研究基础设施、实验室、信息与数据，能够建立科学家和科研机构之间的关系网络与互信。典型的案例是奥尔松管理委员会，挪威与其他国家共享的资源包括海洋实验室、观测站、气候变化塔等。这种共享为曾经陷入政治僵局的中挪关系保留了一扇科技交流之窗，为后续进一步合作埋下伏笔。科学资源的共享也是大势所趋，《欧盟极地网络白皮书》表明，来自欧盟17国的20多家机构将在研究设施、数据等领域开展合作与共享。③

再次，维护科学家合作网络。科学家的国际合作往往建立在该领域多年的研究基础之上，合作的领域和人员基本固定在一定的范围内。这与外交官的轮换机制存在较大区别，根据相关规定，外交官一般3~4年需要轮换到不同的国家，涉及的地区与领域往往比科学家广但不如科学家深入。因此，维护科学家之间的长期合作网络，对于塑造良性沟通渠道非常重要。可以通过资金支持与制度支持保障科学家常规性参与国际交流与合作，扩大科学家的人脉资源与社会资本。

参与和建设机制嵌入偏好。作为国际体系的参与者，中国需要积极参与并融入国际机制。与科学家紧密相关的主要有国际科技机制与政府间机制两种类型。

一方面，争取影响政府间机制。政府间机制往往做出最终决策，但是当问题放到政府间机制的谈判桌上，可以转圜的余地很小，因为在这之前已经进行过多轮的讨论、

① Mark Granovetter, *Society and Economy: Framework and Principles*, Cambridge: Harvard University Press, 2017.

② 中国极地研究中心杨慧根主任访谈。

③ "EU-PolarNet White Papers", HORIZON 2020 Coordination and Support Action Grant Agreement, No. 652641.

提出议案、再讨论、形成政策建议报告等。前期的很多具体问题是在政府间机制的工作组中展开的。因此，应该派出科学家积极参与到政府间机制的工作组之中，把工作组的工作做实，每个工作组派出科学家跟踪动向、引导议程；工作组的代表需要可延续性，注意人才梯队的培养；并让这些科学家积极介入政府间谈判与政策落实阶段，对最终政策的效果产生实质性的影响。

另一方面，深度参与国际科技机制。相比于政府间机制，国际科技机制处于政策初期的提出与塑造阶段。科学家汇报科学研究成果，提出未来值得关注的问题。由于研究一般不直接涉及利益攸关方，探讨能够更深入，基于客观的科学标准，科学家更容易达成共识。中国可以遵循现有的国际科技机制，积极参与并承办国际学术活动与大型项目；争取在国际组织中担任重要职务，从制度上保障科学家的深度参与，并与决策机构保持沟通。

除了参与已有的国际机制之外，中国还可以自主建立国家间科技机制，类似中国北欧北极研究中心，秘书处尽量设置在中国，秘书由中国人担任，有利于发挥更大的能动性，甚至能够主导议程设置。

增强科学家的国内政策影响力。中国科学家能否更好地发挥科技外交的作用，也取决于其对国内政策的了解与影响力。首先，需增强科学家对国内政策的了解。目前国内科学家与政府的联系基本是单向度的，即科学家为政府提供研究报告，难以从政府方面获得更多的信息。然而，以美国国际问题研究中心为例，研究中心会定期举办极地事务主题会议，相关领域的政府官员、专家、国际组织在此进行充分讨论。通过这种沟通，科学家能更清楚该问题的政策环境，以便未来在科学研究中找到妥善的解决办法，提高国内外政策建议的可行性和有效性，也有利于科学家在国际合作中寻找解决方案。

其次，注重科学家对国内政策的影响力。以中国北欧研究中心为例，涉及北欧国家的十几个科研机构均是各国制定北极政策的主要咨询机构。挪威极地研究所所长同时也是挪威极地部长委员会的成员，各部门部长定期参会并听取科学家的意见。又如中美北极双边论坛的美方专家，也是美国北极政策国会听证会的主要专家，对美国北极政策的影响不言而喻。科学家对国内政策的影响力使科技外交更具权威性与信服力。

区域与国别卷

Studies on Regions and Countries

海洋研究

论构建中国特色新海权观*

夏立平　云新雷

马汉的海权论由于时代的变化、世界力量转移和安全观念的变革，显示出其落伍于时代的某些局限性和不足之处。有必要在对传统海权论做出批判的基础上构建中国特色新海权观。

一、问题的提出

海权（Sea Power）这一概念最早是由美国海军战略家艾尔弗雷德·塞耶·马汉在1890年出版的《海权对历史的影响（1660—1783）》（The Influence of Sea Power upon History：1660 -1783，以下简称《海权论》）正式提出。《新英汉词典》对Sea Power的解释有两个，一是“海军强国”；二是“海上力量”。① 本文采用的“海权”包括这两个涵义。

马汉在《海权论》一书中详细阐述了海权理论，其中心论点在于强调海上力量对于国家繁荣与安全的重要性，认为若是一个国家要成为强国，必须要掌握在海洋上自由行动的能力。他指出：“一个濒临海洋或者借助于海洋来发展自己的民族，海上力量就是一个秘密武器”，②“借助海洋运输和海上力量控制海洋就可以影响世界的发展进程，因为陆地带来的财富永远比不上海洋，它也没有海洋那样便利的交通”。③马汉认为：“海上力量的历史，在很大程度上就是一部军事史。在其广阔的画卷中蕴含着使得一个濒于海洋或借助于海洋的民族成为伟大民族的秘密和根据。”④当时的美国政府接受了马汉的海权论，很快将其上升为国家对外战略。1901年西奥多·罗斯福就任美国

---

* 本文刊发于《社会科学》2018年第1期，第3-17页。

① 《新英汉词典》（增补本），上海译文出版社1985年6月新2版，第1220页。

② Alfred Thayer Mahan, *The Influence of Sea Power upon History*：1660-1783，Boston：Little Brown and Company，2012，p. 1.

③ 艾尔弗雷德·塞耶·马汉：《海权论》，北京：同心出版社2012年版，第234页。

④ 艾尔弗雷德·塞耶·马汉：《海权论》，北京：同心出版社2012年版，第234页。

总统后，开始大力发展海军力量。到1908年，美国海军的实力就从马汉提出海权论时的世界第12位上升到第2位，仅次于大英帝国。经过两次世界大战，美国成为世界上最强大的海军强国。

马汉的海权论突出海军能力建设，具有排他性、对抗性和战略性三个主要特点。排他性是指获取制海权和海上优势，对特定海域或特定海上军事和贸易通道具有控制权，平时确保海上贸易航线的安全，战时在海上击败对手。对抗性是指建立一支强大的海军力量以获取制海权，通过战争使对方失去海上运输能力，破坏其海权体系，在全球扩张本国海权。战略性是指在强大的国家实力基础上建立强大海军，通过获取制海权达到维持和促进国家繁荣与强大的战略目标。

尽管马汉的海权论很好地总结和反映了19世纪至20世纪上半叶世界政治中国家权力、财富和荣誉竞争的事实，并且对于历史上一直是陆权大国、在改革开放后才走向海洋的中国有很大的借鉴意义，但在人类进入21世纪时，马汉的海权论显示出其落伍于时代的某些局限性和不足之处。

时代的变化。马汉的海权论适应了帝国主义阶段的世界形势。当时，主要强国为了扩展海外贸易，必须拥有海军力量的优势。马汉认为：“海洋是世界上最大的交通媒介，今天没有一个国家可以向过去那样独霸海洋，只能通过竞争的方式争取对海洋的控制，甚至可能会动用武力来争夺海权。”①但在20世纪80年代以来，特别是冷战结束后，世界进入以和平与发展为主题的时代，这也是一个新的全球化时代。这一时代与帝国主义占主导地位的战争与革命时代有着本质区别。

首先，各国之间共同利益上升。由于新科技革命迅猛发展，这一次经济全球化趋势的深度和广度要大大超过历史上曾经有过的全球化趋势。世界各国在经济上的相互依存大大增加，又都面临日益增多的各种非传统安全威胁，促使它们更多地合作来解决共同面对的问题。各国人民追求共同发展和共同繁荣的愿望越来越强烈。这也促使各国政府更多采取有利于共同发展的政策。

第二，各国可以通过经贸关系、科技创新和相互合作来获得资源和市场。在以和平与发展为主题的时代，兴起的国家不需要通过战争来获得所需资源和市场，不需要与占主导地位的大国通过战争来争夺资源。

第三，发动战争的成本和风险越来越大。大国之间发生武装冲突很可能导致核战争，而核战争中是没有胜利者的。

在以和平与发展为主题的时代，对国际贸易海上航道的控制仅靠海军在战争中取

① 艾尔弗雷德·塞耶·马汉：《海权论》，北京：同心出版社2012年版，第234页。

胜是无法完全取得的，必须越来越多地依靠海上合作。

世界力量转移的 2.0 版。第二次世界大战结束后世界经济和政治重心由欧洲转移到大西洋两岸，这是 20 世纪出现的世界力量转移的 1.0 版。

20 世纪末以来，世界形成两大力量转移的趋势。第一大力量转移趋势是发展中国家的崛起。过去的殖民地半殖民地绝大多数都已获得独立，成为发展中国家。它们坚定捍卫民族独立和国家主权，团结自强，致力于经济社会发展，反对超级大国的战争政策。发展中国家成为制约战争的重要因素。

第二大力量转移趋势是亚洲的崛起。近年来，随着中国和其他亚洲国家经济的迅速发展和在国际事务中作用的上升，世界经济和政治重心开始由大西洋地区向亚太地区转移。

这两大力量转移趋势是 20 世纪以来世界力量转移的 2.0 版。它引起世界力量对比，特别是发展中国家与发达国家之间的力量对比发生重大变化。

与此同时，中国的“反介入/区域拒止”（A2/AD）实力提升，使美国运用海上力量武装干预中国内政与侵犯中国主权和领土完整的企图和能力受到限制和下降。

世界力量转移趋势和中国“反介入/区域拒止”能力的增强，让美国和其他西方国家的“炮舰政策”越来越不灵了。

安全观念的变革。世界力量转移的 2.0 版也引起安全观念的变革。马汉的海权论认为，安全主要指海上航道的安全。马汉指出：“生产、航运、殖民地，看似互不相关的三件事情，却有着千丝万缕的联系。生产的目的在于交换；交换要依靠航运才能进行；殖民地则方便并扩大了航运的行动，并通过大量的安全区域，对航运进行保护。”①

但冷战结束后，随着经济全球化的迅速发展和跨国安全问题的增多，安全观念扩大了。军事安全在国家安全中虽然仍非常重要，但科技安全、环境安全、气候安全、能源安全、金融安全、经济安全、信息安全、粮食安全、卫生安全等非传统安全因素在国家安全中的重要性在上升。这些非传统安全问题很多都是跨国安全问题，单靠某个国家是无法解决的，必须实行大国协调和各国合作。

中国和其他发展中国家传统文化中的精华有助于这种安全观念的变革和新安全观的提出。中国的传统哲学思想强调要“和而不同”“天下大同”。近年来中国倡导“和谐社会”和“和谐世界”。中国 1996 年就根据时代潮流和亚太地区的特点，率先主张应共同培育一种新型的安全观念，其后又明确提出新安全观的核心应是互信、互利、

① 艾尔弗雷德·塞耶·马汉：《海权论》，北京：同心出版社 2012 年版，第 19 页。

平等、协作。[1] 2014年，习近平主席指出，积极倡导共同安全、综合安全、合作安全、可持续安全的亚洲安全观，创新安全理念，搭建地区安全合作新架构，努力走出一条共建、共享、共赢的亚洲安全之路。习近平还提出构建以合作共赢为核心的新型国际关系。这是一种新的安全观，是安全观念的重大变革，将是中国和平兴起的安全保证，对马汉传统的海权观也是一个促变因素。但当前世界上传统安全观、冷战思维还很强烈，只有用新安全观去战胜和代替它们，才能保证发展中国家的利益和中国的和平兴起。

正是由于马汉的海权论显示出落伍于时代的局限性，有必要在对其批判的基础上构建适应时代要求和形势发展、具有中国特色的新海权观。

马汉在《海权论》一书中似乎也预见到了必须进行观念的变革。他说："整个世界的未来是由东方文明还是西方文明决定的？这个问题没有答案，但如今基督教的任务是将亚洲文明与自己的理念相融合。"[2] 不过，美国和西方世界并没有做到这一点。

二、关于海权论研究的文献综述

海权理论由来已久，最早的海权思想的提出可以追溯到古希腊时期。早在公元前五世纪，希腊人和波斯人就已经认识到了拥有一支强大的海军对于决定战争走向的重要性。现代以来，海权论的研究可以分为六大学派：

海权论研究的美国流派。美国是海权论的诞生地，也是世界上最大的海权国家，更是当今世界唯一的海洋霸权国家。美国对海权论的形成与发展起到了至关重要的作用。

马汉是第一个把海权思想上升到系统化、理论化高度的战略家和历史学家。不仅如此，马汉还使海权论成为地缘政治理论中一个非常重要的流派，并在其有生之年看到海权论由理论变成现实：美国在海权论的指导下建立了以强大海军为核心的海上力量，通过美西战争将西班牙的势力排挤出美洲，使南美洲成为美国的后院，同时将本国的势力向亚洲渗透，扩展到菲律宾。同时，英国、德国、日本等国也接受了其海权论思想的影响，大力发展海上力量，因此对国际关系产生了深刻影响。可以说，马汉海权论的出现在某种程度上改变了世界的面貌。[3]

---

① 中国代表团2002年7月31日向东盟地区论坛提交的文件：《中国关于新安全观的立场文件》，载《人民日报》2002年8月2日，第3版。

② 艾尔弗雷德·塞耶·马汉：《海权论》，北京：同心出版社2012年版，第249页。

③ 杨震、周云亨、郑海琦：《美国海权思想演进探析》，载《国外社会科学》2016年第5期，第100页。

在冷战时期，美国同苏联展开争夺全球霸权的斗争，而对海洋控制权的争夺是美苏战略竞争的重要组成部分之一。在此背景下，美国海军部长小约翰·莱曼提出了制海权理论，即“海上优势论”。该理论认为，美国必须拥有海军优势，它不仅是要对任何一国海军具有优势，而且要对可能出现的、几支敌国海军的联合力量具有优势。为确保这种优势，美国的海上战略必须遵循的原则包括：根据国家战略，海军负有威慑作用和控制各种国际危机的任务；如果威慑失败，则要阻止敌人利用海洋来攻击美国，不让敌人利用海洋进行运输活动；保证美国及其盟国畅通无阻地利用海洋；确保海洋支援陆上作战；确保利用海洋把战场推向敌人一方，并在对我有利的条件下结束战争；美国海洋战略必须是一种全球性战略，必须把美国和各同盟国家的兵力完全结合成一个整体；美国海洋战略必须是前沿战略。① 莱曼的“海上优势论”在实践中取得了很大成功。由于该理论符合了美国政府的战略需要，时任美国总统里根对此大力支持。1987 年莱曼卸任时，美国海军已经拥有 568 艘舰艇，一年以后达到 588 艘，莱曼的 600 艘舰艇计划基本得以实现。美国重新夺回了四大洋的海上优势，大大扭转了对苏联的不利军事局面。

冷战结束后，国际形势发生重大变化。美国海军的作战环境、作战对象、作战理念都发生了剧变。1992 年 9 月，美国海军部长颁布的《由海向陆——为美国海军进入 21 世纪做准备》战略白皮书拉开了美国海军战略转型的序幕，其主要内容包括：由“独立实施大规模海战”转变为“从海上支援陆、空军的联合作战”；由“在海上作战”转变为“从海上出击”；由“前沿部署”转变为“前沿存在”；由“打海上大战”转变为“对付地区冲突”。② 该文件一改美国海军在冷战时期的主要作战任务——夺取制海权，首次将对大陆纵深的目标攻击作为海军的重要任务，这是对美国海军信奉的海权论的一次重要修正。

冷战时期海权是一种三维的海权。美国《由海向陆——为美国海军进入 21 世纪做准备》战略白皮书中不用“ 战场”，而用“作战空间”来指称军事行动的场所，说明美国海军对作战空间有了新的认识。在英语中“战场”一词指发生战斗的地面（水面）场所是一平面的概念，用它来指称全方位的现代战争所展开的场所已经不太确切。《由海向陆——为美国海军进入 21 世纪做准备》战略白皮书描述的作战空间已经涵盖陆地、海上、空间、太空，是一个多维的立体空间。“网络中心战”概念的提出，标志

① 小约翰·莱曼：《制海权——建设 600 艘舰艇的海军》，北京：军事科学出版社 1991 年版，第 147–171 页。

② U. S. Department of the Navy, “From the Sea: Preparing the Naval Service for the 21st Century”, September 1992. http://www.globalsecurity.org/military/library/policy/navy/fts.htm.

着海权的作战空间已经涵盖了海陆空天网五维空间。海权的空间已经从马汉时代的平面走向了冷战后的五维立体。这是冷战后时代海权发展的一个重要趋势。

由于信息化时代战争争夺的是综合制权，海陆空天电磁各个军种相互合作、协同作战形成一个整体。海军主要作战任务的核心依然是制海权，但也担负为其他军种提供防御能力以及对陆地纵深进行打击和兵力投送的任务，制海权已经成为综合制权的一部分，是与其他制权进行无缝链接的海权。该趋势随着信息技术的进步而愈加明显。

有些美国专家还认为，在冷战后时期，海军在军事领域中地位有所下降，从原来的从事对抗性的高强度战争转变为通过低强度的保持海上秩序（保护油气及渔业资源、进行水文地理调查、反海盗行动）来进行强制性外交、建立同盟关系。海军的功能得以拓展。① 这代表了美国海权理论的新发展。

美国国防部2017年1月9日发布新海军水面舰艇部队战略白皮书《重返海洋控制（Return to Sea Control）》。该新战略强调美国海军要通过推行“云杀伤”新型作战理念，实行新的“海洋控制”战略，重新建立冷战时期的绝对制海权。② 美国海军水面舰艇部队指挥官汤姆·罗登（Tom Rowden）中将认为：“全球已回归大国在海上竞争的状态，美军必须因应做出调整……美国海军必须控制全球海域展现军力。”③ 他宣称：“因为中国海军和重建的俄罗斯舰队挑战了美国在海洋方面的长期主导权，我们将大张旗鼓地重新控制海洋”。④ 这些表明制海权理论在美国的回归。

海权论研究的法国流派。法国作为历史上的西方文明中心、世界思想潮流的主要发祥地之一，“其不断演进的海洋思想和海权战略理论对世界海权理论的发展和成熟有重要贡献”。⑤ 18世纪以前，法国在海权理论研究上优于英国，居于世界领先地位。最早的系统的海战理论是17世纪末期由法国人赫斯特最先提出的。在海军建设的理论方面，早在英国人之前，法国人已认清应利用科学来为海军服务，海军军官必须接受专业教育，甚至于船舰也应有特殊的设计。在海军战略方面，“絮弗伦战术”被英国海军名将纳尔逊吸收和运用，才开创了一段辉煌的英国海军史。18世纪法国人莫罗古斯的《海军战术》、格芮尼的《海战艺术》、拉马屠的《海军战术绪论》等理论成果促进了

① Mike L. Smith and Matthew R. H. Uttley, “Tradition and Innovation in Maritime Thinking”, in Andrew Dorman, Mike L. Smith and Matthew R. H. Uttley, eds., *The Changing Face of Maritime Power*, London: Macmillan Press Ltd., 1999, p. 6.

② U. S. Defense Department, *The U. S. Navy's Surface Force Strategy*: *Return to Sea Control*, 9 January 2017, http://www.navy.mil/StrategicDocs.asp.

③ Tom Rowden, *U. S. Navy Must Return to Sea Control*, USNI Proceedings, p. 8.

④ Tom Rowden, *U. S. Navy Must Return to Sea Control*, USNI Proceedings, p. 9.

⑤ 冯传禄：《法国海权研究综述》，载《法国研究》2014年第3期，第12页。

海权理论的发展并使法国人在与英国人的海战中经常保有战术优势。① 在19世纪后期，法国海权研究者如达留士、德费莱、达利乌和契尔波茨等法国海军军事家对海权思想的理论化作出了卓著的贡献，法国人首次从理论上提出海军战略和获得制海权的理论。这些理论被马汉所吸收，为马汉建立海权理论奠定了基础，并且构成日后马汉海权论的重要组成部分。

近代法国海军战略家拉乌尔·卡斯泰（Raoul Castex）被誉为马汉之后的伟大海军战略家和理论家，其代表作《*Strategic Theories*》（《战略理论》）是研究法国海权战略思想的一部经典之作。卡斯泰将历史研究和军事战略研究结合起来，以生动的海权史料和海战分析，对战略，以及战略与政策和战略与地理之间的互动关系做了阐释。② 他的理论结合法国陆海复合型的地缘政治特点，提出了法国发展海权需要面对的问题以及在这种地缘政治条件下发展海权的思考，在制海权和战略机动方面形成了比较成熟的主张。他的理论对后世德国、苏联，以及拉美国家如阿根廷、巴西的海军军事思想都有深远影响。他将“传统海权理论”和法国“青年学派”的海权理论进行整合和创新，并在制海权和战略机动方面形成自己成熟的主张，成为大陆国家或弱势国家海权的战略指导。

从整体来看，法国早期的海权研究成果中，大陆性思维主导了重陆轻海的战略取向。19世纪后，法国“青年学派”比较强调“弱者的海权战略”，同时法国国内也有主张发展强大海权的声音。二战结束以来，法国海权研究多从整体安全和国家利益拓展出发，更注重陆海均衡。③

当代法国学者对法国海权的研究比较深入，研究方向比较细化。他们考证了近代以来法国海权运用的指导思想、理论沿革和历史实践，清晰阐释了法国海权这一主题的主要方面，并着重考虑法国海权的战略优化。阿尔内·罗克逊德（Ame Roksund）2007年出版著作《*The Jeune Ecole*：*The Strategy of the Weak*》，详尽论述了法国“青年学派”的海权思想和战略理论。④ 法国著名学者迪迪埃·奥托朗（Didier Ortolland）2010年出版的著作《海洋空间的地缘政治》认为，冷战后法国海洋空间经历了三方面重大变革：对外行动领域进一步拓宽，行动机制开始走向“联盟式”而非“家长式”，假

① 钮先钟：《西方战略思想史》，南宁：广西师范大学出版社2012年3月版，第168-192页。

② Admiral Raoul Castex，*Strategic Theories*，Paris：Société d' Editions Géographiques；reprint，translated and abridged with an introduction by Eugenia C. Kiesling，Annapolis，Md.：Naval Instutite Press，1994.

③ 陈新丽、冯传禄：《法国海权兴衰及战略研究述略》，载《太平洋学报》2019年第9期，第62页。

④ Ame Roksund，*The Jeune Ecole*：*the Strategy of the Weak*，Leiden and Boston：Brill，2007.

想敌人也发生了变化。① 帕里特斯·基尤特洛（Patrice Guillotreau）2008 年出版的著作《海上法国的挑战及未来》，分析了全球化对法国海洋战略的重大冲击，并针对新的海洋局势，提出了借重欧盟加快海洋开发战略。② 米歇尔·夏龙（Michel Scialom）等 2011 年出版的《法国是个海洋国家吗?》著作认为，历史上法国必须综合平衡海权和陆权，而当代法国更重要的是要具备有效的海外战略力量。③ 这些研究者显示了对法国海权的当代关切。同时，从欧盟视角探讨海权问题也日渐受到法国学者重视。例如，法国学者菲利普· 德普杜朗（philippe Deprédurand）在 21 世纪初出版的《欧盟与海洋：海上霸权的雏形?》认为，欧盟具备在未来成为海上霸权的潜力，但欧盟目前既没有一个统一的海洋战略也没有形成统一的海洋治理框架，作者构思了欧盟未来海洋霸权并建议欧盟"西扩"。④

海权论研究的英国流派。英国是传统的海上强国，曾经是近代的世界海洋霸主之一。英国著名战略家朱利安·科贝特（Julian Stafford C orbett）是差不多与马汉同时代的又一位杰出的海权理论家。他创立的海洋战略学派开辟了 20 世纪英国海权理论的新天地，在很大程度上丰富和发展了海权理论。⑤ 虽然他的海洋战略观的名气和影响不及马汉的海权论，但是其体系之完整、结构之严谨、目光之长远与后者相比更胜一筹。该理论产生于第一次世界大战之前，并在第一次世界大战中得到检验。海洋战略观是一个内容完整、结构严谨、层次分明且极具逻辑性的战略理论。科贝特分别从国家战略、军事战略、海军战略的高度，自上而下，严密地对英国的海洋战略进行了推理和论证。各级战略之间相互支持、相互呼应，形成一个密不可分的有机整体，并在国家战略的指导下来考虑军事战略和海军战略。科贝特的海洋战略观创造性地提出了海陆联合作战，将海军的威力从海洋延伸到陆地的主张。科贝特在《海军战略的若干原则》中指出："英国或者海洋国家的战争模式，是运用有限战争的方式来实现无限战争的目标，来配合我们的盟友在大陆上的大规模作战……"⑥《海军战略的若干原则》还基于英、法海战案例，归纳出海军战略思想若干原则，其中海洋国家对大陆国家"离岸平衡"的思想在今天依然构成海洋霸权国笃信不移的一项战略原则。⑦ 科贝特的海洋战略

---

① Didier Ortolland et Jean-Pierre Pirat, *Atlas géopolitique des espaces maritimes*, Éditions Technip, Paris, 2010, p. 352.

② Patrice Guillotreau, *Mare economicum: Enjeux et avenir de la France maritime et littorale*, PU Rennes, 25 août 2008.

③ Michel Scialom, "la France nation maritime?", *Economica*, 1 septembre 2006.

④ Philippe Depredurand, *Union europeenneet Lameroul Leslimbes d' une puissance maritime*, LHarmattan, 2001.

⑤ 杨震、方晓志、杜雁芸：《论朱利安·科贝特的海洋战略》，载《国际观察》2015 年第 4 期，第 116 页。

⑥ Julian S. Corbett, *Some principles of maritime strategy*, Annapolis: Naval Institute Press, 1988, p. 66.

⑦ Julian S. Corbett, *Some principles of maritime strategy*, Annapolis: Naval Institute Press, 1988, p. 189.

观不仅对当时的英国海军，也对后冷战时代的美国海军产生了重要影响。

在当代，英国皇家海军学院教授布莱恩·兰夫特（Bryan Ranft）对冷战时期的海权争霸形势和战略理论进行了较为深入的研究。①

英国学者杰弗里·蒂尔（Geoffrey Till）对海权有较为系统、深入的研究。他1982年出版的《海上战略和核时代》比较全面地阐释了海权的基本概念和海权理论的演进史。② 蒂尔2004年出版的《海权：21世纪的指导》对当代制海权、海军外交和海洋秩序维护等做了富有学术启示的讨论。③ 2006年出版的《英国海军思想沿革：纪念布莱恩·兰夫特文集》，对18世纪至20世纪末的英国海权理论和海军战略演变做了系统的研究。④

海权论研究的俄罗斯流派。俄罗斯是一个传统的大陆国家。同时，俄罗斯作为一个拥有漫长海岸线并有多个方向出海口的大国，具有发展海权的基本物质条件，海权建设有一定的优势。经几代人努力，俄罗斯建起了强有力的海洋军事力量，在世界海军体系中地位举足轻重。然而，由于地理位置的独特性，俄罗斯大部分地区处于寒冷地带，严重削弱了海洋地理条件的使用价值。寒冻使其漫长的海岸上优良不冻港变得稀疏难得。海岸开放性差，出海通道阻塞不畅，多处受制于人；各个方向的海岸之间通达性差，联系不便，难以协调统一。"这些海洋环境条件的约束，使俄罗斯海洋力量的发挥面临重重障碍，海权建设的海洋地理条件天生不足。"⑤

18世纪俄国的扩张重在夺取出海口。其中，西进波罗的海是当时俄国海权战略最成功的部分。

在第二次世界大战期间，苏联海军奉行"小规模海战理论"，以苏联工业水平和造舰速度为依据，把海军仅仅看做是陆军的一个配属军种，主要任务是近海防御，配合陆军作战。

在冷战期间，苏联海权理论一度落后，制约了其海权的发展。在军事理论上，苏联一段时期内未能充分估计海军的作用和地位。苏军总参谋长索科洛夫斯基主编的《军事战略》（1962年）和国防部长格列奇科所著《苏维埃国家的武装力量》（1974年）两部权威著作中，都仅仅把海军作为一支普通的军种，没有把它当作重要的战略

① Bryan Ranft and Geoffrey Till, *The sea in Soviet strategy*, London: Macmillan, 1989.

② 杰弗里·蒂尔：《海上战略与核时代》，北京：海军出版社1991年版。

③ Geoffrey Till, *Seapower: A Guide for the Twenty-First Century*, London: Frank Cass, 2004.

④ Geoffrey Till ed., *The Development of British Naval Thinking: Essays in Memory of Bryan Ranft*, London: Routledge, 2006.

⑤ 陆俊元：《海权论与俄罗斯海权地理不利性评析》，载《世界地理研究》1998年6月，第7卷第1期，第40页。

力量，忽视了海权在大国战略中的作用。

20 世纪 70 年代中期后，苏联加剧同美国争霸，并推行全球战略。此时，戈尔什科夫出任苏联国防部副部长兼海军总司令。为配合苏联全球争霸战略，并为大力发展海军提供理论依据，戈尔什科夫十分重视海权理论和海军学术的研究。在总结世界重大海战和苏联 30 多年海军建设经验的基础上，他发表了《战争年代与和平时期的海军》和《国家的海上威力》两部专著，从国力与霸权的角度考察海权，把它看作一个国家实施对外政策的工具和夺取霸权的重要手段。其理论的核心是，作为一个强国，必须建立一支强大的海军，以支持国家的建设。在一定条件下，海战场可能成为主要战场，海军可以改变武装斗争的进程甚至结局；海军的兴衰与国家的兴衰紧密相关，一个海上大国的崛起必须要有一支强大的海军作后盾，没有强大海军的国家不能长期成为强国。① 在这种海权战略引导下，苏联海军实现了由二战结束初期的“近海防御型”向“远洋进攻型”的重大转变。

苏联解体和冷战结束后初期，俄罗斯海军受到较大的削弱。进入 21 世纪以来，普京对俄罗斯海洋安全十分重视。在他的推动下，俄罗斯制定和通过了一系列相关文件。2000 年 4 月，俄公布由普京批准及国家杜马通过的《俄罗斯联邦海军战略（ 草案）》，这份文件第一次正式使用“海军战略”的概念，提出了海军要面向世界大洋的宏伟战略构想。2000 年 7 月，在俄罗斯军事和安全首脑会议上，普京特别强调说，发展武装力量对俄罗斯来说至关重要，而海军是重中之重，只有强大的海军才能实现强国的目标。2001 年 7 月 29 日俄国海军节上，普京再次重申：“俄海军在历史上和将来都是国家力量的象征，必须确保海军的战斗力，必须用先进武器武装海军，海军的强大有利于巩固国家安全、捍卫俄在 21 世纪的国家利益”。2003 年初，普京又指出：“俄罗斯急需建设一支强大的海军，以维护国家利益发展的需要。如果放弃海军建设，俄将在国际舞台上失去发言权。”② 可以说，普京在这些方面发展了俄罗斯的海权思想。

海权论研究的日本流派。日本是一个四面环海的岛国。在航海技术不发达的古代，海洋起到了日本安全屏障的作用。古代蒙古大军渡海攻击日本就因海上气候的恶劣而被阻遏。于是，日本逐渐形成了海洋是保护日本的天然屏障的朴素观念，加之锁国政策的推行，在古代和近代相当长时期内日本的海权观与世界近代的海权观几乎完全不同。

1853 年 7 月，美国东印度舰队司令马修 · 佩里率舰队用武力胁迫日本打开国门。

① 谢 · 格 · 戈尔什科夫：《战争年代与和平时期的海军》，北京：生活 · 读书 · 新知三联书店 1974 年 1 月版；谢 · 格 · 戈尔什科夫：《国家的海上威力》，北京：生活 · 读书 · 新知三联书店 1977 年 10 月版。

② 江新国：《海权对俄罗斯兴衰的历史影响》，载《当代世界社会主义问题》2012 年第 14 期，第 76 页。

这也使日本社会逐渐接受了西方近代的海权观念。日本开始进入重视海军及海上安全的传统海权观阶段。1868 年明治维新伊始，日本天皇就提出了“欲开拓万里波涛，布国威于四方”的强国目标，① 并被作为国家意志由日本政府坚决地贯彻执行。1868 年 10 月，天皇颁发谕令：“海军建设为当今第一急务，应该从速奠定基础”。② 1872 年 2 月，日本废除了兵部省，设置了海军省和陆军省，从而使日本海军完全独立。为加大对海军的资金投入，日本皇室、文武官员以及普通国民都积极捐钱、购买公债。随着马汉著作的问世，海权观进一步理论化，日本又陆续出现了一批海权论者，如金子坚太郎、小笠原太郎、秋山真之、佐藤铁太郎、加藤宽治等。他们的特点是把“马汉海权观”与日本的实际相结合、把海洋战略研究与海军战术研究相结合，最终形成了日本传统的海权观及海洋战略：日本及世界的未来取决于海洋，海洋的关键是制海权，制海权的关键在于海军的强大，海军战略的关键是实现“大舰巨炮”，通过舰队决战击溃敌方。从此，日本开始以海军扩张为依托，追求海权强国的目标，将邻国一次次拖进战争。正如《日本海军史》所言，“使日本海军兴起的是战争，使日本海军覆灭的也是战争”。③

二战结束后，日本开始由强调以海上军力及海上安全为主的传统海权观，向海上军力、海上安全与海洋资源、海洋环保、海洋科技并重的新综合海权观转变，带有传统海权观与新综合海权观及海洋战略过渡期的双重性和不确定性特点。④ 但是，日本尚未真正进入新综合海权观和海洋战略阶段。近年来，日本安倍政权推行“新安保法案”，加强日本海上自卫队的实力发展、强化美日同盟，在与中国的钓鱼岛争端中采取强硬立场。这些使日本强调海上军力及海上安全的传统海权观强势回归，新综合海权观显现弱势。

海权论研究的中国流派。中国传统上是一个陆权国家，海洋传统和海权意识薄弱，海权理论研究起步较晚。冷战结束后，一些中国专家学者在将马汉海权论介绍到国内的基础上逐渐加深对海权的研究。

张宗涛在《马汉及其“海权论”》文章中认为，马汉的海权论是美国资产阶级军事思想进入帝国主义时期的产物，因此它不可避免地存在着局限性。⑤

张晓林、刘一健在《马汉与“海上力量对历史的影响”》提出，在帝国主义这一

① 《明治文化集》第 2 卷，日本评论社 1928 年版，第 33-34 页。
② 外山三郎著，龚建国、方希和译：《日本海军史》，北京：解放军出版社 1988 年版，第 196 页。
③ 外山三郎著，龚建国、方希和译：《日本海军史》，北京：解放军出版社 1988 年版，第 193 页。
④ 张景全：《日本的海权观及海洋战略初探》，载《当代亚太》2005 年第 5 期，第 38 页。
⑤ 张宗涛：《马汉及其“海权论”》，载《军事历史》1993 年第 6 期，第 42-43 页。

时代背景下，又因受美国对外扩张政策目标的驱使，还由于马汉本人具有集职业海军军官、历史学家、海军理论家等为一身的特殊经历和才能，所以在 19 世纪和 20 世纪之交，产生了轰动世界的海权论。①

倪乐雄认为，一方面马汉的海权论首先来源于历史实践；另一方面又有其悠久的思想来源，是人类对海权问题思考的进一步延伸和深化。②

张炜著《影响历史的海权论———马汉〈海权对历史的影响（1660—1783）〉浅说》和《海权与兴衰》，③ 王生荣著《海洋大国与海权争夺》，④ 李明春著《海权论衡》，⑤ 王生荣著《海权论鼻祖马汉》，⑥ 从胜利著《英国海上力量：海权鼻祖》，⑦ 鞠海龙著《亚洲海权地缘格局论》⑧ 等，对国外海权问题进行了初步的研究。

巩建华《海权概念的系统解读与中国海权的三维分析》论文提出，海权可以分为狭义海权和广义海权，广义海权是一个概念体系，包括观念层次的海权、战略层次的海权、权利层次的海权、权力层次的海权、利益层次的海权。从政治学的角度看，海权包括海洋权力、海洋权利和海洋利益三个部分。研究中国海权，可以从逻辑向度、历史向度、现实向度三个维度展开。发展中国海权，需要从观念层次、战略层次、权利层次、权力层次和利益层次全面推进。⑨

关于美国海权问题的研究。曹云华认为，美国的海权兴起具有其内在的逻辑和动力，它沿着工业—市场—控制—海军—基地这一链条不断延伸。⑩ 郭培清着重分析了美国海权发展与国际环境之间的关系，他认为一定时期内适宜的国际环境是海权兴起的一个重要因素，如果不顾国际环境，一味固执于建立强大海权的目标，单骑突进，结果可能适得其反。⑪

关于陆权与海权的关系以及陆海复合国家海权发展问题的研究。叶自成认为，海

① 张晓林、刘一健：《马汉与“海上力量对历史的影响”》，载《军事历史研究》1995 年第 3 期，第 121-134 页。

② 倪乐雄：《海权的昨天、今天和明天——读马汉“海权对历史的影响”》，载《中国图书评论》2006 年第 8 期，第 21-26 页。

③ 张炜：《影响历史的海权论——马汉〈海权对历史的影响（1660—1783）〉浅说》，北京：军事科学出版社 2000 年版；《海权与兴衰》，北京：海洋出版社 1991 年版。

④ 王生荣：《海洋大国与海权争夺》，北京：海潮出版社 2000 年版。

⑤ 李明春：《海权论衡》，北京：海洋出版社 2004 年版。

⑥ 王生荣：《海权论鼻祖马汉》，北京：军事科学出版社 2000 年版。

⑦ 从胜利：《英国海上力量：海权鼻祖》，北京：海洋出版社 1999 年版。

⑧ 鞠海龙：《亚洲海权地缘格局论》，北京：中国社会科学出版社 2007 年版。

⑨ 巩建华：《海权概念的系统解读与中国海权的三维分析》，载《太平洋学报》2010 年第 7 期，第 90-95 页。

⑩ 曹云华：《美国崛起中的海权因素初探》，载《当代亚太》2006 年第 5 期，第 23-29 页。

⑪ 郭培清：《对美国海权之路“天时”的思考》，载《长春大学学报》2007 年第 1 期，第 80-84 页。

上力量聚集得快，消失也快，陆权发展的成果更能长期支撑一个国家的发展和地位，更具持久性，主张每个国家应当根据自己的自然禀赋来选择海权与陆权的孰先孰后，并强调制度建设是一国发展陆权或海权的重要内涵。① 对此，倪乐雄则提出了不同的看法，他认为“依赖海洋通道的外向型经济结构”是海洋国家的基本特征，也是引发海权的第一要素。只要人类同海洋发生关系，迟早会形成“依赖海洋通道的外向型经济”，这种经济结构一旦形成，迟早要召唤强大的海权。对海洋国家来说，不存在海权和陆权哪个更重要的问题，而是在整个国防体系运作中发挥各自不可替代的功能以及随战场空间变换二者如何协作的问题。海权能够凝聚分散的陆权势力，从而形成合力，因而是陆权的“倍增器”，获得强大海权的陆权帝国的影响力和寿命要远远超过没有海权的陆权帝国。两次世界大战的经验表明，海权对陆权具有绝对的优势，掌握制海权的一方可在世界范围调动各种资源来压跨坚持陆权战略的一方。② 刘中民比较全面地分析了陆海复合国家海权发展的特点与困境。③

近年来，中国专家学者对海权的研究与中国“建设海洋强国”战略日益紧密地联系在一起。例如，江河论文《国际法框架下的现代海权与中国的海洋维权》认为，强大的海权是中国海洋权益维护的基本前提。④

三、中国特色新海权观：范式·变量·逻辑

在新的全球化时代，海权论具有了崭新的形态。与传统的海权论不同的是，全球化时代的中国新海权观凸显出开放性、竞争性、合作性和制度性。

中国特色新海权观的分析范式。传统的海权论采取一种西方国家思想史中根深蒂固的认识论的偏见，亦即主客体二元对立。西方人的思维方式主张“分”，坚持二元对立的思维，提出一系列对立概念，例如，主体和客体、本质和现象、运动和静止等等。黑格尔从哲学的角度说了一个故事：两个人在大森林里狭路相逢，互不退让，互不承认，只好拼死一战，以冲突决出高低，以实力判定胜负。斗争的结果产生了黑格尔所说的主人和奴隶、主体和客体、中心和边缘等概念。⑤ 这就是西方文化中主体和客体相割裂的思维方式。马汉的海权论遵循了这一思维方式。马汉认为：“利益的冲突所产生

① 叶自成：《从大历史观看地缘政治》，载《现代国际关系》2007 年第 6 期，第 1-6 页。

② 倪乐雄：《从陆权到海权的历史必然——兼与叶自成教授商榷》，载《世界经济与政治》2007 年第 11 期，第 22-32 页。

③ 刘中民：《陆海复合国家海权发展的特点与困境》，载《海洋世界》2007 年第 11 期，第 51-55 页。

④ 江河：《国际法框架下的现代海权与中国的海洋维权》，载《法学评论》2014 年第 1 期，第 92-99 页。

⑤ 黑格尔著，贺麟、王玖兴译：《精神现象学》，北京：商务印书馆 1996 年版，第 122-123 页。

的愤怒情绪,必然导致战争",① "无论是什么原因挑起的战火,是否掌控了海上霸权都成为一个决定胜负的关键"。② 因为"人们认识到海上商业对于国家的财富及其实力的深远影响",所以"通过海洋商业和海军优势控制海洋意味着举世无双的影响力……(是)国家权力的繁荣的首要物质因素"。③

要确立全球化时代新海权观的分析范式,必须首先打破主体和客体二元对立的认识论偏见。随着冷战结束以来经济全球化和区域经济一体化趋势的迅速发展,各国之间在经济上的相互依存性在增长。各国经济越来越面临一荣俱荣、一损俱损的局面。同时,核武器和网络战能力的发展等成为制约大国战争的有力因素。大国之间在核武器方面形成相互威慑,促使它们尽力避免相互之间爆发武装冲突或战争。由于核武器具有巨大的杀伤力,因此既是世界面临的最大危险之一,也是避免大国战争的最有力的制约因素之一。而且,大国共同面临着各种非传统安全的严峻挑战。安全范围由传统安全扩大到非传统安全,没有一个大国可以单独解决全球变暖、恐怖主义、大规模杀伤性武器扩散、跨国犯罪、海盗、环境污染、艾滋病等非传统安全问题。大国只有合作才能够共同应对这些非传统安全挑战。

在这种情况下,必须采用对立统一的法则作为全球化时代新海权观的分析范式。"事物的矛盾法则,即对立统一的法则,是唯物辩证法的最根本的法则。"④

与传统的海权论坚持二元对立的思维不同,对立统一的法则很强调同一性。同一性即统一性、一致性、互相渗透、互相贯通、互相依赖(或依存)、互相联结或互相合作。列宁说:"辩证法是这样的一种学说:它研究对立怎样能够是同一的,又怎样成为同一的(怎样变成同一的),在怎样的条件之下它们互相转化,成为同一的,为什么人的头脑不应当把这些对立看作死的、凝固的东西,而应当看作生动的、有条件的、可变动的、互相转化的东西。"⑤毛泽东指出,同一性"说的是如下两种情形:第一,事物发展过程中的每一种矛盾的两个方面,各以和它对立着的方面为自己存在的前提,双方共处于一个统一体中;第二,矛盾着的双方,依据一定的条件,各向着其相反的方面转化。这就是所谓同一性"。⑥ 这就是说,矛盾双方互为存在的条件,双方之间有

① Alfred Thayer Mahan, *The Influence of Sea Power upon History*: 1660-1783, Boston: Little Brown and Company, first published in 1890, 12th Edition, 2012, p. 1.

② Alfred Thayer Mahan, *The Influence of Sea Power upon History*: 1660-1783, Boston: Little Brown and Company, first published in 1890, 12th Edition, 2012, p. 1.

③ William E. Livezey, *Mahan on Sea Power*, Norman, OK: University of Oklahoma Press, 1981, pp. 281-282.

④ 毛泽东:《矛盾论》,北京:商务印书馆 1996 年版,第 22 页。

⑤ 《列宁全集》第三十八卷,人民出版社 1986 年版,第 111 页。

⑥ 毛泽东:《矛盾论》,北京:商务印书馆 1996 年版,第 23 页。

同一性，因而能共处于一个统一体中；而且，事物内部矛盾着的两方面，因为一定的条件而各向着自己相反的方面转化，向着它的对立方面所处的地位转化。这就是矛盾的同一性的第二种意义。

在当代，海权强国之间、海权强国与弱国之间、海权大国与海权小国之间都处于一个矛盾统一体中，各以它对立的方面为自己存在的前提。而且，它们之间的共同利益在增加。没有一个海上强国能单独应对全球非传统安全威胁。海权强国、海权强国与海权弱国、海权大国与海权小国必须合作来应对共同面临的跨国海上非传统安全威胁。在海权强国之间相互依存上升的情况下，用战争手段来保护海上航道的安全越来越困难。

同时，这些矛盾统一体中的各方因为一定的条件而各向着自己相反的方面转化，向着它的对立方面所处的地位转化。例如，海权主导强国与海权新兴强国之间在进行着权势转移；海权强国与海权弱国之间也在进行相互转化，虽然这种过程将会是长期的。

中国特色新海权观的分析变量。权力仍是新海权观的核心自变量，但海权的内涵和外延都扩大了。

传统的海权论衡量权力的唯一手段就是海军实力，人口、资本、技术、组织、文化等因素只有被转化为海军实力后，才能在海权上是有意义的。马汉认为："海权是对国家之间竞争和相互间的敌意，以及那种频繁地在战争过程中达到顶峰的暴力的一种叙述。"① 马汉提出，影响一个国家海上力量的主要有六个因素：地理位置；形态构成，其中包括与此相连的天然生产力与气候；领土范围；人口数量；国民特征；政府特征，其中包括国家机构。② 在此基础上，领导人做出的武力控制海洋、发展海上军事实力、发展航运与和平贸易等决策会对海洋霸权产生一定的影响。"只有这样，一支健全的海上舰队才能够稳定地发展"。③

随着海权向立体化的方向发展，海权论的内涵在扩大。马汉时期的海权是一种平面的海权。大炮、巨舰、舰队之间的决战所争夺的制海权是海平面的制海权，随着潜艇和航空技术的发展，水下和海空也成为制海权争夺的内容。冷战时期，美苏确定了海基战略核力量在海军诸兵种中的主导地位，同时全面完善水下力量，大力发展反潜兵力，遏制敌方海基战略核力量，确保己方相应水下核力量实战和威慑效能的充分发

① Alfred Thayer Mahan, *The Influence of Sea Power upon History*: 1660-1783, Boston: Little Brown and Company, first published in 1890, 12th Edition, 2012, p. 3.

② 艾尔弗雷德·塞耶·马汉：《海权论》，北京：同心出版社 2012 年版，第 19-20 页。

③ 艾尔弗雷德·塞耶·马汉：《海权论》，北京：同心出版社 2012 年版，第 19 页。

挥。这标志着海权进入了核时代。冷战结束后，布热津斯基宣称："美国不仅控制着世界上所有的洋和海，而且还发展了可以海陆空协同作战控制海岸的十分自信的军事能力"，使得美国能够成为一个唯一的、全面的全球性超级大国。① 近年来，随着人类活动空间更多地扩展到太空，太空这一"高边疆"正在成为各大国争相探索和利用的新高地，太空权成为各大国竞争的重要领域之一，太空实力成为影响海权国家海军实力的重要因素之一。而且，进入21世纪以来，电子信息产业和互联网发展迅速，一些国家已具有电子战、信息战和网络战能力，特别是网络战能力在若干大国之间形成相互威慑。电子战、信息战和网络战能力也成为影响海权国家海军实力的重要因素之一。

高新武器技术的发展已经使现代战场成为包括地面、水面、水下、空中、太空、电磁等方面的五维战场。海权以往的作战模式主要是海战，夺取制海权，封锁海岸和对岸攻击。而信息化时代现代战争争夺的是综合制权，海陆空天电各个军兵种相互合作、协同作战，形成一个整体。海军的主要作战任务核心依然是制海权，但是也担负为其他军种提供防御能力以及对陆纵深打击和兵力投送的任务。现在海权具有与其他制权（制陆权、制空权、制天权、制电磁权）实行无缝链接的趋势，海权已经成为综合制权的一部分，正在向五维立体的方向发展。

随着世界进入信息时代，信息不仅成为一种非常有效的作战手段，而且是最重要的战斗力之一。争夺信息优势成为战争的一个主要内容，信息战也成为战争的一种重要样式，信息威慑甚至可以成为战略威慑。现代海战的模式已经发生重大的转变，信息技术已经成为海战成败的关键，没有对信息的全面掌控就无法赢得制海权，海权也因此进入了信息时代。美海军《2020 海军远景：未来——由海向陆》文件中第一次将网络中心战定位为最核心的作战能力，② 而2002年美国《海军转型路线图》和《21世纪海上力量》发展构想则提出美国海军转型的重点就是要充分利用信息优势加快"力量网络"建设，实现"网络中心战"由概念到实践的转变。③

冷战结束以来，海军已经突破了传统的以获取制海权为主要目的的"海上力量的政治显示"作用，发挥以海洋的利用和控制为核心的"三位一体"的作用，即军事功能、警察功能和外交功能。军事功能包括海洋控制、海洋拒止（控制沿海水域）和向岸上投放力量。警察功能包括维护国家主权、保护国家资源、参与国际维和行动和反海盗行动。

① 布热津斯基：《大棋局：美国的首要地位及其地缘战略》，上海人民出版社 1998 年版，第 31-33 页。

② U. S. Department of the Navy, "U. S. Navy Vision 2020", September 1992, http: //www. bupe rs. navy. mil/NR/rdonlyres/1E1DFD27-27D0-4995-8B61-A37FC53B1394/0/2020VisionPrint. pdf.

③ U. S. Department of the Navy, "A Cooperative Strategy for 21st Century Seapower", October 2007, http: //www. navy. mil/maritime/Maritimestrategy. pdf.

外交功能包括显示实力、参加国际联合军演和联合巡逻等。而且，海军越来越多地采取非战争军事行动，包括人道主义救援、抢险救灾、反恐怖主义、反海盗、缉毒、武装护送、护航护渔、情报收集与分享、联合演习、显示武力、撤离非战斗人员等。

从海权的外延来说，军事实力虽然仍非常重要，但它在世界上能解决的问题在减少。同时，包括硬实力和软实力在内的综合国力的作用和影响在全面上升。一国实施海权战略时必须统筹协调各个部门，综合运用政治、外交、经济、军事、科技、文化等各种实力。

据此，在当代，除了海上军事力量，以下机制和力量也应该是海权的重要组成部分：

第一，海洋管理机构。海洋管理机构包括国家主管海洋的行政机构和海上执法力量，其主要任务是有效保护海洋资源和海洋环境，使之能够得到可持续利用；促进和推动海洋科技和海洋产业发展，使之合理有序地进行；有效维护国家的海洋权益，包括维护国家的领海主权、勘探开发大陆架和专属经济区自然资源的权利，开发利用公海和海底资源的权利等。①

第二，海洋产业体系。海洋产业指人类直接开发利用和保护海洋资源所进行的生产和服务活动。②

第三，海洋法律体系。包括国内有关海洋的法律和包括《联合国海洋法公约》在内的现代国际海洋法律制度。国际海洋法是国际上“关于各种海域的法律地位以及调整各国在各种不同海域中从事航行、资源开发、科学研究并对海洋进行保护等方面的原则、规则和规章、制度的总称”。③

第四，海洋科技实力。海洋科学和技术是世界科学和技术创新体系中的重要部分，是合理利用海洋资源、发展海洋经济、保护海洋生态健康和实行海洋综合管理的依据，是人类应对全球气候变化、开拓生存空间和扩大发展领域的一个重要支撑。④

国际海洋地缘政治仍是海权公式中的一个重要变量，但海陆二分的地缘结构正在被海陆一体的新地缘结构所取代。

传统的海权论将地缘位置作为研究的起点，但主要是从海陆二分的地缘结构来研究问题，认为地缘结构决定了不同地缘位置的国家必然实施独特的地缘战略，如英国

---

① 吕贤臣：《现代海权构成与发展问题思考》，南京海军指挥学院硕士学位论文 2007 年，第 7 页。

② 杨震：《后冷战时代海权的发展演进探析》，载《世界经济与政治》2013 年第 8 期，第 107 页。

③ 魏敏、罗祥文：《国际法》，北京：法律出版社 1987 年版，第 4 页。

④ 中国国家海洋局海洋发展战略研究所课题组：《中国海洋发展报告（2001）》，北京：海洋出版社 2010 年版，第 187 页。

等岛国偏爱海权，德国等内陆国家偏爱陆权。马汉说：“如果一个国家既不依靠陆上的交通去保护自己，也不通过陆路向外扩张，而是单纯地把目标指向海洋，那么这个国家就具备了比四周以大陆为界点的国家更为优越的地理位置。”① 马汉指出：“一个国家的地理位置优越与否，会直接提升或者分散这个国家的海上力量。”从这一论点出发，马汉认为:”英伦三岛就拥有比法国更为突出的优势。”②

冷战结束以来，国际海洋地缘政治发生重大变化。苏联解体后，美国和苏联在各大洋对制海权的争夺不复存在，全球范围内没有任何一支海军可以与美国海军在远洋作战能力上进行角逐，美国海军可以牢牢控制大洋。已握有海洋控制权的美国，将目标转向以控制海洋为基础，从海上干预地区事务。美国要保持在欧亚大陆的战略主导地位，防止任何其他大国在欧亚大陆占据主导，以达成美国海洋安全战略的最终目的——控制世界。因此，美国提出“由海向陆”战略，进而将矛头直指敌国的近海、沿岸甚至是陆地纵深，从而压缩对手的海上防御纵深，迫其在沿海甚至是沿岸应战，利用技术优势进行美军擅长的“非接触性战争”，从而以微小的代价取得战争的胜利。同时，美国企图从海上对欧亚大陆新兴大国进行制约。为此，美国海军保持“强大的远洋作战能力，拥有完善的全球海军基地体系，具备覆盖全球的战场监控能力，目前不但已达到事实上能控制整个世界大洋的程度，而且正进一步向远洋的沿岸和内陆不断延伸，理论上已能打击和控制世界80%左右的陆地”。③ 在冷战后海权竞争中，海陆一体已经成为新的地缘结构。

而且，20世纪90年代以来，世界进入了新的海洋工业文明时代。人类对海洋的利用已经不限于主要是海洋交通运输业和海洋渔业，而是扩大到越来越多地使用各种海洋资源，发展海洋旅游业、海洋油气工业、造船业、海盐及盐化工业、海滨砂矿业。此外，一些新兴的海洋产业正在逐步发展，如海水利用业、海洋生物医药业及高值化产品加工业、海洋电力工业、海洋工程建筑、海洋化工、海洋信息服务业、海洋环保业。海洋产业的迅速发展，使海洋与人类各方面的联系越来越紧密，也使海洋与陆地的联系越来越紧密。

威胁的多元化成为主要的因变量。在马汉时代，海权所面对的威胁主要是敌对国家海军舰队的威胁，即军事威胁。马汉认为：“所有的海上国家都或多或少将自己的发展建立在海洋商业上，对于这样的国家，海洋就是最重要的命脉，但它们的海上贸易又随时可能处于强大敌手的控制中。在这种情况下，难道对手会放弃如此的优势？难

① 艾尔弗雷德·塞耶·马汉：《海权论》，北京：同心出版社2012年版，第20页。

② 艾尔弗雷德·塞耶·马汉：《海权论》，北京：同心出版社2012年版，第20页。

③ 高子川编著：《蓝色警示——21世纪初的海洋争夺与展望》，北京：海潮出版社2004年版，第34页。

道它们的海军就是摆着看的？答案是否定的。”①

冷战结束后，海权所面对的威胁出现多元化的特点，既包括传统安全威胁，也包括非传统安全威胁。

传统安全威胁，主要指军事威胁。美国作为海权大国，其海军战略目的之一是进行霸权护持，防止新兴大国崛起并挑战美国的海上霸权。这是新兴海权所面对的传统安全威胁。国家之间也可能由于海洋领土主权和海上权益争端，而爆发武装冲突。

非传统安全威胁包括恐怖主义和极端主义、大规模杀伤性武器扩散、海盗袭击、非法偷渡、毒品走私、常规武器的扩散以及其他犯罪行为。这是世界各国面临的共同挑战。2007 年，美国海军、海军陆战队和海岸警卫队在共同发布的《21 世纪海上力量合作计划》中提出“需要认真考虑应对”这些非传统威胁。② 这说明美海军已经把应对非传统安全威胁当成日后主要的任务之一。

中国特色新海权观的基本逻辑。全球化时代为海权观注入了崭新的内容，从海权样式、海权目标、海权资源基础和海权地缘结构等四个方面发展了海权论的基本逻辑。

海权样式：从排他性转向竞争性与合作性的统一。

排他性是马汉海权论的主要特点之一。马汉认为：“早在多年以前，人们就已经认识到海上商业对于国家的财富及其实力的深远影响……为了能够获取超出本国国民应得的份额，他们完全有必要竭力排斥其他的竞争者。这种排斥往往有两种手段，一种是通过垄断或者强制性条例的和平立法，另一种则是直接的暴力方式。”③

冷战结束后，海权开始从排他性转向竞争性与合作性的统一。一方面，海权中的排他性仍然存在。例如，美国仍然要保持它对世界各大洋和关键航道的控制权或者自由通行权。另一方面，海权中的合作性在上升。世界各海洋国家现在越来越多地进行海上合作来应对各种非传统安全威胁。例如，中国、美国、欧盟、印度、日本等十余国派军舰前往亚丁湾执行护航和反海盗任务。

随着美国相对实力的下降和非传统安全威胁的增多，美国不得不寻求更多进行合作来应对它所认为的威胁。2006 年，时任美海军作战部长迈克尔·马伦上将提出“千舰海军”（Thousand -Ship Navy）的构想，时任美国总统布什对此表示非常有兴趣，并称将大力支持。这个所谓“千舰海军”的构想并不是传统意义上的由 1000 艘挂着美国旗帜的战舰组成的舰队，也不是美国海军要再建 1000 艘战舰，其真正的含义是要联合

① 艾尔弗雷德·塞耶·马汉：《海权论》，北京：同心出版社 2012 年版，第 235 页。

② U. S. Department of Navy，“A Cooperative Strategy for the 21 Century Seapower”，October 2007，http：//www. navy. mil/maritime/maritimestrategy. pdf.

③ 艾尔弗雷德·塞耶·马汉：《海权论》，北京：同心出版社 2012 年版，第 1 页。

世界上所有能联合的海上力量，一起应对各种海上威胁，其实质就是与外国海军结成亲密伙伴关系，形成一个国际海上联盟。这表明美国不得不重视海上合作。

2015年3月，美国海军、海军陆战队和海岸警卫队在共同发布的最新版《21世纪海上力量合作计划》中宣称，为了应对中国崛起的挑战，为了对这种形势作出反应，美国海军和海军陆战队计划向亚太地区派遣更多资产和最尖端的军事平台。这些资产将包括海军陆战队最先进的飞机F-35B联合攻击战斗机和MV-22"鱼鹰"运输机。[①]这些措施是美军"重返亚太"战略的一部分。同时，该文件提出，为了避免与海洋活动频繁的中国之间发生地区不测事态，将通过这三支海上力量的前沿部署保持威慑力，并与中国海军继续保持建设性交流。这表明，中美之间在海上将形成一种既相互威慑又相互交流的态势。

海权目标：从争夺控制权转向竞争制度权。

马汉的海权论排他性的主要表现形式是争夺对海洋的控制权。由于冷战结束后海权开始从排他性转向排他性与合作性的统一，新海权观正在逐渐从争夺控制权向竞争制度权转变，即从在特定海区中各方的权力博弈逐渐向共同治理转变。

中国特色新海权观的制度性具有两个方面的含义：第一，必须建立针对特定海区的制度和机制，这应该是一种契约性或非契约性的制度。对特定海区来说，"有制度要比没有制度好，只要建立了制度，有关各方就确立了合作的存量，有助于确立地缘竞争的行为约束底线"。[②] 第二，这些制度和机制必须具有合法性，不论此种合法性的程度有多高。当一个国家在某一特定海区的制度无法获得有关各方的合法性支持，自己又无力维持这一制度和机制的有效性时，这就意味着该制度和机制面临着合法性的危机，需要对制度和机制进行改革和重构。总之，通过将制度性因素引入，海权论开始被纳入制度变迁的轨道。

包括《联合国海洋法公约》在内的国际海洋法，为将海权论纳入国际制度的轨道奠定了基础。现在国际海权博弈越来越多地通过制度博弈和竞争制度权。中国必须努力学会运用好国际海洋法来维护自己的海洋主权和海洋权益。这一国际海洋法制度还存在许多不完善和不合理之处，需要逐渐进行改革和完善。

海权的资源基础：从着眼硬实力转向硬实力与软实力相结合。

① U. S. Department of Navy, "A Cooperative Strategy for 21st Century Seapower: Forward, Engaged, Ready", March 2015, http: //www. academia. edu/11597648/A-Cooperative-Strategy-for-21st -Century-Seapower-Forward-Engaged-Ready.

② 倪世雄等：《我国的地缘政治及其战略研究》，北京：经济科学出版社2015年版，第79页。

马汉的海权论侧重于海军舰队这一硬实力。随着新科技革命、新军事革命和全球化趋势的发展，国家所能调集的资源形态发生了巨大变化，从而使得海权的资源基础也发生重大变化。在当今时代，如果没有空中实力，海上力量就不再有效了。① 当代海权还必须有制电磁权和制天权。主要海权强国正在发展无人驾驶战斗机、高超音速空天飞机、无人驾驶潜艇、电磁轨道炮、各种新式导弹等先进的武器。这些将使未来的海战样式发生巨大的变化。

在当代，要想赢得海权优势，除了需要调集硬实力资源外，软实力资源也成为十分重要的力量基础。这种软实力资源包括法律战资源、舆论战资源等。而且，必须将硬实力与软实力相结合，才能实现真正强大的海权。

海权地缘结构：从海陆二分转向海陆和合。

马汉的海权论从实力对抗和战争的角度出发，主张海陆二分。他认为："任何一个国家都没有可能在海洋和陆地同时具有支配地位"。② 冷战结束以来，在和平与发展为主题的时代背景下，随着经济全球化和区域经济一体化的迅速发展，以及世界进入了新的海洋工业文明时代，海陆二分论越来越不适应时代的进步。

中国特色新海权观基于可持续发展和可持续安全的理念，主张海陆和合。1992 年的世界环境与发展大会就认为，海洋是人类生命支持系统的重要组成部分，是可持续发展的宝贵财富。③ 海陆和合主张的主要内容包括：第一，海洋国家和陆地国家和平相处，互不侵犯，互不使用武力和武力威胁，互不干涉内政，通过对话与协商解决彼此之间存在的矛盾和问题；第二，海洋国家和陆地国家各自发挥自身的地缘优势，开展平等互利的经济合作和彼此信赖的安全合作；第三，海洋国家和陆地国家相互开放，为对方的发展和彼此合作提供地缘便利条件，构建海陆贯通的通道和能源网络；第四，海洋国家和陆地国家不以海陆划线树敌立友，而以和平、合作为共同目标，争取实现"海陆和谐"，共同发展；④ 第五，有的国家既可以是陆权国家，也可以做海洋国家，并不以在海洋和陆地同时具有支配地位为目标，而是以同时加强海洋国家和陆地国家的经济合作和安全合作。

---

① 尼古拉斯·斯派克曼：《和平地理学》，北京：商务印书馆 1965 年版，第 100 页。

② 艾尔弗雷德·塞耶·马汉：《海权论》，北京：同心出版社 2012 年版，第 248 页。

③ 杨金森：《中国海洋战略研究文集》，北京：海洋出版社 2006 年版，第 153 页。

④ 刘江永：《可持续安全论》，北京：清华大学出版社 2016 年版，第 171 页。

海洋强国战略的理论分析*

刘笑阳

海洋环绕于地球，为人类之家，“与其说它为陆地所有，还不如说它拥有陆地”① ——这片蓝色版图不仅孕育出了丰富多彩的陆地生命，同时也是近几个世纪以来世界强国崛起的摇篮。可以说，建设海洋强国不仅有利于涉海国家的安全与发展，也是维护与拓展海外利益的关键，更能成为塑造面向全球性大国的有效途径。尤其对于中国而言，是否能够充分汲取海洋所带来的安全效用与发展效益，从而实现国家实力的巩固与提升、国家利益的维护与拓展以及海洋秩序的融入与塑造，已经成为国家崛起和民族复兴的重要课题。在这个层面上，建构海洋强国战略研究的理论框架既是深刻理解“海洋强国”的必然要求，也是总结历史逻辑、确定现实对策的重要依托。

匈牙利学者伊姆雷·拉卡托斯（Imre Lakatos）指出：“一个命题要么必须被事实证实，要么必须——经过演绎和归纳——从其他已经证实的命题中推演出来。”② 应当说，建构海洋强国战略的理论框架在于设定它要解释的问题：为什么在一个特定的时代，有些大国可以依靠海洋崛起为全球性大国，而有些国家却中途夭折。如果说“李约瑟难题”主要探究的是东西方近代化的历史比较，那么海洋强国战略的理论所应关注的是涉海大国的战略比较；如果说历史决定了海权的地位，而不是海权决定历史，③ 那么海洋强国战略的理论所应解释的是，战略的成败是否由作为历史关键要素的文明特征或者地缘特征所决定；如果说战略是分配和运用工具手段以达到特定目标的艺术，④ 那么海洋强国战略的理论所应确定的便是，战略目标、手段及其互动关系的逻辑。

有鉴于此，本文将以“中西互通、古今互鉴”为原则，结合海洋时代的整体性趋势和阶段性变化，综合考虑海洋强国战略的普遍性和特殊性，尝试在基础研究层面为

* 本文刊发于《太平洋学报》2018 年第 8 期，第 62-76 页。

① 格劳秀斯：《论海洋自由或荷兰参与东印度贸易的权利》，上海人民出版社 2005 年版，第 40 页。

② 拉卡托斯著，欧阳绛等译：《科学研究纲领方法论》，北京：商务印书馆 1992 年版，第 127-128 页。

③ 徐弃郁：《海权的误区与反思》，载《战略与管理》2003 年第 5 期，第 15-23 页。

④ Liddell Hart, *Strategy: The Indirect Approach*, London: Faber and Faber Ltd., 1967, p. 335.

海洋强国战略构建必要的理论框架，进而为解释与解决海洋强国战略的设计与实施当中的问题，提供宏观层面和理论层面的引导和支持。笔者认为，在海洋的战略价值基础上，海洋需求与海洋能力的关系是海洋强国的核心，主观定位与客观环境的关系是海洋强国的基础，而战略目标与战略手段的关系则是海洋强国的表现。可以说，涉海国家是否能在战略评估、设计和实践过程中，实现这三对关系的良性匹配，正是其海洋强国战略取得成功的关键所在。

一、海洋需求与海洋能力

基于对海洋战略价值的不同需求，不同的涉海国家结合自身能力，对海洋做出了姿态不一的判断与选择。换言之，当国家和民族的生存与发展需要海洋时，它们通常会在自身的能力限度内满足这种需求；而在满足需求的过程中，还会评估相关的能力与需求是否匹配，从而在良性循环中实现国家与海洋的关系建构。可以说，海洋需求与海洋能力是海洋强国战略建构与实施的内在动力，这种动力可以帮助我们认识“海权的持久性及其对国家战略的贡献的具体实质”；① 同时，海洋需求和海洋能力的互动关系则在一定程度上解释了“它所能取得的成就和它的限度”② ——它既是本文所构建的理论的内核，也是一种可能而可行的范式探索。

（一）涉海国家的海洋需求

海洋需求是海洋战略价值在涉海国家视野中的具体表现，对于海洋需求的界定既能够反映出国家利益的基本取向，又可以为明确海洋能力提供评判依据。应当说，涉海国家都要在世界海事的背景下，确定本国的长远需求，并将这些需求清晰地表述在该国的海洋政策中。相应地，这些获得声明的需求必须得到全面的维护，必要时甚至需要强制手段加以实现。③ 当然，随着海洋战略价值的时代拓展，国家的海洋需求既渗透出规律性的界定原则，也呈现出不同纬度的特点。

以优先顺序界定国家的海洋需求。海洋需求依照优先顺序可以分为核心需求、重要需求和次要需求。核心需求是关乎国家存亡以至于不能进行交易或退让的重大事宜，关乎涉海国家的生存问题。通常来说，在民族国家意识形成之前，抵御冲击政权稳定的海洋力量通常被置于海洋需求的核心位置。相应的，重要需求是涉海国家在处理海

① Julian Corbett, *Some Principles of Maritime Strategy*, Annapolis: Naval Institute Press, 1988, pp. 15-16.

② Ibid.

③ 乔尔根·舒尔茨、维尔弗雷德·A. 赫尔曼、汉斯-弗兰克·塞勒编：《亚洲海洋战略》，北京：人民出版社2014年版，第15页。

洋事务时必须要引起重视的需求，是牵一发而动全身的需求，是不能轻易放弃的需求。此外，次要需求则是国家海洋强国战略中需要尽力维护但又可以选择性割舍的需求，是成本与收益相对不稳定的海洋需求。① 尽管这些需求在国家崛起过程中存在着战略的先后性，但是随着客观环境和国际基础的变化，不同层次间的海洋需求的重要性亦会相对拉近或相互联动。

以涉及领域界定国家的海洋需求。安全和发展的需求几乎囊括了海洋需求的全部。西方国际关系现实主义的理论权威汉斯·摩根索（Hans Morgenthau）认为，国家利益应当包括三个重要的方面：领土完整、国家主权和文化完整，三者的本质其实都是国家的生存问题，② 抑或国家的安全问题。相应的，海洋安全需求主要包括海洋疆土完整、海上航道的维持、沿海地区的安全以及海洋非传统安全等。可以说，海洋安全需求构成了涉海国家自我维系的重要前提，同时它又会因为发展需求的存在而有所拓展。对涉海国家而言，海洋发展需求包括海洋贸易的维持拓展、海洋资源的开发利用、海洋产业的持续发展以及海洋观念的培养等内容。此外，根据海洋需求的具体领域还可将其分为海洋经济需求、政治需求、安全需求和文化需求等。

以地缘范围界定国家的海洋需求。随着海洋时代的世界开拓，全球化和地区化逐渐成为大国的战略紧身衣，各国的需求不再绝对，且融入了更多的相对性含义。③ 作为贯穿国家、地区和全球的共同元素，海洋需求贯穿于其中的每个层面。可以说，国家海洋需求、地区海洋需求和全球海洋需求存在互融的交集，后两者反映作为整体的地区和全球对海洋的共同诉求。相应的，以国家为主体的海洋需求考察则衍生出“国内”和“海外”的地缘概念——国内需求是一个国家利用海洋增强国力的基础条件，海外需求的维护与拓展是衡量涉海大国是否成为海洋强国的重要指标，如何形成两者之间的有机互动则是诸多地区大国走向世界大国的关键所在。

（二）涉海国家的海洋能力

阿什利·泰利斯（Ashley J. Tellis）等人指出，在势均力敌的对手之间发生长期对抗的情形下，动员国家资源和“潜在能力”并将之转化为军事手段和“实际能力”的能力成为国家实力中同等重要甚至更为关键的方面。④ 有鉴于此，本文选择了“海洋能

① 肖晞、刘笑阳：《中国外交战略定位：历史进程、现实基础与原则策略》，载《西安交通大学学报（社会科学版）》2010 年第 3 期，第 78-84 页。

② Hans Morgenthau, “Another ‘Great Debate’: The National Interest of the United States”, *The American Political Science Review*, Vol. 46, No. 4, 1952, pp. 961-988.

③ Joseph Grieco, Robert Powell and Duncan Snidal, “The Relative—Gains Problem for International Cooperation: Comment”, *American Political Science Review*, Vol. 87, No. 3, 1993, pp. 727-743.

④ 阿什利·泰利斯等：《国家实力评估：资源、绩效、军事能力》，北京：新华出版社 2002 年版，第 25 页。

力”这一表述，一方面可以与“海洋需求”形成相互对照的理论联系，另一方面则是由于海岸线长度、沿海经济发展、海底资源等实力要素更依赖于实际能力的转化。① 纵览西方的海洋战略研究，马汉在《海权对历史的影响（1660—1783年）》中阐明了经典的“海权六要素”，即地理位置、自然结构、领土大小、人口数量、国民习性以及政府特性及其政策，这种多元视角很大程度上指明了衡量海洋能力的基本方向。有鉴于此，考虑到国家海洋能力的大小与国家的海洋战略资源基本成正比，借由海洋战略资源的横向比较来衡量海洋能力或许更具系统性。本文认为，海洋战略资源（或海洋能力的要素）大致可包括：

（1）海洋自然资源，包括领海、海岛的面积以及海洋资源储量等。在《联合国海洋法公约》颁布之后，这一类资源更是受到了特别的关注和重视。（2）海洋人力资源，包括从事海洋事业的人口数和受教育程度等。马汉曾强调必须计算“从事海洋事业的人口数量，至少是那些从事海洋物质生产且能够迅速受雇于航海业的人口”。②（3）海洋经济资源，主要指国家内部海洋产业的生产总值。同时，海洋旅游、海洋工程建筑等交叉性产业的兴起，也令海洋经济资源的外延逐渐扩展和丰富。（4）海洋军事资源，包括海军人数、海军军费开支、舰船规模等。海洋军事资源一直是衡量国家海洋能力的最直接要素，“拥有具备优势的海军不仅能够确保海上交通线，还可以保持通过战争而确立的优势地位”。③（5）海洋科技资源，主要是指国家在海洋领域的技术开发与创新投入，以及国家所取得的技术专利等。一个涉海国家想要达成世界霸权，不仅需要强大的海军，而且还必须是世界科技的创新国。④（6）海洋政府资源，主要包括政府对海洋领域的财政投入和政策支持。政府资源同马汉所说的“政府特性”映射着同样的议题，即政府对海洋强国战略的重视程度。（7）海洋国际资源，包括海洋关口进出口贸易总量、海上贸易运输舰船的规模、对海洋战略通道和重要港口的控制情况以及在国际海洋制度中的参与度和话语权等。（8）海洋文化资源，主要指引领性的海洋学说、文教产品以及沿海地区风土人情、文物古迹等，海洋文化资源直观地反映出海洋强国的底蕴和厚度。

① 杰弗里·蒂尔也曾指出，海权可以被界定为“在海上或者自海上影响其他国家行为的能力”。参见杰弗里·蒂尔：《21世纪海权指南（第二版）》，上海人民出版社2013年版，第106页。

② Alfred T. Mahan, *the Influence of Sea Power upon History* (1660-1783), Cambridge University Press, 2010, p. 45.

③ George Modelski and William R. Thompson, *Seapower in Global Politics*, 1949-1993, Seattle: University of Washington Press, 1998, pp. 3-26.

④ 王逸舟：《西方国际政治学：历史与理论》，上海人民出版社1998年版，第433-434页。

（三）海洋需求与海洋能力的互动

强调理论的核心问题，也就使得理论在某种意义上具有合目的性的特征。[①] 国家的海洋需求与海洋能力并非相互孤立的概念，它们不仅有所联系，而且这种联系本身还成为了国家海洋行为的基本动能。可以说，海洋强国战略理论的核心问题就是国家与海洋之间的关系：它以海洋能够给国家带来什么（What）为基础，探讨国家为什么（Why）要利用海洋，以及国家如何（How）利用海洋，从而形成“What-Why-How”的研究主脉。其中，海洋的战略价值侧重于解答海洋能够给国家带来什么，国家的海洋需求侧重于解答国家为什么要利用海洋，国家的海洋能力则侧重于解释国家应如何利用海洋。在这个过程中，不同概念的解释范围既有所侧重又有所联系，而“Why-How”之间的联动则是其中相对关键的环节。实际上，国家海洋需求与海洋能力互动的差异也正是海洋强国战略研究的理论原点。

本文认为，作为理性行为体的涉海国家会受到海洋战略价值的吸引，从而逐渐形成认识和利用海洋的特定需求，这种需求决定了国家摄取海洋战略价值的方向。接着，国家会依据自身的整体实力和行动方向，谋划和凝聚自身经略海洋的能力，而这种能力则决定了国家发掘海洋战略价值的程度。同时，也正如毛泽东所言，“从不平衡到平衡，又从平衡到不平衡，循环不已，永远如此，但是每一循环都进到高的一级。不平衡是经常的、绝对的；平衡是暂时的、相对的”。[②] 就像理性行为体在市场中选择商品时，可能会遇到商品价值和使用价值不相匹配的情况一样，国家通过海洋能力去满足海洋需求很难立即达到恰好的平衡。换言之，国家可能会发现所付出的能力冗余或有限，甚至于意识到自身的需求本身存在着偏差，这就加强或削弱了海洋战略价值对国家的吸引力，使其对海洋需求进行重新评估，并再次谋划相应的海洋能力，进而形成了海洋需求与海洋能力之间循环往复的更新与互动。此外，海洋需求与能力的平衡是变动不居的，国家海洋需求的满足能够促进海洋能力的提升，而海洋能力的提升也为海洋需求的拓展提供条件和依据（例如深海勘探技术等），这就构成了良性循环的理论可能。

---

① 秦亚青：《国际关系理论的核心问题与中国学派的形成》，载《中国社会科学》2005 年第 3 期，第 165-176 页。

② 毛泽东：《工作方法六十条（草案）》，载《建国以来毛泽东文稿》第 7 册，北京：中央文献出版社 1992 年版，第 54 页。

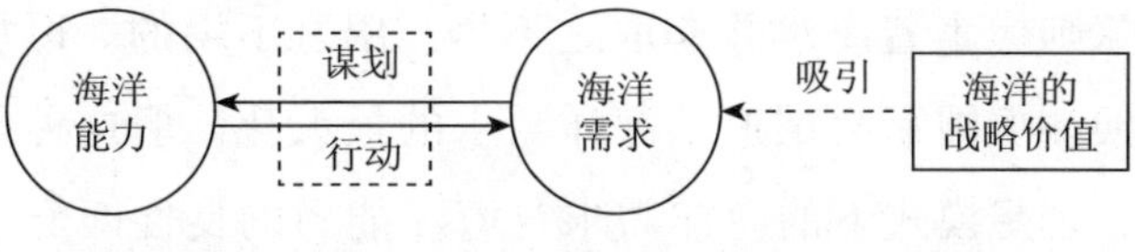

图1　国家海洋需求与海洋能力的互动（理想模式）

通常来说，在不受内外部干扰的理想模式（Ideal Type）中，国家的海洋需求和海洋能力会在长期的交互联系中自然地达成良性匹配，并不断重复进程性的海洋“强”国。具体来说，这一前提假设有三个关键内涵：

（1）国家是纯粹的理性行为体，它们“在实际信息量一定的情况下，最大程度地实现其一组既定的、持续有序的目标期望值”。① 涉海国家会依赖个体利益的角度判断海洋战略价值，确定自身的海洋需求、评估自身的海洋能力以及实现两者之间的有机互动。在这个层面上，海洋的战略价值本身具有客观和主观的差别，前者反映实然性，后者反映应然性，两者共同构成“藉由海洋使国家强大”的需求。同时，这里的“国家”并不必然是西方学术话语下的民族国家，因为国家理性的运作机理遵循国家利益（National Interests）而非国家权利（National Rights）。相应的，海洋需求的本质并非社会禀赋的权利，而是自然禀赋的利益。②

（2）涉海国家存在着天然的差异，尽管它们并非国际关系结构现实主义所倡导的同质原子，但海洋需求与海洋能力互动的本质却是相同的——在结构层面这些国家不同质亦不同量，而在需求与能力互动的进程层面则是同质不同量的。应当说，涉海国家汲取海洋战略价值的需求和能力形态各异，同样的海洋战略价值可能会在不同国家中衍生出不同的需求，在不同情况下国家也会对同样的海洋战略价值投入不同的能力。但无论如何，海洋需求惟有通过海洋能力才能予以实现，海洋能力的实际效果也只能借由海洋需求来加以衡量。这意味着，单纯衡量国家间的需求或能力难以获得根本性的理论启示，海洋强国战略理论研究的指向应当是对互动过程的探讨与比较。

（3）海洋需求与能力的良性匹配是进程性海洋“强”国的关键动力。在理想模式下，涉海国家不会受到内外部因素的影响，这种量变性质的“强国”本身就是自然稳定的，国家只要考量自身能力是否可以满足对海洋战略价值的需求。此外，尽管海洋的战略价值是开放性的，但其公共物品性质和资源禀赋都决定着国家的海洋需求是有限的——公共物品性质（例如海上交通线和公海运输等）意味着海洋的战略价值难以

① Glenn H. Snyder and Paul Diesing, *Conflict among Nations: Bargaining, Decision Making and System Structure in Internaitonal Crises*, Princeton: Princeton University Press, 1977, p. 181.

② 这也在一定程度上解释了美国没有参与签署《联合国海洋法公约》的行为根源。

被独占，而资源禀赋则代表着海洋并非取之不尽、用之不竭的。再加之涉海国家的能力也存在限度，即便涉海国家尝试追求海洋需求的最大化，但这种最大化依然存在着边际效应。换言之，理想模式下的海洋需求与海洋能力的良性匹配是一个不断发展升级的过程，同时也存在着“增长的极限”。

总的来说，海洋需求与海洋能力的互动是海洋强国的理论基础：它突出的是国家作为理性行为体的自身动能，侧重于反映不同国家间的规律与共性。然而，这种海洋“强”国的理想模式在现实情境中其实很难发生。根本原因在于，涉海国家的海洋需求和能力必然要受到客观环境和主观定位的影响。这一内一外两股变量可能促动海洋需求的提升或限制海洋能力的发挥，对原本会自然产生的良性匹配产生干扰，使得涉海国家无法充分地认识和汲取海洋战略价值，进而无法长期延续量变性质的海洋“强”国进程。故而，理解和分析海洋强国的客观环境和主观定位就成为了下一步理论探索的演绎目标。

二、客观环境和主观定位

在伊姆雷·拉卡托斯看来，科学的研究纲领应当设立辅助性假定，来解释异常现象，从而保护基本假定。这些辅助性假定应当能够促成“新事实”的发现，并为理论（或研究纲领）本身提供“持续增长”的机会，从而增强我们理解现实的能力。① 以此为指引，本文认为将理想模式下的海洋需求与能力的互动关系作为基本假定，同样需要相应的辅助性假定来验证其在现实情境当中的解释力和创造力。杰弗里·蒂尔指出，海权由相互联系的各种要素所组成，这些要素是国家的特性，决定着国家拥有海权的难易程度；同时，这些要素的价值还非常依赖国家难以掌控的战略环境。② 有鉴于此，笔者将客观环境和主观定位作为理论的辅助性假设，探讨两者作为“干预变量”对海洋需求与海洋能力的互动所构成的影响，而纳入这两种变量将使普遍性的理论模型逐步具备特殊性的实证价值。

（一）涉海国家的客观环境

涉海国家实现海洋强国也必须要同国家大战略的制定一样，顺应世界潮流，冷静而客观地判断本国国情，致力于自身发展，同时锤炼国际视野，以“天时、地利、人

① 参见拉卡托斯：《科学研究纲领方法论》，北京：商务印书馆 1992 年版，第一章。

② 杰弗里·蒂尔：《21 世纪海权指南（第二版）》，上海人民出版社 2013 年版，第 106 页。

和”为战略价值取向。[①] 以此为参照，本文认为海洋强国战略的客观环境包含着三方面的内容：“历史趋势”即是影响海洋强国的“天时”，国家置身的“地缘结构”便是其“地利”，而国家所处的“秩序进程”则是其“人和”。所以，在一国谋划和评估海洋强国战略时，必须要考察作为客观环境的历史趋势、地缘结构和秩序进程——因为这三者既是涉海国家兴盛的“铺路石”，也有可能成为其走向衰落的“绊脚石”。

1. 历史趋势

海洋强国是人类历史变迁的产物，研究涉海国家的海洋认知和行动应将其置于特定的历史趋势和时代潮流之中。弗里德里希·恩格斯（Friedrich Engels）指出，“每一历史时代的经济生产以及必然由此产生的社会结构，是该时代政治的和精神的历史基础”。[②] 有鉴于此，本文认为衡量历史趋势的标准应基于物质性的科学技术和观念性的人文思想。同时，这里的科学技术与人文思想之间并不构成认识论视野下的决定与衍生关系，而是一种双生的和互动的历史基础。

就科学技术而言，在整个人类历史中，技术变革都深深影响了人们的日常生活，[③] 造船、远航和火药技术的进步塑造了19世纪中叶之前的“风帆时代”，人们在探索海洋的过程中也强化了关于地理、勘探、医学等方面的知识，使得舰船的搭载与续航能力不断提升，世界在更为广泛的开拓进程中被连接成为整体。与此同时，技术也迫使欧洲人对海洋战术和战略引发新的思考，[④] 并推动了第一波海洋强国战略付诸实践。随后，动力革命缔造了速度更快、耐久更强的“铁甲时代”舰船，海上交通的时间被大幅缩短，远海航行的危险性也明显降低，涉海国家纷纷开始寻求对海洋的利用乃至控制。第二次世界大战结束之后，海洋勘探和能源开发技术的革新使涉海国家逐步转向对海洋资源本身的关注和竞争，而科学技术从少数国家向世界范围的外溢不仅带来了工业化与现代化的全球铺展，也引致了人类需要共同面对的海洋气候、环境和安全问题。可以说，在划分海洋强国历史阶段时，必须要将科学技术的整体趋势和时间节点作为关键标准。

就人文思想而言，海洋强国是人类发展的历史创造，也是人类思想与海洋活动的历史结合。在较长一段时期内，无论是宗教的束缚或追求，还是人性的解放或缺陷，都会成为人类（或者一个民族）认识并探索海洋的重要观念变量。这些人文思想包含

---

① 门洪华、肖晞：《国际战略惯性与苏联的命运（1979—1989）》，载《中国社会科学》2011年第6期，第184-192页。

② 《马克思恩格斯选集》第1卷，北京：人民出版社1995年版，第252页。

③ 斯塔夫里阿诺斯：《全球通史：从史前史到21世纪（第7版）》，北京大学出版社2005年版，第771页。

④ 钮先钟：《西方战略思想史》，桂林：广西师范大学出版社2003年版，第306页。

着人对人的认识、人对社会的认识以及人对世界的认识，进而直接地影响到人对海洋的看法。然而，这种社会的思想精神与国家的战略观念却不尽相同（虽然两者存在相互塑造的关系），这意味着在研究中可以将人文思想视为超越国家和民族的背景环境：不仅要判断其在某段时期内的主流特征和先进趋势，还要适当弱化民族性的和意识形态的认知。应当说，自由、智力与教化在国家力量上的影响，因而也就是在国家生产力和财富上的影响，在航海事业上显示得最为清晰。① 思维解放所带来的自由和智力深刻地影响着国家对海洋强国战略价值的认识，并潜移默化地构成了它们对海洋需求与海洋能力的理性判断。因此，对每个时代先进人文思想的把握，也应当成为界定不同阶段的重要依据。

2. 地缘结构

作为“地利”的地缘特征因其相对稳定的特性，属于海洋强国客观环境中的结构性因素。在马汉的“海权六要素”中，地理位置、自然结构和领土范围便是对地缘环境的考察。同时，作为地球的两个主要自然与人文地理环境，海洋和大陆为不同特点的地缘政治结构的形成提供了舞台，② 也为国家间关系提供了最基本的地理空间。在这个层面上，正因为地缘结构对国家的安全和繁荣都十分重要，它在设定国家的战略议程方面发挥着重大作用。③ 有鉴于此，笔者以“地缘结构”为概念，以结构性因素为侧重，以海陆交织为原则，将影响海洋强国的地缘结构要素分为三类：总体性的地缘环境、海洋性的地缘环境和陆地性的地缘环境。

表 1　涉海国家的地缘结构环境及其要素

类　别	基本要素
总体性的地缘环境	地理位置；气候特征；文明区域
海洋性的地缘环境	海岸线特征；出海口及其通道；近海空间；远海空间
陆地性的地缘环境	陆地边界特征；邻国情况；内陆空间

总体性的地缘环境主要包括：（1）地理位置，即一个国家所处的地理板块位置，它决定着涉海国家总体上的海陆环境。马汉认为，如果一个国家的地理位置既方便进攻又方便进入公海，同时还控制了一条重要水路或世界主要贸易通道，那么这个国家

① 弗雷德里希·李斯特：《政治经济学的国民体系》，北京：商务印书馆 1961 年版，第 98 页。

② 索尔·科恩：《地缘政治学——国际关系的地理学（第二版）》，上海社会科学院出版社 2011 年版，第 38 页。

③ 杰弗里·蒂尔：《21 世纪海权指南（第二版）》，第 114 页。

的地理位置便具有重要的战略意义。[①]（2）气候特征，包括涉海国家常态的温度、湿度以及所处的信风带、洋流带等自然条件。应当说，气候和地理位置共同塑造了一个国家的基本自然形态，但其所受到的重视却明显弱于后者。考虑到历史上的海洋强国基本都处于温带地区，[②]气候的共通性和特殊性或可成为国家走向海洋的解释之一。（3）文明区域，即一个民族或国家所处的文明圈（或文化圈）。“文化区域”的内涵与历史趋势中的人文思想要素构成了特殊性和普遍性的互动——特定的文明表征会在某一地区的国家或民族萌发出特定的思想认知，从而影响海洋观念的衍生与发展。[③]

海洋性的地缘环境主要包含：（1）海岸线特征，即涉海国家所处海岸地带的长度与弯曲度、港湾和港口特征以及相互间的地理联系等。[④]海岸线的地貌是判定一国是否具有潜力走向海洋的重要依据，而海岸线的贯通也直接影响着国家海上行动的回旋余地。在某种程度上，海上优势可以通过控制海岸线——而非仅仅通过建设海军来实现。[⑤]（2）出海口及其通道，即海岸线上朝向宽广海域的凹部或者某些海岛。出海口是涉海国家的军事、贸易的基地所在，并为成规模的舰队提供停泊的空间和进退的通道。（3）近海空间，即距离一国海岸线特定宽度的领海以及隔海相望的“邻国”情况。海洋形成并规定了陆地的周边境况，[⑥]而近海空间则塑造着涉海国家的周边海洋形势。（4）远海空间，即领海外延的公海海域、海上通道及其基地等。公海海域至为浩瀚，最具战略价值的主要是特定的海上通道及港口基地，它们构成了海洋强国战略外延的“血脉”和“关节”。

陆地性的地缘环境主要涉及：（1）陆地边界特征，即本国领土（或海外殖民地领土）陆地边界的地形条件、自然风貌和关口线路等。作为陆路运输成本和内陆安全保障的客观要件，陆地边界的自然条件和政治情势却构成濒海国家走向海洋和世界的主要牵制力。[⑦]（2）邻国情况，即与一个国家陆地接壤的邻国的基本情况，包括国民数

① Alfred T. Mahan, *The Influence of Sea Power upon History* (1660－1783), Cambridge: Cambridge University Press, 2010, p. 23.

② 戴维·兰德斯曾就温带和热带之间的差异对国家发展的影响进行过精到的分析，参见戴维·S. 兰德斯：《国富国穷》，北京：新华出版社2010年版，第一章。

③ 需要指出的是，此处的“文明”借鉴了塞缪尔·亨廷顿（Samuel Huntington）的界定，将其视为一种“文化实体”。由于它们本身不维持秩序，也不促成政治实践，因此仍然属于结构性的概念。参见塞缪尔·亨廷顿：《文明的冲突与世界秩序的重建》，北京：新华出版社2010年版，第23页。

④ 刘新华、秦仪：《现代海权与国家海洋战略》，载《社会科学》2004年第3期，第73-79页。

⑤ Colin Gray, “History for Strategists: British Sea-powers as a Relevant Past”, in Geoffrey Till ed., *Sea-power: Theory and Practice*, New York: Routledge, 1994, p. 17.

⑥ 滨下武志：《中国、东亚与全球经济——区域和历史的视角》，北京：社会科学文献出版社2009年版，第102页。

⑦ 邵永灵、时殷弘：《近代欧洲陆海复合国家的命运与当代中国的选择》，载《世界经济与政治》2000年第10期，第47-52页。

量、经济实力和军事能力等。麦金德认为，政治力量的实际对比要同时关照地理条件（经济的与战略的）以及国民的数量与活力等。① （3）内陆空间，即一个国家（或其海外殖民地）的资源禀赋、领土范围等内容，它构成了涉海国家的海洋战略纵深。一方面，内陆空间的优势既可以为涉海国家走向海洋提供必要的物质基础，也能够在海洋呈现劣势时为其提供战略收缩的余地；另一方面，贫瘠的土壤和气候条件也时常会鼓励海外冒险，而自然禀赋丰富的国家则很少如此。②

3. 秩序进程

如果说地缘环境在结构层面决定着涉海国家实现海洋强国的“先天条件”，那么濒海国家所在的地区和全球秩序则在进程层面上影响着它们的“后天成长”。法国历史学家费尔南·布罗代尔（Fernand Braudel）指出，国家所受到的社会束缚与其受到的空间束缚一样大，任何将人类事件归并到地理学方面的做法都至少要在两方面进行：既归并到空间也归并到秩序。③ 可以说，海洋是具有国际意义的公域，濒海国家的海洋选择必然受到国际秩序的促动或制约。就此而言，秩序既是涉海国家实现海洋强国的必要条件，也是其可行目标；而海洋秩序既是国际秩序的有机组成，也是海洋时代中的先导力量。

地缘维度：陆地秩序与海洋秩序。海洋秩序既受到陆地秩序的深刻影响，又有其相对独立的运行逻辑：陆地秩序以土地面积和人口数量为基础，以重要国家及其城邦作为相对稳定的核心，而核心与外延之间则通过发散性的行政、经贸与文化链条相互联系，从而形成由外向内逐渐凝聚的面状辐射。同时，不同地区的陆地秩序之间更具互斥性，秩序的交叉地带容易形成冲突和战争，故而也常存在履行安全职能的城关。相比之下，海洋秩序往往以海外殖民和海上通道为基础，以关键航线及其港口作为相对变动的核心，通过节段性的经贸、行政与观念链条构成一种由多个贸易圈相连的带状辐射。同时，自由贸易和“门户开放”是海洋秩序的根本所在，④ 这就使得地区性海洋秩序之间的交叉地带多会形成流通港口和交易市场，而全球性海洋秩序与地区性海洋秩序之间的互斥性却更为明显。

体系维度：均势秩序与霸权秩序。基于不同的组织原则和分配模式，秩序进程也会在体系层面呈现出不同的特征，从而影响到涉海国家的理性行为。正如约翰·伊肯

① 哈·麦金德：《历史的地理枢纽》，北京：商务印书馆 2013 年版，第 65 页。

② 保罗·肯尼迪：《英国海上主导权的兴衰》，北京：人民出版社 2014 年版，第 6 页。

③ 费尔南·布罗代尔：《论历史》，北京大学出版社 2008 年版，第 128 页。

④ Geoffrey A. Pigman, “Hegemony and Trade Liberalization Policy: Britain and the Brussels Sugar Convention of 1902”, *Review of International Studies*, Vol. 23, No. 2, 1997, pp. 185–210.

伯里（John Ikenberry）所言，尽管现实中的历史秩序往往体现出多种秩序的特征，但均势秩序或霸权秩序更众所周知也更为理论化。① 就均势秩序而言，分配并未产生唯一的“操作性”（Manipulative）国家，每个国家同时具备“操作性”和“适应性”（A-daptive）的角色——各国为了保障自身的安全与发展，会理性地采取相互制衡的行动，② 从而促使分配过程保持相对稳定的状态。就霸权秩序而言，分配的结果产生了唯一的“操作性”国家（即霸权国）。霸权国在无政府状态下具备相对权威，而它确立的国际体系则起到管理国际行为体的准法律作用，③ 促使其他国家成为“适应性”的一方，致力于通过秩序建设实现其治下的和平。

区域维度：全球秩序与地区秩序。国际秩序依其地理范畴可分为全球秩序和地区秩序，后者主要是地区间国家互动的产物。④ 就全球秩序来说，由于全球化体系主要建立在海洋运输的基础之上，⑤ 使得海洋强国在全球秩序的构建中发挥关键作用，而对全球秩序主导权的争夺正是其冲突与合作的根源所在。就地区秩序来说，国家往往会试图建构熟悉且符合其目标的环境，而其所在的地区往往成为国家域外政治目标的发源地。⑥ 所以，濒海国家为了将满足自身“舒适度”的秩序模式扩展到全球层面，就需要以国内秩序为基础、以地区秩序为媒介。与此同时，在讨论地区秩序时，需要考虑到地区的“外部不完全性”所造成的地区体系本质上的开放性；⑦ 而在分析全球秩序时，则要准确把握主要地区秩序的历史与现实，以充分理解“局部全球化的世界”。⑧

（二）涉海国家的主观定位

马克斯·韦伯（Max Weber）认为：“物质的和概念上的利益——并非观念——直接支配着人们的行为。然而，往往是由观念所形成的‘世界镜像’（World Images）像

① 约翰·伊肯伯里：《大战胜利之后：制度、战略约束与战后秩序重建》，北京大学出版社 2008 年版，第 21 页。

② Matin Wight, “The Balance of Power”, in Herbert Butterfield and Martin Wright eds., *Diplomatic Investigations: Essays in the Theory of International Politics*, Cambridge: Havard University Press, 1966, pp. 149-176.

③ Robert Gilpin, *War and Change in World Politics*, Cambridge University Press, 1981, p. 199.

④ 门洪华：《地区秩序建构的逻辑》，载《世界经济与政治》2014 年第 7 期，第 4-23 页。

⑤ 杰弗里·蒂尔：《21 世纪海权指南（第二版）》，第 7 页。

⑥ Arnold Wolfers, *Discord and Collaboration: Essays on International Politics*, Baltimore: Johns Hopkins University Press, 1965, pp. 67-80.

⑦ David A. Lake and Patrick M. Morgan, “The New Regionalism in Security Affairs”, in David A. Lake and Patrick M. Morgan eds., *Regional Orders: Building Security in a New World*, Park: Pennsylvania State University Press, 1997, p. 9.

⑧ “局部全球化的世界”这一表述出自于罗伯特·基欧汉：《局部全球化世界中的自由主义、权力与治理》，北京大学出版社 2004 年版。

扳道工一样，决定着受利益驱使之行动的轨迹。”① 可以说，在最根本的层面上，观念规定着行动的可能性领域，② 涉海国家的理性行为既要以客观的需求与环境为基础，也必然受到主观的认知与定位的限制。本文认为，涉海国家的主观定位是国家以客观因素为基础、以战略观念为指导的一种自我判断。可以说，涉海国家拥有理性而正确的主观定位，能够促使其明确自身海洋需求和能力的互动关系，从而保证海洋强国行动的长期性和稳定性。

在地缘特征的层面上，可以将涉海国家划分为海洋国家和濒海国家。这里所指的“海洋国家”是指战略边界绝大多数或完全是海洋的国家，它们的战略边界皆由海洋塑就，其生存压力基本来自于海上，其发展潜力也须从海洋挖掘。“濒海国家”是指战略边界既有海洋又兼陆地的国家（又称为“陆海复合国家”③）。本文认为，依据濒海国家对陆海战略价值的重视程度，可将其进一步划分为“海洋性濒海国家”和“陆地性濒海国家”。其中，海洋性濒海国家多位于大陆边缘，尽管内陆地区的情势也会影响到国家战略的走向，但由于陆地边界短小、领土面积狭窄或陆上邻国强大等多方面限制，使得海洋性濒海国家走向内陆的战略动机要明显弱于海洋；反之，对于那些陆地领土广袤并占据大陆核心位置的濒海国家而言，则更侧重陆地的开发与拓展价值，因而彰显出自身定位的“陆地性”特征。

表 2　主要涉海国家的陆海性质定位

类　型	国　家
海洋国家	美国、英国、日本、澳大利亚、印度尼西亚等
海洋性濒海国家	西班牙、葡萄牙、荷兰、希腊、意大利、加拿大等
陆地性濒海国家	中国、法国、德国、俄罗斯、印度等

在区域范畴的层面上，可以将涉海国家进行全球性和地区性的划分。全球性涉海国家是能够在全球对重要海洋战略通道施加控制的国家，它们的海洋需求铺展于整个世界版图，同时又拥有影响全球性海洋秩序的能力；同时，地区在某种意义上也是在全球化进程中被创造和再创造出来的，④ 故而地区性涉海国家主要是在地区海域发挥类似作用。乔治·莫德尔斯基（George Modelski）发现，自 1494 年以来的五个世纪里，

① Max Weber, “Social Psychology of the World's Religions”, in H. H. Gerth and Wight C. Mills eds., *From Max Weber: Essay in Sociology*, New York: Oxford University Press, 1958, pp. 251-281.

② 朱迪斯·戈尔茨坦、罗伯特·基欧汉：《观念与外交政策——信念、制度与政治变迁》，北京大学出版社 2005 年版，第 8 页。

③ 邵永灵、时殷弘：《近代欧洲陆海复合国家的命运与当代中国的选择》，载《世界经济与政治》2000 年第 10 期，第 47-52 页。

④ 庞中英：《地区主义与民族主义》，载《欧洲》1999 年第 2 期，第 40-46 页。

只有九个国家能称得上全球性大国，它们是葡萄牙、西班牙、英国、法国、荷兰、俄国（苏联）、美国、德国和日本。① 借鉴上述理解，本文认为真正意义上的全球性涉海国家只包括葡萄牙、西班牙、荷兰、英国和美国；作为陆地性濒海国家的法国、俄国、德国虽然具备全球影响，但其影响力的基础仍然是内陆优势；而海洋国家的日本则更多是在地区海域展现能力，其经济的全球性影响力与海洋领域的联系相对间接。

在实力规模的层面上，可以将涉海国家分为大国和其他国家。杰克·利维（Jack S. Levy）认为，大国不仅有能力将外来威胁或者损失降至最低点，还必须使收益最大化，并且敢于冒险地获得收益。② 以此为参照，“涉海大国”即是具有地区或全球影响的海洋需求，且拥有相应海洋能力的涉海国家；涉海大国未必拥有广袤的领土面积，但一定要拥有确保海洋安全和探寻海洋发展的战略余地。此外，“涉海大国”和“海洋强国”在内涵上也不尽相同，对国家的评价常有“大而不强”的说法。③ 其中，“强国”的核心在于能够通过提供秩序建构（特别是制度设计）来深刻影响涉海国家之间的权力分配、利益分配和观念分配，而“大国”则侧重于体现其规模和影响之大；同时，“大国”主要反映了海洋能力的防御性，而“强国”则代表着防御性基础上的进取性。

（三）客观环境和主观定位的干预

恰如罗伯特·基欧汉所言，“我们应当首先追求简明，然后将复杂性融入理论之中，并密切关注这会给我们的理论的预测力带来什么负面影响，亦即如何损害我们从有限的信息出发进行重大推论的能力”。④ 前文提出，涉海国家的海洋需求和海洋能力在理想模式中，会通过长期的交互联系达成良性匹配，并不断重复进程性的海洋“强”国。然而现实情境通常是：涉海国家的海洋需求和能力会受到客观环境和主观定位的干预，使得原本自然产生的良性匹配出现波动乃至停滞。因此，对客观环境和主观定位进行描述性阐释之后，就要在原有的理想情境基础上，构建相应的辅助性假设作为理论核心的“保护地带”。本文认为，以“海洋战略价值—海洋需求—海洋能力”互动框架为基础，涉海国家的主观定位干预着国家对海洋战略价值的需求程度，而其所处的客观环境则干预着海洋需求与海洋能力之间的良性匹配；客观环境的三个要素

① George Modelski and William R. Thompson, *Seapower in Global Politics* (1494-1993), Seattle: University of Washington Press, 1988.

② Jack S. Levy, *War in the Modern Great Power System*: 1495-1975, Lexington: University of Kentucky Press, 1983, pp. 10-12.

③ 例如：习近平：《中国发展新起点 全球增长新蓝图——在二十国集团工商峰会开幕式上的主旨演讲（2016年9月3日，杭州）》，载《人民日报》2016年9月4日，第3版。

④ 罗伯特·基欧汉：《局部全球化世界中的自由主义、权力与治理》，北京大学出版社2004年版，第60页。

（历史趋势、地缘结构和秩序进程）所发挥的影响各有其特征；同时，客观环境还会对主观定位施加影响，前者也因此成为“干预”过程的主要自变量（如图2）。

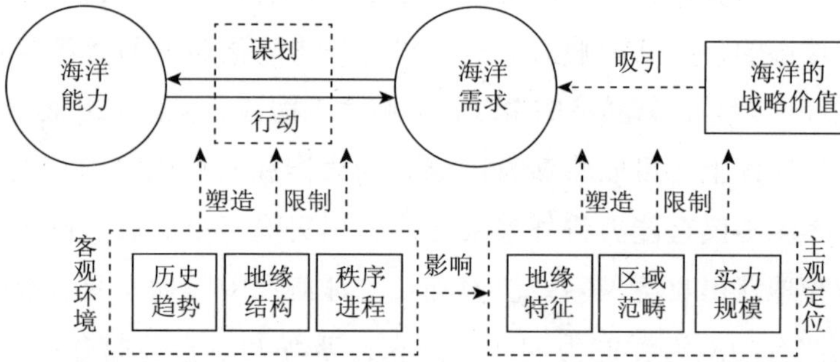

图2　国家海洋需求与海洋能力的互动（现实情境）

在现实情境中，涉海国家的主观定位会干预海洋战略价值吸引并转化为海洋需求的过程。通常来说，海洋的战略价值会客观、完整地转化为相应的海洋需求，但主观定位则通过建构“我是谁”来影响“我要什么”，使得涉海国家对海洋需求的判断出现变化。本文认为，这种干预会导致两种截然不同的影响：一种是塑造性的，即对海洋战略价值的把握具有前瞻性和拓展性，促使涉海国家形成超越当下基本安全与发展的海洋需求；另一种是限制性的，即对海洋战略价值的认知相对迟缓和滞后，以至于海洋需求难以匹配国家安全与发展的客观标准。基于海洋能力与海洋需求的互动逻辑，两者的可能后果是：塑造性影响下的海洋需求同样具有前瞻性和超越性，不仅需要相应的能力来满足基本需求，还要将随之而来的海洋收益回馈给海洋能力，方能在良性循环中实现更高水平的海洋需求；反之，限制性影响下的海洋需求通常不会高于国家的基本需求，涉海国家只要一次性投入相应能力即可满足，使得海洋需求与海洋能力之间无法形成连续性的循环互动。与此同时，上述理论假设需要明确的是：（1）涉海国家的基本海洋需求因国家而异，而其基本标准应当是：长期性的海洋安全与稳定性的海洋发展；（2）塑造和限制并非积极与消极的关系，过度塑造同样会产生海洋需求远远大于海洋能力的战略误判，合理限制有时也可以成为国家平衡战略资源的有效手段；（3）涉海国家的主观定位会受到客观环境的影响，尽管这种影响未必是准确而充分的反映。

在现实情境中，涉海国家的客观环境会干预海洋需求与海洋能力之间的互动过程和良性匹配。其中，历史趋势属于时间范畴，其核心是文明与历史的关系；地缘结构属于空间范畴，其核心是陆地与海洋的关系；秩序进程属于主体间范畴，其核心是政权与政权的关系。在这三者的综合作用下，国家海洋需求与海洋能力的良性匹配从

“一般规律”褪变成为了“特殊现象”，从而直接影响了海洋强国的进程和结果。在这一过程中，客观环境也从塑造和限制两个方向上施加干预，但不同于主观定位的是：积极的客观环境可以加速推进海洋能力与海洋需求的良性匹配，反之则会滞缓乃至阻碍进程性的海洋“强”国。相应的，上述影响也使得国家间呈现出发展的分野，而长期保持进程性海洋“强”国的绝对收益，就会在国际比较中实现相对收益范畴的结果性海洋“强国”。在这个层面上，涉海国家必须要首先明确“积极塑造”的基本条件，即历史趋势凸显海洋领域的战略价值，地缘结构提供海洋经略的行动便利以及秩序进程促进海洋博弈的优势地位，然后才能综合判断哪种因素对海洋强国施加了限制性影响——（1）历史趋势所彰显的海洋战略价值对应着持续收益的海洋需求，无法把握趋势就会造成海洋能力投入到“亏损”的需求当中；（2）地缘结构会影响到涉海国家海洋能力的施展，可能导致涉海国家陷入“心有余而力不足”的地缘困境；（3）秩序进程主要借由国家间关系来影响海洋需求与能力互动的稳定性，处于秩序劣势的国家更容易受其他国家影响而引致良性匹配的间断。

表3　涉海国家的客观环境要素及其特征

	主要范畴	核心关系	是否可抗	是否变动
历史趋势	时　间	文明与历史	否	是
地缘结构	空　间	陆地与海洋	是	否
秩序进程	主体间	政权与政权	是	是

本文对客观环境和主观定位的考察并非要证明两者对海洋强国具有理论价值，而是在解构上述干预进程的同时，探寻其为我们理解历史和规划现实所带来的指导意义。就主观定位而言，涉海国家应当追求自我定位在战略上的塑造性和战术上的限制性，它既要遵循海洋需求产生的基本逻辑，也应理性反映当时的客观环境，并以统筹国家整体资源为原则，重视国家能力投入的合理分配。可以说，涉海国家主观定位的目的在于理性认知海洋战略价值同国家安全与发展之间的关系，促进涉海国家形成兼具良性、弹性和耐性的海洋需求。就客观环境而言，作为“天时”的历史趋势具有变动性，却不会以特定国家或民族的意志为转移；作为“地利”的地缘结构能够加以利用或克服，却具有相对稳定的特征；作为“人和”的秩序进程不仅具有变动性，而国家又能对其施加影响，故而，国家要在历史趋势方面顺水行船、在地缘结构方面扬长避短、在秩序进程方面力争上游。正所谓“人和为本，天时与地利则其助也”，① 考虑到秩序

① 语出北宋人王皙，这句话是其为《孙子兵法》所作之注。参见【春秋】孙武撰，【三国】曹操等注，杨丙安校理：《十一家注孙子》，北京：中华书局2012年版，第4页。

进程是国家最易塑造和变革的客观环境要素，理应成为涉海国家关注的重要方向。总而言之，涉海国家的客观环境和主观定位的干预进程不仅在一定程度上解释了海洋强国的现实情境，更能够据此呈现出国家可以有所作为的关键节点——正是在这些节点上，海洋强国战略适时介入其中，尝试发挥出扭转历史、地缘和文明宿命的作用。

三、战略目标与战略手段

成就海洋强国不仅仅依赖于思想的构建，它必须要在分析具体态势的基础上，为国家的选择提供稳定而系统的行动安排。故而，当客观环境和主观定位的干预影响到海洋需求和海洋能力的良性匹配时，国家就必须要充分发挥自身的主观能动性，最大程度上顺应或克服上述干预行动所带来的影响。相应的，正因为战略是旨在实现相对复杂和困难的任务的内在连贯和系统的实践方略，① 它也成为了国家施展主动性的核心力量。恰如利德尔·哈特（Liddell Hart）的经典界定所言，“战略是一种分配和运用军事工具以达到政治目的的艺术”。② 海洋强国战略是否能发挥宏观性和长期性的作用，关键就在于能否以战略目标为归宿、以战略手段为通途，形成进程性海洋“强”国和结果性海洋“强国”的有机衔接。

（一）海洋强国的战略目标

战略的首要问题就在于战略目标，它应当具备如下战略性要素：合理、明确、平衡、有限、集中和充分。③ 以此类推，海洋强国战略的根本目标便是：既要保障进程性的海洋“强”国，更要实现结果性的海洋“强国”。可以说，海洋强国的战略目标在范畴上追求合理与明确，在整体上追求平衡和有限，在局部上追求集中和充分；而战略的结果如何被看待，在根本上取决于被追求的目的。④ 有鉴于此，本文将以海洋需求和海洋秩序为角度，确定海洋强国战略目标的基本范畴。

海洋需求的满足和拓展。每一种国家战略的设计都是为了满足国家需求而存在。⑤ 可以说，海洋需求的满足与拓展是海洋强国战略目标的最终归宿。海洋强国战略要使海洋需求处于相对稳定的动态平衡当中：某一阶段的海洋需求得到满足后，战略理应

① 时殷弘：《战略观念与大战略基本问题》，载《国际政治研究》2007 年第 4 期，第 18-21 页。

② B. H. Liddell Hart, *Strategy: The indirect Approach*, London: Faber and Faber Ltd., 1967, p. 336.

③ 时殷弘、于海峰：《论大战略的目的及其基本原则》，载《中国人民大学学报》2008 年第 5 期，第 110-116 页。

④ Edward N. Luttwak, *Strategy: The Logic of War and Peace*, Cambridge: Belknap Press of Harvard University Press, 2002, p. 211.

⑤ 刘笑阳：《中国国家利益研究综述》，载《国际研究参考》2016 年第 4 期，第 47-57 页。

先见地为海洋需求的拓展提供规划，然后再通过相应的实践行动予以满足，这就通过战略避免了海洋需求的停滞与退化。通常来说，海洋强国战略需要遵循以下步骤：（1）确定海洋需求的核心。将其作为一个阶段内集中战略资源予以满足的关键目标，而其他范畴的海洋需求则要以其作为核心向外延展；（2）厘定海洋需求的排序。其中包括涉海国家的根本需求、重要需求与次要需求，这些需求主要倾向于满足性的，同时也是处于变动当中的；（3）划定海洋需求的阶段。对于阶段的战略判断决定了涉海国家的海洋需求何时从满足向拓展演进，而这也是进程性海洋"强"国升华为结果性海洋"强国"的重要环节。

海洋秩序的参与和塑造。促成稳定的国际秩序，被视为大国取得真正成功的重要标志。[①] 在某种程度上，世界出现什么样的国际秩序，在很大程度上是行动者的实践活动使然，即国家的战略选择使然。[②] 在客观环境中，秩序进程是涉海国家最有机会发挥主动性的要素，而国家战略则能够对海洋秩序进行操作性的规划与设计。在这个层面上，通过国家战略有意识地融入与塑造海洋秩序，不仅可以令国家的海洋需求得到更多的支持与满足，同时还能为海洋需求与海洋能力的良性匹配提供更为长期稳定的国际环境。特别是在全球化的、以海为基的贸易体系获得有效运转之后，人们更加重视通过海洋秩序来维持海上安全与稳定。[③] 可以说，海洋秩序的参与和塑造是海洋强国战略目标的突出体现，国家在全球和地区海洋秩序上存在着可能的诉求差异，而海洋秩序的融入与塑造也是为了满足海洋需求及其与海洋能力的良性互动而服务的。

（二）海洋强国的战略手段

正如同马汉所强调的，各国都要"利用正当手段确保国家进步，并打击损害该国获得进步的外来干涉"。[④] 对于涉海国家而言，战略手段与战略目标一样，既具备相对一致的规律，又包含着相对复杂的因素——战略手段所遵循的综合与平衡原则是一致的，但不同国家选择何种类型的工具以及实现何种形式的平衡却是复杂的。有鉴于此，本文将以核心内容和实施原则为视角，兼顾海洋强国战略手段的普遍性与特殊性来对其加以阐释。

海洋强国战略的核心内容。海洋强国战略的核心内容是涉海国家在各个领域实施战略部署的宏观规划，是将理念转化为实践的纲领性安排。可以说，对于所有的问题，

---

① 巴瑞·布赞：《中国崛起过程中的中日关系与中美关系》，载《世界经济与政治》2006 年第 7 期，第 15-18 页。

② 秦亚青：《国际体系、国际秩序与国家的战略选择》，载《现代国际关系》2014 年第 7 期，第 13-15 页。

③ 杰弗里·蒂尔：《21 世纪海权指南（第二版）》，第 16 页。

④ Alfred Thayer Mahan, *The Problem of Aisa*, Port Washington: Kennikat, 1970, pp. 29-30.

都不可能依赖单一和简单的战略获得满意的答案。① 就海洋领域而言，涉海国家面临的挑战种类繁多、因素复杂，所以也就要求多元统一而富有弹性的手段内容。换言之，涉海国家确定海洋强国战略核心内容的过程，实质上就是它对海洋能力要素的资源分配和宏观安排。通常来说，海洋强国战略的核心内容主要涉及经济、政治、安全和文化四个纬度：其中，政治内容为海洋强国战略提供制度依托和顶层设计，经济内容为海洋强国的发展战略提供基础，安全内容为海洋强国的安全战略提供保障，文化内容则为海洋强国战略提供观念支撑和人文共识，而以经济和安全为核心、以政治和文化为支撑往往是战略的共性所在。

海洋强国战略的实施原则。海洋强国战略的实施原则聚焦于不同战略手段间的协调与平衡，它在某种程度上引领着国家战略资源的集中与分配。本文认为，海洋强国战略在实施原则上需要重视五组核心关系：（1）国内与国际。海洋作为一种全球公域，它所涉及的"国内问题国际化"和"国际问题国内化"同时影响着涉海国家的个体选择和集体选择；（2）陆地与海洋。任何涉海国家都无法脱离陆地而孤立寻求海洋需求的满足，至少在一定程度上，多数国家倾向于同时拥有海权和陆权；②（3）安全与发展。国家的海洋安全可以为海洋发展筑就稳定的环境，而海洋发展则能够为海洋安全提供充实的给养，两者辩证统一；（4）合作与竞争。海洋问题的实际情境处于复合相互依赖和现实主义之间，③ 这意味着海洋强国战略需要同时兼顾合作与竞争的考量；（5）地区与全球。在海洋事务上，地区与全球的联系更为紧密也更为复杂，两者之间的互动是国家实践的重要背景。

（三）战略目标与战略手段的介入

依照前文所演绎推理的逻辑规律，涉海国家的主观定位和客观环境的干预影响导致进程性的海洋"强"国从"一般规律"褪变成为了"特殊现象"——这种"特殊"包含着两层意蕴：其一是趋势的特殊，即海洋需求与能力的互动会产生波动或停滞，其良性匹配不会始终出现，而"有心无力"和"有力无心"则成为涉海国家的经略常态；其二是主体的特殊，即个别国家的客观环境和主观定位恰好促动了海洋需求与能力的良性匹配，从而在持续的进程性海洋"强"国后，实现从量变到质变的转化，进而在比较意义上成就了结果性的海洋"强国"。可是，涉海国家是具有主观能动性的理性行为体，它不可能将自身的命运完全交付于自然和偶然。在这个层面上，安德烈·

① Herman Kahn, *On Thermonuclear War*, Princeton University Press, 1960, p. 531.

② 杰弗里·蒂尔：《21世纪海权指南（第二版）》，第28页。

③ 罗伯特·基欧汉、约瑟夫·奈：《权力与相互依赖（第四版）》，北京大学出版社2012年版，第101页。

博福尔（André Beaufre）的思考颇有见地，他指出“人类命运的决定，一方面要看所选择的是何种哲学，另一方面又要看他选择何种战略以使其哲学理想得以实现”。① 可以说，涉海国家唯有依据自身的战略理念，借由合适的战略安排才能最大限度地利用或克服客观环境和主观定位的干预，从而在国际比较的时代进程中实现海洋强国的率先崛起。

恰如美国大战略研究学者约翰·刘易斯·加迪斯（John Lewis Gaddis）所言，存在一种超越时间和环境的战略“逻辑”，它能够使一个环境中形成的思想对另一些大为不同的环境产生相关性的影响②——而海洋强国战略正是这样一种介入性的“逻辑”，可以通过历史经验的总结和思维方式的创新，实现对时间和环境的超越。本文认为，海洋强国战略目标与战略手段的介入可以产生以下效果：（1）通过明确国家的海洋定位，对涉海国家的经略建构观念基础。这既可以促进海洋的战略价值更客观完整地形成海洋需求，同时还能够使战略本身的指向性更加坚实稳定。（2）通过厘清国家的海洋需求，对涉海国家的经略指明基本方向。应当说，海洋的战略价值转化成为海洋需求并不代表着国家就能理性地对这种需求予以管控，它仍然需要战略在轻重缓急上给予必要的指引。（3）通过提升国家的海洋能力，对涉海国家的经略给予动能供应。海洋需求有其提升的内生动力，但海洋能力本身却是相对稳定的，需要通过相应的战略安排才能有所提升，从而促成两者之间不断上升的良性循环。（4）通过评估国家的客观环境，平衡海洋需求与能力的互动关系。在历史趋势上，战略可以通过对时代背景的评估使国家看清时势；在地缘结构上，战略可以凭借技术力量为国家的“扬长避短”提供条件；在秩序进程上，战略可以通过参与和塑造来建设有利于国家的海洋秩序。

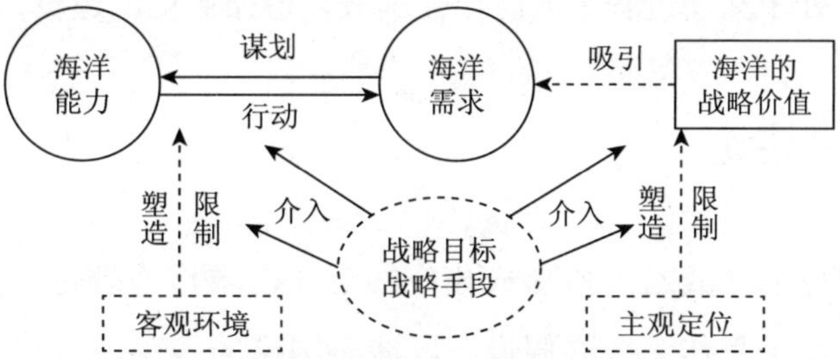

图 3　海洋强国战略目标与战略手段的介入

马克斯·韦伯指出，“一切关于人类有意义行动的基本成分的思考首先与‘目的’

① André Beaufre, *An Introduction to Strategy*, New York: Praeger, 1965, p. 50.

② John Lewis Gaddis, *Strategies of Containment: A Critical Appraisal of American National Security Policy during the Cold War*, Oxford University Press, 1982, p. 308.

和'手段'这两个范畴直接联系在一起"。[①] 海洋强国战略可以发挥的效果通常指向其战略目标，而目标的实现需要相应的战略手段予以匹配，这就使得战略本身具备了内部调整的运行机制。更为重要的是，海洋强国战略的自我更新能力恰好有利于及时反映客观环境和主观定位的变化，同时助推海洋需求与海洋能力的互动进程，而这也正是其作为介入性变量的关键动能。与此同时，这也意味着海洋强国战略并不必然能够发挥积极效用：在内部，它可能会因为战略决策者对目标与手段的选择不够合理而被制约；在外部，它还会受到当时的客观环境和主观定位的影响，无法完全超越这两者而存在——后者直观地反映出海洋强国战略只是相对独立的变量，尽管它可以破解海洋需求与海洋能力的互动困境，也有利于管控客观环境与主观定位的干预影响，但战略本身仍然具有效用的极限。

正所谓"知者行之始，行者知之成"，[②] 上述极限的存在对海洋强国战略在行动层面的理论反馈便是：（1）战略切忌好高骛远，必须聚焦发挥阶段性作用，因为海洋需求与海洋能力的良性互动是阶段性提升的进程；（2）战略切忌急于求成，必须侧重体现长期性作用，因为客观环境与主观定位的干预影响是长期性作用的结果；（3）战略切忌墨守成规，必须关注变革性作用，因为海洋强国是一个流动性的过程，其中的诸多因素既相对稳定但也在绝对的变动当中；（4）战略切忌知行不合，必须重视观念性作用，因为主客观因素同时处于海洋强国进程中，也是海洋强国结果的重要指标。有鉴于此，涉海国家理应加强对战略态势的跟踪评估，并据此调整国家的战略布局及战略实施，强调提升更加积极、稳健和建设性的战略需求，强调在既有海洋战略资源基础上持续加强海洋能力。在这个层面上，唯有通过规范而健全的战略评估和调节体系，才能审时度势地使处于变动进程中的海洋强国战略遵循历史的逻辑，走在时代的前沿。

四、简单的结论

本文以国家摄取海洋战略价值形成相应的海洋需求作为理论原点，以涉海国家海洋需求与能力的互动关系作为核心假设，以涉海国家的客观环境（历史趋势、地缘结构和秩序进程）和主观定位作为干预因素，以涉海国家的战略目标与战略手段作为介入变量，尝试通过演绎推理的方式说明：海洋强国战略不仅可以推动实现进程性的海洋"强"国，更能在国际竞争中促进成就结果性的海洋"强国"；同时，涉海国家没

---

① 马克斯·韦伯：《社会科学方法论》，北京：商务印书馆 2013 年版，第 4 页。

② 语出王阳明：《传习录上·陆澄录》。

有实现海洋强国则是由于客观环境和主观定位的负面干预，使得海洋需求与海洋能力的互动无法实现良性匹配；最后，战略是回应涉海国家与海洋强国之间关系的最佳答案，但它本身的效用是有限的。换言之，海洋强国战略要在海洋战略价值的基础上，对国家的海洋需求与海洋能力进行归纳与判断，对国家的客观环境和主观定位进行分析和对比，对战略目标及战略手段进行选择与明确，从而通过战略的综合评估进行历史总结和现状评判，最终实现从“运筹帷幄之中”到“决胜千里之外”① 的战略流程。可以说，上述理论框架所追求的便是：从“知”到“行”的演绎和由“古”至“今”的贯通。

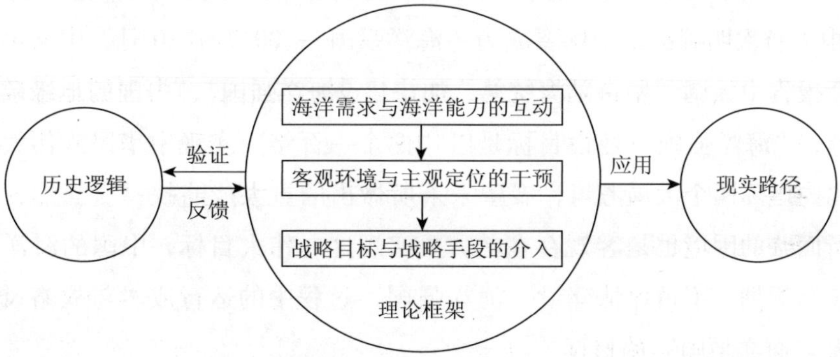

图 4　海洋强国战略的理论框架及其应用

尽管理论的效力并不一定依赖经验证明，它只需要逻辑地演绎出理论所研究的现象之间的关系，② 但本文所确立的理论框架依然需要历史中的诸多海洋强国战略予以验证和解释。更重要的是，一项汇通古今中西的研究议程，或许可以说明成就海洋强国不是西方国家的专属，亦非人类文明发展进程中消逝的过往，而是能够通过合理的海洋强国战略加以促成的。与此同时，海洋强国战略的理论框架所要解答的问题发源于现实，而又映射于历史当中。这也意味着，我们需要在历史中寻找上述理论所提及的关键要素，同时更为深入地探究要素之间的内在联系，随后再用这种联系去验证理论范式本身，从而为使理论更加符合现实情境提供必要的“补充假设”，并为相应的现实路径提供最接近于“全要素移植”的范式支撑。在这个层面上，海洋强国的答案恰恰蕴藏于它自身的历史逻辑和现实设计当中，需要哲学性的思维才能化繁为简，需要战略性的考察方可化虚为实——而这，也正是本文构建创新性理论框架的意旨所在。

① 《史记·高祖本纪》。

② Gustav Bergman, *The Philosophy of Science*, Madison: University of Wisconsin Press, 1958, p. 31.

陆海复合型中国“海洋强国”战略分析*

郑义炜

中国是一个典型的陆海复合型大国，然而历史上中国却从未成为过“海洋强国”。2012年，中央首次明确提出中国要成为“海洋强国”；2017年10月，中共第十九次全国代表大会报告中强调“坚持陆海统筹，加快建设海洋强国”，中国的地缘政治角色定位目标明晰，“海洋强国”建设目标是以“两个一百年”实现中华民族伟大复兴为出发点，从国内国际两个大局考量，展望未来所做出的重大战略抉择。当然，中国在海洋转型期所面临的困境也是客观存在的，要实现这一伟大目标，中国的海洋战略要立足客观，长远规划，审慎评估建设“海洋强国”过程中的运行成本与战略风险，以稳健实现建设“海洋强国”的目标。

一、中国建设“海洋强国”战略提出的背景、内涵与利益排序

中国建设“海洋强国”战略的提出是顺应世界发展潮流的正确选择，自《联合国海洋法公约》生效以来，许多国家都出台了相应的新世纪海洋战略，中国的“海洋强国”内涵包含了海洋经济、海洋科技、海洋生态、海上力量四个维度，中国成为“海洋强国”将是一个阶段性、渐进性的过程，因而有必要对海洋利益进行利益排序，并重点维护优先层级的海洋权益。

“海洋强国”战略的提出背景。2012年，中国共产党第十八次全国代表大会的报告中首次明确做出“提高海洋资源开发能力，发展海洋经济，保护海洋生态环境，坚决维护国家海洋权益，建设海洋强国”的重大战略布署，标志着地缘条件上有陆海复合特征的中国，其角色定位在未来要做一个“海洋强国”。[①] 2017年10月18日，中国共产党第十九次全国代表大会胜利召开，习近平代表第十八届中央委员会向大会作了

---

* 本文刊发于《东北亚论坛》2018年第2期，第76-90页。

① 2012年中共十八大报告正式提出建设“海洋强国”的战略目标，这是党代会第一次明确写入相关内容，此后，2013年至2016年的政府工作报告都对建设“海洋强国”战略进行了专门阐述。

题为《决胜全面建成小康社会 夺取新时代中国特色社会主义伟大胜利》的报告，报告中再次肯定了中国建设“海洋强国”的决心，强调要“坚持陆海统筹，加快建设海洋强国”。[①] 短短5年时间，中央对于建设“海洋强国”的战略部署加快了步伐，中国的“海洋强国”之路在十九大之后将迈向快车道。

21世纪是名副其实的海洋世纪。首先，海洋经济在沿海各国经济比重中都占有重要地位，国际贸易的互通有无主要依赖海路来实现；其次，海洋科技水平的突飞猛进使各沿海国家比历史上任何时候都更能轻易获得海洋资源；第三，在全球化时代，沿海国家面向未来的海洋战略纷纷出炉，体现了控制、利用海洋竞争性的一面；第四，海洋角逐在国际政治经济格局演变中发挥着重要的作用。[②] 从1994年《联合国海洋法公约》正式生效以来，相当数量的沿海国家都对自身的海洋战略进行了规划或者调整，例如，美国提出了《21世纪海洋蓝图》和《美国海洋行动计划》，指出美国的全球利益要求其海洋战略必须确保在各关键区域的优势；俄罗斯提出了《俄联邦海洋学说》，并且拟定了俄罗斯在“北极”的海洋政策，利用其紧挨北极的地缘条件优势，把北极地区作为俄罗斯联邦的战略资源基地，使北极航线（东北航道）成为俄罗斯全国的综合运输线；日本则每5年更新其《海洋基本计划》，2012年公布的《海洋基本计划》为2013—2017年的海洋战略制定了框架方案，作为一个典型的海洋大国，日本的海洋战略极具特色，制度化地发布相关计划而又能追求战略灵活性与可塑性，目前日本政府的海洋战略构想，积极推进“南进战略”是其发展走向。正是在全球化时代海洋经济活跃的推动与世界各国越发重视海洋战略调整的背景下，中国审时度势终于在党的十八大中把建设“海洋强国”与中华民族的伟大复兴之路相结合，以前所未有的战略高度认识海洋、重视海洋、经略海洋。

“海洋强国”战略的实际内涵。作为一个典型的陆海复合型国家，历史上看中国从来没有一个长期稳定的海洋战略，2012年正式提出要成为“海洋强国”是中国前所未有的一次创造性战略举措。中国建设“海洋强国”的内涵主要是建设海洋经济强国、海洋科技强国、海洋生态强国与海上军事力量强国。其中，促进海洋经济的活跃是重要指归和原动力；海洋科技的提高是建设“海洋强国”的技术保障；保护海洋生态环境是海洋产业可持续发展的基础；建设现代化的远洋海军则是维护领土主权与海洋权

---

① 《中共十九大开幕，习近平代表十八届中央委员会作报告》，参见 http：//www.china.com.cn/cppcc/2017-10/18/content_ 41752399.htm.

② 金永明：《中国建设海洋强国的路径和保障制度》，载《毛泽东邓小平理论研究》2013年第2期，第83页。

益的根本保证与坚强后盾。①

“海洋强国”既指一个结果性的概念，也是一个进程性的概念，在国际政治中还将体现出一种对比标准的强大，即要在海洋经济占 GDP 比重的高低、海洋科技的发达程度、海洋生态环境的良好与否、海军军种的规模与现代化程度上达到世界先进水平。诚然，中国目前的海洋贸易规模庞大，但是其海洋经济的贡献还有待加强，根据国家海洋局 2017 年海洋经济总体运行情况的数据，中国在 2016 年海洋经济仅占 GDP 的 9.5%，与世界上海洋经济发达国家的差距还比较明显。② 不仅是海洋经济还有巨大的提升需要，在远洋海军的建设和海洋软实力的培养方面，与中国整体国力的迅速崛起并不相匹配，整体海洋实力对国家发展的贡献度仍然较低。正因为如此，在党的十八大做出建设“海洋强国”的重大战略决策后，中央再次高屋建瓴地在党的十九大报告中强调要“坚持陆海统筹，加快建设海洋强国”。中国目前的海洋整体实力与中国陆海复合型大国的客观条件、迅速提升的综合国力和国际地位并不相称，建设“海洋强国”的战略努力将可期得到更高的重视与更多的资源投入。

“海洋强国”战略的利益排序。中国建设“海洋强国”不可能一蹴而就，一般而言，任何战略的制定都是依据国家利益与战略实力，在判断战略环境之后做出的全局性、高层次的重大问题的筹划与指导。中国的海洋战略其目标的实现与手段的运用都不可能是无限扩大的，因此，中国建设“海洋强国”的战略应该确定利益排序的先后，集中资源重点保障，以阶段性地让“海洋强国”得以最终实现。需要注意的是，尽管“海洋强国”是指海洋经济发达、海洋科技创新强劲、海洋生态环境优美、海防力量强大的一个综合体，但是“维护海洋权益”的表述，主要所指是核心利益与重要利益层面正在受到挑战，进而影响了中国的整体海洋收益。

解释和界定国家海洋利益一定要明确区分海洋利益的排序，中国的海洋利益可大致分为核心利益、重要利益、次要利益三个层面。核心利益层面，涉及岛礁主权和领土完整就是中国要首先维护的海洋利益，比如钓鱼岛的主权归属问题、南海岛礁的主权归属问题属于核心利益层面。2015 年 11 月 7 日，习近平总书记在新加坡国立大学的演讲中强调“南海诸岛自古以来就是中国领土，维护自身的领土主权和正当合理的海洋权益，是中国政府必须承担的责任”。③ 在重要利益层面上，包括中国依据历史权利与《联合国海洋法公约》所应该享有的开发海洋资源的权益。由于在《联合国海洋法

---

① 曹文振：《中国海洋强国战略与海洋争端对策》，载《新视野》2014 年第 3 期，第 116 页。

② 海洋经济总体运行情况，参见 http://www.soa.gov.cn/zwgk/hygb/zghyjjtjgb/2016njjtjgb/201703/t201703 22_55284.html.

③ 刘笑阳：《中国海洋强国的战略评估与框架设计》，载《社会科学》2016 年第 3 期，第 22 页。

公约》生效以后，世界上大多数沿海国家都卷入了专属经济区重叠的争端，中国在此类重要利益层面上，涉及到争议地区的资源开发与渔业经济活动采取的是与争议当事国和平协商，“主权归我、搁置争议、共同开发”方针，其逻辑就是在力争主权归我的前提下共同开发。重要利益虽然不能轻言舍弃，但可以寻找求同存异的妥协点。而于次要利益层面来看，中国现在无需付出巨大成本来确保这些利益的实现，而应视具体情况有所为有所不为。比如为了国际海洋战略通道的稳定与安全，参与打击索马里海盗，就是出于维护国家管辖海域以外的海洋利益的举措。次要利益应视情况做出取与舍的选择。目前中国海洋利益遭受挑战的主要是岛礁主权归属争端、重叠或未划定的专属经济区与大陆架的相关海洋经济活动受到限制。

历史经验证明，陆海复合型国家在国家实力壮大之后，往往进行从陆地向海洋转型的战略转变，陆海复合型国家发展海权基本是在已于陆地方面取得优势之后，在没有太大后顾之忧的情况下，海洋成为陆海复合型国家持续发展与扩展影响力的又一大权力辐射方向。然而，众所周知，陆海复合型大国发展海权往往遭遇失败或者无法长期保持海上强国的地位，客观看来，陆海复合型国家在海洋进取过程中普遍会遇到一些障碍性因素，一旦应对失当会极大抵消陆海复合型大国打造“海洋强国”的战略努力，而中国近代以来海洋战略的经验得失也印证了中国未来的“海洋强国”之路将是一个并不平坦的长期过程。

二、近代以来中国海洋战略的实践经验与战略困境

就地理属性来说，中国是一个兼具广阔陆地领土面积与海洋管辖面积的陆海复合型大国。所谓陆海复合型国家，指的是“背靠较少自然障碍的陆地，而又同时濒临开放性海洋空间的国家”。① 诸如法国、荷兰、德国，还有亚洲地区面向太平洋的中国就是此类国家的典型代表。中国居于欧亚大陆东端，作为东亚大陆领土面积最大的国家，拥有世界上最长的陆地边界和最多的陆上邻国；面朝太平洋，则拥有长达 1.8 万公里的海岸线，其长度位居世界第 4，东面与南面共与三个边缘海相接，分别是黄海、东海与南海，根据《联合国海洋法公约》与相关国际法，我国主张的海洋权益面积达 300 万平方公里。

中国近代以来地缘安全环境的变化与海洋战略实践。中国虽然从地理条件上看属

① 邵永灵、时殷弘：《近代欧洲陆海复合国家的命运与当代中国的选择》，载《世界经济与政治》2000 年第 10 期，第 50 页。

于陆海复合型国家，但长期以来并没有重视海洋的战略传统。中国的地缘战略实践是随着威胁来源的变化而发展的，所以并没有特别看重自身的陆海复合特性。中原王朝在不同时期面对的是匈奴人、蒙古人、女真人等北方游牧民族对北部陆疆构成的安全威胁，对于晚清之前的中国而言，东南海域由于有"重洋之险"，基本不会有外敌从海洋方向入侵，因此中国传统地缘战略的实践是重陆轻海、重北轻南。① 至于明朝的倭患问题则根本不足以引起明朝真正开始对海防问题的思考，对于中国历代统治者而言，国家生存与发展的根本在于土地、农桑，维系于陆地。②

两次鸦片战争之后，清朝统治者认识到海疆安全压力的紧迫，"自古边塞之防，所备不过一隅，所患不过一国，今则西人于数万里重洋之外，飙至中华联翩而通商者不下数十国，其轮船之捷，火气之精为亘古所未有"。③ 特别当沙俄占领西北重镇伊犁、日本觊觎台湾之时，"倭逼于东南，俄环于西北"，④ 清朝终于切实面临陆海防务的重大现实威胁。虽然清朝统治者认识到海防与陆防同样不可懈怠，左宗棠主张"东则海防，西则塞防，二者并重，决不能扶起东边倒却西边"，⑤ 但以晚清状况而言根本有心无力。没有欧洲陆海复合型国家那样丰富的处理陆海安全的实践经验，又同时受到陆海双重夹击的清政府虽然有心陆海并举，然而以其衰弱的实力与落后的科技水平却并不能支撑这种战略努力，最终导致其在陆海两个方向上的防御均以失败告终。

新中国成立之后，在头十余年的短暂时间内，我国陆地方面的安全压力大大缓解，由于与苏联结成了同盟关系，与陆地最强邻国的交好让新中国的陆地安全环境迎来了自晚清以来最好的时期，另外，远东朝鲜战争成功地把美国挡在了朝鲜半岛南部。新中国建立初期的安全压力主要来自美国组建的地区军事同盟，美国将日本、韩国、印度支那地区纳入其防务范围，从而形成一个自日本列岛、朝鲜半岛、澳大利亚到印度支那半岛的新月状军事包围圈。⑥ 中苏关系破裂之后，中国地缘安全环境趋于恶化，中国在陆疆与海疆分别面对当时世界上最为强大的两个超级大国——美国与苏联，同时对抗两个超级大国的尴尬境地迫使中国再一次面临陆海双重威胁，与印度关系在边境反击战之后的长期无法修复更加剧了这种艰难的态势。

1972 年毛泽东在北京会见尼克松，邓小平 1977 年复出之后加快了与美国建交的进

① 尹海全：《论晚清地缘政治困局》，载《史学月刊》2005 年第 7 期，第 65 页。

② 张露：《全球化时代的地缘政治与中美关系》，北京：军事科学出版社 2013 年版，第 122 页。

③ 中国史学会主编：《洋务运动》（第 3 册），上海人民出版社 2000 年版，第 155 页。

④ 尹海全：《中国近代史研究的时间与空间——以晚清海防与塞防争论的时空背景为例》，载《江西社会科学》2006 年第 4 期，第 100 页。

⑤ 左宗棠：《左宗棠全集》，上海书店 1986 年版，第 7224 页。

⑥ 孙小惠：《中国作为陆海复合国家的地缘战略选择》，载《国际关系学院学报》2008 年第 2 期，第 15 页。

程，大洋彼岸的美国认识到中国在其地缘战略中的关键价值，出于平衡在欧亚大陆都寻求扩张的苏联的考虑，在1979年与中国建交，世界地缘战略格局由此迎来了一个颠覆性的转变，中国的地缘安全压力也终得缓解。

冷战结束之后，中国地缘安全环境出现了深刻的变化。一方面，来自苏联的威胁已经消失，中俄两国结成了全面战略协作伙伴关系，另一方面，由于中国的持续崛起与共同敌人的消失，中美由地缘战略上的合作伙伴变成了地缘战略上的竞争对手，特别是中国对于美国地缘战略的实用价值大幅下降，美国当前更倾向于把中国当作在亚洲最主要的地缘战略竞争对手，加上中日钓鱼岛及南海岛礁争端，中国的地缘安全环境呈现“陆缓海紧”的态势。

2012年11月，党的十八大报告首次明确提出将建设“海洋强国”定位为国家发展的战略目标。习近平主席指出“建设海洋强国是中国特色社会主义事业的重要组成部分”,①“我国既是陆地大国，也是海洋大国，拥有广泛的海洋战略利益”,② 强调在地理条件上我国是一个陆海兼备的国家，拥有广泛的海洋战略利益。2015年3月，李克强总理在政府工作报告中要求“编制实施海洋战略规划……向海洋强国的目标迈进”。③ 2017年10月，中国共产党第十九次全国代表大会在北京胜利召开，习近平在报告中指出要“坚持陆海统筹，加快建设海洋强国”。中央高屋建瓴从顶层设计作出了一系列重大决策，中国的“海洋强国”建设将与中华民族的伟大复兴紧密结合。

陆海复合型国家发展海权的四大战略困境。历史经验证明，陆海复合型大国在国家实力壮大之后，尤其是在取得了陆地方面的区域优势之后，在地缘战略上往往进行从陆地向海洋的转变，然而从结果上来看，陆海复合型强国向海洋方向辐射权力的转变却往往归于失败或者无法长期维持海洋强国的地位。综合考察，陆海复合型国家发展海权客观上普遍面临的障碍性因素主要是：

（1）来自陆地与海洋的双重易受伤害性；

（2）国家资源在陆地与海洋上配置的分散性；

（3）对海洋战略难以持续重视的断续性；

（4）对抗海权大国组建的海陆同盟的被动性。④

中国的陆海复合地理特征客观上要求必须注重陆海兼顾，即使是处于向海洋转型

① 习近平：《进一步经略海洋 推动海洋强国建设》，参见 http：//www. gov. cn/ldhd/2013-07/31/content-2459 009. htm.

② 毛振鹏：《习近平海洋强国战略思想研究》，载《青岛行政学院学报》2017年第2期，第16页。

③ 参见 http：//news. xinhuanet. com/photo/2015-03/05/c-127546565. htm，2017年10月29日。

④ 郑义炜、张建宏：《论陆海复合型中国发展海权的两难困境——欧洲经验对中国海权发展的启示》，载《太平洋学报》2013年第3期，第61-62页。

的战略机遇期，陆疆安全也是必须重视的，我国既没有如同美国那样两面临洋、陆无强邻的安全环境，也没有如同英国、日本四面环海发展海权的天然优势，晚清与新中国遭受海陆夹击的历史教训也证明，陆海复合型国家其双重易受伤害性的两难处境是客观存在的。

陆海复合型大国相对海权大国在资源配置方面还有易于分散的弊端。纯粹的海洋型国家，战略目标比较单一，如英国、美国这样的海权大国，相比其他陆海复合型强国能更长期占据海权优势地位，一个很重要的原因就是海权大国更易于集中资源维持其海上霸主地位。如英国在一战时期，针对德国海军的挑战能迅速执行“双强标准”。① 如何高效调动国家资源为整体战略服务，对陆海复合型国家提出了更高的要求，这也是如果爆发与海权大国冲突的情况下，陆海复合型大国无法集中精力对抗海权大国的一大短板。陆海复合型国家既要注重资源调配在陆与海的平衡，还要因应不同时期威胁来源的变化做到有所侧重，而任何国家的战略资源都是有限的。

陆海复合型大国的海洋战略往往缺乏长期稳定性，甚至连海洋战略追求的目标也模糊不清。陆海复合型大国经常受到海陆双重扩张诱惑的干扰，很难做到既在决策层面又在执行层面长期追求海权发展。特别是陆海复合型大国在海洋转型的敏感脆弱时期，一旦遭遇重大挫折，其后续推动向海洋扩张的战略动力几乎就荡然无存，矫枉过正地认为将巨大资源投入海洋战略，却没能取得预期的效果，结果海洋战略一遇挫就全面收缩回陆地。以往陆海复合型大国的海洋战略往往摇摆不定又不知取舍，缺少明晰的战略目标与准确定位。拿破仑在取得欧洲大陆优势后，对英国进行“大陆封锁政策”的失败证明，没有海上优势，单一的陆上优势相较之下是吃亏的；中日甲午战争之前晚清轰轰烈烈的海防建设如火如荼，却在一朝战败之后戛然而止；德国的海岸线过短，威廉二世却对海权产生了过度的崇拜，在国内经过激烈讨论之后，德国海军元帅提尔皮茨于莫衷一是的争议声中好不容易提出了“风险舰队”的建设目标，其实际执行却一波三折，关于要不要建设一支强大的海军，德国国内充满了争议，因为海军的建设耗费巨大且会损坏英德关系，德国内部一直缺乏一套目标清晰、连贯可行的长期规划，一个典型事例就是，连德国海军内部都不知道应如何确立“主力舰型”，讨论战列舰、巡洋舰、炮艇的作战效能与性价比时连篇累牍，却无最终定论，结果是自从1871年德国统一之后的20年时间内，德国海军无法为任何对外战略提供有力的支持。② 经验证明，陆海复合型大国对海洋战略难以持续重视，体现出明显的断续性。

① 意指英国的海军力量要达到紧随其后的最强的两个海军国家的总和。

② 顾全：《再论提尔皮茨计划：德国海权扩张战略中的缺陷与政治理性》，载《史学集刊》2015年第5期，第122页。

中国作为当前世界发展势头最迅猛的陆海复合型大国，追求“海洋强国”的过程中也不可避免地要受到以上四大战略困境的干扰。中国建设“海洋强国”不在于复制郑和下西洋的辉煌，更不是克隆西方国家曾经走过的海洋霸权之路，而是要从地域性文明走向一种更开放的世界性文明。① 地缘政治学创始人弗里德里克·拉采尔曾经说过：“只有海洋才能造就真正的世界强国，跨越海洋这一步在任何民族的历史上都是一个重大事件。”② 中国的“海洋强国”战略目标必将深刻影响世界地缘政治格局，特别是对于区域层面地缘政治力量格局的震荡会首先体现出来，这并不以中国的意志为转移，但中国应该在追求“海洋强国”过程中努力规避或尽量克服以上战略困境带来的阻力。

三、当今中国加快建设“海洋强国”的路径选择

一个国家的地缘战略选择，既有国别性与地域性特点，又与这个国家的战略文化传统、历史经验息息相关。中国的海洋战略必须抓住主要矛盾重点解决，在实践中不断完善海洋战略。笔者认为可以主要从四个路径积极作为，加快推进我国“海洋强国”战略的实施效果。

积极发挥海洋政治大国的影响：深度参与海洋制度的构建和完善。21 世纪是海洋世纪，然而关于国际海洋秩序的建立还处于构建阶段，今天的海洋机制主要依据为国际海洋法和大多数国家默认的国际惯例。国际海洋法的法理基础主要来自《联合国海洋法公约》，该公约的制定是世界各国经过多次争吵后才达成共识，《联合国海洋法公约》1982 年开放签署，1994 年正式生效，至 2013 年，签署并通过了国内批准的成员国为 152 个。《联合国海洋法公约》对内水、领海、大陆架、专属经济区、公海等重要海洋概念做出了准确界定，是世界海洋制度构建的一大里程碑。

然而值得注意的是，随着相关海洋法的生效，直接刺激了世界上相当数量的国家集中性地爆发了海洋争端，甚至由于专属经济区重叠等原因反而产生了新的矛盾，陷入海洋争端的各方都理直气壮地宣称其海洋权益声索符合《联合国海洋法公约》，而面对纷繁复杂的现实海情，《联合国海洋法公约》对于海洋争端的解决方案是笼统和难以操作的，面临海洋争端的各国都从有利于本国利益的角度去解释公约，寻找符合自己最大利益的划界原则和方法。在当今世界海洋争端中，仅是关于大陆架和专属经济区

① 杨宁、张立：《论文明转型进程中的海洋强国建设》，载《上海行政学院学报》2013 年第 6 期，第 27 页。

② 杰弗里·帕克著，李亦鸣等译：《二十世纪的西方地理政治思想》，北京：解放军出版社 1992 年版，第 63 页。

的划分就有“中间线原则”“等距离原则”和“大陆架自然延伸原则”，比如中国与韩国关于大陆架划界的原则选定问题，韩方倾向于使用“等距离原则”，我国则主张根据“自然延伸原则”来划定大陆架；中日东海大陆架的划分也由于双方选择的原则不一而导致久拖未决。因此，《联合国海洋法公约》的生效并没能解决所有问题，海洋制度的构建与完善还需要临海国家积极作为去填补。

中国建立“海洋强国”目标的达成具有阶段性，目前世界海洋制度还处于构建之中，中国应把“海洋强国”建设与世界海洋政治联为一体，积极发挥影响，为更加合理、公正的海洋秩序做出贡献。由于现实海洋政治环境非常复杂，世界海洋制度的完善是多方博弈，可以预见是一个相当长的反复博弈过程，无论如何中国应当在这一进程中积极发挥影响，增强中国的海洋话语权。

中国除了在国际层面推动海洋制度的完善之外，还应该在国内立法层面加快出台具体的海洋法规，因为一些国家早已在《联合国海洋法公约》未做明确规定的遗漏部分或是模糊不清的原则性阐述部分，通过国内法形式对海洋法的剩余权利进行解释。为了系统性管理海洋事务，我国应该加快研究出台《中华人民共和国海洋基本法》，海洋基本法的作用是将中国共产党第十八次和第十九次全国代表大会关于建设海洋强国的重大决策以法律形式固定下来，有利于明确海洋政策的目标，更好地管理国家海洋事务。① 世界海洋制度的确立还未成型，在国际与国内两个层面中国都应该积极作为，把对世界海洋制度的完善与加快建设“海洋强国”的步骤结合起来。

积极推进海上军事力量建设：打造最坏局面下维护海洋权益的坚强后盾。“海权可以界定为一国进行海上商业活动和利用海洋资源的能力，将军事力量投送到海上从而对海洋和局部地区的商业和冲突进行控制的能力，以及利用海权对陆上事务施加影响的各种能力的总和。”② 海权这个概念在当今时代有了一个更广泛的内容延伸，然而，忽视海上军事力量的建设讨论“维护海洋权益”只会是空中楼阁。暂且不论当今世界海洋制度还有很大的不足与完善空间，就算海洋制度在未来已发展到比较全面完善的程度，依然不能排除最坏的情况发生，历史经验一再证明，在无政府状态的国际社会，不能把所有希望都寄托于美好的制度安排。没有一支强大的海上军事力量做为后盾，中国的“海洋强国”建设目标就无法应对最坏情况的发生，维护海洋权益就会陷入一个极为被动的局面。事实上，海权内涵的扩展把海洋价值体现到多维度，但并没有弱化海权指的是一种控制力的解释，恰恰相反，正因为当今时代海洋价值的深度体现，

① 王芳：《中国海洋强国的理论与实践》，载《中国工程科学》2016年第2期，第59页。

② Sam J. Tangredi, ed., *Globalization and Maritime Power*, *Washington*, D. C.: National Defense University Pess, 2002, pp. 3-4.

各国的海洋战略普遍更加重视海上军事力量的建设。

“海洋强国”的达成是一个综合指标，既指海洋经济强国、海洋科技强国、海洋政治强国，也指海洋军事强国。中国建设“海洋强国”切忌只谈权利，不谈权力。从捍卫国家海洋权益的角度分析，众所周知，解决国际争端有三种手段，分别是法律手段、政治手段、军事手段。由于相关国际法在解决海洋争端中的先天缺陷，我国主张通过政治谈判解决有关争端，但是在政治谈判解决问题的前后，军事力量始终是维护海洋权益的核心。海上军事力量是捍卫国家海洋权益的坚强后盾，是应对我国海洋权益被侵犯的最坏情况下的根本保证。

简氏防务认为当代海军主要肩负有五大职能：预防冲突、控制海洋空间、维护海洋秩序、向海外投送兵力以及国际海上合作。2013 年，由中国国防部发布的《国防白皮书：中国武装力量的多样化运用》明确指出：“中国是陆海兼备的大国，海洋是中国实现可持续发展的重要空间和资源保障，关系人民福祉，关乎国家未来。开发、利用和保护海洋，建设海洋强国，是国家重要的发展战略。坚决维护国家海洋权益，是人民解放军的重要职责。”① 在中央做出建设“海洋强国”的重大战略决策之后，中国人民解放军海军大型装备的研制与建造迈向高峰，中国第一艘航空母舰“辽宁号”正式服役，第 2 艘、第 3 艘国产航母也正在紧锣密鼓地建造之中，还有 055 型万吨大型驱逐舰的下水，大型海军装备不断进入海军序列标志着中国海上军事力量正向远洋化快速发展。

2017 年 3 月 5 日，全国人大代表、原海军政委刘晓江上将在第 12 届全国人大五次会议期间接受媒体采访时表示：“军改海军编制的扩充是非常必要的，不管是军舰，还是编制人员都会有新的提高。”② 在习近平主席在中共第十九次全国代表大会上做出“加快建设海洋强国”的重要指示之后，中国 5 大军种之一的海军将会更加受到重视。

积极避免与海权大国直接冲突：推动与美日建立海上危机管理机制。无论陆海复合型国家如何小心翼翼地发展海权，海权大国总会感觉到紧张，特别是已取得区域优势的陆海复合型大国在其海洋转型期容易引来海权大国的戒备与遏制。尽管与中国有海洋争端的国家不少，然而与中小国家的海上危机不至于对中国的海洋利益造成重大损失，由于实力的巨大差距，中小国家主动挑衅中国的可能性与烈度也较低。

对中国“海洋强国”建设真正形成挑战的外部因素，主要是来自海权大国的遏制，

① 《国防白皮书：中国武装力量的多样化运用》，参见 http：//www. mod. gov. cn/affair/2013-04/16/content_ 444 2839. htm.

② 《原海军政委刘晓江上将：海军编制人员将扩大》，参见 http：//www. guancha. cn/military-affairs/2017_ 03_ 06_ 397315. shtml.

中国目前海洋战略实施过程中受到的外来压力首推美国和日本。虽然中国的海洋权益遭到多方挑战，但客观来说，面对东南亚的中小国家和面对美国、日本这样的海权大国，中国采取的手段和取得的效果其实都是不一样的。而且，也只有海权大国美国、日本才可能主动挑战中国，比较明显地倾向于遏制中国海权发展的选择。

所以，建立危机管理机制主要是为了管控与海权大国的海上危机，在中国建设"海洋强国"的过程中，妥善处理与海权大国的关系尤其重要，目前，与海权大国建立海上危机管理机制，避免局面失控是必要之举。具体而言，中国重点是要与美国和日本建立海上危机管理机制，我国与美日建立相应危机管理机制的目的在于防止危机失控引发战争，并在危机管理过程中维护自身的国家利益。

在杰克逊式民主信徒"天定命运"（Manifest Destiny）信念带动下美国完成了土地拓展的大陆扩张阶段，基本奠定了国家版图。① 海权论的到来对美国尤当及时，19 世纪末是世界地缘政治格局重组的重要时期，美国从一个海上力量较弱的陆权国家成功转型为新兴海权强国。② 美国前总统里根就曾明确指出："我们战略的首要历史特征……在于坚信倘若一个敌对的国家或者国家集团统治了欧亚大陆——地球上常被称作世界心脏地带的地区，美国最基本的国家安全利益将受到威胁。"③ 中美之间没有海洋领土主权的争端，但是却有地缘战略竞争的一面，中国由陆向海的权力辐射方向与美国的地缘战略在西太平洋地区事实上存在一种博弈状态。2017 年 4 月 6 日至 7 日，习近平主席与特朗普总统在海湖庄园共进行了两场会谈，双方都同意不断完善"重大军事行动相互通报信任措施机制"和"海空相遇安全行为准则"两大互信机制。④ 由此规避两军因为误判造成灾难性的危机螺旋升级。

中日之间由于钓鱼岛主权归属争议，目前在钓鱼岛与东海海域形成了僵持状态，2013 年 11 月 23 日，中国正式宣布划定东海防空识别区，中日在东海的防空识别区出现重叠，两国军机近距离遭遇的几率大幅增加。2014 年，在日方诱导和美国鹰派配合下，奥巴马总统访日期间作为美国总统首次表示，钓鱼岛适用于《日美安保条约》第五条。⑤ 日本防卫省 2017 年版的《防卫白皮书》中重点强调了要加强日本西南诸岛的自卫队军事存在，并与美军在相关区域共同应对紧急事态的能力。

---

① 宋涛、陆大道、梁宜：《大国崛起的地缘政治战略演化——以美国为例》，载《地理研究》2017 年第 2 期，第 219 页。

② 乔尔根·舒尔茨著，鞠海龙、吴艳译：《亚洲海洋战略》，北京：人民出版社 2014 年版，第 103 页。

③ 阿尔文·伯恩斯坦著，时殷宏等译：《缔造战略：统治者、国家与战争》，北京：世界知识出版社 2004 年版，第 629 页。

④ 《中美元首举行第二场正式会晤 习近平同特朗普漫步海湖庄园》，参见 http://china.zjol.com.cn/gjxw/201704/t20170409_3433904.shtml.

⑤ 刘江永：《"安倍政治学"与中日韩关系》，载《东北亚论坛》2015 年第 2 期，第 19 页。

然而，中日目前既有领土主权争端，又缺乏战略互信，两国关系处于建交以来的最低点，相比起中美海上危机管理已取得的具体成果，中日之间的海上危机管理机制目前还仅仅停留在达成共识的阶段，其启动还需要进一步的谈判协商。2015 年 4 月 22 日，中国国家主席习近平在印尼首都雅加达出席亚非会议时，应日本方面的要求与日本首相安倍晋三举行了正式会谈，安倍晋三表示把东海建设成和平、合作、友好之海是两国的共同目标和利益所在，中日双方同意尽快建立海空紧急联络机制。① 不过，由于日方在后续谈判过程中，坚持认为钓鱼岛属于其领土不应包括在海空紧急联络机制之内，谈判举步维艰，日本提出该机制的适用地理范围问题是中日目前还没有启动海空军事力量相遇紧急联络机制的症结所在。②

与美日的海上危机管理机制非常重要，一旦危机管理失败导致爆发战争，很可能造成中美、中日走向长时间对抗的道路，中国建设“海洋强国”要尤其注意避免与两大海权强国陷入安全困境，特别是在将强未强的海洋转型初期。客观来看，中国目前的海上军事力量与美日两大传统海权强国相比还存在差距，海权大国所打造的第一岛链的封锁还较难打破，与美日进行海上危机管理的协调与合作有其必要性与紧迫性。与日本启动海空紧急联络机制的问题，也需持续重视并加以诱导实现。

积极加大投入海洋战略资源的权重：“陆海统筹”前提下的资源优配。根据美国地缘战略专家保罗·科恩的观点，中国“大陆”性格与“海洋”性格两者兼备，后续的崛起和地缘战略走向关键在于海洋与大陆两种地缘特性的平衡。③ 中国位于欧亚大陆最东端，面朝太平洋，西部领土连接麦金德所指的“心脏地带”，东部沿海地区则处于斯皮克曼所指的“边缘地带”，中国与东北亚、东南亚、南亚和中亚都有着得天独厚的地理、经济和人文联系，不管从陆海哪个角度来看，中国都处于一个极为重要的地缘政治中心位置。④

2017 年 10 月召开的中国共产党第十九次全国代表大会上，习近平总书记提出要“坚持陆海统筹，加快建设海洋强国”。中国的陆海复合型地理特征要求陆海统筹，协同发展，这既符合自身的地缘特点，又与现实状况相契合。需要强调的是，陆海兼顾并不意味着不分情况都平均对待陆地与海洋的经济战略与军事战略，其资源投入应根据客观需要做到有所侧重。当前我国的十大主要贸易对象国只有一个是陆地接壤的国

① 《日本各界积极评价中日首脑会谈》，载《法制日报》2015 年 4 月 28 日。

② 《希望日方尽早排除障碍 启动中日海空联络机制》，http：//www.mod.gov.cn/v/2016-09/29/content-4739923.htm.

③ Saul Bernard Cohen，*Geopolitics of the World System*，Rowman & Littlefield Publishers，Inc.，2002，p. 242.

④ 戴维来：《中国建设海洋强国面临的挑战与方略》，载《理论视野》2015 年第 3 期，第 8 页。

家，中国对外贸易商品运输总量的85%经过海上运输通道完成，海外贸易与海洋经济的活跃要求中国应更加重视从海路加强与世界的交流往来。而且，安全方面由于陆疆没有重大安全威胁，中国目前的地缘安全环境呈现出明显的“陆缓海紧”态势，可以适当集中精力向海洋方面快速发展，加快实施“21世纪海上丝绸之路”与“两洋战略”等宏伟规划，有所侧重地向海洋方向投入战略资源。中国具有丰饶的自然资源、完备的工业体系、高素质的人才规模、强劲的经济活力，这些令人称羡的优势与能力如果在陆海统筹发展中得以资源的最优配置，则必定可以给中国的“海洋强国”战略注入源源不断的强大动力。

四、中国“海洋强国”战略未来的两大方向性问题

一个陆海复合型大国在取得区域优势之后，往往进行向海洋方向辐射权力的转型，中国的“海洋强国”战略是顺应全球化潮流，总结历史、立足当下、展望未来做出的伟大战略抉择。因此，中国“海洋强国”战略其“强”的最后落脚点不应该仅仅是区域性的“海洋强国”，如果中国对“海洋强国”目标的最后落脚点放在区域性“海洋强国”层面，那么就几乎注定了这个海洋战略对于中国的总体发展，对于中华民族的伟大复兴而言并没有太高远的意义与影响。中国的“海洋强国”战略以“两个一百年”为基础，是中华民族伟大复兴不可或缺的重要一环，理应对中国的长远发展与民族复兴有更深远的意义与作用。根据综合国力的发展与国际战略环境的变化，以国家利益为导向，应积极推动中国在未来成为一个多方位的全球性“海洋强国”。区域性“海洋强国”只应该是一个阶段性目标，中国“海洋强国”战略的最终目标应该是一个多方位的全球性“海洋强国”，未来海洋战略的实践应持之以恒地把握两大方向即“据陆拓海”，在陆地方向继续巩固陆权，扫除发展海权的后顾之忧；在海洋方向则应该采取更加积极的进取性战略，集中精力加快实现“海洋强国”的战略目标。

“海洋强国”的权力定位：“强而不霸”是中国海洋战略的突出特色。以往海陆强国对抗的传统战场欧洲已走向一体化，传统欧洲陆海复合型国家对海权大国的威胁现在基本消失，而中国处于向“海洋强国”转型的重要阶段，世界海权格局的重心正逐渐由大西洋向太平洋移动。“海洋强国”既指一个结果性的概念，也是一个进程性的概念。结果上看侧重于“强”的既定事实，进程上看“强”也是一种动态的行为，在国际政治中还将体现出一种对比标准的强大。中国建设“海洋强国”必须考虑到与其他海洋国家的权力关系，显然，从权力的角度界定中国海洋强国的目标更具有可操作性，权力目标是中国海洋强国之路首当其冲应慎重规划的重大问题。

中国海洋战略所承载的历史使命远非传统海权概念所能赋予，它本质上服务于实现中华民族伟大复兴的中国梦。习近平总书记指出“背海而弱、向海则兴，封海而衰、开海则盛”，一个海洋弱国无法全面实现中华民族的伟大复兴，也难以满足中华民族的自尊心与自豪感。①

目前，我国学者关于中国究竟应该成为一个何种权力等级的“海洋强国”争论不下，莫衷一是，就权力角度而言，争议主要在于中国建设“海洋强国”的“强”的定位问题，其指归究竟是一个区域性力量还是一个全球性力量。

笔者首先地反对把中国“海洋强国”定性为区域性海权的论断。或是从地缘政治的陆海复合特征出发，或是从中国的和平发展战略出发，对于全球性“海洋强国”的定位，国内不少学者持不赞成态度，认为最符合中国“海洋强国”的角色是一个区域性的海权力量。然而笔者认为，不能够武断或者先入为主地认为中国永远不可能或者不应该去追求成为全球性“海洋强国”。需要强调的是，权力本身并不带有威胁性，不应该把全球性“海洋强国”和全球性海洋霸权划上等号，只要中国恪守自己“永不称霸”的承诺，那么，即使将来中国是有全球存在性与影响力的“海洋强国”，中国也不是一个全球性海洋霸权。和平发展战略与永不称霸的承诺与全球性“海洋强国”目标的追求并无矛盾之处。如果把中国对“海洋强国”目标的最后落脚点放在区域性“海洋强国”层面，那么就几乎注定了这个海洋战略对于中国的总体发展和长远发展、中华民族伟大复兴而言不会具有太高远的意义与影响，在笔者看来，区域性“海洋强国”角色的定位与未来实现中华民族伟大复兴的契合度是不高的。客观来看，美国也属于陆海复合型国家，虽然美国发展海权的地缘条件更加优越。考量中国“海洋强国”的权力定位应该是一个动态的指标，区域性“海洋强国”不应该是中国海洋战略追求的尽头。

中国如果追求成为全球性“海洋强国”就是悖离了和平发展，“海洋强国”权力定位于全球性目标就是一个海洋霸权的思维，正是典型的西方话语陷阱。按照这一逻辑，权力本身的发展就一定带有威胁性，而不管这个权力本身执行的是一种怎样的对内对外政策。其实，行为体的战略选择会对国家行为产生巨大的能动作用，威胁不是权力天生就带有的，并不存在必然冲突的历史宿命。② 哪怕是一个区域性的“海洋强国”，如果它奉行对外干涉政策，同样也可能是一个区域性的海洋霸权国，这与全球性海洋霸权国除了权力大小的差异，并没有本质的区别，所以，保守地认定中国“海洋

① 曹文振：《中国海洋强国战略与海洋争端对策》，载《新视野》2014年第3期，第116页。

② 凌胜利：《中美亚太海权竞争的战略分析》，载《当代亚太》2015年第2期，第67页。

强国"只能是区域性力量并不高明，这忽视了权力体如何在内外政策中去运用权力的战略选择性，也忽视了中国发展海权的内在需求，区域性"海洋强国"应该只是中国实现"海洋强国"过程中的阶段性目标。

陆地是生存空间，海洋是扩展空间，笔者认为，在取得区域相对优势之后，中国海洋战略的任务首先是要确保快速建设成为一个区域性的"海洋强国"，确切而言，要成为一个有能力捍卫海洋权益，在西太平洋海洋事务中有重要影响力的强国。而关于中国未来海权的发展要视自身的利益、能力与国际战略环境去判断，要从一个长期的历史过程中去深度打造中国的海洋战略，在可能的情况下积极扩展中国的海洋话语权，积极推动中国成长为一个海洋经济、海洋军事、海洋科技与海洋政治方面的全球性"海洋强国"。中国不应该在建设"海洋强国"过程中对于"区域性""全球性"权力定位问题束手束脚，一个区域性的"海洋强国"符合中国相当一段时间内的海洋利益，但并不一定符合未来中国对于海洋的需要。事实上，关于中国"海洋强国"发展限度与权力定位问题，并不在于究竟有多强，究竟是区域性还是全球性"海洋强国"，关键在于中国一定要突出"强而不霸"的特色，这才是中国"海洋强国"实践过程中最需要持之以恒的原则，也是中国显著区别于西方海洋霸权国的关键所在。并不是发展成一个多方位的全球性"海洋强国"中国就是在走西方的老路，中国的"海洋强国"建设要有自己的道路自信。海洋空间本身就代表着一种利益拓展，如果实际利益需要，符合中国长远发展和世界海洋利益，我们就要给中国"海洋强国"的未来一个更加宽广的空间。

巩固陆权：始终保持与最强陆邻交好有助于专注"海洋强国"建设。中国建设区域性"海洋强国"的阶段性目标与多方位全球性"海洋强国"的远景目标，离不开对陆权的巩固。中国有 14 个陆地邻国，是世界上陆邻最多的国家。除了印度和不丹，中国目前已与其他 12 个邻国全部划定了陆上边界，陆地安全环境相较冷战时期改善明显。[①] 在中国建设"海洋强国"的过程中，应当确保与最强陆地邻国俄罗斯有一个长期稳定、良好的关系。只要牢牢团结住最强陆邻，中国就不会面临地缘安全环境上被陆海强权双重夹击的最坏局面。

"海洋强国"目标的达成必须高度重视陆疆安全，特别是与最强陆邻俄罗斯的关系。对于陆海复合型大国而言，陆地是最基本的生存空间，海洋是拓展空间，中国海洋战略实施的效果与陆地安全状况息息相关，如果陆地安全状况没有严重的后顾之忧，中国迈向"海洋强国"的阻力就更小，并且团结俄罗斯还有助于缓解美国从海洋方向

① 张清敏：《中国解决陆地边界经验对解决海洋边界的启示》，载《外交评论》2013 年第 4 期，第 2 页。

带来的安全压力。所以，应“充分发挥中国地处欧亚大陆的天然陆权优势，缓解和对冲来自东南方向美国的战略挤压”。①

2015年5月，习近平主席访问俄罗斯，两国发表了《中华人民共和国和俄罗斯联邦关于深化全面战略协作伙伴关系、倡导合作共赢的联合声明》。② 中俄关系良好的发展势头也符合俄罗斯的国家利益。俄罗斯目前正处于冷战以来与西方关系的最坏时期，乌克兰危机与出兵叙利亚，加上美国信誓旦旦宣称俄罗斯干涉了美国2016年的总统大选，西方世界与俄罗斯的关系不断遭遇严冬，俄罗斯开始受到西方国家的多方面制裁。特朗普就任美国总统之后，美俄关系依然没有好转，2017年11月，基于《制裁美国对手法》，美国再次对俄罗斯的国防企业、能源企业甚至驻美媒体采取新一轮制裁。③ 鉴于俄罗斯需要集中力量应对北约的扩张与西方世界的制裁，因而俄罗斯有更强烈的意愿维持并加强中俄的战略伙伴关系。中俄地缘战略上彼此关注的重点方向不会对彼此形成挑战，两国的战略合作关系将在相当长的时期内有力地维系着，中国要抓住这一战略机遇期，不断巩固与发展中俄关系，只要抓住与俄罗斯友好这个大方向不变，中国就可以腾出更多精力建设“海洋强国”，并应对这一过程中可能遭遇的挑战。

五、结语

2012年中共第十八次全国代表大会首次明确提出建设“海洋强国”的重大战略决策，2017年中共第十九次全国代表大会报告再次强调要“加快建设海洋强国”，中国从国家战略层面重视海洋、经略海洋，加大了战略资源对建设“海洋强国”的投入。目前，中国处于海洋转型的重要时期，在建设“海洋强国”过程中要抓住主要矛盾，有针对性地应对面临的挑战。最后，在建设“海洋强国”的初始阶段就把中国的“海洋强国”目标定位为区域性海权力量是不妥当的，要视中国的综合国力的发展与国际战略环境的变化等具体因素，以国家利益为导向，如果实际需要应积极推动中国在未来成为一个多方位的全球性“海洋强国”，只有这样，中国建设“海洋强国”的战略抉择才能对国家整体的长远发展与中华民族的伟大复兴具有更加高远的意义与影响。

---

① 信强：《三重博弈：中美关系视角下的“一带一路”战略》，载《美国研究》2016年第5期，第22页。
② 《铭记历史 开创未来》，载《光明日报》2015年5月8日。
③ 美国追加对俄罗斯制裁，参见 http：//world. people. com. cn/n1/2017/1102/c1002-296219 34. html.